이토록 쉬운
엑셀 데이터 분석 with 챗GPT

이토록 쉬운
엑셀 데이터 분석 with 챗GPT

1쇄 발행 2024년 07월 15일
2쇄 발행 2024년 12월 16일

지은이 임선집, 채호창, 신경민
발행인 한창훈

발행처 루비페이퍼 등록 2013년 11월 6일(제 385-2013-000053호)
주소 경기도 부천시 원미구 길주로 252 1804호
전화 032_322_6754 팩스 031_8039_4526
홈페이지 www.RubyPaper.co.kr
ISBN 979-11-93083-18-5

- 이 책은 저작권법에 따라 보호받는 저작물이므로 무단 전재와 무단 복제를 금하며,
  이 책 내용의 전부 또는 일부를 이용하려면 저작권자와 루비페이퍼의 서면 동의를 받아야 합니다.
- 책값은 뒤표지에 있습니다.
- 잘못된 책은 구입처에서 교환해 드리며, 관련 법령에 따라서 환불해 드립니다.
  단, 제품 훼손 시 환불이 불가능합니다.

사랑하는 아내에게
每天爱你

추천사

챗GPT의 데이터 분석 플러그인과 엑셀의 Analyze Data 출시는 제가 머물고 있는 미국에서도 혁신적인 변화를 불러일으켰습니다. 이 두 기능은 데이터 분석을 더욱 효율적으로 만들며, 통합적인 의사결정을 가능케 합니다.

이 책은 이 두 혁신적인 도구 중 챗GPT를 활용하여 엑셀 데이터 분석 과정을 밟아보는 방법을 소개하며 데이터 분석에 대한 이해를 새로운 차원으로 끌어올립니다. 세부적으로는 데이터 분석의 기본 개념을 설명하고, 엑셀의 다양한 도구와 기능을 통해 데이터를 효과적으로 관리하고 분석하는 방법을 안내합니다. 이 책의 독자분들은 챗GPT와 같은 AI 도구를 사용하여 데이터 분석 과정을 어떻게 향상시킬 수 있는지 알아볼 수 있으며 보다 효과적이고 효율적인 분석을 수행할 수 있습니다.

한편, AI 환각 현상은 현대 데이터 분석에서 중요한 이슈입니다. 챗GPT와 같은 AI 언어 모델은 질문에 대한 이해를 바탕으로 정확한 답변을 생성하는 것이 아니라 확률적으로 가장 적합한 답변을 예측하기 때문에 데이터나 맥락에 기반하지 않은 잘못된 정보를 생성하는 경우가 있습니다. 이 문제를 해결하기 위해 많은 논의가 되고 있지만, 가장 확실한 해결책은 삼각측량^{Triangulation}입니다. 연구 방법론으로서의 삼각측량은 연구의 신뢰성과 정확성을 높이기 위해 다양한 접근 방법, 데이터 소스, 이론, 연구자를 결합하여 연구 결과의 타당성을 검증하는 방법입니다.

이 책에서는 이의 일환으로 챗GPT와 엑셀의 데이터 분석 기능을 교차 검증함으로써 AI 환각을 줄여 데이터 분석의 신뢰성과 정확성을 담보하고 있습니다. 즉, 챗GPT가 생성한 인사이트와 엑셀의 구조화된 데이터 분석을 결합하고 인간의 판단을 포함시켜서 AI의 오류를 최소화하고 분석의 품질을 높이도록 저술하였습니다. 또한 향후 엑셀 코파일럿 혹은 엑셀의 Analyze Data 기능이 한국어 데이터를 처리할 수 있게 되면 진정한 삼각측량에 의한 데이터 분석이 가능할 것으로 보입니다.

아울러 이 책은 독자 여러분이 최대한 쉽고 간결하게 실습할 수 있게 일관된 데이터 분석 순서도를 제시하고 그에 따라 내용을 배치해 두었습니다. 책을 읽어나가면서 데이터 분석의 세계를 일별하고 그 안에 담긴 깊은 성취를 맛보실 수 있을 것입니다. 또한 실생활에서 마주치는 예제 데이터와 함께 제공하는 단계별 지침은 여러분이 실력을 쌓아가며 자신감을 얻도록 도울 것입니다.

마지막으로 이 책을 읽는 독자 여러분께 2가지 당부를 드리고자 합니다. 첫째, AI가 업무 방식을 극적으로 변화시킬 것이라는 사실을 부정하거나 무시하지 말아 주십시오. 기술이 발전함에 따라 일상 업무의 많은 부분이 자동화될 예정입니다. AI를 무시하면 시대에 뒤처질 위험이 있으며, 적응하는 동료와 경쟁자들이 보상을 받을 것입니다.

둘째, 챗GPT와 같은 도구를 사용하여 루틴하고 반복적인 작업을 자동화함으로써 업무 능력을 향상시키는 방법을 배우시기 바랍니다. 이러한 변화에 앞서 나가기 위해서는 새로운 도구 사용법을 배우고 인간의 손길이 필요한 영역에 대한 능력을 기르는 것이 AI 시대에 성공하는 열쇠입니다.

이러한 데이터 분석 여정에서 이 책이 여러분에게 실질적인 도움과 인사이트를 제공하는 소중한 동반자가 되길 바랍니다. 데이터 분석의 세계로 여러분을 안내하는 이 여정에 여러분을 초대합니다.

오클라호마 에드먼드 교정에서
채호창

들어가며

저는 직장 생활의 대부분을 데이터를 구하고 분석하는 업무를 해왔습니다. 그만큼 엑셀의 대부분 기능은 쓸 수 있다고 여겼습니다. 그러다 운명의 장난으로 늦은 나이에 미국으로 유학을 가게 됐고 그곳에서 MBA 과정의 엑셀을 배우며 조건부 서식이라는 시각화 기능, 해 찾기 기능 등 새로운 기능으로 더 큰 시야를 가지게 되었습니다. MBA 과정 뒤에 이어진 MSBA 과정(비즈니스 데이터 분석)에서는 파이썬과 통계 패키지 SAS를 통한 데이터 분석 프로젝트를 수차례 수행했습니다. 이 프로젝트 경험을 담은 책이 전작 『플로우가 보이는 머신러닝 프로젝트』(임선집 외 2인 공저, 루비페이퍼)와 『오렌지3 데이터 분석 with 파이썬』(임선집 외 2인 공저, 루비페이퍼)입니다.

그러다가 최근 들어 데이터 분석 환경에 다음과 같은 큰 쓰나미가 들이닥쳤습니다.

- 챗GPT의 'Data Analyst' 플러그인 출시
- 프리 코파일럿, 코파일럿 인 엑셀 출시
- 엑셀의 'Analyze Data' 기능 출시
- 파이썬 인 엑셀 출시

첫 번째 파도인 챗GPT 'Data Analyst' 플러그인은 챗GPT에 데이터와 명령(프롬프트)만 입력하면 분석 결과를 출력하는 강력한 툴입니다. 플러그인은 스마트폰에 비유하면 앱과 유사한 챗GPT의 확장 프로그램으로, 뛰어난 분석 능력을 갖고 있습니다.

두 번째 파도인 프리 코파일럿$^{Pre\ Copilot}$과 코파일럿 인 엑셀$^{Copilot\ in\ Excel}$은 마이크로소프트가 챗GPT 기반의 대규모 언어 모델(LLM)을 개발해 출시한 기능입니다. 데이터 분석 분야에서는 특히 엑셀 인 코파일럿의 성능이 기대받고 있습니다.

세 번째 파도로 영어 버전 엑셀에 추가된 Analyze Data라는 기능입니다. 이 기능 덕분에 이제 엑셀에서 통곗값을 구하거나 피벗 테이블을 작성할 때 AI의 도움을 받을 수 있게 됐습니다.

네 번째 파도는 엑셀에서 파이썬 코드를 직접 실행할 수 있는 파이썬 인 엑셀$^{Python\ in\ Excel}$입니다. 이는 엑셀에서 파이썬 편집기를 지원하는 기능으로, 외부 편집기에서만 가능하던 파이썬을 활용한 데이터 분석을 엑셀에서도 가능하다는 점에서 무척 강력한 기능으로 부상했습니다.

이러한 혁신적인 툴의 등장으로 이젠 누구에게나 데이터 분석이 손에 잡힐 듯 쉽게 다가왔습니다. 완전히 새로운 세상이 열린 셈입니다. 하지만 모든 것이 완벽하진 않습니다. 프리 코파일럿은 아직 기능이 제한적이며 엑셀 인 코파일럿과 Analyze Data 기능은 아직까지는 한국어 데이터 처리 지원이 미비합니다. 파이썬 인 엑셀은 파이썬이라는 프로그래밍 언어에 대한 기초 지식이 필요해 진입 장벽이 높죠.

특히 챗GPT는 기능이 강력함에도 불구하고 생성 AI의 태생적 결함인 환각 Hallucination 현상을 동반합니다. 환각 현상이란, 사용자가 원하는 답 대신 비슷한 답을 생성하는 것으로, 정확한 숫자를 다룰 땐 치명적 오류를 만들 수 있습니다. 안타깝지만 생성 AI는 이러한 환각을 피할 수 없습니다. 이러한 연유로 이 책은 챗GPT로 데이터 분석을 실행하고 이를 엑셀로 검증하는 방식으로 구성했습니다. 아울러 데이터 분석에 필요한 엑셀의 핵심 기능과 이 책에서 실습한 모든 데이터세트와 예제 소스를 내려받을 수 있도록 준비했습니다.

- 이 책의 데이터세트 및 예제 소스: https://github.com/jasonyim2/book4

마지막으로 실무에서 좌충우돌하며 엑셀을 사용해 보고 뒤늦게 데이터 분석의 즐거움에 빠진 문과 출신 저자로서 독자 여러분께 2가지 당부를 하고 싶습니다. 먼저 생성형 AI나 대규모 언어 모델로 데이터를 분석할 때는 가급적 엑셀로 이를 검

들어가며

증하십시오. 직장에서의 업무는 만전을 기해야 합니다. 생성형 AI의 장점을 활용하되 단점은 스스로 보완해야 합니다. 마지막으로 엑셀의 기능 부족으로 최신 AI 분석 결과를 검증할 수 없을 때는 파이썬, 파이토치, 허깅페이스, 오렌지3 등을 추가로 배우는 것을 적극적으로 고려하기 바랍니다. 힘든 과정이지만 충분한 가치가 있을 것입니다.

이 책의 대상 독자층은 다음과 같습니다.

- 데이터 분석에 관심이 있지만 시작하는 방법을 모르는 초급 사용자
- 엑셀 사용 경험은 있으나 데이터 분석 기능에 대해 더 배우고 싶은 중급 사용자
- AI 기술을 활용하여 업무나 연구에 적용하고자 하는 직장인과 연구자

이 책을 통해 지난 수십년간 훌륭한 데이터 분석 툴이었던 엑셀에 대한 이해가 더 깊어지면 좋겠습니다. 그럼 챗GPT와 함께하는 데이터 분석 여정을 시작하겠습니다.

일러두기

챗GPT 버전: 챗GPT(GPT-4o 및 GPT-4)

엑셀 버전: 마이크로소프트 365 Personal 최신 버전(책 출간 기준)

구글 코랩 파이썬 버전: 3.10.12

강의 및 내용 문의: jasonyim@naver.com

이 책의 실습 파일

실습에 필요한 데이터세트를 제공합니다. 이 데이터세트를 이용하면 책의 순서를 건너뛰고 원하는 프로젝트만 실습을 할 수 있습니다.

- 이 책의 데이터세트 및 예제 소스: https://github.com/jasonyim2/book4

이 책의 구성과 목차

이 책은 총 3개의 파트, 12개의 챕터와 부록으로 구성되어 있으며 각 챕터는 다음과 같은 내용을 담고 있습니다.

PART 01 _ 데이터 분석 도구와 친해지기
이 책에서 사용할 데이터 분석 툴을 살펴봅니다.

Chapter 01 _ 데이터 분석을 위한 도구   22

챗GPT 데이터 분석 플러그인 Data Analyst와 코파일럿, 엑셀을 소개하고 엑셀 버전을 최신화하기 위한 업데이트 방법을 알아봅니다.

- 1.1 챗GPT가 있는데 데이터 분석에 엑셀이 필요할까?   23
- 1.2 챗GPT의 Data Analyst 플러그인   24
  - 1-2-1 챗GPT에 접속하기   24
  - 1-2-2 챗GPT 플랜 업그레이드   25
  - 1-2-3 '데이터 분석' 플러그인 사용해 보기   26
- 1.3 엑셀   30
  - 1-3-1 엑셀 최신 버전으로 업데이트하기   30
- 1.4 코파일럿   32

Chapter 02 _ 챗GPT의 데이터 분석 플러그인 다루기   34

서울시 공공 데이터 사이트에서 상권 분석 데이터를 다운받아 챗GPT 데이터 분석 플러그인으로 맛보기 분석을 실시합니다.

2.1 데이터세트 불러오기	35
2-1-1 서울시 공공 데이터 내려받기	35
2-1-2 데이터 다듬기	38
2-1-3 변수 간추리기	39
2.2 챗GPT로 데이터 분석하기	40
2-2-1 챗GPT-4에 데이터세트 올리기	40
2-2-2 원본 매출과 예측 매출을 비교하고 CSV 파일로 저장하기	43
2.3 챗GPT 가이드라인	45

Chapter 03 _ 데이터를 가져오는 방법 47

데이터 분석의 대상이 되는 데이터세트를 가져오는 방법을 캐글 데이터, 공공 데이터, 웹 데이터, API 데이터 4가지 경로를 통해 살펴봅니다.

3.1 캐글 데이터	48
3-1-1 캐글 데이터세트 검색하고 내려받기	48
3.2 공공 데이터	50
3-2-1 치킨집 검색 및 파일 내려받기	51
3-2-2 약국 정보 검색 및 파일 내려받기	53
3.3 웹 데이터	55
3-3-1 웹 데이터 불러오기	56
3.4 API 데이터	58
3-4-1 '치킨' 오픈 API 데이터 가져오기	59
3-4-2 '약국' 오픈 API 데이터 가져오기	63

이 책의 구성과 목차

PART 02 _ 데이터 분석 기능 손에 익히기

엑셀의 데이터 분석과 관련된 핵심 기능을 살펴봅니다. 아울러 챗GPT가 이 기능들을 효과적으로 대체하거나 보완할 수 있는지 알아봅니다.

Chapter 04 _ 데이터세트 분리와 병합 72

Chapter 02에서 다운로드받은 상권 분석 데이터세트를 활용해 엑셀의 파워 쿼리를 소개하고 챗GPT와 엑셀로 데이터 분리 및 병합을 실행합니다.

4.1 데이터 분리 73
  4-1-1 파워 쿼리 73
  4-2-2 챗GPT로 데이터 분리하기 75
  4-2-3 엑셀로 데이터 분리하기 78

4.2 데이터 병합 79
  4-2-1 챗GPT로 데이터 병합하기 79
  4-2-2 엑셀 파일 병합하기 82
  4-2-3 엑셀 시트 병합하기 88

Chapter 05 _ 필요한 데이터만 쏙! 피벗 테이블 및 피벗 차트 93

엑셀의 피벗 테이블과 피벗 차트를 소개하고 챗GPT와 엑셀로 이 기능을 구현해 봅니다.

5.1 피벗 테이블 94
  5-1-1 챗GPT로 피벗 테이블 구현하기 94
  5-1-2 엑셀로 피벗 테이블 구현하기 97

5.2 피벗 차트	100
5-2-1 챗GPT로 피벗 차트 만들기	100
5-2-2 엑셀로 피벗 차트 만들기	101

Chapter 06 _ 원하는 데이터를 쉽게 찾는 법, VLOOKUP 함수 105

엑셀의 FORMULATEXT와 VLOOKUP 함수를 실행해 보고, 챗GPT로 VLOOKUP 함수 기능을 대체할 수 있는지 알아봅니다.

6.1 FORMULATEXT 함수	106
6-1-1 엑셀에서 FORMULATEXT 함수 사용하기	106
6.2 VLOOKUP 함수	107
6-2-1 챗GPT로 VLOOKUP 함수 사용하기	107
6-2-2 엑셀에서 VLOOKUP 함수 사용하기	110
6-2-3 엑셀에서 VLOOPUP 함수 수정하기	113

Chapter 07 _ 데이터 시각화의 힘, 조건부 서식 115

엑셀 조건부 서식 기능 중에 데이터 막대, 셀규칙 강조, 새 규칙 기능을 실행하고 챗GPT로 이들 엑셀 기능을 대체할 수 있는지 알아봅니다.

7.1 데이터 막대	116
7-1-1 챗GPT로 데이터 막대 그리기	116
7-1-2 엑셀로 데이터 막대 그리기	117
7.2 셀 규칙 강조와 새 규칙	119
7-2-1 챗GPT로 데이터 시각화하기	119
7-2-2 엑셀에서 데이터 셀 규칙 강조 적용하기	120
7-2-3 엑셀에서 새 규칙 적용하기	121

이 책의 구성과 목차

Chapter 08 _ 데이터 분석 순서도　　　　　　　　　　　123

데이터 분석 순서도를 소개합니다. 이후 Part 3에서 진행할 2개의 데이터 분석 프로젝트를 이 데이터 분석 순서도에 따라 실행합니다.

　8.1 데이터 분석에도 순서가 있어?　　　　　　　　　124

　8.2 데이터 분석 순서도　　　　　　　　　　　　　　125

PART 03 _ 실전, 데이터 분석

실생활 혹은 사업에 필요한 데이터세트를 대상으로 2개의 데이터 분석 프로젝트를 챗GPT와 엑셀로 실행합니다.

Chapter 09 _ 아파트 거래 가격 예측　　　　　　　　　　130

아파트 거래 가격 분석을 크게 데이터 분석 시작, 데이처 처리, 탐색적 자료 분석 및 시각화, 모델 실행전 데이터 처리까지 챗GPT와 엑셀로 실행합니다. 그런 다음 연속형 타깃 변수인 주택 가격의 예측을 위해 회귀 모델을 챗GPT와 엑셀로 실행합니다. 그리고 릿지, 라쏘, 결정 트리, 랜덤 포레스트, 그레이디언트 부스팅, XGBoost, LightGBM 모델을 실행하여 다양한 주택 가격 예측 결과를 알아봅니다. 아울러 챗GPT결과를 검증하기 위해 파이썬으로 검증한 성능평가지표를 병기합니다. 다만 이 책에서는 파이썬을 다루지 않기에 Part 3에서 다루는 파이썬 코드는 ipynb 파일로 제공합니다.

9.1 데이터 분석 프로젝트의 시작 3단계 131
    9-1-1 문제 제기, 데이터 구하기, 타깃 변수 설정 131

9.2 데이터 처리 1 – ID 변수, 타깃 변수 135
    9-2-1 데이터 불러오기 135
    9-2-2 ID 변수 설정하기 137
    9-2-3 타깃 변수 생성하기 140

9.3 데이터 처리 2 – 기타 변수 데이터 처리 142
    9-3-1 데이터 타입 확인하기 143
    9-3-2 데이터 타입 정리하기 144
    9-3-3 챗GPT로 날짜 변수 전처리하기 148
    9-3-4 엑셀에서 날짜 변수 전처리하기 148
    9-3-5 범주형 변수 전처리 150

9.4 탐색적 자료 분석 및 시각화 153
    9-4-1 결측값 50% 초과 변수 제거 154
    9-4-2 구간 변수 요약 통계 156
    9-4-3 구간 변수 시각화 160
    9-4-4 범주형 변수 도수분포표 및 시각화 165
    9-4-5 이상값 제거 170
    9-4-6 상관관계 검토 179
    9-4-7 T–검정 182

9.5 모델 실행 전 데이터 처리 185
    9-5-1 데이터 변환 – 구간 변수 스케일 조정 185
    9-5-2 데이터 대체 – 결측값 보정 189
    9-5-3 범주형 데이터 추가 처리 – 트리 기반 데이터세트 191
    9-5-4 범주형 데이터 추가 처리 – 거리 기반 데이터세트 195

이 책의 구성과 목차

9.6 연속형 타깃 변수 모델   198
    9-6-1 데이터세트 파일 정리   198
    9-6-2 챗GPT 회귀 모델   199
    9-6-3 엑셀 회귀 분석   204
    9-6-4 릿지 모델과 라쏘 모델   207
    9-6-5 결정 트리 모델   211
    9-6-6 랜덤 포레스트 모델   215
    9-6-7 그레이디언트 부스팅, XGBoost, LightGBM 모델   216

9.7 최적 모델 선정 및 활용   218

Chapter 10 _ 공유 자전거 수요 예측   221

공유 자전거 수요 예측을 트리 및 거리 기반 분류 모델로 실행합니다. Chapter 09와 비슷하게 회귀 모델까지는 챗GPT와 엑셀로 분석을 실행한 다음 나머지 모델과 로지스틱 회귀, 릿지, 라쏘, 신경망, KNN, SVM 모델까지 챗GPT로 실행하고 파이썬으로 검증한 성능평가지표를 병기합니다.

10.1 데이터 분석 프로젝트의 시작 3단계   222
    10-1-1 문제 제기, 데이터 구하기, 타깃 변수 설정   222

10.2 데이터 처리 1 – ID 변수, 타깃 변수   225
    10-2-1 데이터 불러오기 & ID 변수 설정하기   225
    10-2-2 타깃 변수 생성   226
    10-2-3 타깃 변수 결측값 확인하기   229

10.3 데이터 처리 2 – 기타 변수 데이터 처리   230
    10-3-1 데이터 타입 확인   230
    10-3-2 날짜 변수 전처리   232
    10-3-3 범주형 변수 전처리   234

10.4 탐색적 자료 분석 및 시각화 — 236
- 10-4-1 결측값 50% 초과 변수 제거 — 237
- 10-4-2 구간 변수 요약 통계 검토 — 238
- 10-4-3 구간 변수 시각화 — 240
- 10-4-4 범주형 변수 도수분포표 및 시각화 — 245
- 10-4-5 이상값 제거 — 250
- 10-4-6 상관관계 검토 — 256
- 10-4-7 T-검정 — 260

10.5 모델 실행 전 데이터 처리 — 265
- 10-5-1 구간 변수 스케일 조정 — 265
- 10-5-2 범주형 데이터 추가 처리 — 269

10.6 연속형 타깃 변수 모델 — 275
- 10-6-1 회귀 모델 — 276
- 10-6-2 릿지 모델과 라쏘 모델 — 281

10.7 트리 기반 분류 모델 — 284
- 10-7-1 결정 트리 모델 — 285
- 10-7-2 랜덤 포레스트 모델 — 287
- 10-7-3 그레이디언트 부스팅, XGBoost, LightGBM 모델 — 288

10.8 거리 기반 분류 모델 — 290
- 10-8-1 로지스틱 회귀·릿지·라쏘 모델 — 290
- 10-8-2 신경망 모델 — 294
- 10-8-3 KNN 모델 — 297
- 10-8-4 SVM 모델 — 298

10.9 최적 모델 선정 및 활용 — 298

이 책의 구성과 목차

> **APPENDIX _ 부록**
> 업무에 요긴하게 써먹을 수 있는 핵심 엑셀 기능, 팁, 단축키, 함수를 살펴봅니다.

Appendix A_ 유용한 엑셀 기능 모음 300

엑셀 기능을 범주별로 분류하고 데이터 분석에 유용한 엑셀 기능과 팁, 단축키를 소개합니다.

A.1 엑셀의 주요 기능 301
  값 붙여 넣기 302
  결측값 처리 303
  눈금선 303
  데이터 유효성 검사 304
  상관 분석 306
  상자그림 307
  상대 참조와 절대 참조 307
  셀 병합 및 취소(셀 분할) 308
  셀 서식 309
  셀에 대각선 넣기 311
  셀 입력 시 줄 바꿈 312
  시트 숨김/해제 312
  시트 보호/해제 313
  시트 탭 색 변경 314
  여러 셀 선택 314
  열 숨김/해제 315
  오류 표시 및 오류 무시 316
  인쇄 페이지마다 특정 행 반복 출력 317
  중복값 제거 317
  작은 따옴표(') 셀 입력 318
  정렬 319
  차트(산점도, 히스토그램 포함) 320
  페이지 나누기 미리 보기 320
  필터 322
  특수 문자 입력 323
  틀 고정 및 셀 색칠하기 323

하이퍼링크	324
행열 바꿈 붙여 넣기	327
A.2 엑셀 팁	**328**
A.3 엑셀 단축키	**329**

Appendix B _ 유용한 엑셀 함수 모음   330

데이터 분석에 유용한 엑셀 함수를 범주별로 분류하고 소개합니다.

B.1 엑셀의 주요 함수	**331**
AVERAGE/AVERAGEIF 함수	332
CHOOSE/WEEKDAY 함수	332
COLUMN/ROW 함수	333
CONCAT 함수	333
CORREL 함수	334
COUNT/COUNTA/COUNTBLANK/COUNTIF 함수	334
DATE/DATEDIF 함수	335
DAY/MONTH/YEAR 함수	335
FIND/SEARCH 함수	335
FREQUENCY 함수	336
HLOOKUP/VLOOKUP 함수	336
INDEX/MATCH 함수	337
IF/IFS 함수	338
ISNUMBER/ISTEXT 함수	339
KURT/SKEW 함수	339
LEN/LEFT/MID/RIGHT/TRIM 함수	340
MAX/MAXIF 함수	340
MEDIAN 함수	341
MOD 함수	341
NETWORKDAYS 함수	341
PERCENTILE/QUARTILE 함수	342
RANK 함수	342
REPLACE/SUBSTITUTE 함수	342
ROUND/ROUNDUP/ROUNDDOWN/TRUNC 함수	343
STDEV/VAR 함수	343
SUM/SUMIF 함수	344
VALUE 함수	344

PART

01

데이터 분석 도구와 친해지기

CHAPTER 01 _ 데이터 분석을 위한 도구

CHAPTER 02 _ 챗GPT의 데이터 분석 플러그인 다루기

CHAPTER 03 _ 데이터를 가져오는 방법

CHAPTER

01

데이터 분석을 위한 도구

챗GPT는 플러그인이라는, 마치 스마트폰의 앱과 유사한 역할을 하는 기능을 제공합니다. 그만큼 챗GPT를 다양한 영역에서 활발하게 사용할 수 있는데, 그중에서도 이 책은 데이터 분석에 특화된 'Data Analyst'라는 플러그인을 주로 다룹니다. 따라서 Chapter 01에서는 챗GPT로 데이터 분석을 해야 하는 이유와 더불어 이 책에서 주요하게 다룰 도구인 Data Analyst 플러그인, 엑셀 그리고 추가로 알아 두면 좋을 도구인 코파일럿까지 살펴봅니다.

1-1 챗GPT가 있는데 데이터 분석에 엑셀이 필요할까?

1-2 챗GPT의 Data Analyst 플러그인

1-3 엑셀

1-4 코파일럿

1.1 챗GPT가 있는데 데이터 분석에 엑셀이 필요할까?

제가 학교를 졸업하고 직장생활을 시작할 무렵인 아득히 오래 전에 '구글 번역Google Translate'이 막 출시되었습니다. 지금에 비해 번역 결과는 엉망이었지만, 단어 하나하나를 사전으로 찾아 번역해야만 했던 당시엔 놀라운 신기술이었습니다. 이 신기술을 과신한 많은 사람이 "미래에는 컴퓨터의 발전으로 자동 통번역이 될 거니까 나는 영어 공부 안 할 거야."라고 말하곤 했습니다.

구글 번역(translate.google.co.kr)

그럼 과연 지금은 자동 통번역 시대가 왔을까요? 네, 드디어 서광이 비치고 있습니다. AI의 비약적인 발달로 드디어 기술의 장벽을 넘기 일보 직전인 상황입니다. 그러나 이 시대가 오기를 기대하고 영어를 등한시하던 그들은 이미 사회에서 오랜 연차를 쌓았을 겁니다. 영어를 피해다니기엔 너무 긴 시간이었죠.

지금도 마찬가지입니다. 언젠가 AI가 완벽한 통번역을 제공하더라도 외국어 하나 정도 배워 두는 것은 분명 삶에 도움이 됩니다. 외국어를 배운다는 것은 단순히 언어 하나를 유창하게 읽고 쓰고 말하는 것이 아니라 업무 방식과 생활, 문화에 영향을 끼치기 때문이죠. 이러한 깊이 있는 통찰은 기계 번역으로는 얻을 수 없습니다. 또, 업무의 생산성 향상과 AI의 결과를 검증하는 측면에서도 외국어는 배워 두는 게 좋습니다.

챗GPT와 엑셀을 배우는 이유도 같습니다. 대량의 데이터, 자연어 처리 모델, 딥러닝 등 최신 기능으로 무장한 챗GPT는 이미 엑셀의 데이터 처리 능력을 능가했습니다. 사용법도 무척 간단합니다. 데이터 파일을 챗GPT에 업로드하고 원하는 결과를 명령하기만 하면 되죠. 그렇다면 이런 의문이 들 수 있습니다.

> "데이터 분석을 챗GPT 로 할 수 있으면 엑셀이 필요없는 것 아냐?"

이 질문에 대한 대답은 현 시점에서는 확실히 "아니요."라고 자신 있게 말할 수 있습니다. 이유는 앞서 자동 번역 프로그램의 등장으로 영어를 등한시해선 안 되는 이유와 같습니다. 생성 AI가 뛰어나긴 하지만 사용자가 프롬프트(이하 명령)를 명확하게 입력하지 못하는 경우도 있고 반대로 AI가 잘못 이해하는 경우도 있습니다. 또, 생성 AI의 고질병이라 불리는 환각 현상Hallucination도 언제 마주할지 모르는 등 앞으로 해결이 필요한 문제가 많기 때문이죠(그래서 AI의 결과를 검증할 수 있는 사람의 몸값이 올라갈 수밖에 없습니다). 따라서 데이터 분석의 기본 툴인 엑셀은 알아 두는 게 좋습니다. 기본기 없이는 높은 수준에 도달할 수 없습니다.

다만, 예전에는 두꺼운 책을 펼쳐 놓고 하나 하나 따라하면서 엑셀의 수많은 기능을 손에 익혀가면서 썼다면, 지금은 편하게 챗GTP에 몇 줄의 명령을 입력하는 것만으로 데이터 분석 결과를 받을 수 있습니다. 검증할 엑셀 기능도 챗GPT에게 물어보면 됩니다. 이젠 엑셀뿐만 아니라 챗GPT라는 일꾼이 추가로 생긴 셈입니다.

1.2 챗GPT의 Data Analyst 플러그인

챗GPT는 OpenAI가 2022년 11월에 공개하여 사람들의 놀라움을 자아냈던 대화형 인공지능 서비스입니다. 현재 GPT-4o, o1-preview, GPT-4를 기반으로 서비스를 제공하고 있죠. 챗GPT 무료 버전에서도 [Data Analyst] 플러그인을 사용할 수 있으나 유료 버전의 [Data Analyst] 플러그인에서 데이터 처리 관련 다양한 업무를 비교적 제약 없이 수행할 수 있습니다.

▶ Data Analyst는 '데이터 분석가'로 번역해야 하지만 편의상 이 책에서는 이를 '데이터 분석'이라고 짧게 칭하겠습니다.

플러그인^{Plugin}이란 언어 모델을 위해 고안된 챗GPT의 확장 도구로, 마치 스마트폰 생태계의 애플리케이션(앱)과 같다고 보면 됩니다. [Data Analyst] 플러그인의 역할을 요약하면 다음과 같습니다.

'데이터 분석' 플러그인의 5가지 역할

1. 데이터 전처리
2. 통계 분석
3. 탐색적 자료 분석 및 시각화
4. 머신러닝/딥러닝 모델 실행
5. 최적 모델 선정 및 해석

그렇다면 챗GPT의 사용법을 소개할 겸 지금 바로 [Data Analyst] 플러그인을 가볍게 만나 보겠습니다.

1-2-1 챗GPT에 접속하기

01 먼저 OpenAI에서 서비스하는 챗GPT 웹사이트로 이동하겠습니다. 구글에서 "챗GPT"를 검색하거나 브라우저 주소창에 chat.openai.com을 입력하세요.

02 챗GPT를 이용하기 위해서는 계정이 필요합니다. 회원가입은 [Sign up], 계정이 있다면 [Log in]을 눌러 클릭해 로그인을 진행합니다.

▶ 구글 계정이 있다면 간단하게 회원가입과 로그인을 진행할 수 있습니다.

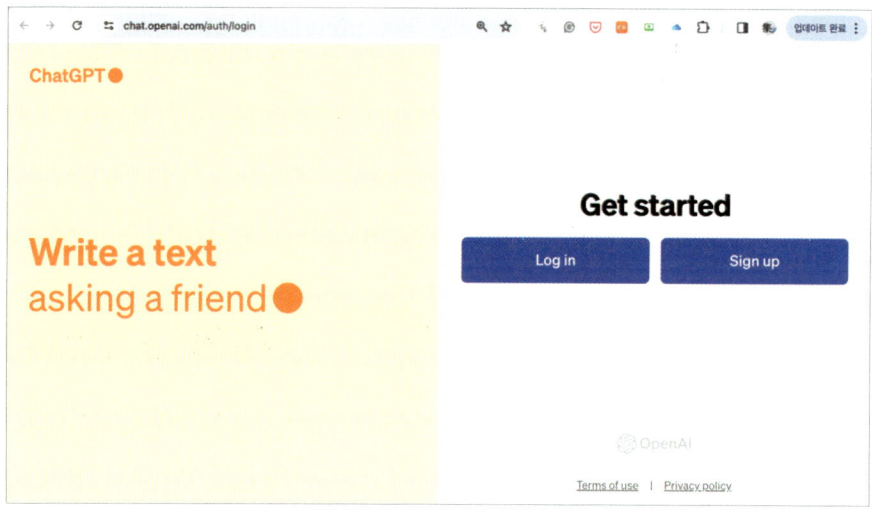

1-2-2 챗GPT 플랜 업그레이드

01 로그인을 하면 챗GPT 무료 버전이 나옵니다. 유료 버전인 플러스로 전환하겠습니다. 화면 왼쪽 하단에 [플랜 업그레이드(Upgrade plan)]를 클릭합니다.

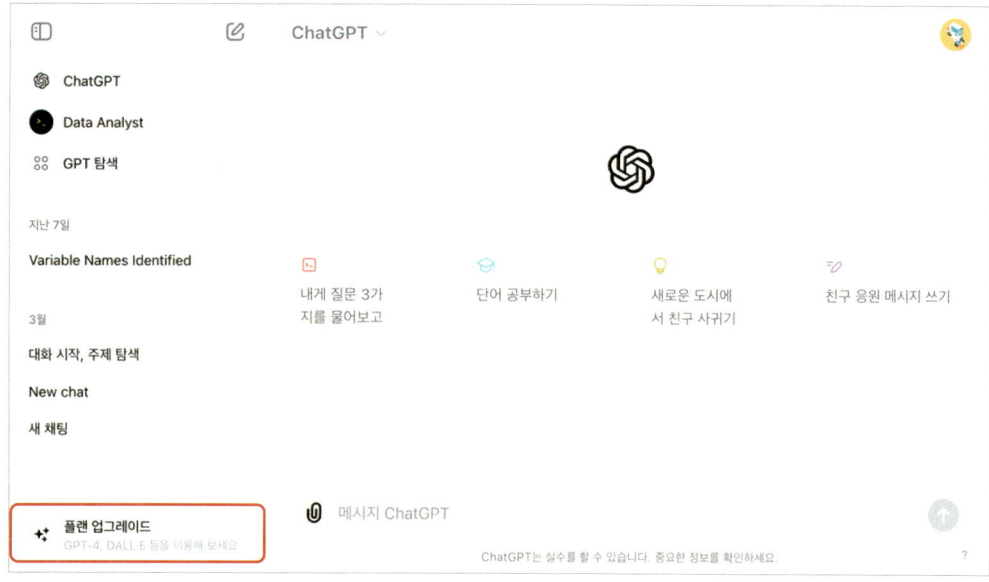

02 현재 챗GPT는 무료 버전인 'Free'와 매달 20달러로 더 나은 기능을 사용할 수 있는 'Plus' 그리고 매달 25달러로 여러 명이 사용할 수 있는 'Team'이 있습니다. 부담 없이 쓸 수 있는 무료 버전은 GPT 4o mini 및 제한적 GPT-4o 모델이고 Plus와 Team은 o1-프리뷰, o1-mini, GPT-4o, GPT-4o mini, GPT-4 모델까지 사용합니다. 아울러 Team 버전은 동료들과 공유하는 workspace에서 작업 결과를 공유할 수 있습니다.

03 플러스로 플랜을 업그레이드하면 화면 상단에 위치한 모델명이 적힌 버튼을 클릭해 원하는 버전을 선택할 수 있습니다. [ChatGPT 4o] 체크박스를 클릭해 버전을 전환합니다.

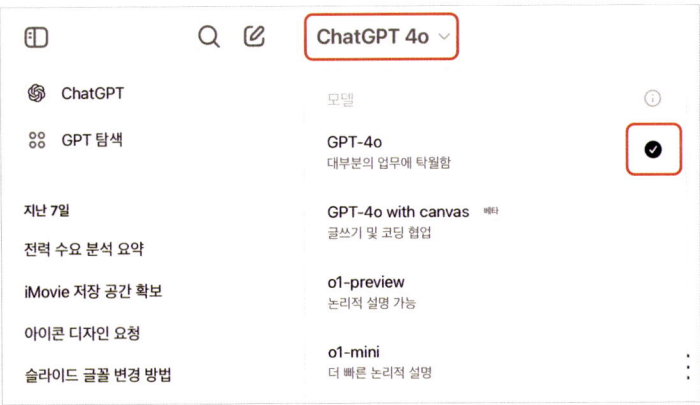

1-2-3 '데이터 분석' 플러그인 사용해 보기

01 GPT-4로 버전을 전환하면 화면 왼쪽 상단에 [GPT 탐색하기(Explore)]를 볼 수 있습니다. 이 메뉴를 눌러 'Data Analyst(이하 데이터 분석)' 플러그인을 실행합니다.

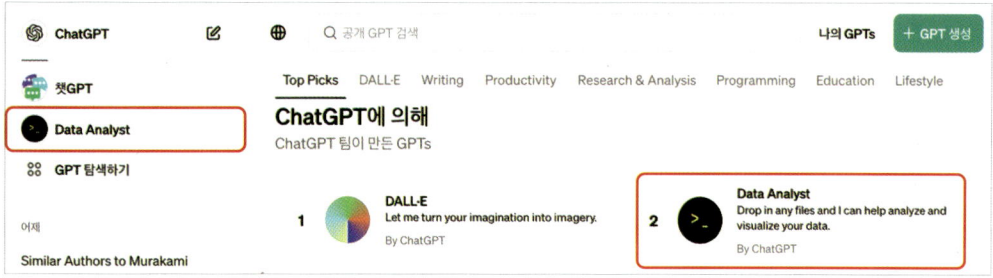

02 이제 '데이터 분석' 플러그인을 실행한 상태에서 명령(프롬프트)을 입력해 보겠습니다. '데이터 분석' 플러그인이 어떤 기능을 가지고 있는지 파악할 겸 '데이터 분석'이 어떤 기능을 가지고 있는지 설명해 달라는 명령을 입력했습니다.

▶ 명령은 반드시 영어일 필요는 없습니다. 더 정확한 결과를 위해 영어를 사용하기 위해선 '구글 번역', '파파고'와 같은 번역 프로그램의 도움을 받아도 좋습니다.

 Please explain your function in 'Data Analyst' Plugin by ChatGPT. (해석: 챗GPT가 제공하는 데이터 분석(Data Analyst 플러그인) 기능을 설명해 줘.)

 대답: …(중략)…I'll explain the functions I provide in the field of data analysis.

Data Interpretation and Analysis: I assist in interpreting and analyzing data from various sources. This includes understanding and analyzing statistical measures, trends, and patterns within the data, and providing insights or conclusions based on the analysis.

Data Visualization: I assist in creating visual representations of data, such as charts, graphs, and plots. This helps in better understanding and communicating the findings from the data.

… (중략)…

ⓘ 궁금해요! 챗GPT의 대답이 책과 달라요!

챗GPT의 대답을 살펴볼 때 유의점이 있습니다. 챗GPT는 자연어 처리에 특화된 생성 AI로, 동일한 명령을 해도 여러분이 얻는 대답은 이 책의 결과와 다를 수 있습니다. 이는 챗GPT가 초기 파라미터가 랜덤하게 주어지는 딥러닝 모델에 속하기 때문에 시간대나 질문자에 따라 결과가 달라지기 때문입니다. 또는 AI 모델을 학습시키는 진도나 명령할 때 입력하는 쉼표나 공백의 개수도 영향을 미칩니다.

03 영어로 질문을 하면 챗GPT도 영어로 대답을 합니다. 따라서 이를 한국어로 번역해 달라고 다시 명령합니다. 이제 '데이터 분석' 플러그인이 어떤 역할을 하는지 한국어로 잘 정리된 것을 확인할 수 있습니다.

 위의 질문과 결과를 한국어로 번역해 줄래?

 …(중략)…제가 데이터 분석 분야에서 제공하는 기능에 대해 설명드리겠습니다.

데이터 해석 및 분석: 다양한 출처의 데이터를 해석하고 분석하는 데 도움을 드립니다. 이것은 데이터 내의 통계적 측정값, 추세 및 패턴을 이해하고 분석을 바탕으로 통찰력이나 결론을 제공하는 것을 포함합니다.

데이터 시각화: 데이터를 차트, 그래프, 플롯과 같은 시각적 표현으로 만드는 데 도움을 드립니다. 이는 데이터에서 찾는 내용을 잘 이해하고 전달하는 데 도움이 됩니다.

통계 분석: 기본적인 서술 통계에서부터 회귀 분석, 가설 검증, 시계열 분석과 같은 복잡한 분석에 이르기까지 다양한 통계 분석을 시행할 수 있습니다.

데이터 정리 및 준비: 데이터를 분석하기 위해 준비하는 과정에서 도움을 드립니다. 이는 데이터 정리, 누락값 처리, 분석에 적합한 형식으로 데이터 변환 등을 포함합니다.

프로그래밍 지원: 데이터 분석을 위한 코드 작성 및 디버깅을 돕고 데이터 분석 라이브러리 및 도구 사용에 대한 안내를 제공합니다. 주로 파이썬 언어를 다룹니다.

기계 학습 기초: 데이터 분석에 초점을 맞추고 있지만, 데이터 분석과 함께 자주 사용되는 기본적인 기계 학습 기법을 이해하고 적용하는 데에도 도움을 드릴 수 있습니다.

교육 지원: 데이터 분석이나 통계학을 배우고 계시다면, 복잡한 개념을 이해하는데 도움이 될 설명, 예제, 지원을 제공합니다.

문제 해결: 데이터 분석과 관련된 문제를 브레인스토밍하고 해결하는 데 도움을 드립니다. 귀하의 특정 필요에 맞는 제안과 모범 사례를 제공합니다.

▶ 단, 데이터 분석의 효과는 제공하는 데이터의 질과 맥락에 크게 의존한다는 점에 유의하세요.

챗GPT에게 '질문'과 '결과'를 번역해 달라고 했는데 '결과'만 번역해 주고 있습니다. 이렇듯 아직은 기능이 완전하지 않은 면도 있습니다. 결과를 정리하면 GPT-4 '데이터 분석' 플러그인의 주요 기능은 다음 5가지입니다. 이를 데이터 분석 프로세스 순서로 재배치하고 전문 용어로 대체하면 다음과 같습니다.

'데이터 분석' 플러그인의 주요 기능 5가지
- **데이터 전처리** (데이터 정리 및 준비)
- **통계 분석**
- **탐색적 자료 분석 및 시각화** (데이터 시각화)

- **머신러닝/딥러닝 모델 실행** (기계 학습 기초)
- **최적 모델 선정 및 해석** (데이터 해석 및 분석)

지금까지 우리는 챗GPT-4의 '데이터 분석' 플러그인을 실행해 보고 이 플러그인이 제공하는 주요 기능 5가지를 살펴봤습니다. 앞으로 다양한 실습을 통해 '데이터 분석' 플러그인의 상세한 기능을 계속 소개하겠습니다.

 궁금해요! **챗GPT의 대답을 100% 믿지 마세요!**

챗GPT-4의 명령 입력 창 아래를 보면 이런 문구를 볼 수 있습니다.

이는 챗GPT의 분석 결과를 곧이 곧대로 받아들이면 안 된다는 암묵적인 의미입니다. 이에 대한 예로, 앞서 '데이터 분석 플러그인에 대한 명령'에서 GPT-4의 대답 중 마지막 문장을 다시 살펴보겠습니다. 이 문장을 원문과 비교하면 더 명확합니다.

> "(챗GPT) Remember, while I can assist in many aspects of data analysis, the effectiveness of the analysis largely depends on the quality and nature of the data provided and the context in which it is used(단, 데이터 분석의 효과는 제공되는 데이터의 질과 사용되는 맥락에 크게 의존한다는 점을 기억해 주세요.)."

아래 영어 문장 첫 줄의 while절에 주의해서 해석해 보자면 "제가 데이터 분석의 여러 측면에서 도움을 드리기는 하지만... (전체적으로 유의해 주세요.)"이라는 뜻이 됩니다.

즉, '챗GPT가 도와드리기는 하지만(while I can assist…)' 이라는 영어 문장이 매우 중요한 의미를 가집니다. 이처럼 챗GPT는 명백하게 경고하고 있습니다. "제공되는 데이터의 품질과 특성, 그리고 데이터가 사용되는 맥락이 중요합니다."라는 말은 사용자가 주의해서 이런 점들을 스스로 체크해야 한다는 뜻입니다. 따라서 데이터 분석 과정에서 여러분이 개입해서 엑셀(혹은 파이썬이나 기타 툴)을 통해 챗GPT 결과를 검증하는 것이 바람직합니다. 효과적인 분석이 이루어지려면 주어진 데이터의 품질과 특성 그리고 데이터가 사용되는 맥락이 중요하다는 것을 염두에 두세요.

1.3 엑셀

마이크로소프트가 제공하는 엑셀은 스프레드시트 프로그램으로, 데이터 저장, 관리, 분석 및 시각화를 위해 널리 사용됩니다. 엑셀의 가장 강력한 기능 중 하나는 고급 데이터 분석과 복잡한 수치 계산 능력입니다. 피벗 테이블, 함수 및 공식, 데이터 필터링 및 정렬 같은 기능을 사용하여 대량의 데이터를 효율적으로 분석하고 관리할 수 있습니다. 또한, 엑셀은 다양한 차트와 그래프를 통해 데이터를 시각화할 수 있는 기능을 제공하여, 데이터에서 통찰력을 얻고 이를 쉽게 이해하고 공유할 수 있게 합니다.

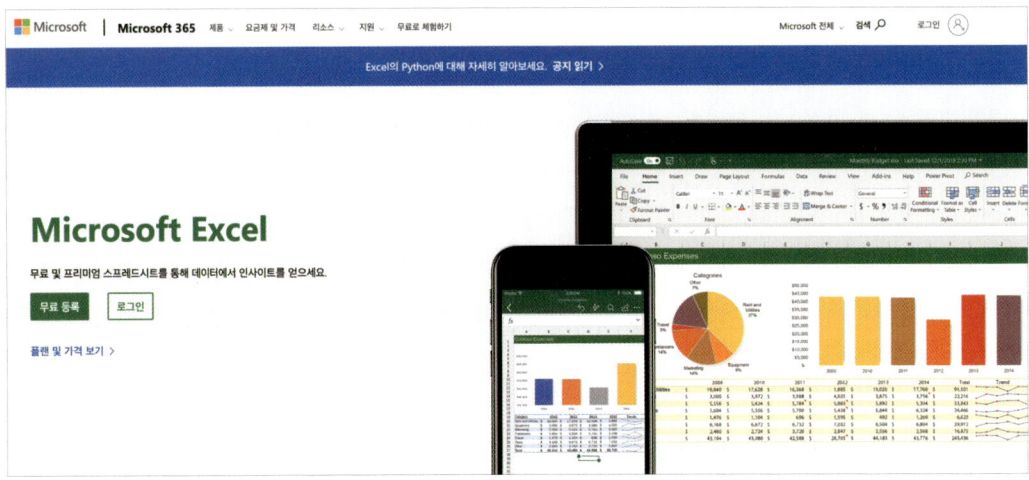

출처: https://www.microsoft.com/ko-kr/microsoft-365/excel

1-3-1 엑셀 최신 버전으로 업데이트하기

이 책에서 사용하는 엑셀은 현재 시점에서 가장 최신 버전인 '마이크로소프트 365 Personal' 버전입니다. 동일한 실습 환경을 원한다면 엑셀을 최신 버전으로 업데이트하는 것이 좋습니다. 엑셀 업데이트를 위해서는 마이크로소프트 365 정품 등록이 필요하고 개인은 '마이크로소프트 365 Personal'과 'Family' 중 선택하면 됩니다. 구체적인 엑셀 버전 업데이트 과정은 다음과 같습니다.

01 엑셀을 열고 상단 오른쪽의 사용자 아이디를 클릭합니다. 사용자 계정 창이 뜨면 [Office 사용자 정보]를 클릭합니다.

▶ 사용자명을 별도로 지정하지 않으면 "New User"로 표시됩니다.

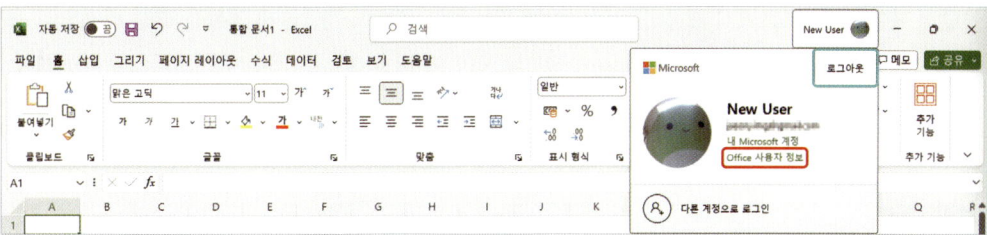

02 '계정' 창이 열리면 [업데이트 옵션]을 선택하여 드릴다운 메뉴에서 [지금 업데이트]를 클릭해 필요한 업데이트를 진행합니다.

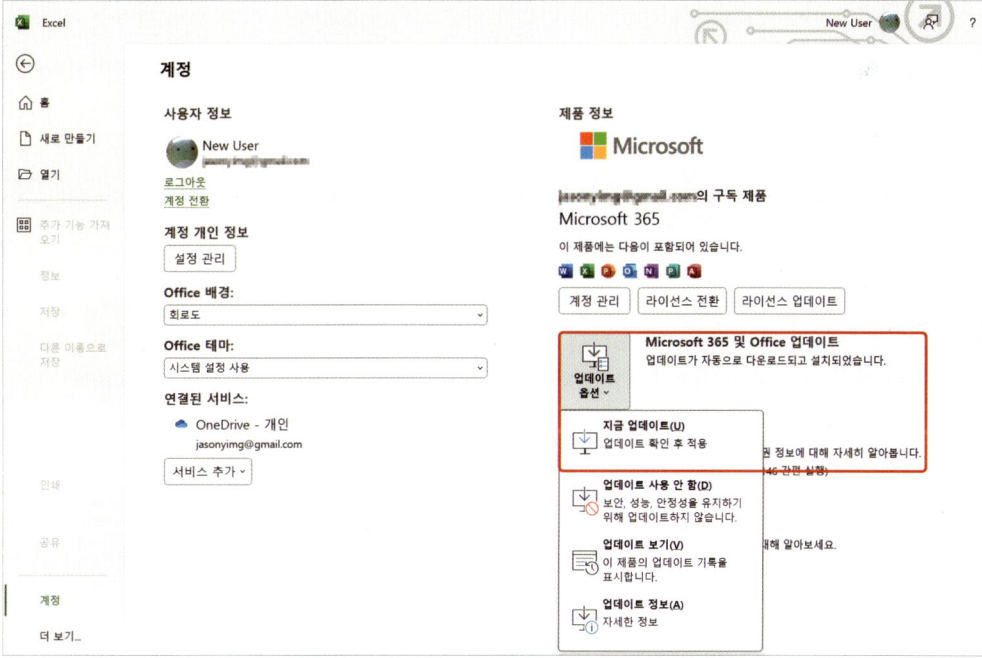

03 업데이트를 진행하면 마이크로소프트 365 오피스와 엑셀이 함께 업데이트됩니다.

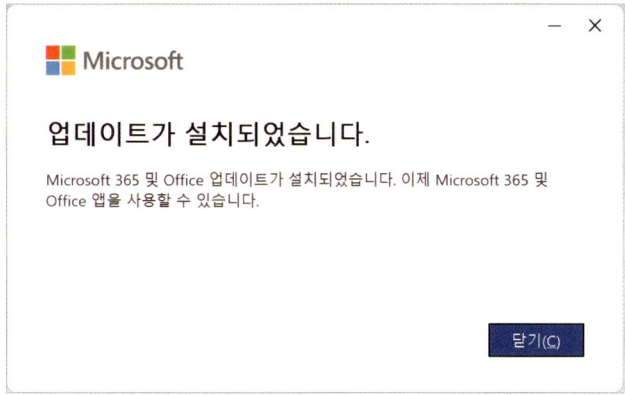

이렇게 마이크로소프트에서 제공하는 업데이트 기능을 이용하면 간단하게 엑셀을 최신 버전으로 유지할 수 있습니다. 참고로 마이크로소프트 365 제품은 별도의 버전 정보를 제공하지 않습니다. 이 책에 사용된 사용된 엑셀 제품은 책의 출간 시점 기준 최신 업데이트를 적용했습니다.

1.4 코파일럿

코파일럿^{Copilot}은 마이크로소프트가 개발한 대규모 언어 모델 기반의 챗봇입니다. 최초의 제품군으로는 마이크로소프트 엣지 브라우저에 빙챗$^{Bing\ Chat}$이라는 이름으로 2023년 2월에 출시되었습니다. 이처럼 마이크로소프트는 코파일럿이라는 브랜드를 자사의 여러 서비스에 적용합니다. 그 일환으로 정품 윈도우 11의 바탕 화면에는 [프리 코파일럿(Pre Copilot)]이라는 아이콘이 있는데 이를 클릭하면 화면 오른쪽에 '프리 코파일럿 with 빙챗' 창이 뜹니다.

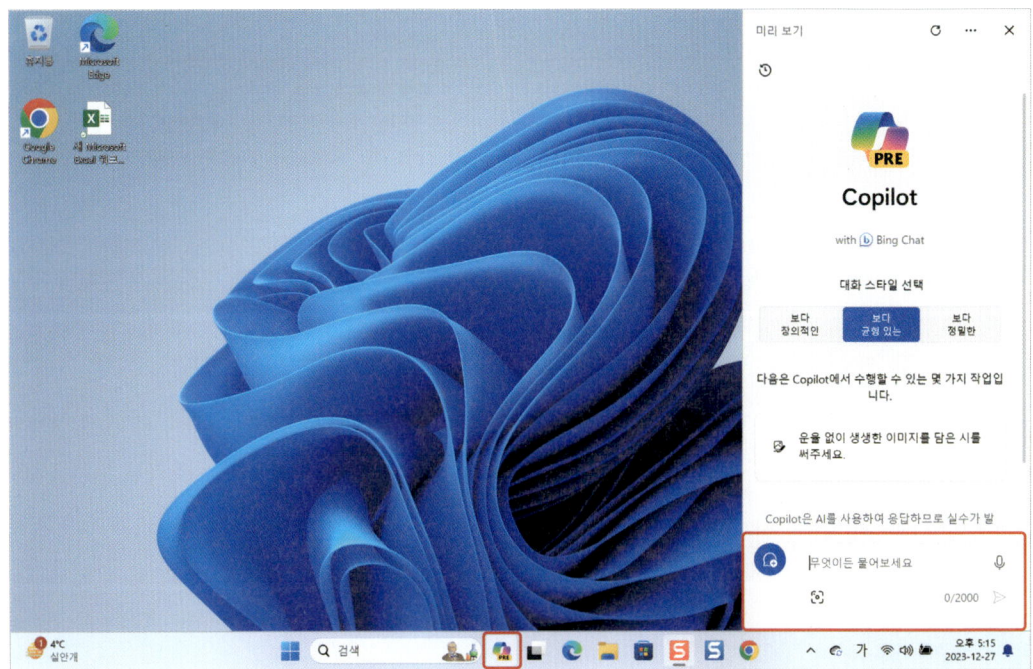

프리 코파일럿은 무료지만 아쉽게도 데이터세트 파일을 입력하거나 분석하는 기능은 없습니다. 또, 아직까지는 프리 코파일럿이 챗GPT보다 처리 시간이 더 걸린다는 단점도 있죠.

하지만 엑셀 작업을 돕는 기능은 있습니다. 마이크로소프트는 프리 코파일럿에 이어 마이크로소프트 365 코파일럿을 연달아 출시했는데요. 여기에는 엑셀 작업, 즉 데이터 수집, 수식 생성, 작업 자동화 등을 도와주는 AI 기능 '코파일럿 인 엑셀$^{Copilot\ in\ Excel}$'도 포함됩니다. 이 기능을 한국어로 사용할 수 있는지 알아보기 위해 빙챗 코파일럿에 다음과 같이 질문해 봤습니다.

코파일럿 인 엑셀(Copilot in Excel)을 한국에서 한국 이용자들이 한글로 사용 가능한가?

 한국 사용자들은 Microsoft Copilot을 Excel에서 사용할 수 있습니다. Microsoft 365 Personal 또는 Family 구독을 통해 Word, Excel, PowerPoint, OneNote, Outlook과 같은 일부 앱에서 Copilot에 액세스할 수 있습니다. 현재 Excel 기능은 영어로만 미리 보기 중입니다.

참고로 마이크로소프트에 의하면 엑셀 코파일럿의 AI 기능이 챗GPT에 기반하지만 독자적인 대규모 언어 모델이라고 밝히고 있습니다.

> "MicrosoftCopilot 다양한 작업 및 활동에 대해 사용자에게 개인 설정된 지원을 제공하는 것을 목표로 하는 AI 기반 디지털 도우미입니다. Copilot는 챗GPT와 Microsoft 365를 연결하는 것이 아니라, LLM(대규모 언어 모델)의 기능을 Microsoft Graph(일정, 전자 메일, 채팅, 문서, 모임 등 포함) 및 Microsoft 365 앱의 강력한 기능을 결합하여 단어를 전 세계의 가장 강력한 생산성 도구로 바꿉니다."

출처: 마이크로소프트(bit.ly/4814Jbv)

▶ Microsoft Graph는 마이크로소프트 365 서비스에 저장된 데이터에 대한 액세스를 제공하는 툴입니다.

이 책을 쓰는 현재 코파일럿 인 엑셀은 영어로만 서비스 중이며 매달 30달러의 구독료를 내야 합니다. 유료 버전 챗GPT 구독료가 월 20달러이므로 둘 다 구독하는 게 부담이 될 수 있습니다. 더군다나 아직 영어로만 미리 보기 서비스를 하고 있다거나 한글 데이터 분석 기능이 미비하다는 한계가 있습니다. 따라서 이 책에서는 챗GPT보다 코파일럿의 검색 결과가 더 유용할 때 살펴보는 정도로 언급하겠습니다.

CHAPTER

02

챗GPT의 데이터 분석 플러그인 다루기

막상 챗GPT 플러그인을 사용하려면 막막할 수 있습니다. 플러그인 사용법을 쉽게 익힐 수 있도록 이 장에서는 서울시 공공데이터 사이트로부터 상권 분석 데이터를 다운로드받아 챗GPT 데이터 분석 플러그인을 사용해서 간단한 맛보기 분석을 실시합니다.

2-1 데이터세트 불러오기
2-2 챗GPT로 데이터 분석하기
2-3 챗GPT 가이드라인

2.1 데이터세트 불러오기

데이터 분석에는 데이터가 필요합니다. 데이터가 행 단위로 쌓여서 엑셀처럼 행과 열을 갖춘 형태를 데이터세트라고 칭합니다. 이제부터 데이터세트를 구하는 과정을 살펴보겠습니다.

2-1-1 서울시 공공 데이터 내려받기

01 이번 실습에서 사용할 데이터세트를 불러오겠습니다. 서울시에서 제공하는 서울 열린데이터 광장(data.seoul.go.kr)으로 이동합니다.

▶ 서울 열린데이터 광장에서는 서울시와 자치구, 산하기관에서 보유한 공공데이터를 무료로 다운로드받아 사용할 수 있습니다.

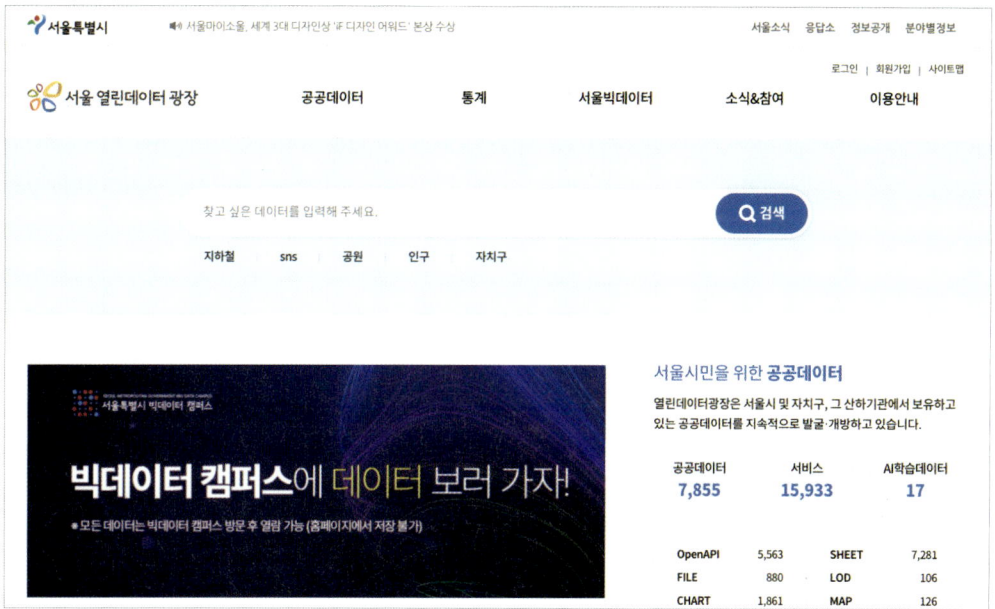

02 검색창에 "서울시 상권분석서비스(추정매출—상권)"를 입력하면 데이터 파일을 내려받을 수 있는 목록이 뜹니다. 최근 데이터인 '서울시_상권분석서비스(추정대출 상권)_2022년.zip' 파일을 내려받습니다. 그리고 이 파일을 컴퓨터의 [문서 → Book4 → Ch2] 폴더를 생성해서 저장합니다.

▶ 이 책에서 사용하는 모든 데이터세트와 관련 자료는 github.com/jasonyim2/book4에서도 다운로드받을 수 있습니다.

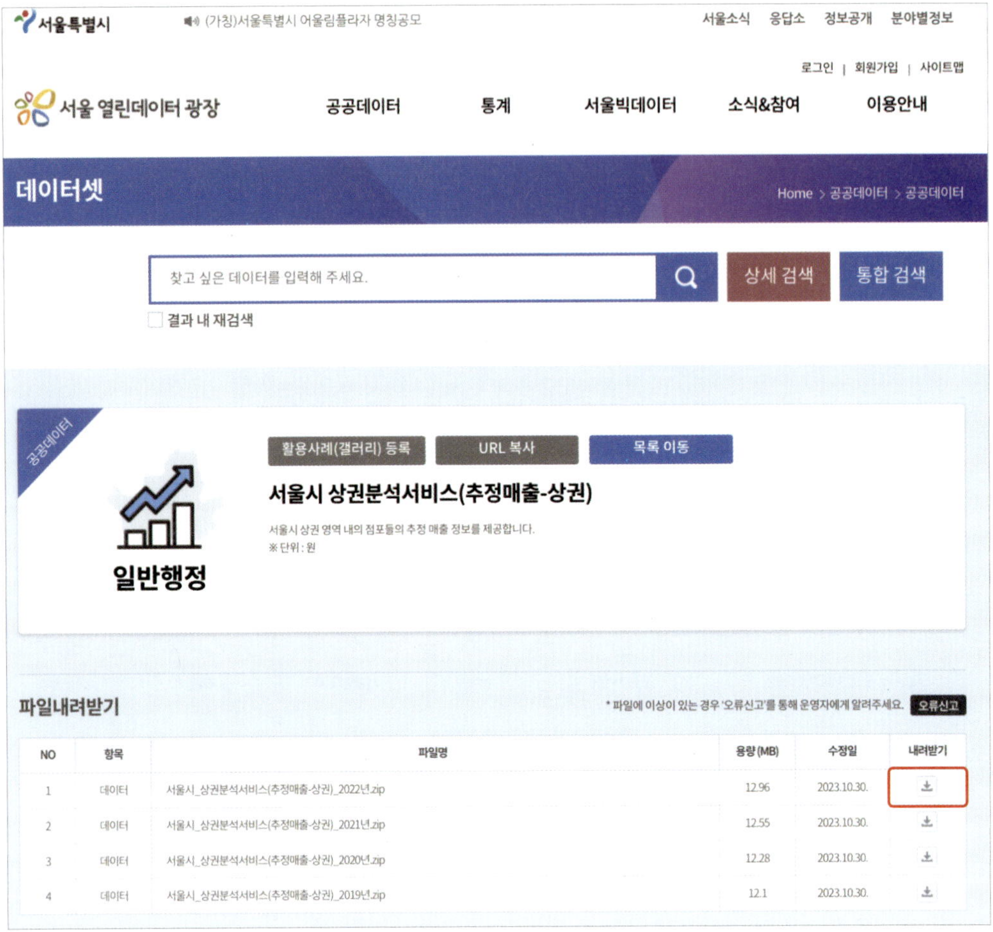

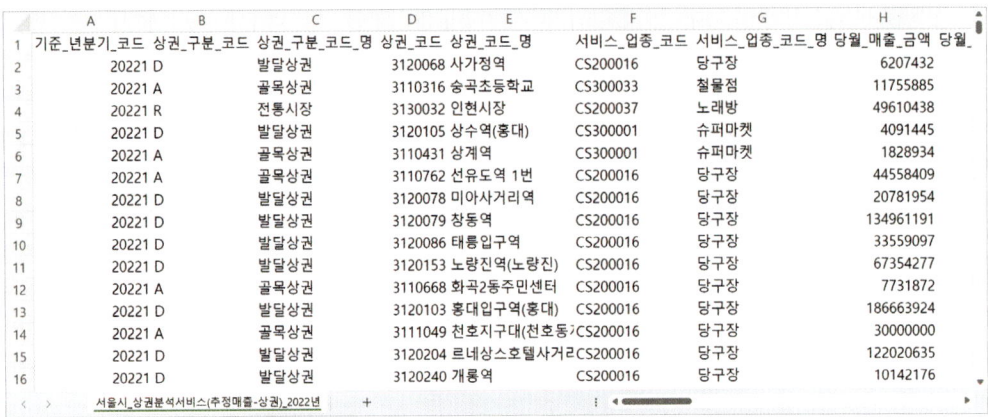

03 다운로드받은 압축 파일을 풀고 엑셀로 실행하면 다음과 같은 데이터를 확인할 수 있습니다.

	A	B	C	D	E	F	G	H	
1	기준_년분기_코드	상권_구분_코드	상권_구분_코드_명	상권_코드	상권_코드_명	서비스_업종_코드	서비스_업종_코드_명	당월_매출_금액	당월_
2	20221	D	발달상권	3120068	사가정역	CS200016	당구장	6207432	
3	20221	A	골목상권	3110316	숭곡초등학교	CS300033	철물점	11755885	
4	20221	R	전통시장	3130032	인현시장	CS200037	노래방	49610438	
5	20221	D	발달상권	3120105	상수역(홍대)	CS300001	슈퍼마켓	4091445	
6	20221	A	골목상권	3110431	상계역	CS300001	슈퍼마켓	1828934	
7	20221	A	골목상권	3110762	선유도역 1번	CS200016	당구장	44558409	
8	20221	D	발달상권	3120078	미아사거리역	CS200016	당구장	20781954	
9	20221	D	발달상권	3120079	창동역	CS200016	당구장	134961191	
10	20221	D	발달상권	3120086	태릉입구역	CS200016	당구장	33559097	
11	20221	D	발달상권	3120153	노량진역(노량진)	CS200016	당구장	67354277	
12	20221	A	골목상권	3110668	화곡2동주민센터	CS200016	당구장	7731872	
13	20221	D	발달상권	3120103	홍대입구역(홍대)	CS200016	당구장	186663924	
14	20221	A	골목상권	3111049	천호지구대(천호동	CS200016	당구장	30000000	
15	20221	D	발달상권	3120204	르네상스호텔사거리	CS200016	당구장	122020635	
16	20221	D	발달상권	3120240	개봉역	CS200016	당구장	10142176	

서울시_상권분석서비스(추정매출-상권)_2022년

04 이 데이터세트의 행과 열의 수를 확인해 보겠습니다. 방법은 간단합니다. 아무 열이나 클릭하면 하단에서 데이터세트의 행 수를 확인할 수 있습니다.

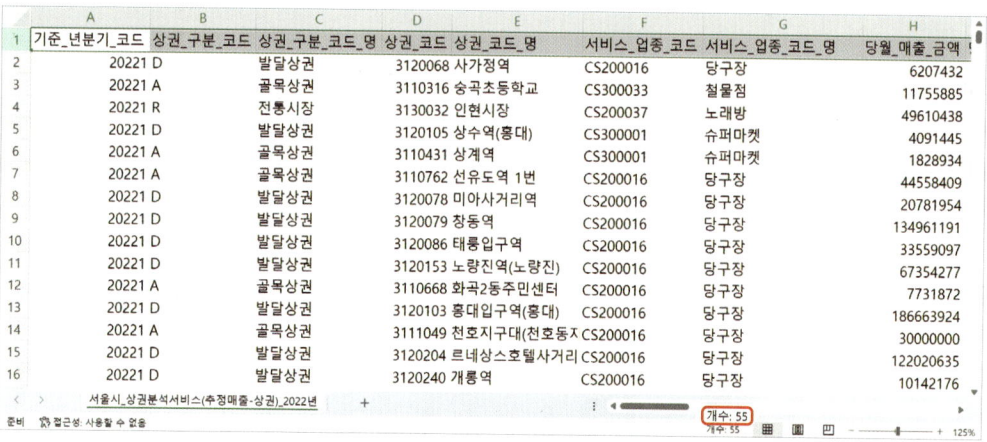

05 엑셀 화면의 왼쪽 행 번호를 클릭하면 데이터세트의 열 개수를 확인할 수 있습니다. 결과는 마찬가지로 오른쪽 아래에서 확인할 수 있습니다.

이 데이터세트는 8만 줄이 넘는 레코드^{Records}를 갖고 있습니다. 분량이 너무 많다고요? 아닙니다. 데이터 분석 연습용으로 딱 좋은 분량입니다. 이처럼 데이터세트를 구하면 제일 먼저 행과 열의 개수를 구하고 변수명과 데이터 정의도 확인해야 합니다. 챗GPT가 데이터 분석 작업을 어느 정도는 자동화하겠지만, 변수명과 데이터 정의 파악은 사용자가 수동으로 확인해야 합니다. 그것이 데이터 분석의 기본입니다. 따라서 챗GPT와 본격적으로 협업을 시작하기 앞서 데이터세트를 다듬어 보겠습니다.

> **? 궁금해요!**   엑셀이 불러올 수 있는 데이터세트의 한계
>
> 여러 공공데이터를 내려받아 보면 수백만 줄이 넘어가는 데이터세트도 종종 있습니다. 하지만 엑셀이 읽어들일 수 있는 데이터세트의 분량은 100만 줄을 약간 초과하는 정도입니다. 따라서 분량이 너무 큰 파일은 파이썬이나 챗GPT '데이터 분석' 플러그인을 통해 데이터세트를 분할한 후 엑셀에 불러들일 수 있습니다.

2-1-2 데이터 다듬기

01 변수명 배열의 가독성을 높이기 위해 행과 열의 위치를 바꾸겠습니다. 먼저 1행을 클릭하고 [Ctrl] + [V] 키를 눌러 행을 복사합니다.

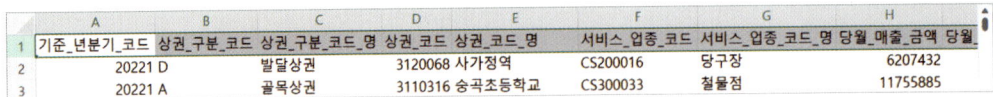

02 엑셀 맨 아래 시트 오른쪽의 [+]를 눌러 시트를 하나 생성합니다. 그런 다음 A1 셀을 클릭하고 마우스 오른쪽 버튼을 눌러 붙여 넣기 옵션 중에서 [행/열 바꿈] 아이콘을 선택합니다.

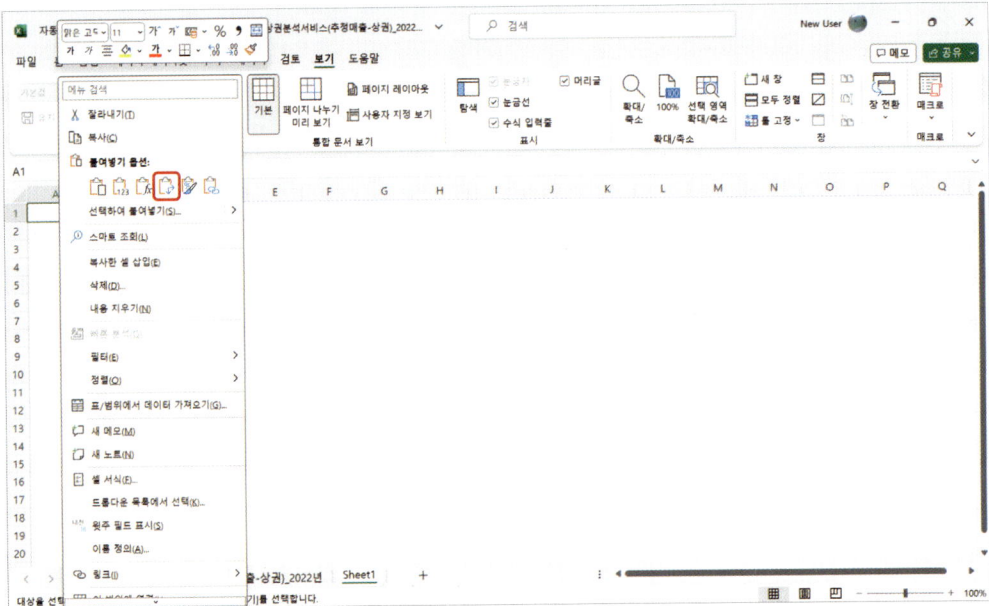

03 이제 변수명이 식별하기 좋게 나열됩니다. 이렇게 새로 만든 Sheet1의 A열을 클릭하면 엑셀 하단 오른쪽에 A열이 몇 줄로 구성돼 있는지 알 수 있습니다. 오른쪽 아래를 보면 '개수 : 55'라고 표시됩니다. 즉, 변수는 총 55개입니다.

2-1-3 변수 간추리기

01 총 55개 변수 중에서 분석을 위해 꼭 필요한 변수명만 간추려 보겠습니다. 이런 일은 챗GPT가 하기에는 아직 무리가 있습니다. 이처럼 데이터 분석 업무는 아직도 사람의 손이 필요합니다. 제가 간추려 낸 변수명은 다음과 같은 21개입니다. 이 작업은 사람의 손이 필요합니다. 일일이 변수명과 값을 보고 골라낼 변수를 선택해야 합니다.

B
기준_년분기_코드
상권_구분_코드
상권_코드
서비스_업종_코드
당월_매출_금액
당월_매출_건수
주말_매출_금액
월요일_매출_금액
일요일_매출_금액
시간대_00~06_매출_금액
시간대_11~14_매출_금액
시간대_17~21_매출_금액
여성_매출_금액
연령대_10_매출_금액
연령대_20_매출_금액
연령대_30_매출_금액
주중_매출_건수
월요일_매출_건수
일요일_매출_건수
시간대_건수~11_매출_건수
시간대_건수~21_매출_건수

02 이제 변수명을 확인하기 위해 추가로 작성한 Sheet1과 나머지 변수명과 값들은 제거하고 21개의 변수만으로 구성된 데이터세트 파일을 서울시_상권분석.short.csv라는 이름으로 방금 생성한 [문서 → Book4 → Ch2] 폴더에 저장하겠습니다. 파일 형식은 그대로 csv로 저장합니다.

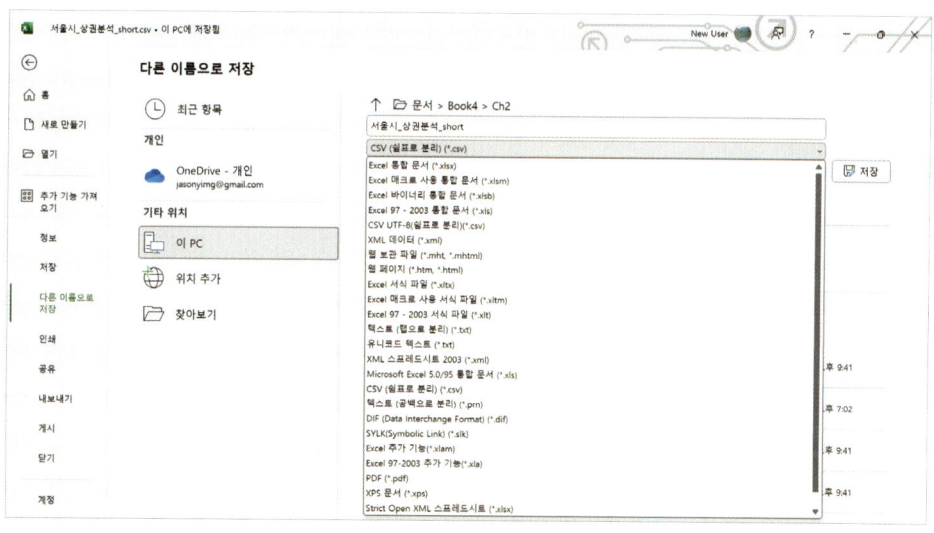

2.2 챗GPT로 데이터 분석하기

2-2-1 챗GPT-4에 데이터세트 올리기

01 이제 챗GPT를 활용해 데이터를 분석해 보겠습니다. 먼저 데이터세트를 챗GPT에 올려야 합니다. 챗GPT 웹사이트(chat.openai.com)로 이동해서 앞서 설치해 둔 [Data analyst] 플러그인을 클릭합니다. 그런 다음 입력창 왼쪽에 클립 모양의 파일 첨부 아이콘을 클릭합니다.

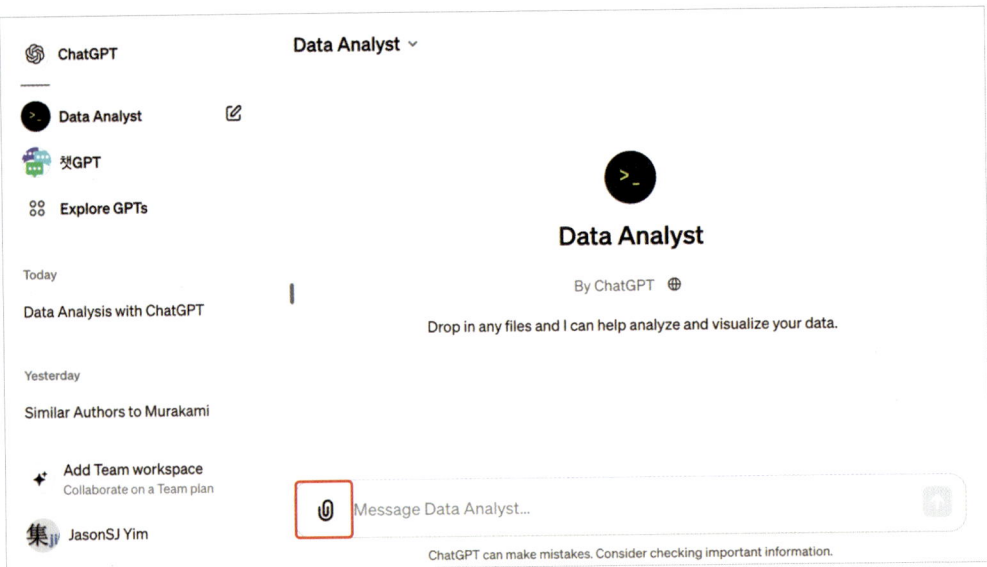

02 아이콘을 클릭하면 로컬에 있는 데이터세트를 불러올 수 있습니다. 앞서 저장한 서울시_상권분석_short.csv 파일을 선택하고 [열기]를 클릭합니다.

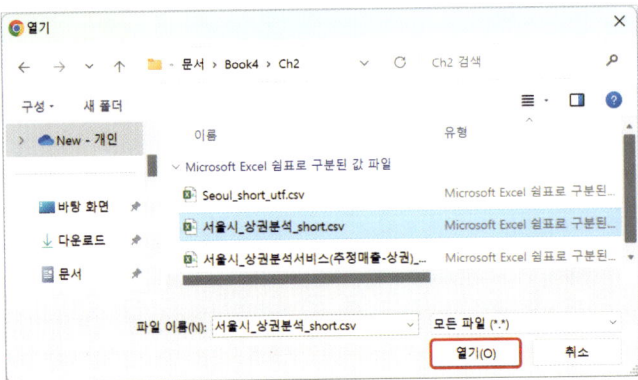

03 그럼 다음과 같이 입력한 파일이 챗GPT에 올라가는 것을 확인할 수 있습니다.

04 이제 챗GPT에게 "변수명이 한국어여도 데이터 분석, 특히 예측(prediction)을 할 수 있니?"라는 명령을 입력합니다. 그런 다음 입력창 오른쪽의 [Send Message] 아이콘을 누르면 챗GPT가 실행됩니다.

▶ 드문 경우긴 하지만, 한국어로 물었을 때 챗GPT가 영어로 답하는 경우가 있습니다. 이때는 간단히 답변을 한국어로 번역해 달라고 명령하면 해결할 수 있습니다.

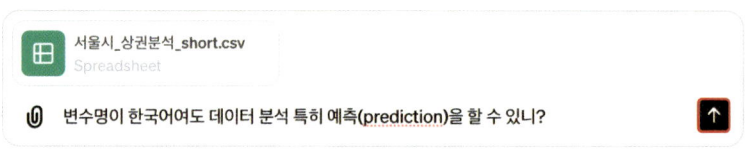

 파일을 읽는 과정에서 Unicode 인코딩 에러가 발생했습니다. 이는 파일이 UTF-8이 아닌 다른 인코딩으로 저장되었을 가능성이 있습니다. 한국에서 자주 사용되는 인코딩 중 하나인 'CP949' (또는 'EUC-KR')를 사용하여 파일을 다시 읽어보겠습니다. 이 인코딩 방식이 파일에 맞다면, 정상적으로 데이터를 불러올 수 있을 것입니다.

05 챗GPT는 데이터세트 변수명이 한국어로 작성되어 있어도 데이터 분석이 가능하다고 대답합니다. 그러나 파일을 읽어 들이는 와중에 에러가 발생합니다. 이는 데이터세트의 파일 형식이 원인이거나 또는 파일 이름이 한글일 때 종종 발생합니다. 따라서 파일 이름은 Seoul_short_uft.csv로, 파일 형식은 CSV UTF-8로 변경해서 다시 저장합니다.

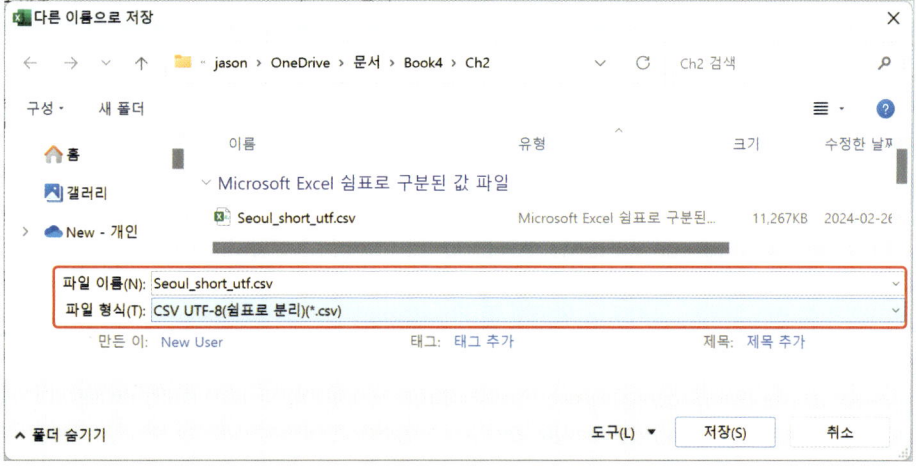

06 새로 저장한 Seoul_short_uft.csv 파일을 다시 챗GPT [Data Analyst] 플러그인에 입력한 다음 원하는 데이터 분석을 명령하고 [Send Message]를 클릭합니다.

▶ 데이터 분석 명령에서 등장하는 낯선 용어는 이 책의 Chapter 09, 10 후반부에서 다룹니다. 지금은 이 정도 질문을 하면 이런 답변이 나온다는 것만 눈으로 익혀 두세요.

 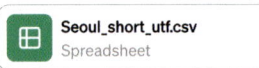

타깃 변수는 '당월_매출_금액'이야. Seoul_short_utf.csv 데이터세트를 훈련 데이터세트와 테스트 데이터세트로 50:50 비율로 random_state=42 설정을 사용해서 분할해 줘. 그런 다음, 파이썬 사이킷런(sklearn) 라이브러리의 선형 회귀(Linear Regression) 모델과 릿지(Ridge)를 각기 사용해서 타깃 변수 '당월_매출_금액'의 값을 예측해 줘. 이때 디폴트 파라미터와 random_state=42를 사용해 주고 이 두 모델의 R^2값도 알려 줘.

데이터세트에는 '상권_구분_코드'와 '서비스_업종_코드'라는 비숫자형 열이 포함되어 있어요. 이 열들을 모델링에 사용하기 위해서는 적절한 방법으로 숫자형 데이터로 변환해야 합니다. 일반적으로 카테고리형 데이터는 원-핫 인코딩(one-hot encoding) 또는 레이블 인코딩(label encoding)으로 처리할 수 있어요.

여기서는 원-핫 인코딩을 사용하여 이 비숫자형 열을 처리하고, 그 다음 선형 회귀(Linear Regression) 모델과 릿지(Ridge) 모델을 훈련시키겠습니다. 처리 후에 각 모델의 R-제곱 값을 계산하겠습니다.

선형 회귀(Linear Regression) 모델과 릿지(Ridge) 모델을 사용하여 '당월_매출_금액'을 예측한 결과, 다음과 같은 R^2값(R-squared Value)을 얻었습니다.

선형 회귀 모델의 R^2값: 0.9942
릿지 모델의 R^2값: 0.995

데이터 분석이 익숙하지 않다면 많은 용어가 낯설 것입니다. 이 용어들은 이 책을 다루면서 하나씩 살펴볼 텐데요. 이 중 **R-제곱(R-squared)(이하 R^2)**을 간단하게 설명하자면 타깃 변수(당월_매출_금액)의 분포(전체 분산)에서 모델이 설명해 내는 비율, 즉 '설명력'을 의미합니다. 이 값은 1에 가까울수록 설명력이 강해지고 0에 가까울수록 약해집니다. 챗GPT가 구한 R^2값은 0.995 정도로, 1에 가까우므로 거의 100%에 달하는 강한 설명력을 가진 데이터인 것입니다.

이렇게 챗GPT를 활용한 데이터 분석을 수월하게 끝내면 좋겠지만, 실무에서 구한 데이터세트의 R^2값은 대부분 50% 미만입니다. 즉, 이 책은 다음 두 질문에 대한 답을 찾는 과정이라고도 볼 수 있습니다.

- 왜 실무 데이터 분석에서는 높은 R^2값을 얻을 수 없는가?
- R^2값은 어떻게 높일 수 있는가?

앞서 도출한 챗GPT의 답변 중 제가 생략한 부분에서는 두 가지 예측 모델(선형 회귀 및 릿지 회귀)을 돌리는데 에러가 발생했고, 이를 챗GPT가 스스로 치유하면서 결과를 내는 과정이 담겨 있습니다. 데이터 분석에 몸 담고 있는 저로서는 감탄이 절로 나옵니다.

하지만 여전히 사람의 섬세한 손길이 추가적으로 필요한 것은 사실입니다. 영국 축구팀 리버풀의 응원 구호 "You never walk alone."처럼 데이터 분석가도 챗GPT와 함께 걸어가야 하는 시대가 됐습니다. 다만 챗GPT는 속도는 빠르지만 골대가 어디 있는지 모르는 선수입니다. 사용자인 여러분이 감독 역할을 해서 골대 방향을 지시하고 어떤 루트로 가야 빠르게 골대까지 갈 수 있는지를 알려 줘야 합니다.

2-2-2 원본 매출과 예측 매출을 비교하고 CSV 파일로 저장하기

01 대부분의 데이터 분석 예제는 예측 모델의 성능평가지표(예: R^2값)를 산출하면 분석을 끝냅니다. 하지만 실무에서는 이렇게 마무리한 작업 결과를 쓸 수 없습니다. 한 걸음 더 나아가 모델의 예측값$^{Predicted\ Value}$을 산출해야 합니다. 예측값은 모델에 입력 데이터를 넣으면 출력되는 값입니다. 이를 위해 모델의 가중치 계산이 필요한데 챗GPT에서 사용하는 머신러닝, 딥러닝 모델들은 데이터를 학습시키면 모델 스스로 가중치 값을 생성합니다. 따라서 챗GPT에게 다음과 같이 명령합니다.

앞서 생성한 테스트 데이터세트에서 원래의 '당월_매출_금액' 변숫값과 위에서 학습한 선형 회귀 (Linear Regression) 모델의 '당월_매출_금액' 변숫값을 비교해서 알려 줄래? 단, 결과는 테스트 데이터세트의 10번째 행까지만 표시하고, 다른 행의 변숫값은 그대로 표기해 줘.

테스트 데이터세트에서 원래의 '당월_매출_금액'과 선형 회귀 모델로 예측한 '당월_매출_금액'을 비교한 결과는 다음과 같습니다.

	기준_년분기_코드	상권_구분_코드	상권_코드	서비스_업종_코드	당월_매출_금액	...	예측_당월_매출_금액
0	20222	D	3120206	CS200003	8.12e+07	...	7.86e+07
1	20224	A	3110743	CS300035	9.91e+05	...	-5.01e+06
2	20224	A	3110226	CS100008	1.29e+08	...	1.34e+08
...							

02 그런데 '당월_매출_금액'과 '예측_당월_매출_금액' 값의 표기법이 익숙하지 않습니다. 이를 '소수점 1자리에서 반올림한 정수'로 변경해 달라고 명령합니다.

▶ 생성 AI라는 챗GPT의 특성 때문에 같은 명령을 해도 결과는 조금씩 달라질 수 있습니다. 따라서 원하는 결과가 나오도록 구체적으로 명령을 하면서 값을 조정하세요.

네가 출력한 테이블에서 '당월_매출_금액'과 '예측_당월_매출_금액'의 숫자를 소수점 1자리에서 반올림하여 정수(integer)로 바꿔 줄래? 다시 출력해 줘.

	기준_년분기_코드	상권_구분_코드	상권_코드	서비스_업종_코드	당월_매출_금액	예측_당월_매출_금액
0	20222	D	3120206	CS200003	81,225,164	78,552,146
1	20224	A	3110743	CS300035	990,708	-5,008,275
2	20224	A	3110226	CS100008	129,419,574	134,260,137

03 이제 이 결과물을 csv 파일로 달라고 명령합니다. 가끔 챗GPT가 생성한 데이터세트는 한글 폰트가 깨지는 경우가 있기 때문에 마지막에 '한글을 깨지지 않게 해줘.'라는 명령을 덧붙입니다.

▶ 생성 AI의 특성상 챗GPT가 제공하는 다운로드 파일 이름은 바뀔 수 있습니다.

 네가 방금 알려준 테이블을 csv 파일 형태로 만들어 주고 내가 다운로드받을 수 있게 해줘. 한글은 깨지지 않게 해 주고.

 테이블을 CSV 파일로 저장했습니다. 한글이 깨지지 않도록 'utf-8-sig' 인코딩을 사용했어요. 아래 링크를 통해 파일을 다운로드받을 수 있습니다.

다운로드: test_set_with_predictions.csv

04 챗GPT가 준 링크를 통해 결과 파일을 다운로드받습니다. 이 파일을 엑셀로 열면 요청한 값이 잘 정리되어 있고 한글도 깨지지 않은 것을 확인할 수 있습니다.

▶ 가독성을 위해 E열과 V열 사이의 변수들은 [숨기기]를 했습니다.

> **❓ 궁금해요!** 　　**값이 숫자가 아니라 텍스트로 뜬다면?**
>
> 간혹 챗GPT가 제공한 파일을 엑셀에서 열면 값이 숫자가 아닌 텍스트로 입력된 경우가 있습니다. 그때는 엑셀 VALUE 함수를 사용해서 숫자로 전환하면 됩니다. 이 과정은 Chapter 09-4-5에 자세히 설명해 두었습니다.

지금까지 GPT-4에서 [Data Analyst] 플러그인을 활용해 간단한 데이터 분석을 마쳤습니다. 짧은 예제였지만 AI의 성능이 놀라울 정도입니다. 하지만 강력한 도우미인 AI를 제대로 활용하려면, 사용자도 데이터 분석 지식과 실무 경험을 쌓아야 한다는 사실을 꼭 명심하기 바랍니다.

2.3 챗GPT 가이드라인

챗GPT는 놀라울 정도로 뛰어난 성능을 가진 새로운 도구로 떠오르고 있습니다. 하루가 다르게 개발되고 있지만 아직까지는 분명한 한계를 가지고 있습니다. 현재 시점에서 챗GPT는 다음과 같은 한계를 가지고 있습니다.

챗GPT의 한계

1. **시간 초과 에러**: 성능 제한으로 시간 초과 에러가 자주 발생합니다. 복잡한 분석 모델은 파라미터 조합을 매우 간단한 모델로 만들지 않으면 실행이 되지 않으며 그리드 서치 모델은 대부분 실행되지 않습니다.

2. **동일하지 않은 결과**: 챗GPT는 동일한 명령을 내려도 분석 모델의 최종 실행 단계에서 다른 결과를 낼 수 있습니다. 이는 스스로 데이터세트를 보고 모델의 파라미터 값을 변경하기 때문입니다. 따라서 모델을 최종 실행한 직후에는 사용한 파라미터를 물어보고 별도로 기록해 두는 것이 좋습니다. 그래야 동일한 결과를 재현할 수 있습니다.

3. **실행 에러**: 현재 시점에서 챗GPT를 한두 시간 사용하다 보면 원인 모를 에러가 발생하는 경향이 있습니다. 게다가 한 번 에러가 발생하면 계속 동일한 에러를 발생시킵니다. 메모리가 중간에 누락됐거나 백그라운드 실행 과정 중 에러가 발생한 경우입니다. 이때는 백약이 무효입니다. 유일한 해결책은 챗GPT를 몇 시간 정도 쉬게 하는 것입니다.

4. **초기화**: 작업을 하던 중 "지금까지 한 명령과 데이터를 모두 잊고 초기화 해줘."라는 명령으로 종종 초기화를 하는 것이 좋습니다. 이는 앞서 3번에서 언급한 실행 에러가 발생했을 때 유효한 방법으로, 잠시 챗GPT를 쉬게 한 다음 초기화를 진행해야 매끄러운 진행이 가능합니다.

모든 명령과 환경이 정상일지라도 챗GPT가 잘못된 답을 내는 경우가 있습니다. 이는 챗GPT가 생성 AI이기 때문에 가진 태생적 한계입니다. 챗GPT뿐 아니라 마이크로소프트, 구글, 메타(페이스북) 등 쟁쟁한 기업의 최신 AI라도 생성 AI라면 동일한 한계를 지닙니다.

이렇게까지 한계가 많은 툴을 데이터 분석에 사용해야 할지 말지 의구심이 들 수 있습니다. 그러나 분석 모델의 최종 실행 단계 이전까지는 챗GPT의 결과를 제법 신뢰할 수 있습니다. 물론 챗GPT도 프로그램이다 보니 궁극적으로 프로그램 자체의 특성이나 버그로 틀린 결과를 낼 수 있습니다. 따라서 데이터 분석에서 챗GPT를 200% 활용할 수 있는 가이드라인을 다음과 같이 제안하고자 합니다.

챗GPT 활용 가이드라인

1. 데이터 분석의 첫 걸음은 엑셀입니다. 챗GPT와 엑셀을 한 몸으로 인식하고 챗GPT로 먼저 분석 작업을 하고 엑셀로 검증하십시오. 점점 엑셀 실력이 늘게 됩니다.
2. 챗GPT는 데이터 전처리에 강합니다. 챗GPT로 먼저 데이터 전처리를 하고 엑셀이나 파이썬으로 검증하십시오.
3. 데이터 분석 모델 최종 실행 단계에서는 반드시 파이썬 등으로 결과를 더블 체크합니다. 참고로 엑셀은 기능상의 한계로 이 단계는 거의 지원하지 않습니다.
4. 데이터 분석 전체 과정, 과정별 순서, 용어 정의는 챗GPT에게 물어보면 됩니다.

결론부터 말하자면 데이터 분석에서 챗GPT를 유용하게 사용하려면 챗GPT에게 먼저 답을 구하고 그 결과를 엑셀이나 파이썬 등 다른 툴로 검증하는 것입니다. 이렇게 분석 과정을 진행하면 챗GPT의 한계를 상쇄하는 것은 물론이고 더블 체크가 되어서 신뢰할 수 있는 작업 결과를 도출할 수 있습니다.

챗GPT는 한계가 있는 툴이지만 그를 상쇄할 만큼 뛰어난 성능을 가지고 있습니다. 특히 데이터 분석의 최종 단계인 파이썬을 배울 때 챗GPT는 최고의 도움을 제공하는 등 유용한 학습서가 될 것입니다.

CHAPTER

03

데이터를 가져오는 방법

기업체 임직원들을 대상으로 '사업 데이터 분석' 강의를 하다 보면 "어디서 비즈니스 데이터를 얻나요?"라는 질문을 자주 듣습니다. 지금부터 우리가 살펴볼 내용은 이 질문에 대한 부분적인 해결책입니다.

3-1 캐글 데이터

3-2 공공 데이터

3-3 웹 데이터

3-4 API 데이터

3.1 캐글 데이터

먼저 데이터 출처로서 캐글 사이트(kaggle.com)가 있습니다. 캐글^{Kaggle}은 데이터 사이언스 및 머신러닝 관련 온라인 커뮤니티로, 머신러닝 대회를 열고 퍼블릭 데이터 플랫폼, 데이터 사이언스 작업장 그리고 인공지능 교육 등을 제공하고 있습니다. 이곳은 데이터의 보물 창고로서, 잘 활용하면 데이터 분석과 모델링 실력을 획기적으로 향상시키는 데 많은 도움이 됩니다. 가장 큰 장점은 구글이 운영하고 있어 대부분의 데이터를 무료로 사용할 수 있다는 것입니다.

3-1-1 캐글 데이터세트 검색하고 내려받기

01 캐글 사이트(kaggle.com)를 방문하면 다음과 같은 첫 화면이 나옵니다. 이 화면에서 상단 오른쪽의 [Register]를 누르고 무료로 등록할 수 있습니다. 저는 이미 무료 등록을 해 두었기 때문에 [Sign in]을 눌러 로그인을 하겠습니다.

> ▶ 캐글은 로그인하지 않으면 데이터세트를 다운로드할 수 없어서 반드시 로그인이 필요합니다.

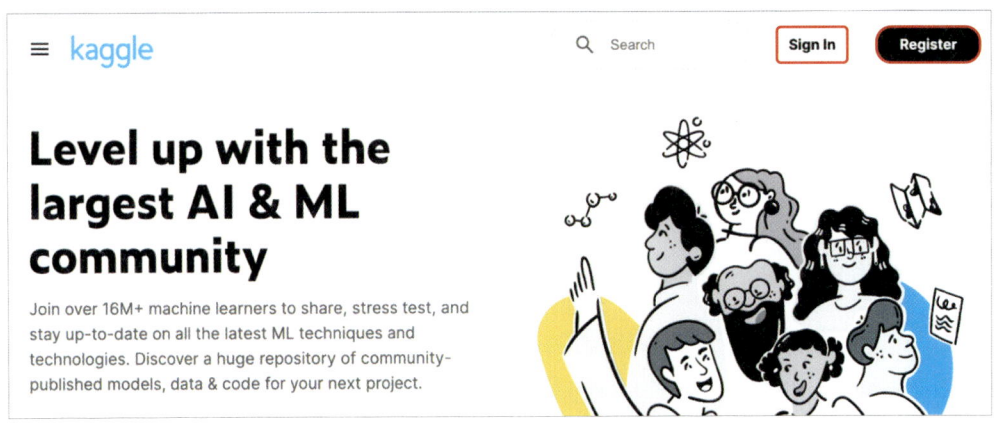

02 로그인 후 첫 화면은 다음과 같습니다. 화면 상단 오른쪽 끝에 새 모양의 아이콘이 나오는데 제가 특별히 아이콘을 지정하지 않았더니 캐글이 자동으로 이 아이콘을 부여해 주었습니다.

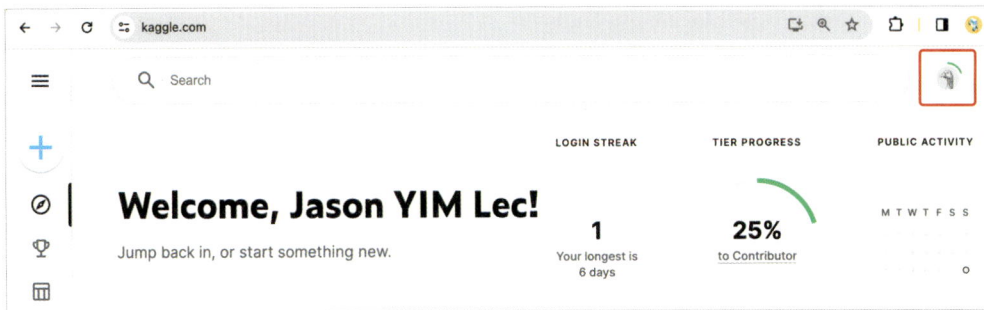

03 검색창에 "Korea"를 입력하고 검색하면 결과 화면을 볼 수 있습니다. 이 중 상단 왼쪽 두 번째에 있는 [Datasets]를 클릭합니다.

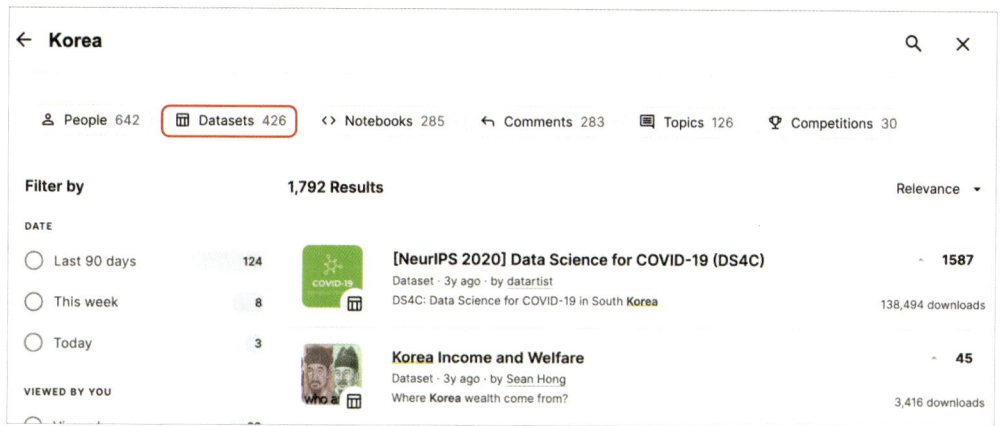

04 [Datasets]을 클릭하면 검색 결과 중에서도 데이터세트만 추려서 볼 수 있습니다. 원하는 데이터세트를 찾았다면 클릭해 보세요.

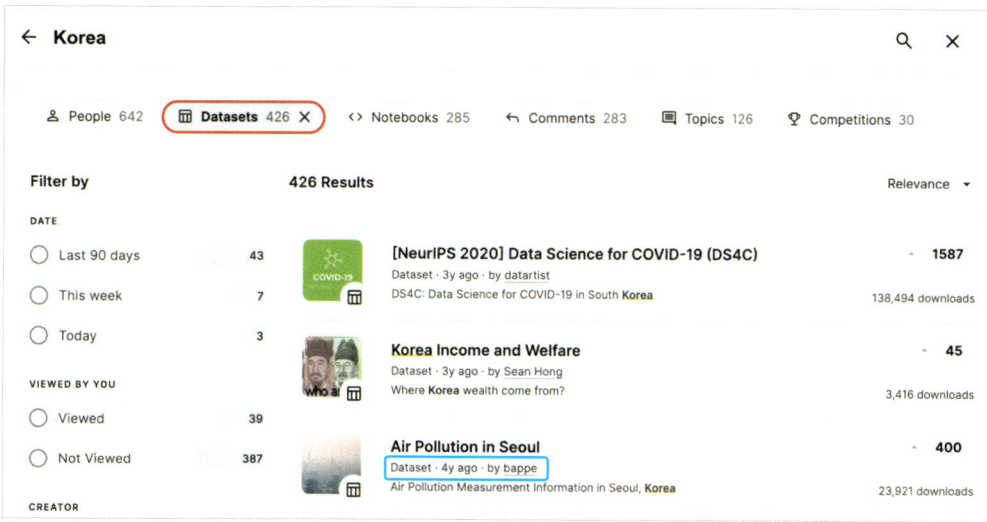

05 데이터세트 화면 상단에서 [Download]를 클릭하면 압축 파일 형태로 데이터를 다운받을 수 있습니다.

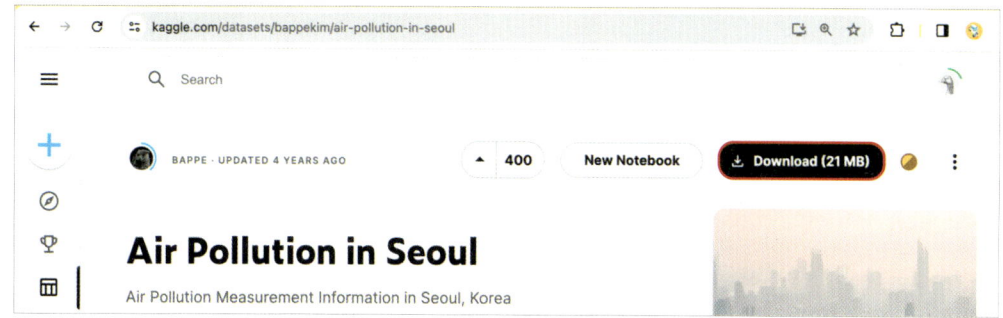

3.2 공공 데이터

캐글 사이트 외에 공공 데이터를 얻을 수 있는 사이트는 많습니다. 대부분의 세계 각국 정부는 포털을 개설해서 자국의 공공 데이터를 제공하고 있습니다. 미국(data.gov), 영국(data.gov.uk), 일본(data.e-gov.go.jp) 등을 예로 들 수 있습니다. 우리나라 또한 공공데이터포털(data.go.kr)을 통해 지역별, 업무별 행정부처나 공공기관이 제공하는 공개 데이터를 포함해 수많은 공공 데이터를 제공합니다.

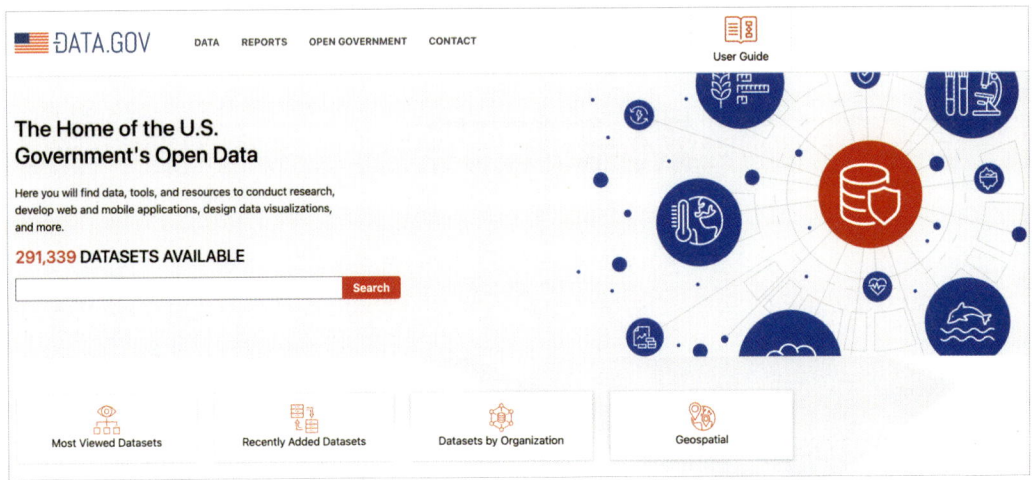

출처: https://data.gov/

공공데이터포털에서 검색을 하다 보면 타 공공 데이터 사이트로도 연결됩니다. 대표적으로 서울 열린데이터 광장(data.seoul.go.kr), 국가통계포털(kosis.kr), 통계청(kostat.go.kr) 등이 있습니다. 이들 사이트는 공공 데이터를 많이 제공하고 있어서 매우 유용합니다.

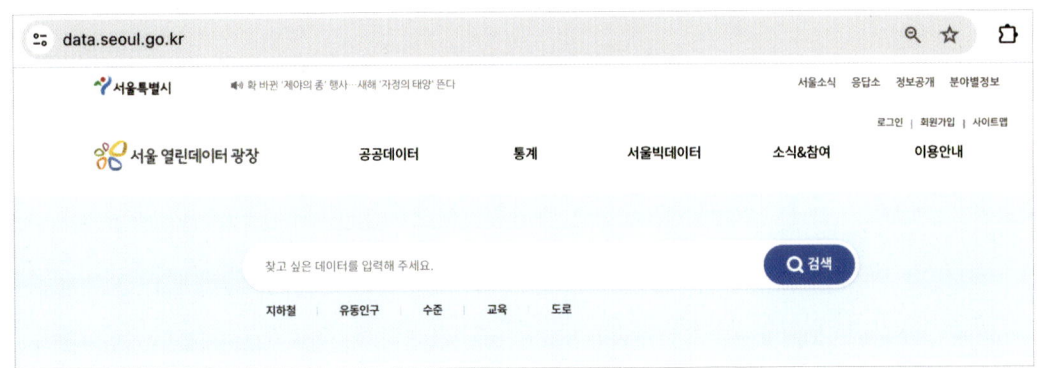

서울 열린데이터 광장

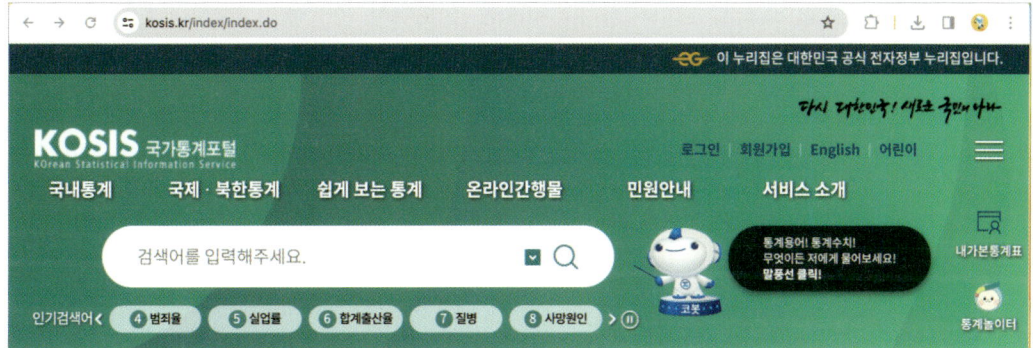

국가통계포털

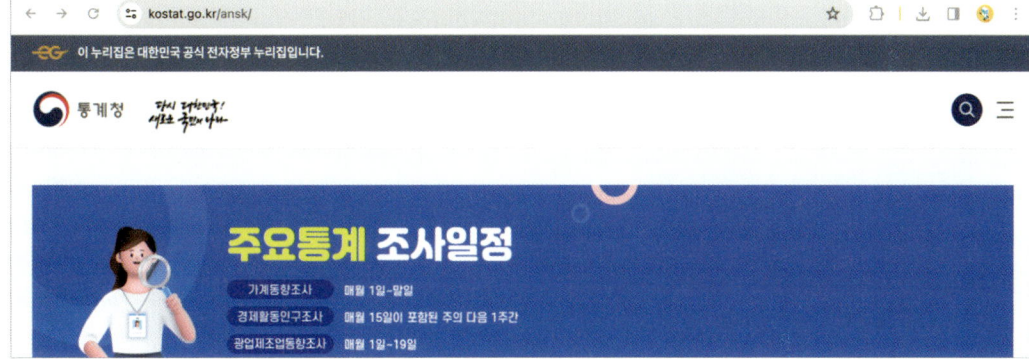

통계청

이 중에서도 대표적으로 공공데이터포털에서 데이터를 검색하고 파일을 내려받는 과정을 살펴보겠습니다.

3-2-1 치킨집 검색 및 파일 내려받기

01 공공데이터포털(data.go.kr)로 이동하면 다음과 같이 첫 화면을 볼 수 있습니다. 오른쪽 상단에서 [로그인] 또는 [회원가입]을 눌러 로그인을 진행합니다.

02 예시로 전국의 치킨집 데이터를 받아보겠습니다. 첫 화면 검색창에서 "치킨"을 검색하면 검색 결과로 파일 데이터, 오픈 API가 검색됩니다. 이 중 첫 번째 파일인 [부산광역시_치킨(통닭)집 현황] 오른쪽의 [다운로드] 버튼을 클릭합니다.

▶ 오픈 API란 외부 개발자가 접근할 수 있도록 공개된 애플리케이션 프로그래밍 인터페이스(Application Programming Interface)입니다.

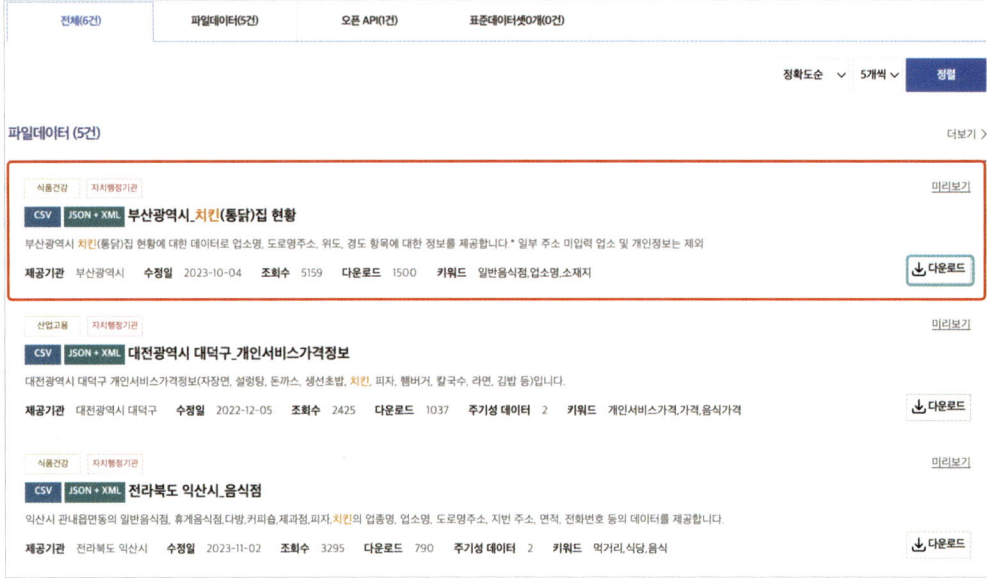

03 [다운로드] 폴더에 csv 파일이 다운로드됩니다.

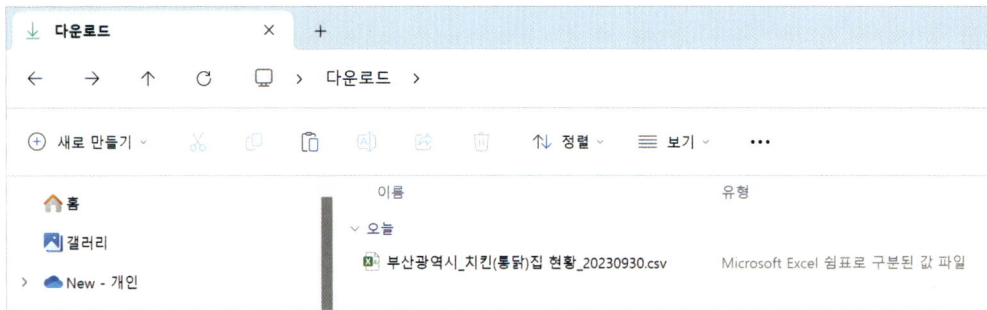

3-2-2 약국 정보 검색 및 파일 내려받기

01 이번에는 공공데이터포털에서 "전국 약국"을 검색해 보겠습니다. 마찬가지로 파일 데이터와 오픈 API가 검색됩니다.

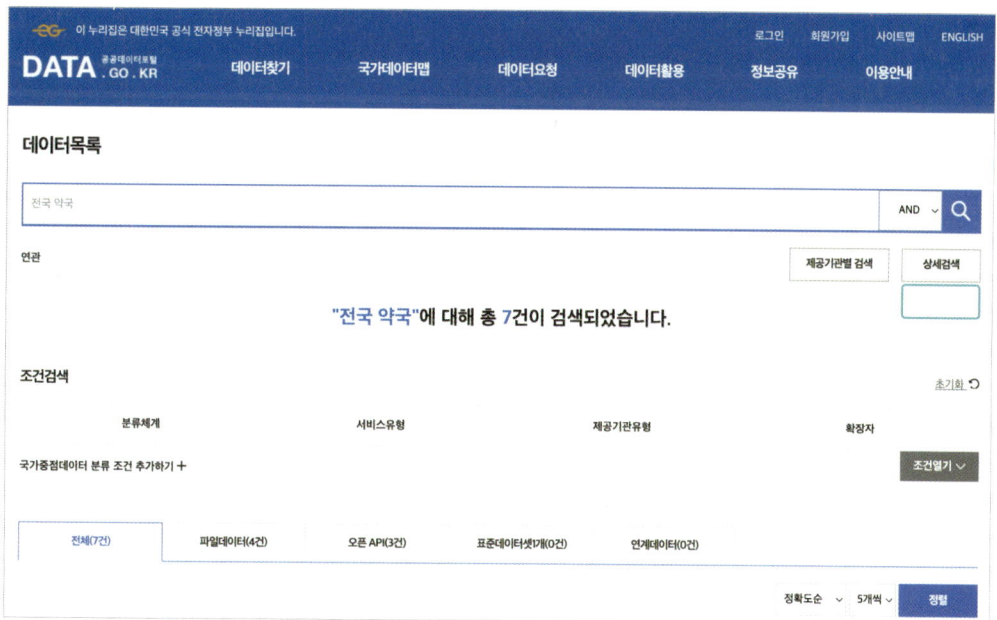

02 화면을 스크롤해 '표준데이터셋' 섹션에서 [전국약국표준데이터]를 클릭합니다.

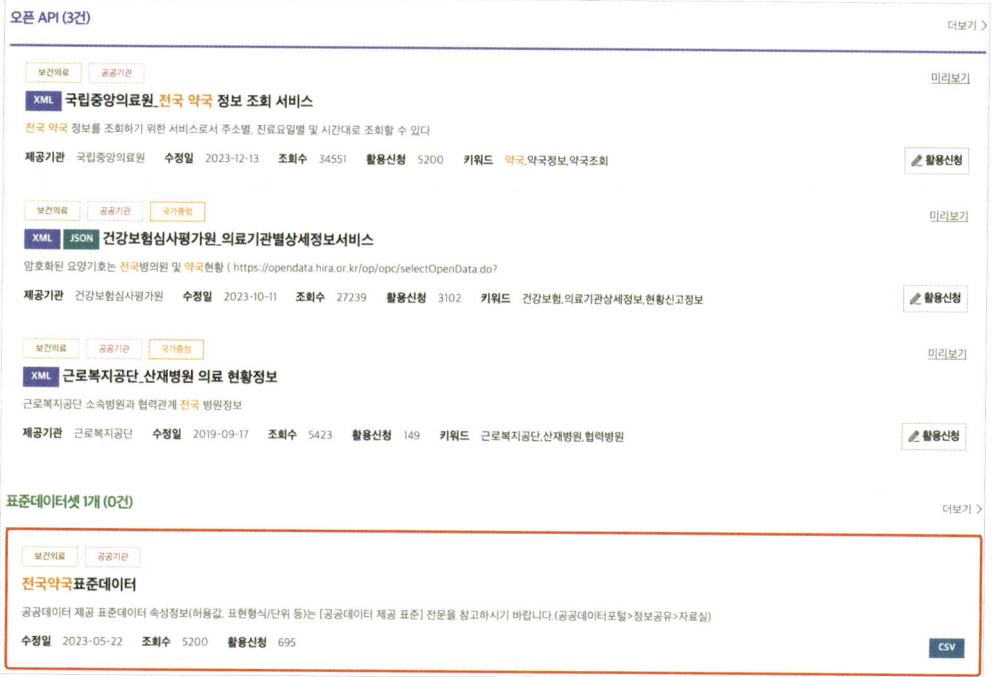

03 표준데이터 상세 페이지가 열리면 오쪽 상단의 [바로가기]를 클릭합니다.

04 데이터세트 압축 파일이 다운로드되면 압축 파일을 풉니다.

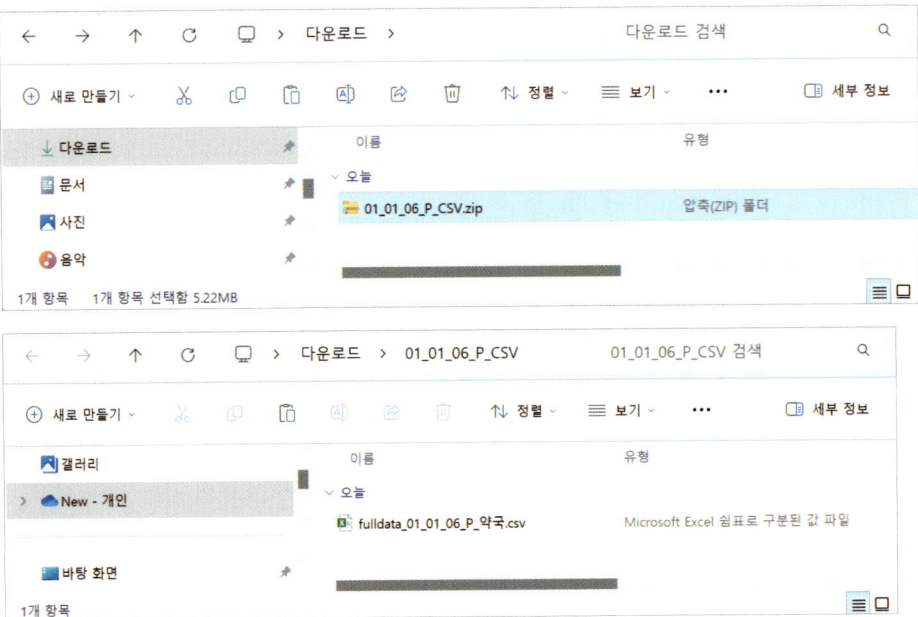

3.3 웹 데이터

웹에서 데이터를 수집하다 보면 csv가 아닌 웹에 표 형식으로 정리된 웹 데이터를 마주칠 때가 있습니다.

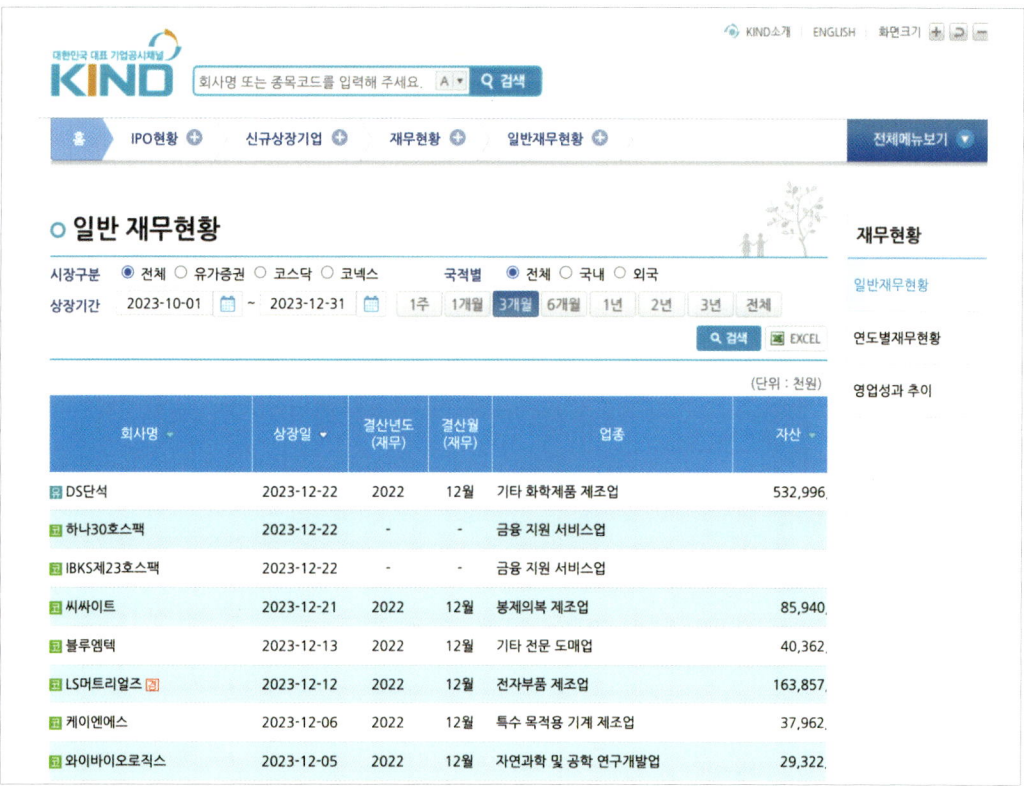

한국거래소 전자공시 홈페이지(kind.kr.co.kr)내 기업 재무현황

KBO(한국야구위원회, koreabaseball.com/) 홈페이지 팀 순위

3-3-1 웹 데이터 불러오기

01 KBO 사이트(koreabaseball.com)의 프로야구 팀 순위표를 엑셀로 직접 불러오겠습니다. 엑셀을 열고 [데이터 → 데이터 가져오기]를 클릭합니다.

02 [기타 원본에서]를 클릭하면 데이터를 가져올 곳을 선택할 수 있습니다. 이 중 [웹]을 선택합니다.

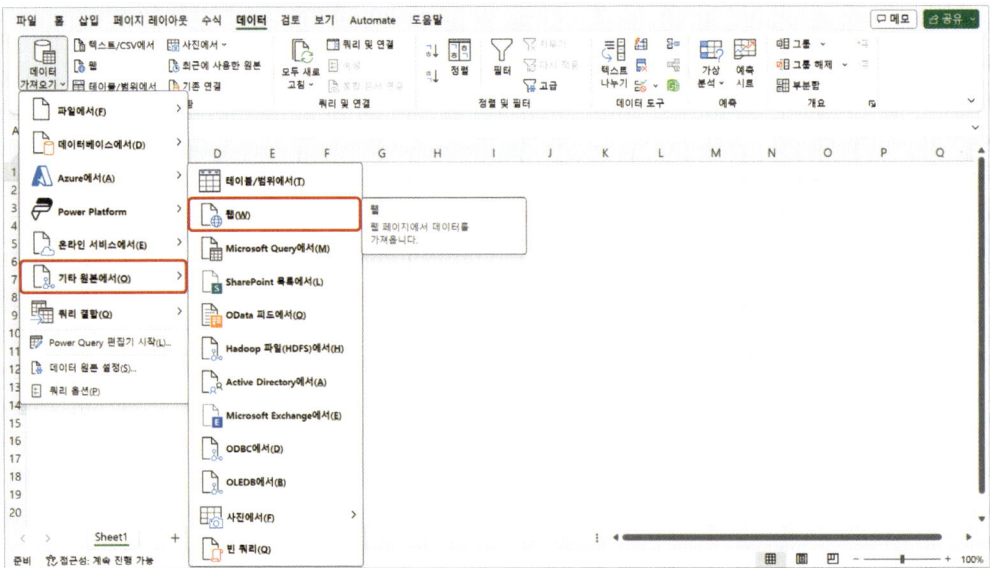

03 '웹에서' 팝업 창이 뜨면 URL 입력란에 불러올 웹 데이터가 있는 페이지 URL(koreabaseball.com/Record/TeamRank/TeamRank.aspx)을 입력하고 [확인]을 누릅니다. URL은 말 그대로 해당 페이지로 이동하기 위한 주소이므로 단축 URL을 사용해도 결과는 같습니다.

04 '웹 콘텐츠 액세스' 창이 뜨면 [연결]을 클릭합니다.

05 '탐색 창'이 뜨면 왼쪽 메뉴에서 [Table 0]을 클릭합니다.

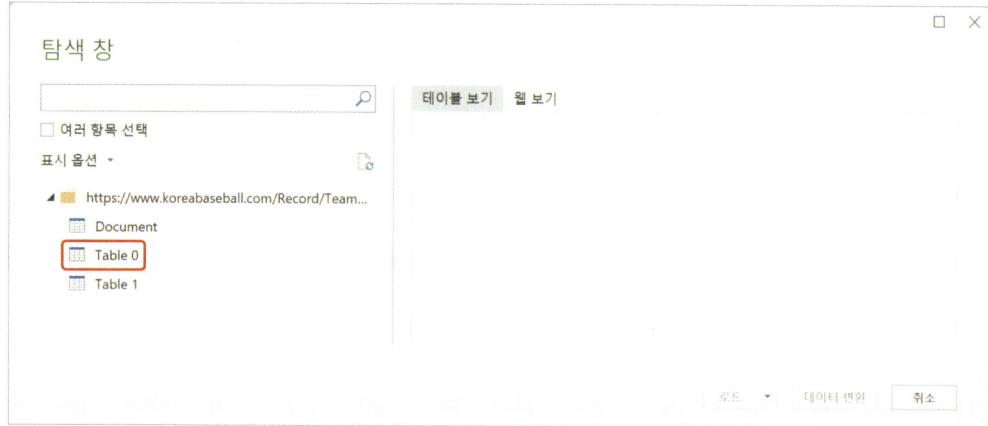

06 웹 데이터를 엑셀로 불러오기 전 미리 보기로 데이터를 볼 수 있습니다. 불러오기까지 시간이 조금 소요될 수 있습니다. 미리 보기에 뜬 데이터가 원하는 데이터가 맞다면 창 아래 [로드]를 클릭합니다.

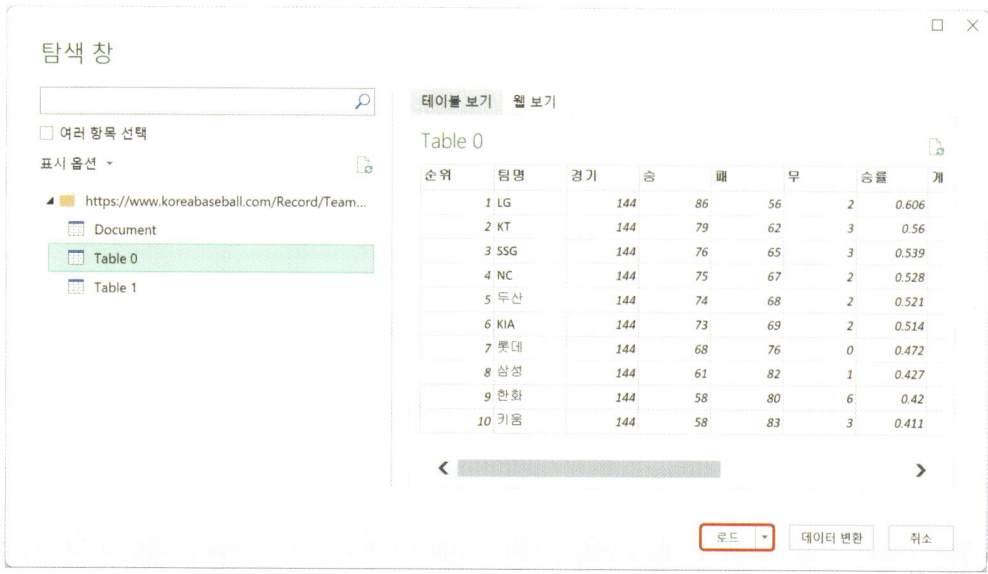

07 이렇게 웹 데이터를 엑셀로 불러왔습니다.

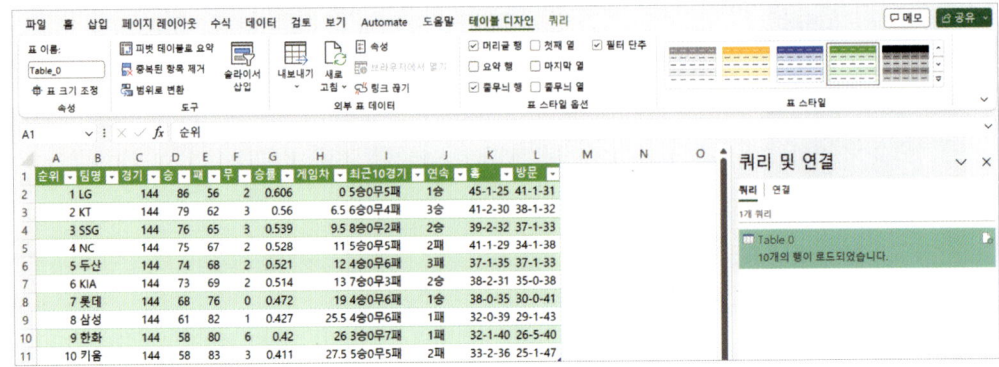

> **궁금해요!** 데이터를 불러오지 못했어요!
>
> 일부 웹 페이지는 표 형식의 자료가 포함돼 있어도 엑셀로 불러올 수 없는 경우가 있습니다. 이는 해당 웹 페이지가 웹 표준을 준수하지 않았거나, 엑셀의 접근을 허용하지 않는 등의 기술적인 문제 때문입니다. 이럴 때는 수기로 내용을 옮기는 수밖에 없습니다. 또는 해당 화면을 캡처해서 챗GPT(유료 버전)에 입력하고 "입력한 데이터를 스프레드 시트 형식으로 다운로드받을 수 있게 해 줘."라고 명령하면 엑셀 형태의 csv 파일로 만들어 줍니다. 단 아직 챗GPT가 한글 이미지를 인식하지 못한다는 문제가 있지만 이는 시간이 지나면 해결될 것으로 예상됩니다.

3.4 API 데이터

마지막으로 소개할 데이터는 오픈 API입니다. API란 외부 개발자가 접근할 수 있도록 공개된 애플리케이션 프로그래밍 인터페이스(Application Programming Interface)입니다.

앞서 살펴본 공공데이터포털에서 제공하는 오픈 API 데이터를 불러오는 방법을 살펴보겠습니다.

3-4-1 '치킨' 오픈 API 데이터 가져오기

01 공공데이터포털(data.go.kr)에서 "치킨"을 검색하고 검색 결과 중 [오픈 API] 탭을 클릭합니다.

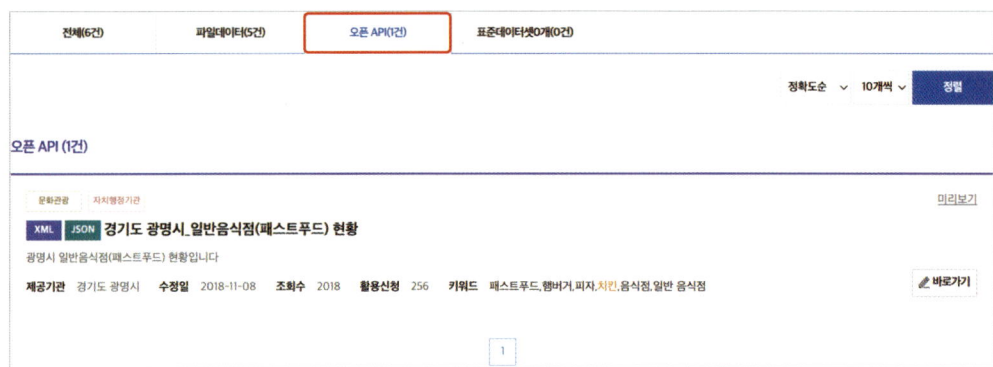

02 [경기도 광명시_일반음식점(패스트푸드) 현황] 오른쪽의 [바로가기] 또는 하단의 URL을 클릭합니다.

03 공공데이터포털과 연동된 [광명시 데이터 보기] 화면으로 이동합니다. 다시 [Open API] 탭을 클릭합니다.

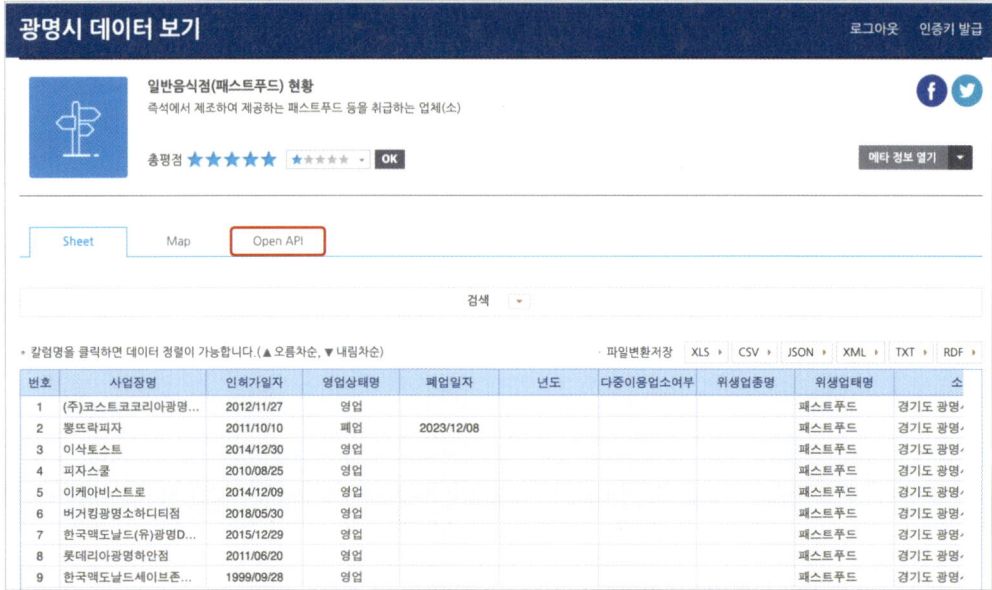

04 화면 상단의 '요청 주소' 또는 하단의 [샘플 URL] 탭의 URL을 복사해서 메모장에 보관해 둡니다(동일한 URL입니다). 그런 다음 [인증키 신청]을 클릭하세요.

▶ 인증키를 신청하면 회원가입 또는 로그인이 필요할 수 있습니다. 요청 시 해당 과정을 진행합니다.

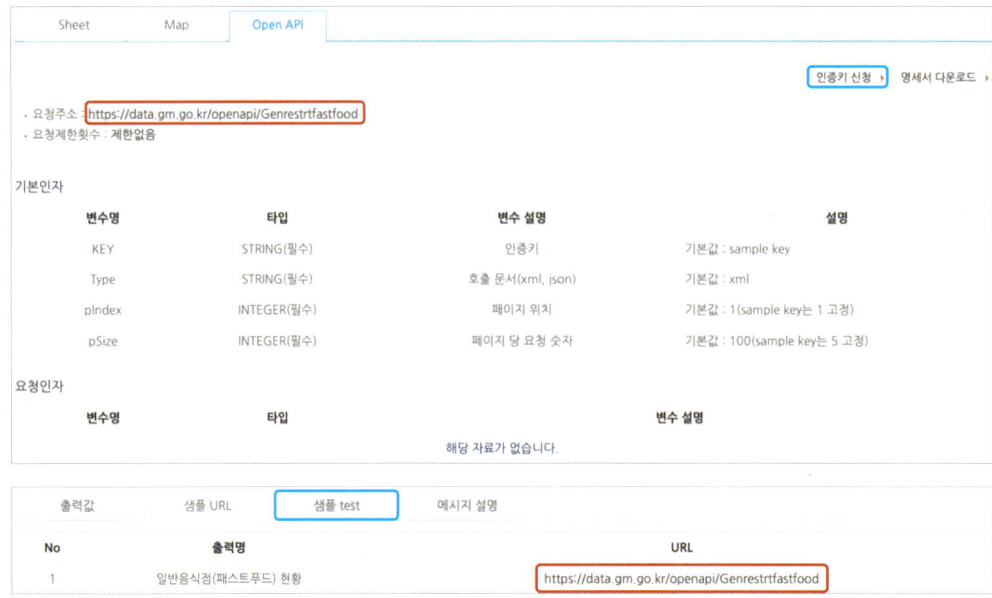

05 '인증키 발급' 화면으로 이동하면 이 데이터를 어떤 용도로 활용할 것인지를 입력하는 '활용용도'와 '내용'을 입력해야 합니다. 모두 입력했다면 하단의 [인증키 발급 요청] 버튼을 클릭합니다.

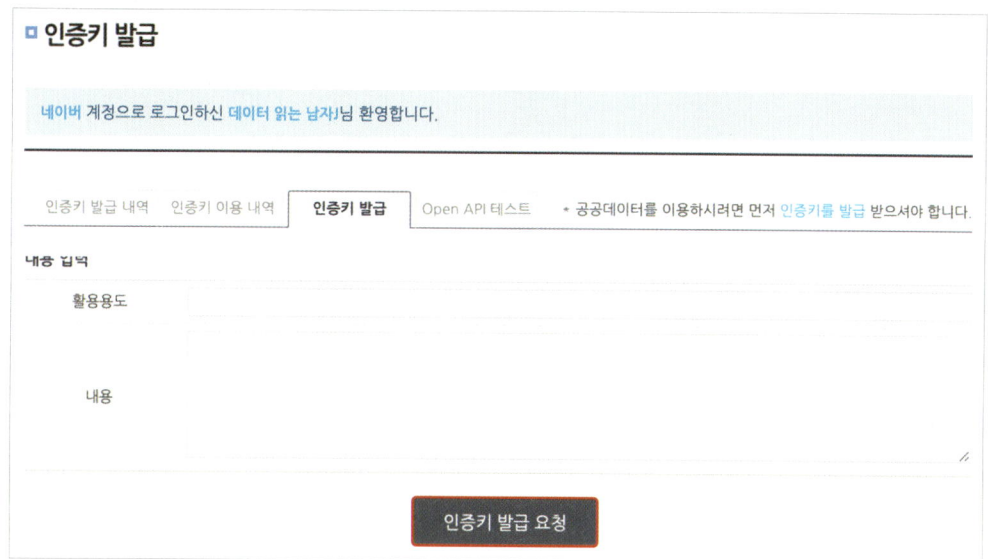

06 인증키가 즉시 발급되고 '마이페이지'의 '인증키 발급' 화면으로 이동됩니다. 인증키는 데이터를 활용할 수 있도록 개인에게 발급된 고유한 번호로, 유출되지 않도록 주의해야 합니다.

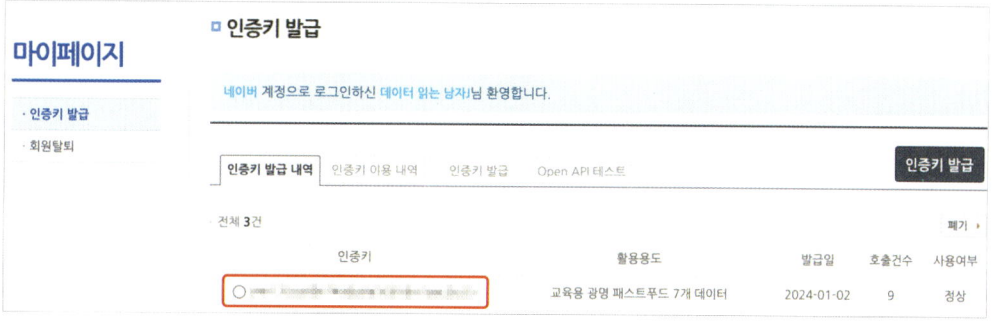

07 이렇게 발급받은 인증키 번호를 앞서 복사해서 메모장에 보관해 둔 URL 뒤에 ?KEY=인증키 형태로 붙이면 됩니다. 엑셀에서 데이터를 불러오기 위해선 반드시 변수명인 KEY= 전에 ?(물음표)를 입력해야 합니다. ?가 빠지면 엑셀은 인증키가 틀렸거나 없다고 인식해서 오류가 생길 수 있습니다.

https://data.gm.go.kr/openapi/Genrestrtfastfood?KEY=c4e......

> **궁금해요!** 왜 변수명이 "KEY="인가요?
>
> 앞서 살펴본 오픈 API 화면을 보면 변수 타입에 따라 입력해야 할 변수명이 정해져 있습니다. 우리가 앞서 덧붙인 인증키 변수명은 코드로 KEY라고 입력한다고 되어 있습니다. 즉, 변수가 인증키일 경우 KEY=, 호출 문서일 경우 Type=, 페이지 위치일 경우 pindex=와 같이 입력해야 불러오는 데이터의 타입을 정의할 수 있기 때문입니다.
>
>

08 이제 엑셀을 실행하고 [데이터 → 웹]을 클릭합니다.

▶ [데이터 → 웹]은 앞서 살펴본 웹 데이터를 불러오는 기능과 동일한 기능입니다.

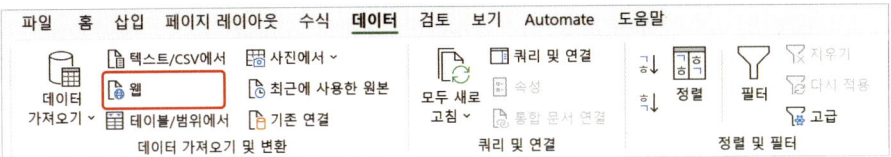

09 '웹에서' 창이 열리면 앞서 복사해 둔 주소와 인증키를 합한 URL을 붙여 넣고 [확인]을 누릅니다.

10 '탐색 창' 왼쪽 메뉴에서 [head]를 클릭하면 오른쪽에 전체 데이터의 수를, 그 아래 [row]를 클릭하면 모든 데이터를 미리 보기로 볼 수 있습니다. 불러올 데이터를 확인했다면 창 아래 [로드]를 클릭합니다.

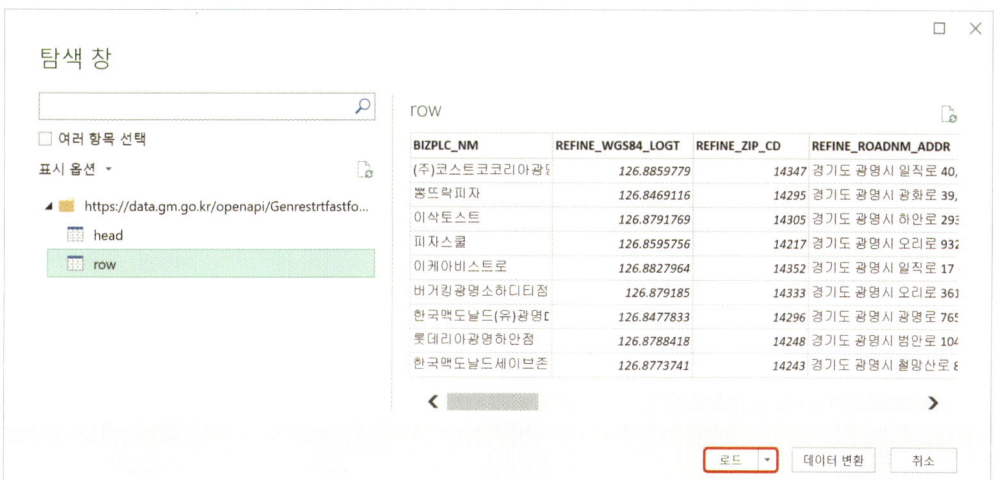

11 이렇게 API를 활용해 엑셀로 데이터를 불러왔습니다. 마찬가지 방식으로 대용량 API 데이터도 쉽게 엑셀로 불러올 수 있습니다.

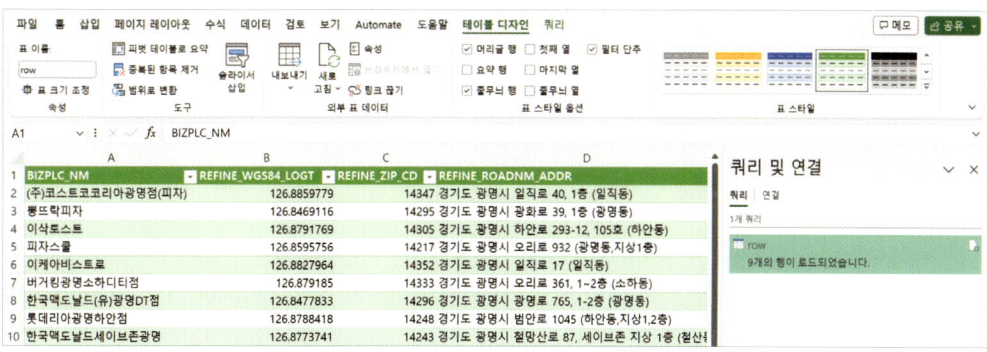

3-4-2 '약국' 오픈 API 데이터 가져오기

01 이번에는 또 다른 오픈 API 데이터를 엑셀로 불러오겠습니다. 공공데이터포털(data.go.kr)에서 "전국 약국"을 검색하고 오픈 API 검색 결과 중 [국립중앙의료원_전국 약국 정보 조회 서비스]를 클릭합니다.

02 '오픈 API 상세 화면'에서 해당 데이터에 대한 자세한 정보를 확인할 수 있습니다. 앞서 치킨 오픈 API 데이터를 활용할 때 샘플 URL을 복사해 둔 것처럼 이 API를 이용할 때도 요청 주소가 필요합니다. 이 데이터의 요청 주소는 '참고 문서'에서 확인할 수 있습니다. 화면 맨 아래 [참고문서]를 클릭해 참고 문서를 다운받습니다.

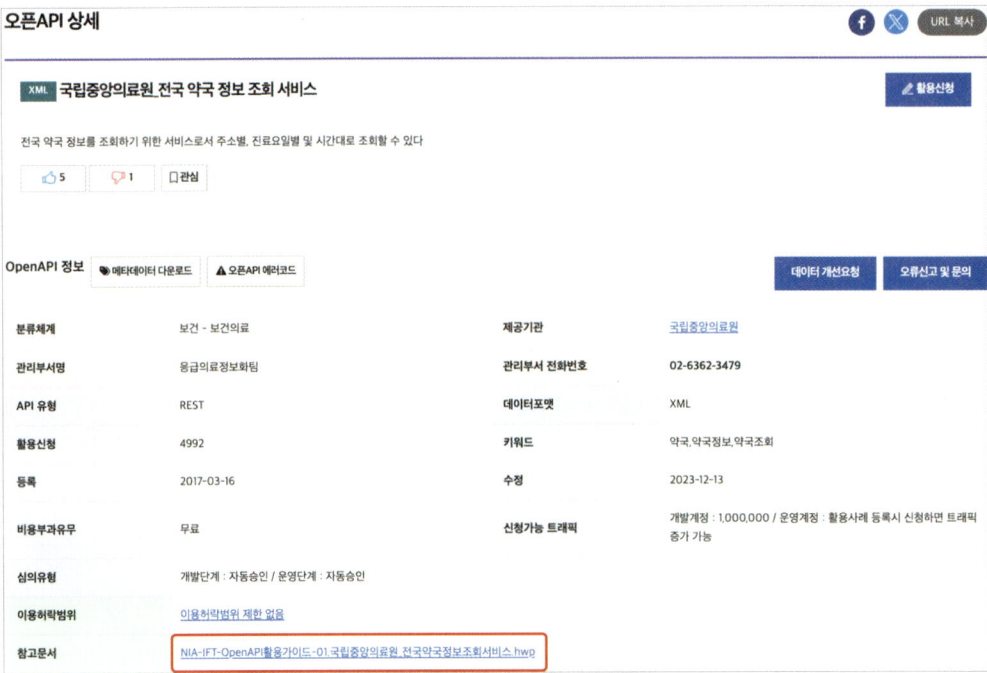

03 다운로드한 문서를 열면 해당 API에 대한 상세 정보를 비롯해 사용법을 자세히 설명하고 있습니다. 문서에서 "요청 / 응답 메시지 예제" 또는 "REST(URI)"를 검색해 해당하는 URL을 복사해서 메모장에 보관해 둡니다.

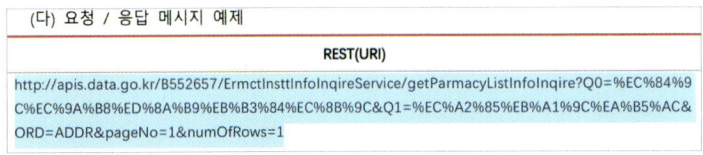

04 다시 공공데이터포털로 돌아와 '오픈API 상세' 화면에서 [활용신청] 버튼을 클릭합니다.

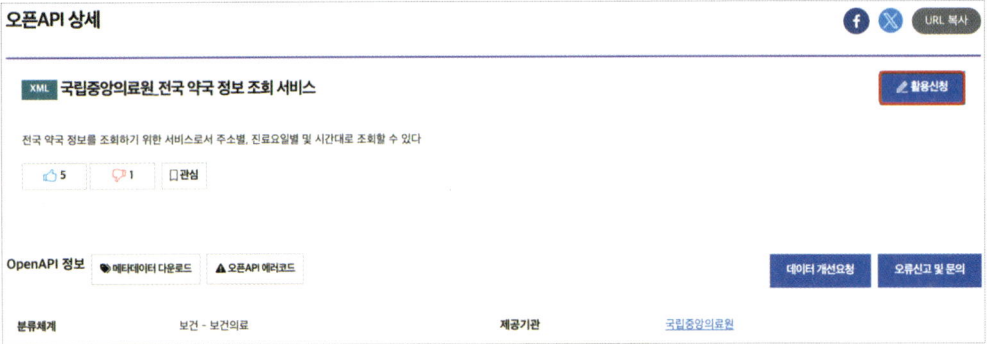

05 '활용목적 선택' 창이 뜨면 '활용 목적'을 입력하고 '라이선스 표시'에 "동의합니다."에 체크한 다음 [활용신청] 버튼을 클릭합니다.

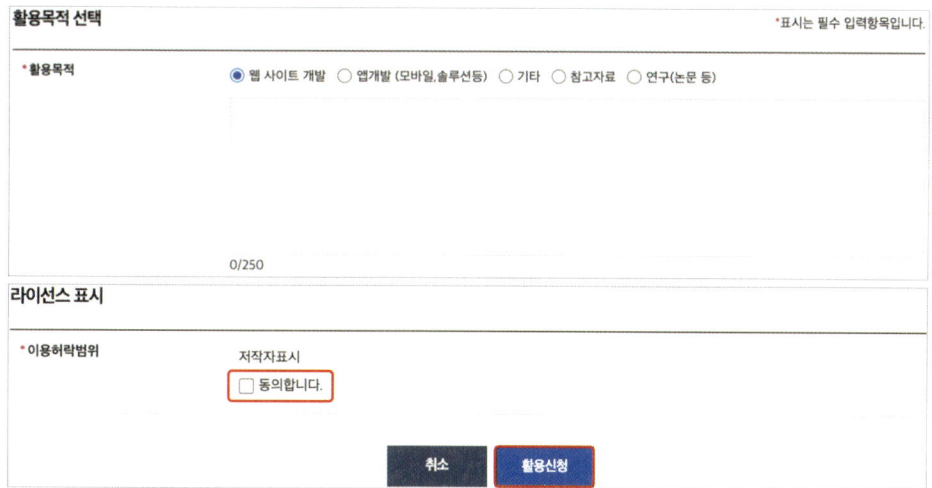

06 활용 신청이 완료되면 '마이페이지'의 '활용신청 현황'으로 이동됩니다. [승인]으로 표시된 데이터를 클릭합니다.

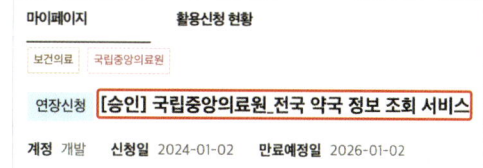

07 '개발계정 상세보기' 화면 하단에서 '일반 인증키(Encoding)' 값을 복사해 둡니다.

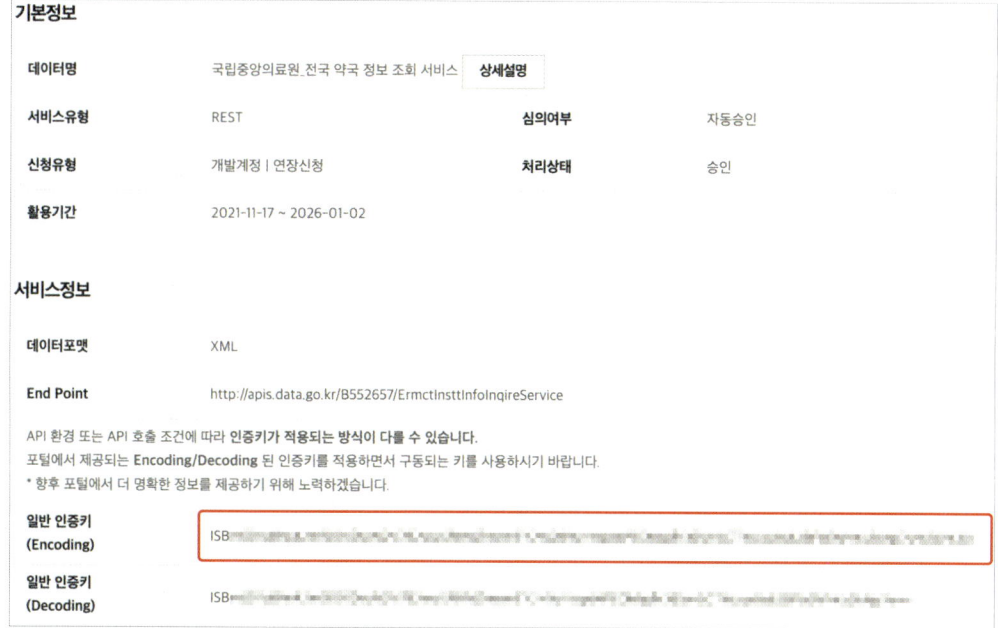

▶ 인증키는 보안상 처음 3글자 이후는 가렸습니다.

08 앞서 참고 문서에서 복사해 둔 REST(URI) 뒤에 &serviceKey=를 입력하고 복사한 일반 인증키 값을 이어 붙입니다. 이것이 엑셀에서 사용할 URL입니다.

http://apis.data.go.kr/B552657/ErmctInsttInfoInqireService/getParmacyListInfoInqire?Q0=%EC%84%9C%EC%9A%B8%ED%8A%B9%EB%B3%84%EC%8B%9C&Q1=%EC%A2%85%EB%A1%9C%EA%B5%AC&ORD=ADDR&pageNo=1&numOfRows=1&serviceKey=ISB……

09 URL을 보면 마지막에 **numOfRows=1**이라는 부분은 URL의 첫 번째 줄만 읽어 오라는 뜻입니다. 이 경우 데이터를 불러오는 데 제약이 생기니 200줄까지 읽어 오는 것으로 수정하겠습니다. 해당 부분을 삭제하고 **numOfRows=200**으로 변경합니다.

http://apis.data.go.kr/B552657/ErmctInsttInfoInqireService/getParmacyListInfoInqire?Q0=%EC%84%9C%EC%9A%B8%ED%8A%B9%EB%B3%84%EC%8B%9C&Q1=%EC%A2%85%EB%A1%9C%EA%B5%AC&ORD=ADDR&pageNo=1&numOfRows=200&serviceKey=ISB……

10 이제 엑셀을 실행하고 [데이터 → 웹]을 클릭합니다.

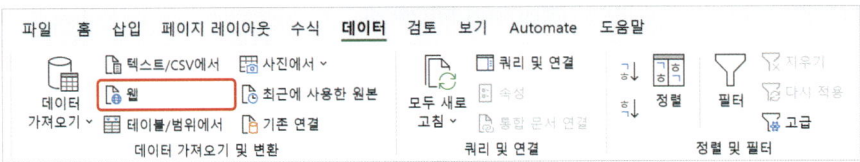

11 '웹에서'의 URL 입력란에 복사해 둔 전체 URL을 붙여 넣고 [확인]을 클릭합니다.

12 '탐색 창' 왼쪽 메뉴에서 [body]를 클릭하면 오른쪽에서 전체 데이터 수를 확인할 수 있습니다. 데이터를 확인했다면 [데이터 변환] 버튼을 클릭합니다.

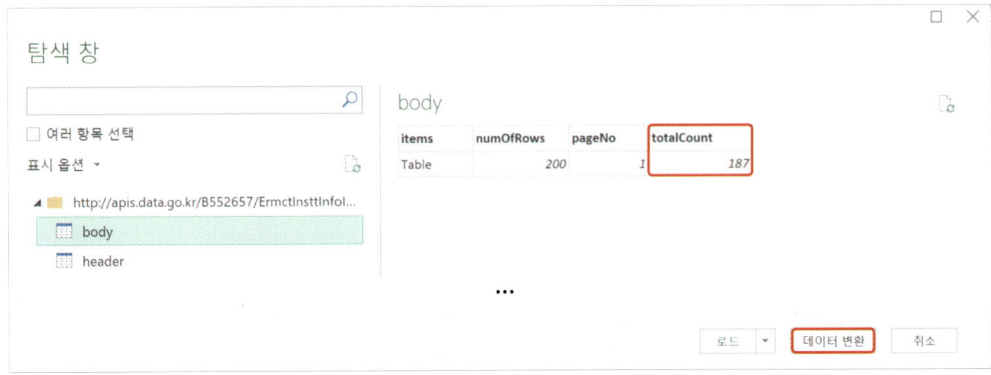

13 이제 필요한 열만 남기고 나머지는 모두 제거하겠습니다. 파워 쿼리 편집기가 열리면 [Items]에서 마우스 오른쪽 버튼을 클릭한 다음 [다른 열 제거]를 선택합니다.

▶ 파워 쿼리에 대한 자세한 내용은 'Chapter 04 데이터세트 분리와 병합'에서 다루겠습니다.

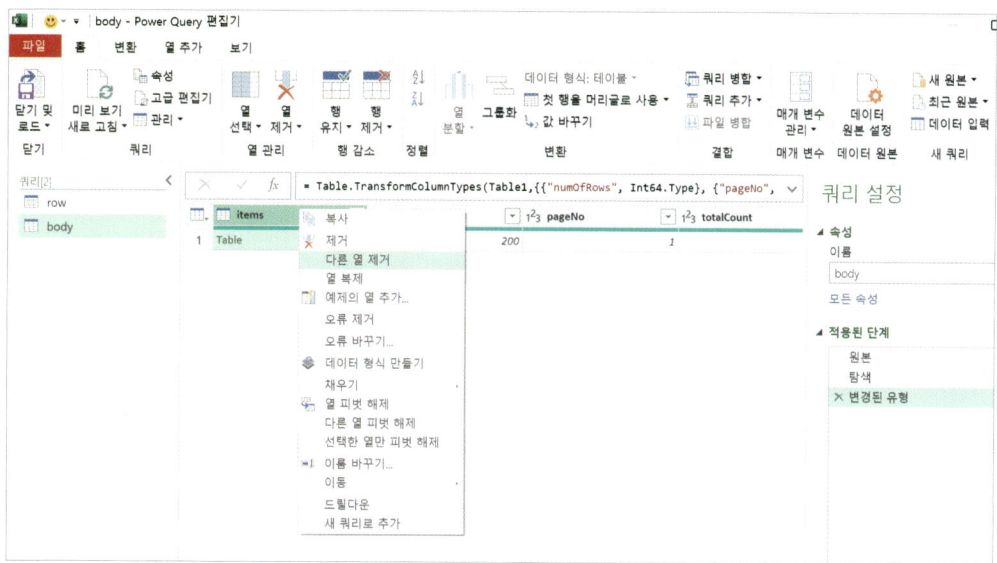

14 [items] 오른쪽의 [확장/집계] 아이콘을 클릭하고 [원래 열 이름을 접두사로 사용]의 체크 표시를 해제한 다음 [확인]을 누릅니다.

15 여기까지 진행하면 'items' 열 하나만 보입니다. 다시 [확장/집계] 버튼을 클릭하면 데이터가 가진 원래 변수명을 모두 볼 수 있습니다. 맨 아래 [원래 열 이름을 접두사로 사용]의 체크 표시를 해제하고 [확인]을 누릅니다.

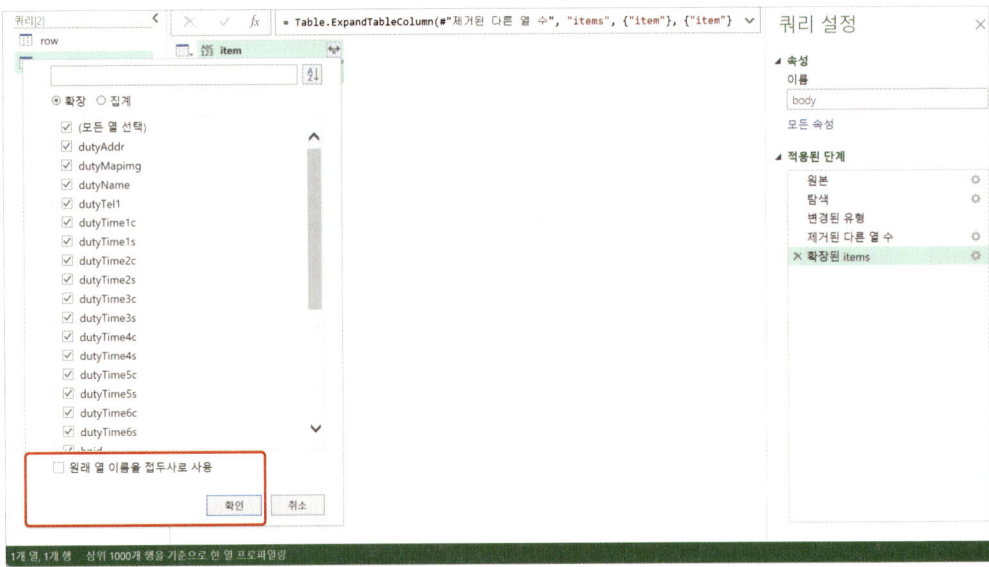

16 아직 우리는 파워 쿼리 편집기에서 작업 중입니다. 즉, 미리 보기 화면인 셈입니다. 이제 마지막 단계가 남았습니다. 파워 쿼리 편집기에서 [홈 → 닫기 및 로드]를 클릭합니다.

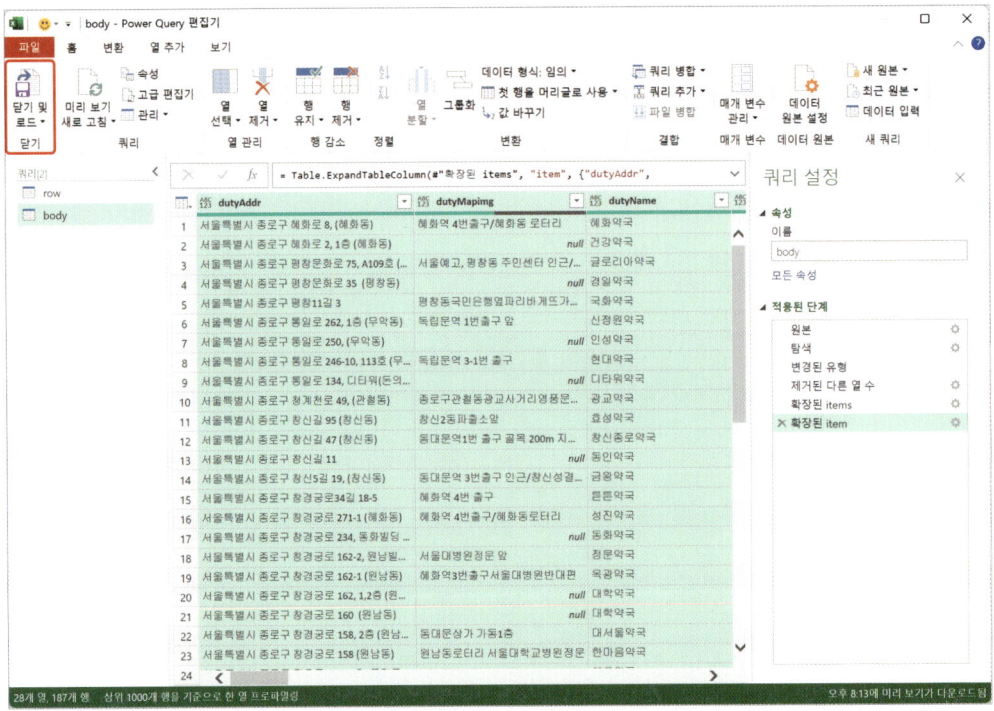

17 이렇게 파워 쿼리 편집기에서 보던 데이터를 엑셀로 불러왔습니다.

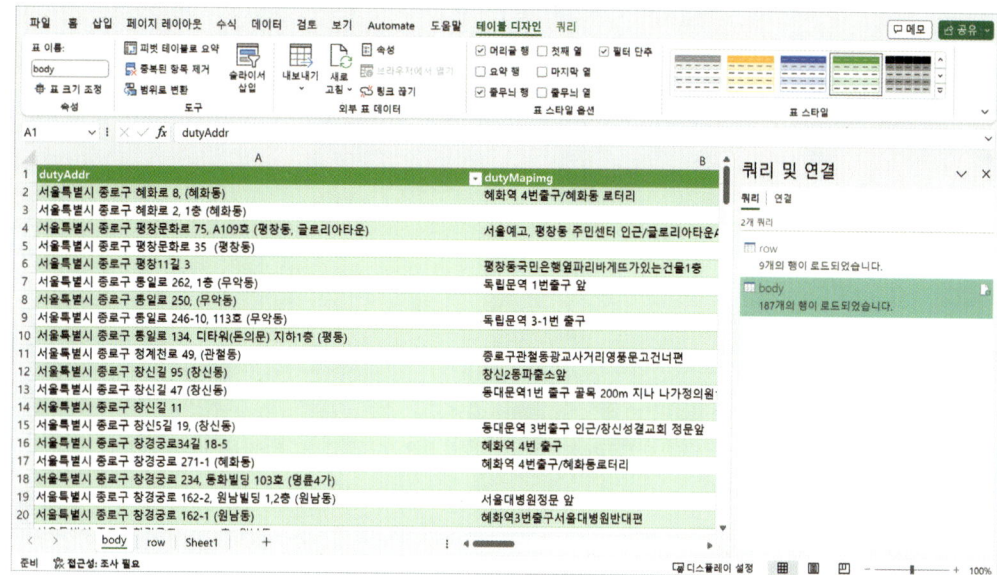

PART

02

데이터 분석 기능 손에 익히기

04 _ 데이터세트 분리와 병합

05 _ 필요한 데이터만 쏙! 피벗 테이블 및 피벗 차트

06 _ 원하는 데이터를 쉽게 찾는 법, VLOOKUP 함수

07 _ 데이터 시각화의 힘, 조건부 서식

08 _ 데이터 분석 순서도

CHAPTER

04

데이터세트 분리와 병합

이번 챕터에서는 엑셀의 파워 쿼리를 소개하고 챗GPT와 엑셀로 데이터 분리 및 병합을 실행합니다. 실습 데이터세트는 Chapter 02에서 다운로드받은 상권 분석 데이터세트를 사용하고 이 데이터세트는 Chapter 04부터 07까지 계속 사용합니다.

4-1 데이터 분리

4-2 데이터 병합

4.1 데이터 분리

엑셀이 품을 수 있는 데이터에도 한계가 있습니다. 정확하게는 약 104만 줄이 넘어가면 엑셀 파일 형태로는 더 이상 데이터를 저장하지 못합니다. 때문에 간혹 csv 파일로 불러온 수백만 줄이 넘는 데이터를 엑셀로 변환하기 위해서는 데이터를 분리해야 합니다. 예전에는 파이썬으로 데이터를 나눠야 했지만, 지금은 챗GPT의 플러그인을 활용해 더 쉽고 빠르게 할 수 있죠.

또, 파워 쿼리를 활용하려면 엑셀 파일 여러 개가 필요합니다. 또한 엑셀 통합 문서에도 여러 개의 시트에 데이터가 담겨 있는 것이 좋습니다. 따라서 Chapter 03에서 작성한 Seoul_short_utf.csv 파일을 가지고 데이터 분리 작업을 해 보겠습니다. 이후 이 장에서 말하는 챗GPT에 파일을 업로드하고 명령을 하는 모든 과정은 Data Analyst 플러그인에서 진행됩니다.

▶ 파일을 챗GPT [Data Analyst] 플러그인에 업로드하는 방법은 '02-2 챗GPT로 데이터 분석하기'에서 설명한 바 있습니다.

4-1-1 파워 쿼리

이번에 집중적으로 살펴볼 것은 엑셀의 여러 기능 중에서도 파워 쿼리$^{Power\ Query}$입니다. 앞서 웹 데이터 및 API 데이터를 가져올 때 엑셀의 [데이터] 탭을 활용하면서 파워 쿼리 기능의 일부를 살펴봤었죠. 그렇다면 파워 쿼리란 무엇인지 검색 엔진 빙(bing.com)에서 검색해 보았습니다. 빙에서 검색을 하면 오른쪽에 빙에서 제공하는 코파일럿의 답변을 볼 수 있습니다. 혹은 질문 창 바로 아래의 코파일럿 아이콘을 클릭해도 코파일럿 화면으로 넘어갑니다.

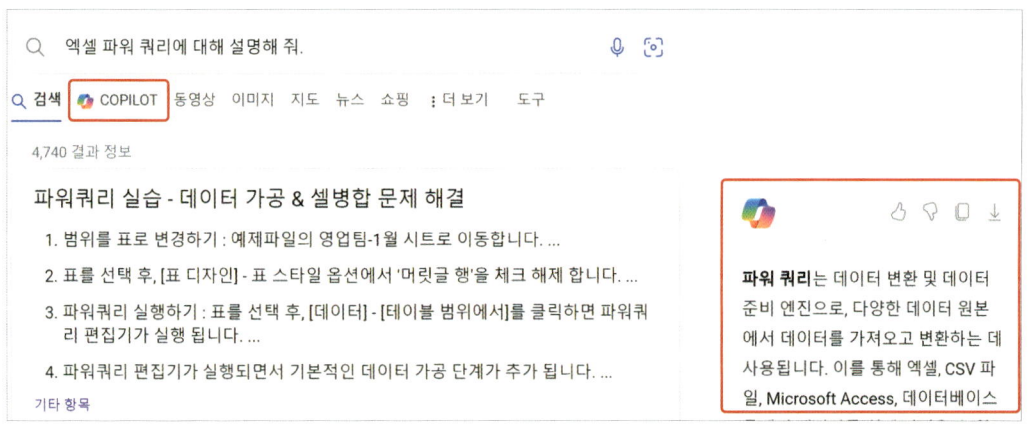

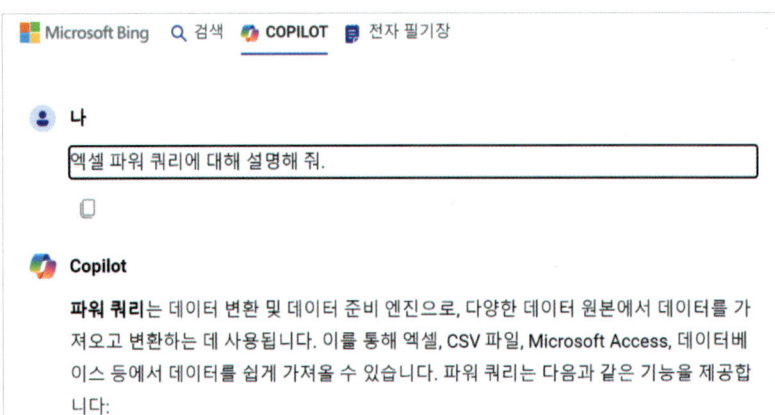

…(중략)… 파워 쿼리는 다음과 같은 기능을 제공합니다.

데이터 가져오기: 파워 쿼리는 모든 크기와 형태(Shape)의 데이터를 포함하여 광범위한 데이터 원본에 연결할 수 있습니다.

데이터 변환: 데이터를 정리하고 원하는 형태로 변환할 수 있습니다. 열 제거, 테이블 병합, 데이터 유형 변경 등의 작업이 가능합니다.

데이터 로드: 최종 결과를 엑셀 등 원하는 위치로 가져올 수 있습니다.

일반적으로 데이터 분석에서는 ETL, 즉 데이터 추출^{Extraction}, 변환^{Transformation}, 가져오기^{Loading} 작업이 선행되어야 합니다. 파워 쿼리는 바로 이 ETL을 실행합니다. 쉽게 말해 데이터를 가져오고, 가공하고, 변환하는 기능을 제공합니다.

파워 쿼리 기능은 엑셀 2016 이상과 마이크로소프트 365 엑셀의 [데이터] 탭에 기본 탑재돼 있습니다. 아울러 ETL 중 가운데 토막인 '변환'은 데이터 전처리의 핵심이라 불릴 정도로 중요한 과정이지만 매우 복잡합니다. 기본적으로 파이썬, 데이터베이스, 엑셀 텍스트 함수 등에 대한 기초 지식과 경험이 필요합니다. 따라서 이 책에서는 변환 작업은 자세히 다루지 않고, 파워 쿼리는 '데이터 추출 및 가져오기' 기능 중심으로 간단하게 설명하겠습니다.

다음은 코파일럿 검색에서 구한 파워 쿼리 데이터 규칙입니다. 이후 파워 쿼리를 다룰 때 매우 유용하니 참고하기 바랍니다.

파워 쿼리를 잘 활용하기 위해 알아야 할 올바른 데이터 구조의 규칙 3가지

1. 머릿글은 반드시 1줄로 입력하고, 각 행을 대표하는 고윳값(ID)을 가져야 한다.
2. 병합된 셀이 없어야 한다.
3. 집계된 데이터(합계, 소계)는 원본 데이터에 포함되면 안 된다.

이 규칙은 파워 쿼리에서뿐만 아니라 파이썬에 기반한 챗GPT의 Data Analyst 플러그인을 다룰 때도 반드시 유념해야 합니다. 그렇다면 파워 쿼리를 활용해 데이터를 분리하고 병합하는 과정을 지금부터 차근차근 살펴보겠습니다.

4-2-2 챗GPT로 데이터 분리하기

01 먼저 데이터의 양이 어느 정도인지 확인해야 합니다. 챗GPT [Data Analyst]에 Seoul_short_utf.csv 파일을 업로드한 후 데이터세트의 행과 열 개수를 물어봤습니다.

 이 데이터세트의 행과 열 개수를 알려 줘.

 이 데이터세트는 총 83,573개의 행과 21개의 열을 포함하고 있습니다.

엑셀에서 이 csv 파일을 열고 아무 열(예 A열)이나 클릭하면 엑셀 화면 하단 오른쪽에 '개수'는 83,574개라고 표시됩니다. 엑셀은 변수명이 포함된 첫 행을 포함해서 줄 수를 세고, 파이썬으로 데이터 분석 작업을 수행하는 챗GPT는 변수명이 포함된 첫 행은 세지 않기에 83,573개라고 알려줍니다. 즉, 개수는 엑셀과 동일합니다.

> ❓ **궁금해요!**   csv가 아닌 xlsx 파일을 업로드하면 어떻게 되나요?
>
> csv 파일이 아닌 xlsx 파일을 업로드하면 챗GPT가 파일을 불러오는 데 시간이 너무 오래 걸린다는 에러 메시지를 내는 경우가 있습니다.
>
> 파일을 로드하는 데 예상보다 시간이 오래 걸렸습니다. 파일의 크기나 내용의 복잡성 때문일 수 있습니다. 다시 시도하거나, 파일의 크기를 줄이거나 간소화하여 다시 업로드해 보시겠습니까?
>
> 이때 파일이 100만 줄이 넘어가는 대용량 데이터가 아닌 이상 용량보다는 파일 형식을 변환하는 것이 문제의 원인일 때가 많습니다. 현재 시점에서는 파일 형식이 문제가 될 수 있지만 이는 시간이 지나면 개선될 것으로 예상됩니다.

02 데이터의 양을 확인했으니 분리를 요청하겠습니다. 8만 개의 데이터를 3만 개씩 나누고 개별 파일로 저장해달라고 명령합니다. 한글 변수명이 깨지는 것을 방지하기 위해 마지막에 "한글 변수명이 깨지지 않게 해줘"라는 명령을 덧붙입니다.

이 데이터세트를 첫 행부터 3만 행씩 끊어서 3개의 데이터세트로 나누고 각각 Seoul1, Seoul2, Seoul3 이름의 csv 파일로 저장해 줄래? 단 한글 변수명이 깨지지 않게 해줘.

요청하신 대로 데이터세트를 세 부분으로 나누어 각각 'Seoul1.csv', 'Seoul2.csv', 'Seoul3.csv' 파일로 저장하였습니다. 한국어 문자가 제대로 보존될 수 있도록 'utf-8-sig' 인코딩을 사용하여 저장했습니다. 아래 링크에서 파일들을 다운로드하실 수 있습니다.

Seoul1.csv
Seoul2.csv
Seoul3.csv

이 파일들은 한글 변수명이 깨지지 않도록 'utf-8-sig'로 인코딩되었습니다.

03 챗GPT가 제공한 다운로드 링크를 클릭해 3개의 csv 파일을 모두 [다운로드] 폴더에 저장합니다. 그리고 csv 파일을 xlsx 파일로 바꿔 달라고 요청하겠습니다. 단, 시간 초과 에러가 발생할 수 있으니 한 번에 한 파일씩 바꿔 달라고 명령합니다.

Seoul1.csv 파일을 엑셀 xlsx 형식으로 바꿔 줘.

…(중략)… Seoul1.csv 파일을 Excel 형식의 xlsx 파일로 변환했습니다. 아래 링크를 통해 다운로드하실 수 있습니다.

Seoul1.xlsx 다운로드

04 이렇게 생성한 xlsx 파일 3개까지 총 6개의 파일을 [다운로드] 폴더에 저장됩니다. 챗GPT가 요청한 대로 제대로 데이터를 분리했는지 확인하기 위해 Seoul1.xlsx를 다시 챗GPT에 업로드하고 데이터세트의 행과 열 개수를 물어보겠습니다.

데이터세트의 행과 열을 알려 줘.

이 데이터세트는 총 30,000행과 21열로 구성되어 있습니다.

05 이번에는 Seoul1.xlsx 파일을 1만 줄씩 끊어서 하나의 통합 엑셀 파일에 별도의 시트로 저장해 달라고 하겠습니다.

이 데이터세트를 첫 행부터 1만 줄씩 끊어서 첫 1만 줄까지의 데이터는 같은 엑셀 파일의 Sheet1에 저장하고, 두 번째 1만 줄은 Sheet2에, 세 번째 1만 줄은 Sheet3에 저장해 줘.

데이터세트를 세 부분으로 나누어 엑셀 파일에 저장했습니다. 첫 번째 1만 줄은 'Sheet1'에, 두 번째 1만 줄은 'Sheet2'에, 세 번째 1만 줄은 'Sheet3'에 저장되었습니다. 아래 링크에서 파일을 다운로드할 수 있습니다.

Seoul1_split.xlsx 다운로드

06 챗GPT가 제공한 다운로드 링크를 눌러 엑셀 파일을 다운받고 열어보았습니다. Sheet1, Sheet2, Sheet3에 변수명이 들어간 첫 줄을 제외하고 데이터가 1만 줄씩 들어간 것을 확인할 수 있습니다.

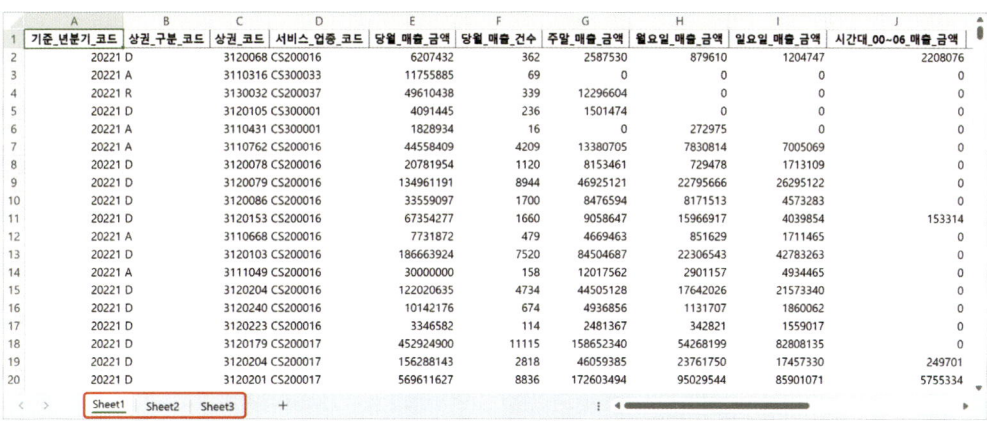

07 이제 csv 파일 3개와 xlsx 파일 3개 그리고 방금 다운로드받은 파일 1개를 포함해 총 7개의 파일이 [다운로드] 폴더에 있습니다. 이 파일들을 모두 복사한 다음 [문서 → Book4 → Ch4] 폴더를 만들어서 이 7개의 파일을 옮겨 둡니다.

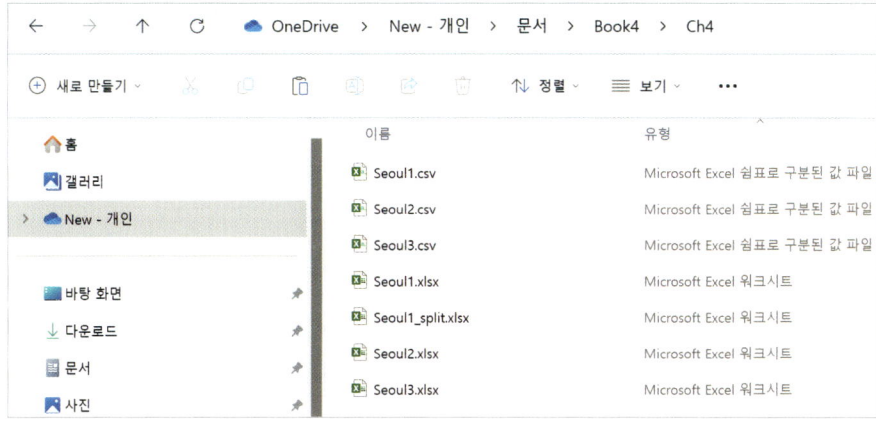

08 방금 만든 Seoul1_split.xlsx 파일에 3개의 시트(Sheet1, Sheet2, Sheet3)가 담겨 있습니다. 각 시트를 별도의 엑셀 파일로 만들어 달라고 하겠습니다.

 방금 만든 Seoul1_split.xlsx 파일에서 Sheet1, Sheet2, Sheet3에 있는 데이터를 별도의 엑셀 파일로 만들어 줘.

 각 시트의 데이터를 별도의 엑셀 파일로 저장했습니다. 다음 링크를 통해 다운로드하실 수 있습니다.

Seoul1_Sheet1_separated.xlsx
Seoul1_Sheet2_separated.xlsx
Seoul1_Sheet3_separated.xlsx

09 파일을 다운로드받아 열어본 결과, 명령한 대로 시트별로 별도의 엑셀 파일로 만들어진 것을 확인할 수 있습니다.

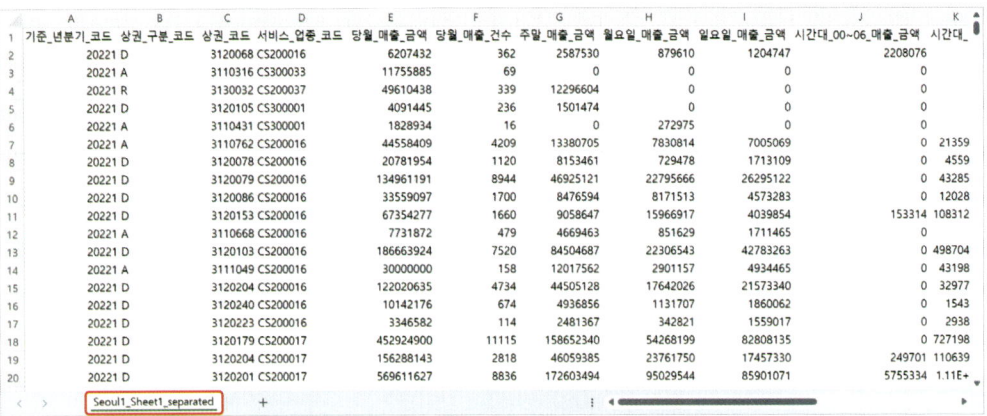

> **? 궁금해요!**   파일 재업로드 시 시간 초과 에러가 발생한다면?
>
> 챗GPT가 Seoul1_split.xlsx 파일을 생성한 상태에서 바로 명령을 입력하면 정상 작동하지만, 파일을 다시 업로드하고 명령을 내리면 시간 초과 에러가 발생하기도 합니다. 사용자당 챗GPT 누적 사용량이 많아질 때 종종 발생하는 에러로, 이럴 땐 "기존 작업과 메모리를 초기화시켜 달라."고 명령한 후 재시도하면 됩니다.

4-2-3 엑셀로 데이터 분리하기

앞서 생성한 Seoul1_split.xlsx 파일을 시트별(Sheet1, Sheet2, Sheet3)로 나누는 작업을 엑셀 자체의 기능으로 구현해 볼까요? 이 역시 파워 쿼리가 하기에는 부적합한 작업입니다. 대신에 전통적인 시트 "이동/복사" 기능을 사용하면 됩니다. 그러나 이 작업은 시트 하나마다 수동으로 작업을 해주어야 해서 챗GPT의 편리함에는 미치지 못합니다. 전통적인 시트 "이동/복사" 기능은 빙 코파일럿 대답만 여기에 기록해 두겠습니다. 아울러 아래의 작업을 하려면 데이터를 담을 별도의 엑셀 파일을 미리 만들어 둬야 합니다. 즉 복사한 시트의 내용이 새롭게 만든 엑셀 통합 문서에 담깁니다.

…(중략) 시트를 복사하여 다른 통합 문서로 만드는 방법은 다음과 같습니다.

복사할 시트를 선택합니다.
"이동/복사"를 선택합니다.
"새 통합 문서"를 선택합니다.
"복사"를 클릭합니다.

4.2 데이터 병합

데이터 분리도 중요하지만 데이터를 작성해서 취합하는 경우가 많은 실무에서는 데이터 병합이 더 많이 쓰입니다. 부서별로 정보를 취합해야 하는 기획 팀이라든지, 지역별로 정보를 취합하는 전국 단위 회사나 공공 단체 등 데이터 병합이 필요한 모든 경우에 매우 유용한 기능입니다.

4-2-1 챗GPT로 데이터 병합하기

01 앞서 챗GPT가 분리했던 3개의 파일 Seoul1.csv, Seoul2.csv, Seoul3.csv를 챗GPT에 업로드합니다. 그리고 업로드한 3개의 파일을 하나의 csv 파일로 만들어 달라고 명령하겠습니다. 각 csv 파일은 첫 행에 21개씩 동일한 변수명이 들어 있습니다.

▶ 10개, 20개 등 업로드할 파일이 많아지면 하나의 압축 파일(zip 파일)로 압축해서 올려도 됩니다.

지금 업로드한 파일을 Seoul1.csv, Seoul2.csv, Seoul3.csv순으로 하나의 csv 파일로 만들어 줄래? 데이터는 위에서 아래로 담고, 병합한 csv 파일 이름을 Seoul123.csv로 만들어 줘. 한글 변수명이 깨지지 않게 해줘.

…(중략)… Seoul1.csv, Seoul2.csv, Seoul3.csv 파일을 하나의 Seoul123.csv 파일로 합쳤습니다. 한글이 포함되어 있을 수 있으므로 UTF-8 인코딩을 사용하여 한글이 깨지지 않도록 했습니다. 아래 링크에서 다운로드할 수 있습니다.

Seoul123.csv 다운로드

02 다운로드한 Seoul123.csv 파일을 실행하면 파일을 분리하기 전처럼 약 8만 개(정확하게는 83,574개)의 줄을 갖고 있습니다. 한글 변수명도 깨지지 않았습니다.

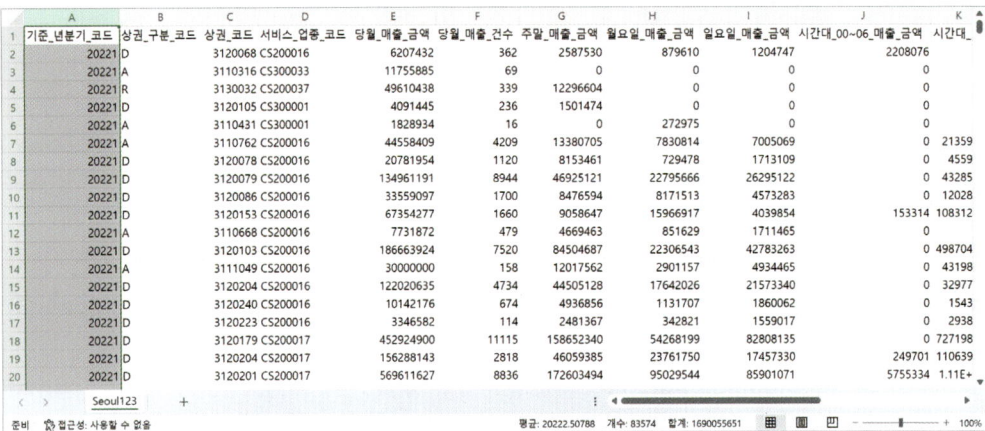

03 이제 Seoul1_split.xlsx를 챗GPT [데이터 분석]에 업로드하고 3개의 시트(sheet1, sheet2, shee3)에 나눠 담은 데이터를 하나의 시트에 담아 달라고 명령해 보겠습니다.

이 파일의 Sheet1, Sheet2, Sheet3에 담긴 데이터를 모두 Sheet1에 담아 줄래? Sheet1, Sheet2, Sheet3 순서로 스프레드 시트에 처음 행부터 아래 방향으로 순서대로 데이터를 담아 줘.

04 이 질문에 시간 초과 에러가 발생했습니다. 이 경우 지금까지 대화를 초기화하거나 데이터를 줄여야 합니다. 이번에는 파일의 데이터를 절반으로 줄여서 명령해 보겠습니다.

 이 파일의 Sheet1, Sheet2, Sheet3에 담긴 데이터의 행을 각각 절반만 남기고 저장해 줄래?

 Sheet1, Sheet2, Sheet3의 데이터를 각각 절반만 남기고 저장했습니다. 아래 링크에서 수정된 파일을 다운로드할 수 있습니다.

Half_Sheets.xlsx 다운로드

05 제대로 데이터가 병합되었는지 확인하기 위해 질문을 이어봅니다. 데이터가 절반으로 줄어든 것을 확인할 수 있습니다.

만들어진 파일의 Sheet1에 담긴 데이터의 행과 열 수는?

"Half_Data_Seoul1.xlsx"의 Sheet1에는 총 5,000개의 행과 21개의 열이 포함되어 있습니다.

06 이어서 원하던 작업인 흩어진 데이터를 하나의 시트로 모으는 작업을 명령합니다.

Half_Sheets.xlsx의 파일의 Sheet1, Sheet2, Sheet3에 담긴 데이터를 모두 Sheet1에 담아 줄래? Sheet1, Sheet2, Sheet3 순서로 위에서부터 아래로 데이터를 담아 줘.

Half_Sheets.xlsx 파일의 Sheet1, Sheet2, Sheet3에 담긴 데이터를 순서대로 모두 Sheet1에 병합하여 새로운 파일에 저장했습니다. 아래 링크에서 다운로드할 수 있습니다.

Combined_Half_Sheets.xlsx 다운로드

07 이렇게 완성된 최종 파일의 데이터 개수를 확인해 보면 3개의 시트에 5천 개씩 들어 있던 데이터가 모두 합쳐진 것을 확인할 수 있습니다.

마지막으로 만든 파일의 Sheet1에 담긴 데이터의 행과 열 수는?

마지막으로 만든 파일의 Sheet1에 담긴 데이터는 15,000행과 21열로 구성되어 있습니다.

이처럼 종종 챗GPT의 시간 초과 에러를 마주할 때가 있는데요. 이를 회피하기 위해 시작할 때부터 적은 용량의 데이터세트를 사용하는 것보단 앞서와 같이 작업 과정에서 데이터를 줄이고 다시 병합하는 방식으로 이어서 진행하는 것을 권장합니다. 그 이유는 Data Analyst 플러그인은 최소 수 만 줄 단위의 데이터로 시작하는 것이 좋기 때문입니다. 물론 몇 백 줄 단위의 데이터는 엑셀을 이용해 단순 수동 작업으로 금세 처리할 수 있지만 이런 임시방편의 해결책이 오히려 중고급 기술을 배울 기회를 차단합니다. 따라서 입문자라면 처음부터 최소한 수 만 줄 단위의 데이터세트로 학습하고 문제를 맞닥뜨리더라도 해결하면서 진행하는 것이 좋습니다.

4-2-2 엑셀 파일 병합하기

실무에서는 자료를 분리하는 작업보다 병합하는 경우가 훨씬 많습니다. 이번에는 엑셀의 파워 쿼리로 데이터를 병합하는 방법을 알아보겠습니다. 데이터를 병합하는 경우는 크게 엑셀 파일 2개 이상을 병합하거나 한 파일에서 2개 이상의 시트를 병합할 때로 나눌 수 있습니다. 먼저 파일을 병합하는 과정을 살펴보겠습니다.

01 앞서 [문서 → Book4 → Ch4] 폴더에 파일들을 저장해 둔 파일 중 Seoul1.xlsx, Seoul2.xlsx, Seoul3.xlsx 파일의 데이터를 세로 방향으로 병합하여 하나의 엑셀 파일을 생성하겠습니다. 먼저 [Ch4] 폴더에 [Excel123] 폴더를 만들어 이 3개의 파일을 이동시켜 둡니다.

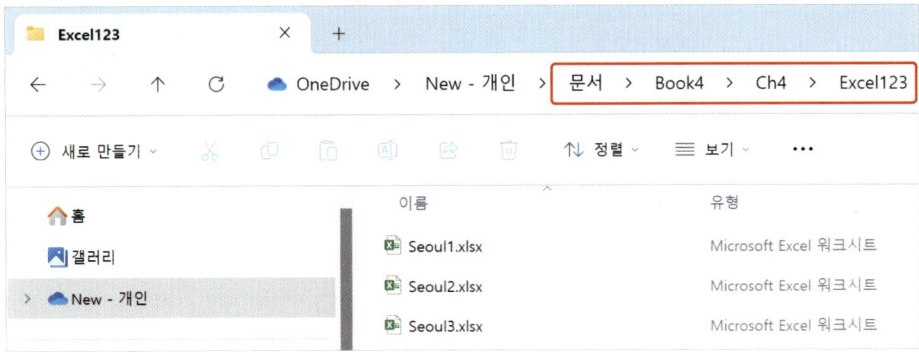

02 파워 쿼리를 실행해 파일을 불러오겠습니다. [데이터 → 데이터 가져오기 → 파일에서 → 폴더에서]를 클릭합니다.

▶ 파워 쿼리를 활용할 때는 [데이터] 탭의 [데이터 가져오기 및 변환] 그룹과 [쿼리 및 연결] 그룹의 기능들을 주로 사용합니다.

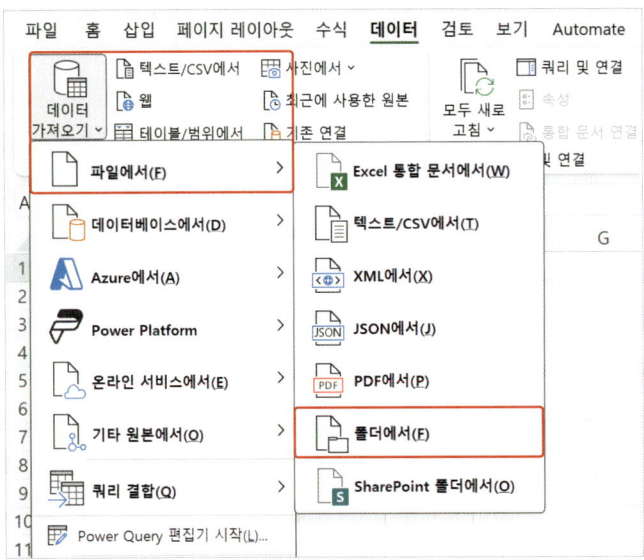

03 '찾아보기' 창이 뜨면 앞서 3개의 파일을 저장해 둔 [Excel123] 폴더를 선택하고 [열기]를 클릭합니다.

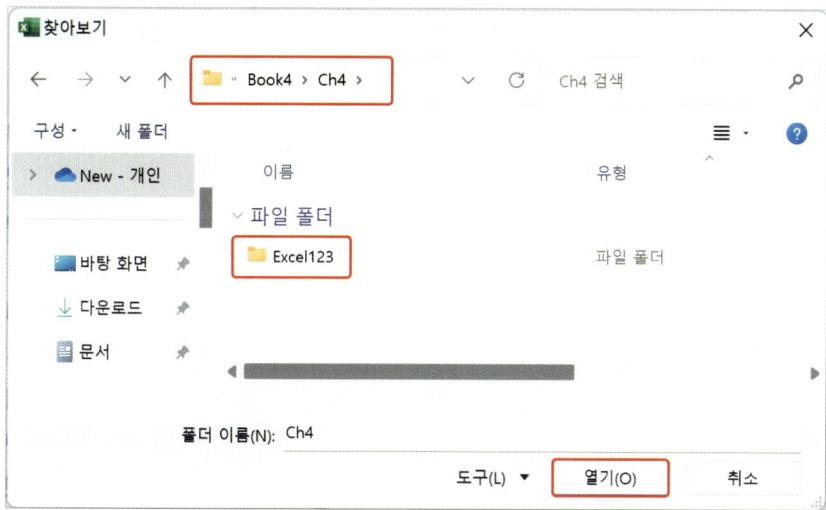

04 병합할 파일을 확인하는 창이 뜨면서 선택한 폴더의 모든 엑셀 파일이 나타납니다. 병합할 파일을 모두 확인한 다음 [데이터 변환]을 클릭합니다.

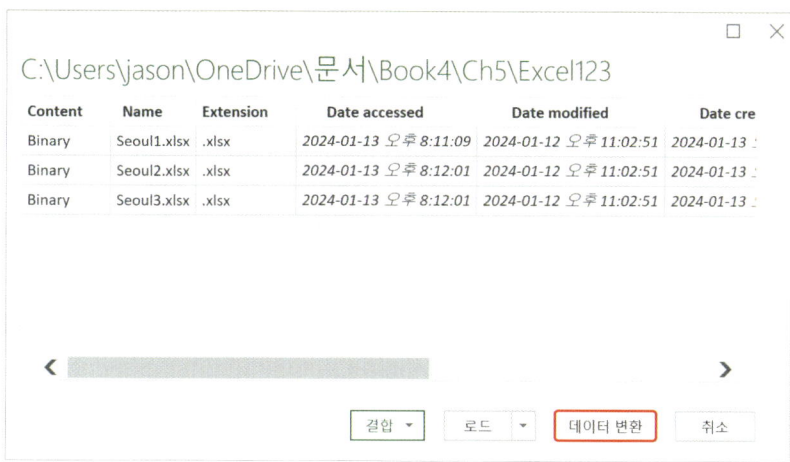

05 파워 쿼리 편집기 창이 열리면 여러 개의 열을 볼 수 있습니다. 이 중 'Content' 열만 필요하므로 다른 열은 모두 제거하겠습니다. 'Content' 열에 마우스 오른쪽 버튼을 클릭해 [다른 열 제거]를 선택합니다.

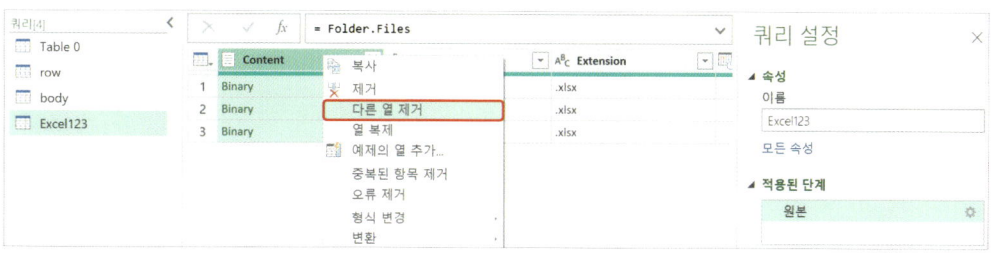

06 병합에 사용할 'Content' 열만 남으면 열 제목 오른쪽의 [파일 병합] 아이콘을 클릭합니다.

07 '파일 병합' 창이 열리면 [표시 옵션 → 매개변수1[1]] 폴더를 선택하고 [확인]을 클릭합니다.

08 병합할 3개의 파일 모두 시트를 1개씩 갖고 있으므로 병합할 시트 3개의 이름이 모두 Sheet1입니다. 이는 'Name' 열의 값으로 표시되어 있습니다. 여기서 우리는 'Data' 열만 사용할 것이므로 다른 열은 모두 제거합니다. 'Data' 열에서 마우스 오른쪽을 클릭하고 [다른 열 제거]를 클릭합니다.

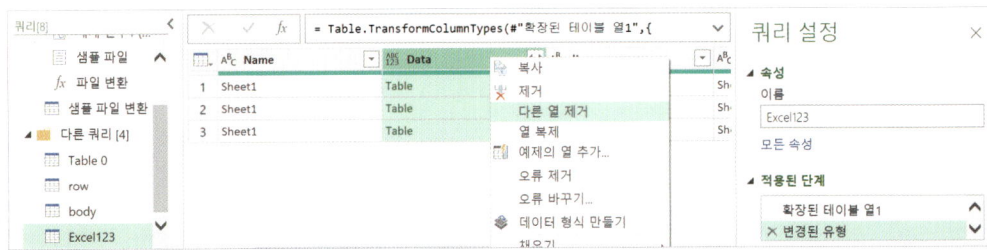

09 이제 병합된 시트에서도 'Data' 열만 남습니다. 이제 산재된 데이터를 통합하겠습니다. 열 제목 오른쪽의 [확장] 아이콘을 클릭합니다.

10 [원래 열 이름을 접두사로 사용]을 체크 해제하고 [확인]을 누릅니다.

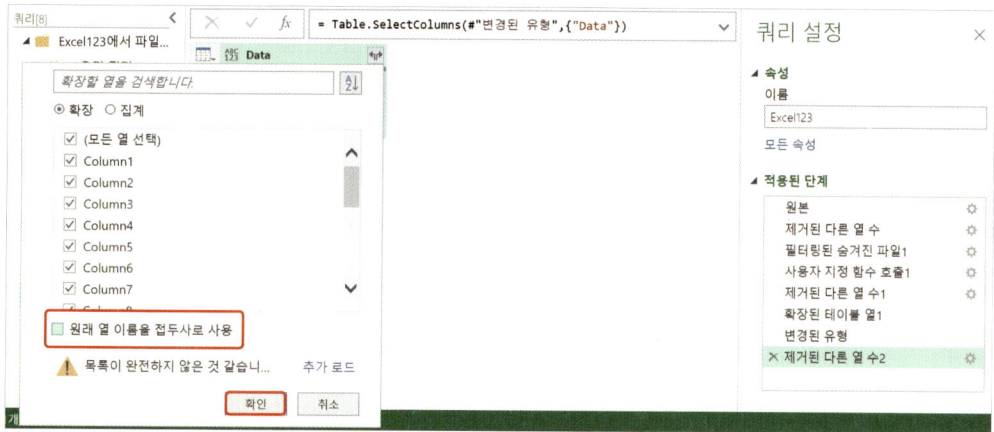

11 그 결과 3개의 엑셀 파일에 나뉘어 있던 데이터가 하나로 통합됩니다.

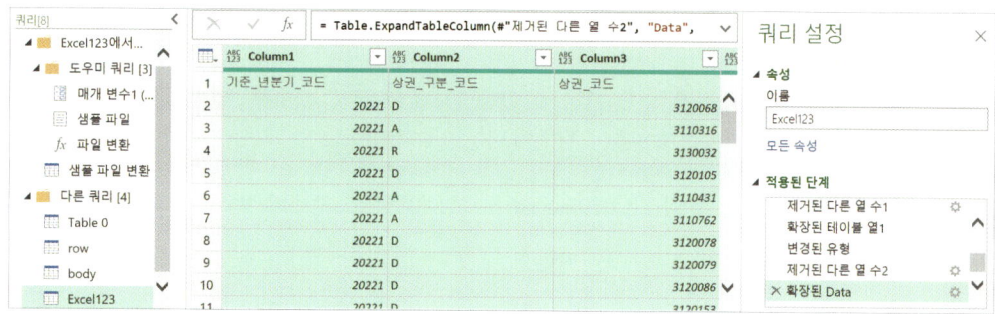

12 첫 행에 변수명들이 보입니다. 이 변수명을 열의 머릿글로 사용하기 위해 [파워 쿼리 편집기]에서 [변환 → 첫 행을 머리글로 사용]을 클릭합니다.

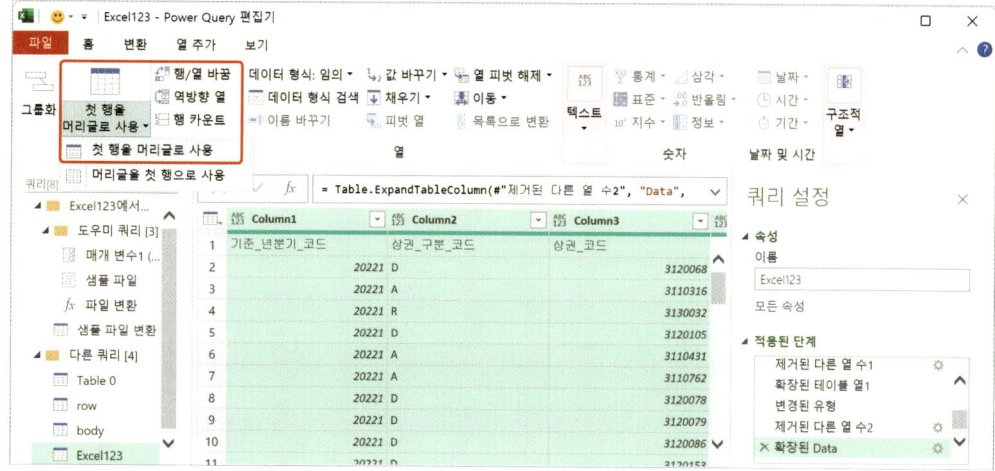

13 그럼 첫 행의 변수명들이 열 이름으로 올라간 것을 볼 수 있습니다.

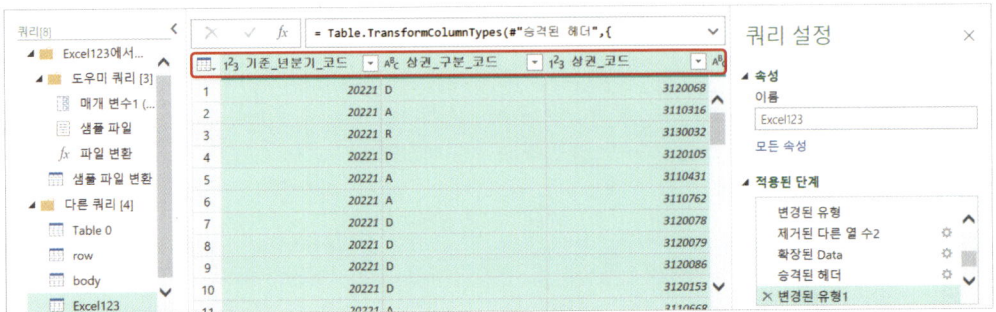

14 사실 원래 3개의 엑셀 파일에도 시트마다 첫 행에 변수명이 있었습니다. 파일을 불러오다 보니 방금 열 이름으로 올린 병합 데이터세트에 나머지 두 행의 변수명이 병합된 데이터와 섞여 있습니다. 방대한 데이터에 섞여 있어 [미리보기]에서 볼 수 있는 줄 수(1천 줄) 제한 때문에 보이지도 않습니다. 이 두 행을 삭제하기 위해 파워 쿼리 편집기 창의 [홈 → 행 제거 → 오류 제거]를 클릭합니다.

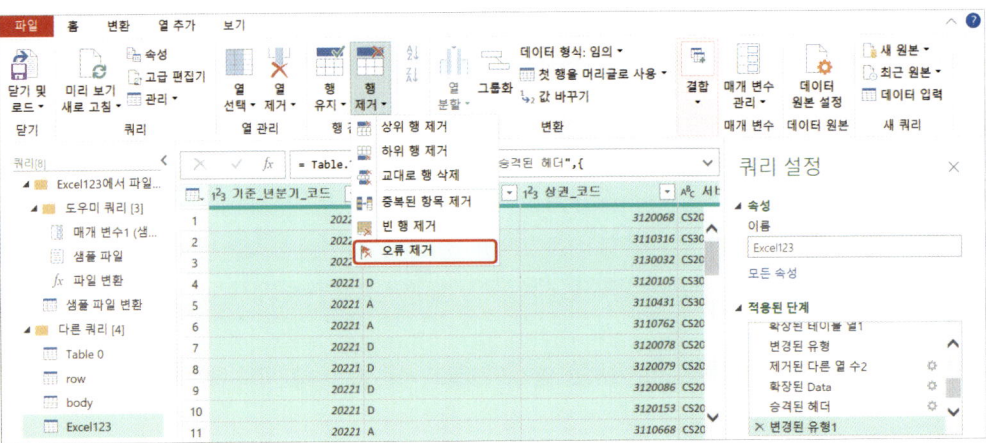

15 이제 파워 쿼리에서의 편집을 종료하고 실제 데이터로 불러오기 위해 [파워 쿼리 편집기]에서 [홈 → 닫기 및 로드] 또는 [파일 → 닫기 및 로드]를 클릭합니다.

16 파워 쿼리 편집기 창이 닫히면서 엑셀 시트에 지금까지 병합한 데이터가 보입니다. 화면 오른쪽 '쿼리 및 연결' 창의 아래쪽을 보면 로드된 행의 개수를 확인할 수 있습니다.

17 마지막으로 깔끔하게 필터를 제거하겠습니다. 보통 여러 출처에서 얻은 원본 엑셀 데이터는 필터가 없는 상태일 때가 많습니다. 이런 형태의 엑셀 데이터를 보려면 필터 적용을 없애는 것이 좋습니다. [데이터 → 필터]를 눌러 모든 필터를 말끔히 없애고 파일을 저장합니다.

이는 변수명이 담긴 첫 행을 제외한 줄 수입니다. 이 수치는 이 장에서 분석을 시작한 최초의 데이터세트인 Seoul_short_utf.csv 파일의 행 수와 동일합니다.

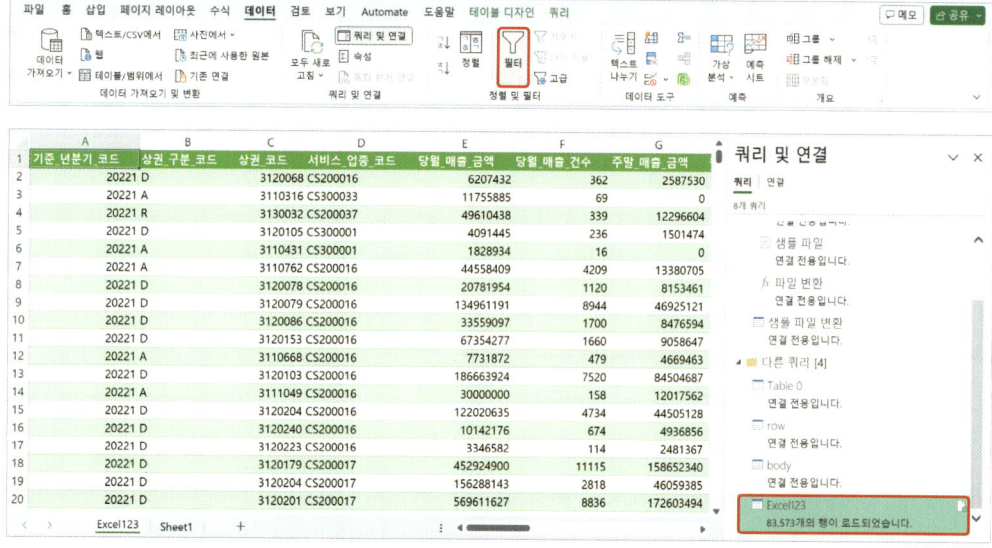

지금까지 기나긴 과정을 거쳐 여기까지 왔습니다. 챗GPT로 파일을 병합하는 방법이 훨씬 쉽고 간단하게 느껴질 수 있습니다. 하지만 파워 쿼리가 자랑하는 막강한 장점이 있습니다. 바로 병합한 원본 파일의 내용이 업데이트되면 [테이블 디자인] 또는 [쿼리] 탭의 [새로 고침] 기능으로 업데이트된 데이터를 불러올 수 있다는 것입니다.

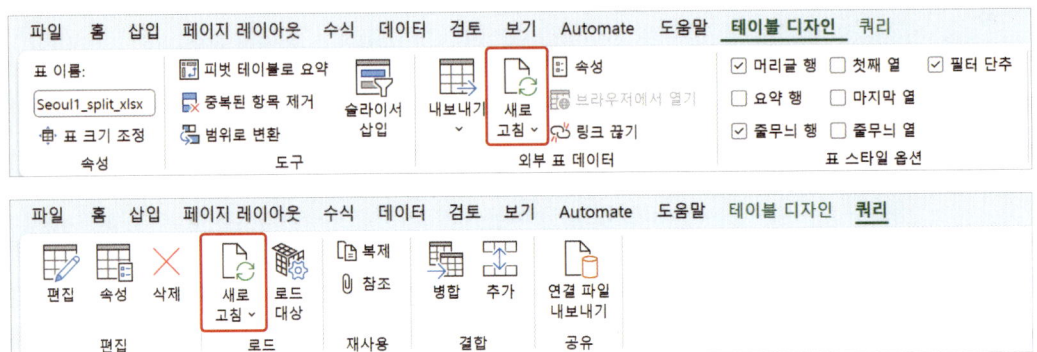

이것은 기존 엑셀에서는 불가능했던 기능이고, 챗GPT도 따라하지 못하는 파워 쿼리만의 특급 장점입니다.

4-2-3 엑셀 시트 병합하기

01 하나의 엑셀 통합 문서에 있는 여러 시트의 데이터를 하나의 시트로 모아 보겠습니다. 대상 파일은 3개의 시트를 가진 Seoul_split.xlsx입니다. 우선 엑셀에서 새 파일을 연 다음 [데이터 → 파일에서 → Excel 통합 문서에서]를 선택합니다.

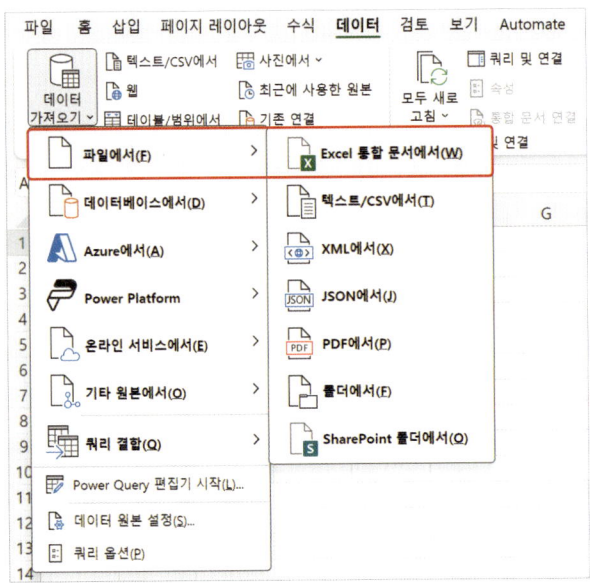

02 '데이터 가져오기' 창에서 Seoul_split.xlsx 파일을 선택하고 [열기]를 클릭합니다.

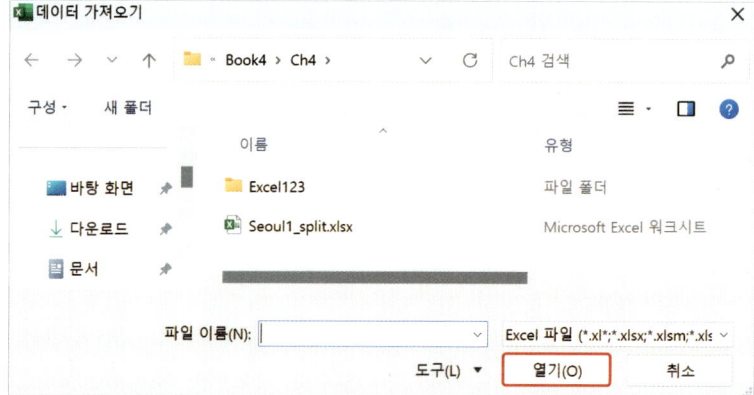

03 '탐색 창' 왼쪽에 병합하려는 시트 3개를 확인합니다. [Seoul1_split.xlsx]을 선택하고 [데이터 변환]을 클릭합니다.

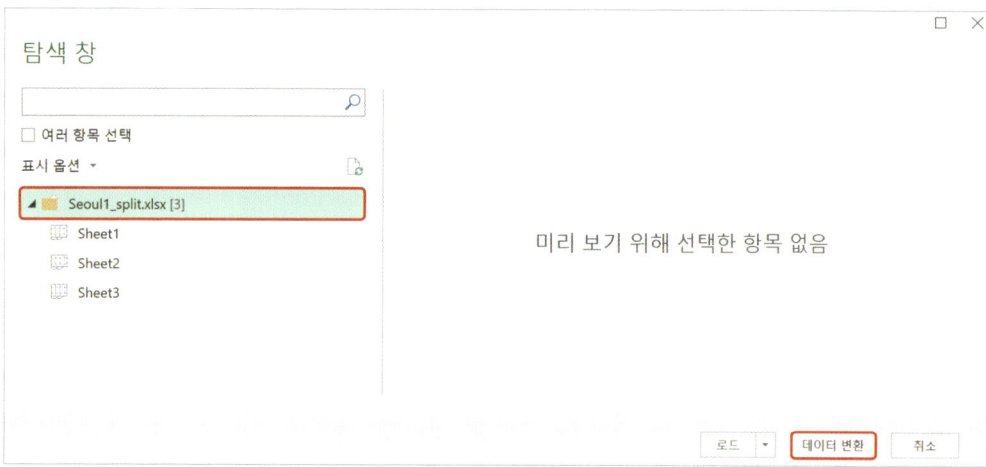

04 파워 쿼리 편집기 창이 열리고 나열된 3개의 시트를 볼 수 있습니다. Sheet1, Sheet2, Sheet3가 나열된 화면이 나옵니다. 이 중 'Data' 열만 사용할 것이므로 나머지 열은 제거하겠습니다. 'Data' 열에서 마우스 오른쪽을 클릭하고 [다른 열 제거]를 선택합니다.

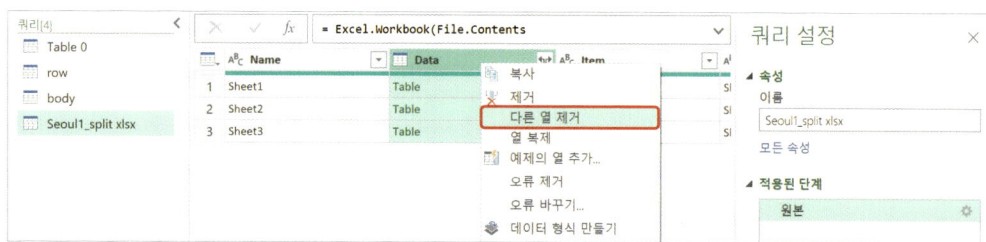

05 'Data' 열 제목 오른쪽의 [확장] 아이콘을 클릭한 다음 [원래 열 이름을 접두사로 사용]을 체크 해제하고 [확인]을 클릭합니다.

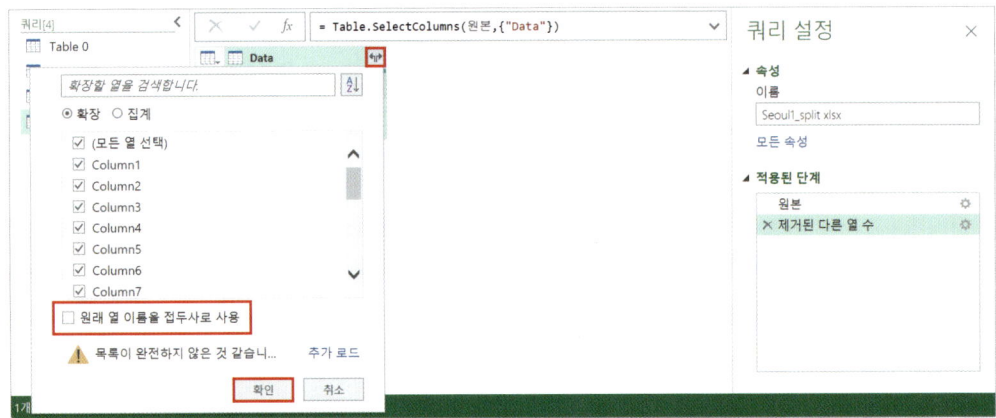

06 이제 3개의 시트에 있던 데이터가 하나로 통합되어 나타납니다.

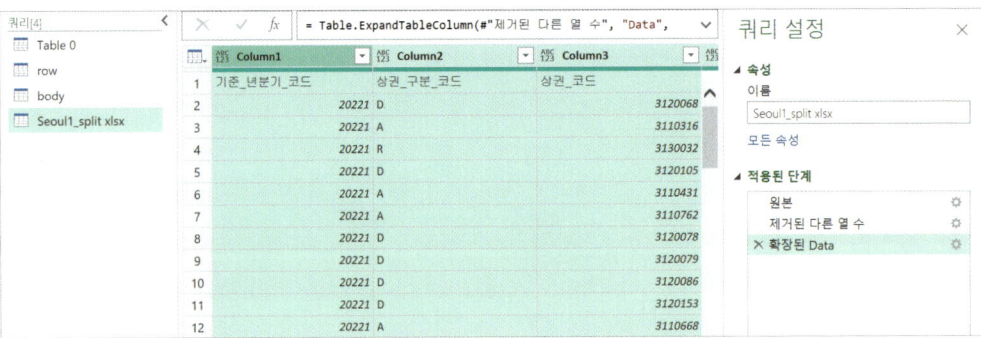

07 첫 행의 변수명을 열 머릿글로 변환하겠습니다. [변환 → 첫 행을 머릿글로 사용]을 클릭하면 첫 행에 있던 변수명들이 머릿글이 된 것을 볼 수 있습니다.

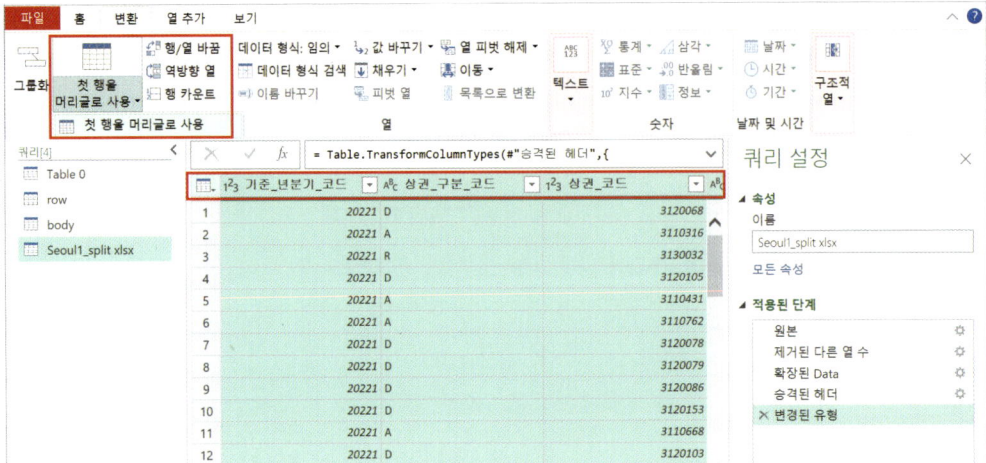

08 단, 병합한 시트 3개 모두 변수명을 가지고 있었기 때문에 데이터 어딘가 같은 변수명이 섞여 있습니다. 이를 제거하기 위해 [홈 → 행 제거 → 오류 제거]를 클릭합니다.

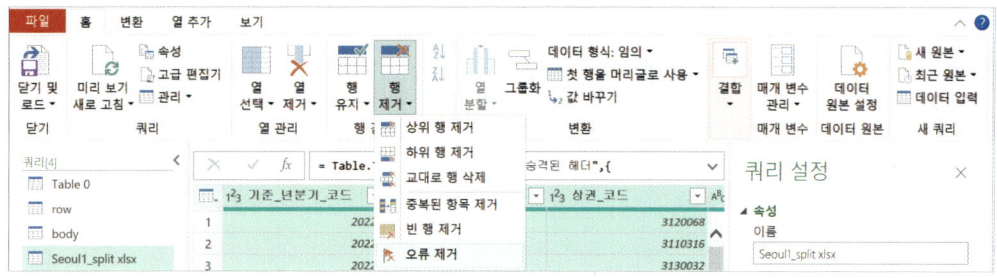

09 이제 파워 쿼리 편집기에서 편집한 데이터를 저장하기 위해 [홈 → 닫기 및 로드]를 클릭합니다.

10 엑셀 시트에 지금까지 병합한 데이터를 볼 수 있습니다. 왼쪽 '쿼리 및 연결'을 보면 불러온 행의 개수를 확인할 수 있습니다. 이는 앞서 3개의 시트로 분리했던 데이터를 모두 합한 개수와 동일합니다.

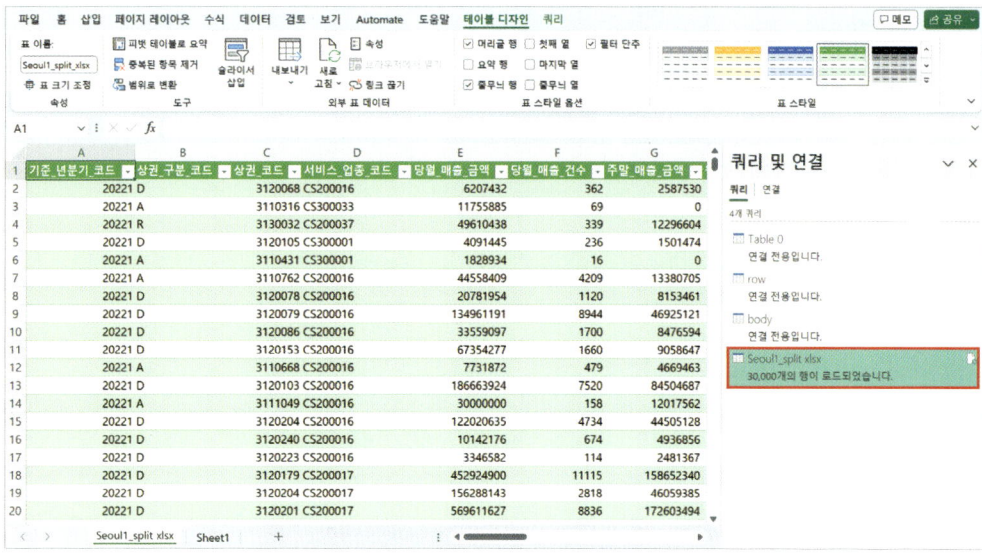

이제 이 결과를 엑셀 통합 문서로 저장하기 위해서 [파일 → 다른 이름으로 저장하기]를 눌러 원하는 엑셀 파일 이름으로 저장하면 작업이 끝납니다.

🔍 궁금해요!   원본 데이터가 업데이트되면 어떻게 되나요?

앞서 파일 병합을 할 때 언급했듯이 파워 쿼리만이 가진 가장 강력한 기능인 [새로고침] 기능을 활용하면 원본 데이터가 업데이트되었을 때 자동 업데이트됩니다. [테이블 디자인 → 새로 고침]을 클릭하거나 [쿼리 → 새로 고침]을 누르면 파워 쿼리에 의한 병합 결과물도 자동으로 업데이트됩니다.

CHAPTER

05

필요한 데이터만 쏙!
피벗 테이블 및 피벗 차트

누군가에게 "영어를 어느 정도 하세요?"라고 물으면 기준이 여러 가지여서 대답도 천차만별입니다. 영어를 잘하는 사람이 잘 못한다고 말하기도 하고 그 반대의 경우도 있습니다. 하지만 "엑셀을 어느 정도 하세요?"라는 질문에는 객관적인 판단 기준이 있습니다. 즉, 피벗 테이블과 VLOOKUP 함수를 능숙하게 다룰 수 있으면 최소한 중급 레벨입니다. 이 챕터에서는 엑셀의 피벗 테이블과 피벗 차트를 소개하고 챗GPT와 엑셀로 이 기능을 구현해 봅니다.

5-1 피벗 테이블

5-2 피벗 차트

5.1 피벗 테이블

데이터 분석을 하다 보면 몇 만 줄, 몇 백 만 줄까지 대용량 데이터를 다루게 됩니다. 이처럼 많은 데이터를 한 눈에 파악하기는 쉽지 않습니다. 그래서 각 변수들의 대푯값(예: 합계, 평균, 개수 등)을 표 형태로 구현한 것이 **피벗 테이블**입니다. 다음은 8만 줄의 데이터와 21개의 변수가 있는 데이터세트를 피벗 테이블로 구현한 예시입니다.

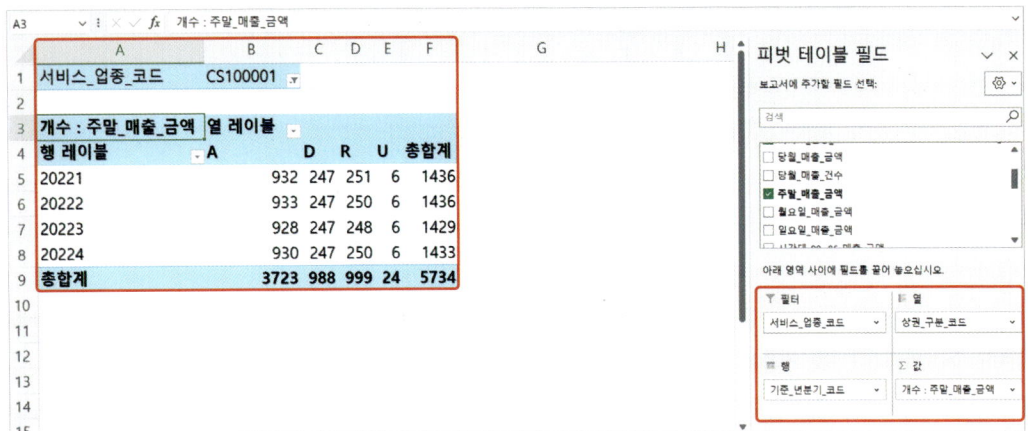

엑셀 화면 오른쪽 하단의 필터, 열, 행, 값 등을 지정하면 화면 왼쪽의 피벗 테이블이 생성됩니다. 복잡하게 보이지만 몇 번 반복해서 구현하다 보면 금세 손에 익힐 수 있을 것입니다. 바로 이 피벗 테이블을 챗GPT를 활용해 먼저 구현해 보겠습니다.

5-1-1 챗GPT로 피벗 테이블 구현하기

01 Seoul_short_utf.csv 파일을 사용하겠습니다. [Data Analyst]에 파일을 업로드한 다음 이 데이터세트의 변수명을 알려 달라고 부탁합니다.

 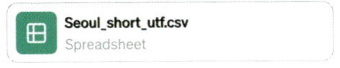

이 데이터세트의 변수명을 나열해 줄래?

 이 데이터세트에 포함된 변수명은 다음과 같습니다.

기준_년분기_코드
상권_구분_코드
상권_코드
서비스_업종_코드

당월_매출_금액

당월_매출_건수

주말_매출_금액

월요일_매출_금액

일요일_매출_금액

…(중략)…

02 그리고 챗GPT에게 다음과 같은 피벗 테이블을 만들어 달라고 명령합니다.

 이 데이터세트로 엑셀 피벗 테이블을 만들어 줘. 단, 열에 '상권_구분_코드', 행에 '기준_년분기_코드', 값에 '주말_매출_금액'을 개수 기준으로 만들고 그 결과를 다운로드받게 해줘. 한글이 깨지지 않게 하고.

 새로운 피벗 테이블을 생성했습니다. 이 테이블은 '기준_년분기_코드'를 행으로, '상권_구분_코드'를 열로, '주말_매출_금액'의 개수를 값으로 사용하여 구성되었습니다. 생성된 피벗 테이블을 엑셀 파일로 저장했으며, 다음 링크를 통해 다운로드할 수 있습니다.

엑셀 피벗 테이블 다운로드 (링크)

03 다운로드 링크를 클릭하면 엑셀 파일이 컴퓨터의 [다운로드] 폴더에 저장됩니다. 이 파일 이름을 Seoul_pivot.xlsx로 수정하겠습니다.

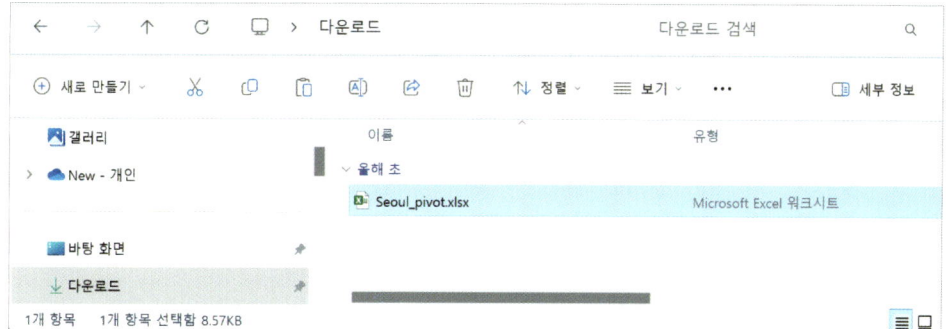

▶ 챗GPT는 별도의 명령이 없으면 생성하는 파일 이름이 소문자로 시작합니다. 다만 이 책에서는 가시성을 높이기 위해 파일 이름의 첫 글자를 대문자로 바꾸었습니다. 생성 AI의 특성상 다운로드 파일 이름은 바뀔 수 있습니다.

04 파일을 열어 보겠습니다. 그런데 이 값은 실제 엑셀로 구현한 피벗 테이블과 값이 다른 상태입니다. 이유는 '필터'입니다. 엑셀 파일에 '서비스_업종_코드'가 필터로 들어 있지 않기 때문이죠. 즉, 엑셀에서 필터를 지정하지 않으면 엑셀로 구현한 피벗 테이블과 챗GPT가 만든 피벗 테이블이 같은 정보를 담습니다. 하지만 챗GPT가 만든 피벗 테이블은 총합계 행과 열도 보이지 않습니다.

	A	B	C	D	E
1	기준_년분기_코드	A	D	R	U
2	20221	10111	7237	3050	250
3	20222	10281	7284	3086	250
4	20223	10320	7295	3089	251
5	20224	10387	7326	3104	252

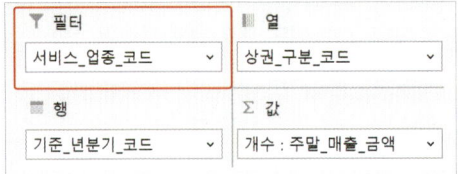

05 챗 GPT에게 '서비스_업종_코드'를 피벗 테이블의 필터로 넣어 달라고 해보겠습니다. 그러자 '엑셀 피벗 테이블 내에서 직접적인 필터 기능은 제공하지 않는다.'라는 답변이 돌아왔습니다.

 그 피벗 테이블에 '서비스_업종_코드'를 필터로 넣어 줄래? 이 역시 다운로드 링크를 만들어 줘. 한글은 깨지지 않게 하고.

 피벗 테이블을 수정하여 '서비스_업종_코드'를 추가 필터로 포함시켰습니다. 하지만, 엑셀 피벗 테이블 내에서 직접적인 필터 기능은 제공하지 않기 때문에, 이 피벗 테이블은 '서비스_업종_코드'에 따른 구분 없이 전체 데이터에 대한 집계를 보여줍니다. 엑셀에서 피벗 테이블을 열고 '서비스_업종_코드' 필터를 적용하여 원하는 데이터를 볼 수 있습니다. 생성된 피벗 테이블을 엑셀 파일로 저장했으며, 다음 링크를 통해 다운로드할 수 있습니다.

엑셀 피벗 테이블 다운로드 (링크)

06 다운로드한 파일을 열어 보면 필터가 보이지 않습니다. 이번에는 합계를 보여주는 Total 행과 열이 붙어 있습니다.

	A	B	C	D	E	F
1	기준_년분기_코드	A	D	R	U	Total
2	20221	10111	7237	3050	250	20648
3	20222	10281	7284	3086	250	20901
4	20223	10320	7295	3089	251	20955
5	20224	10387	7326	3104	252	21069
6	Total	41099	29142	12329	1003	83573

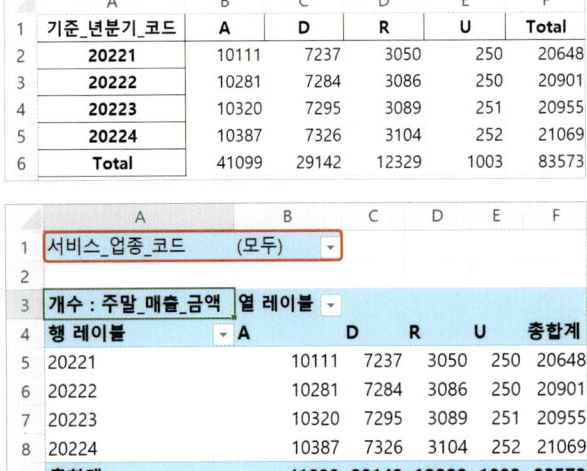

결과를 보면 챗GPT는 피벗 테이블의 필터 기능을 엑셀로 정확하게 구현하지 못합니다. 실무에서 피벗 테이블의 필터 기능은 매우 유용한 기능이기 때문에 이 점은 무척 아쉽습니다. 그래도 챗GPT를 활용하면 기본적인 엑셀 피벗 테이블을 만들어 낼 수 있다는 사실은 확인했습니다.

5-1-2 엑셀로 피벗 테이블 구현하기

01 본격적으로 엑셀에서 피벗 테이블을 구현하기 앞서 빙 사이트의 코파일럿에 엑셀을 활용한 피벗 테이블을 작성하는 방법을 물어보자 다음과 같이 정리해 주었습니다. 이제 이 단계를 따라 피벗 테이블을 구현해 보겠습니다.

 엑셀에서 피벗 테이블을 작성하는 방법을 알려 줘.

1. 엑셀 테이블을 선택합니다.
2. "삽입" 탭을 클릭합니다.
3. "피벗 테이블"을 클릭합니다.
4. "테이블/범위"를 선택합니다.
5. "새 워크시트"를 선택합니다.
6. "열 레이블"에 'A' 변수를, "행 레이블"에 'B' 변수를, "값"에 'C' 변수를 드래그하여 넣습니다.
7. "값"에 'C' 변수를 다시 드래그하여 넣습니다.
8. "값"에 있는 "합계"를 클릭하고 "개수"를 선택합니다.
9. "필터"에 'D' 변수를 드래그하여 넣습니다.

02 엑셀에서 Seoul_short_utf.csv를 열고 다음 작업을 시작합니다. [삽입 → 피벗 테이블 → 테이블/범위에서]를 클릭합니다.

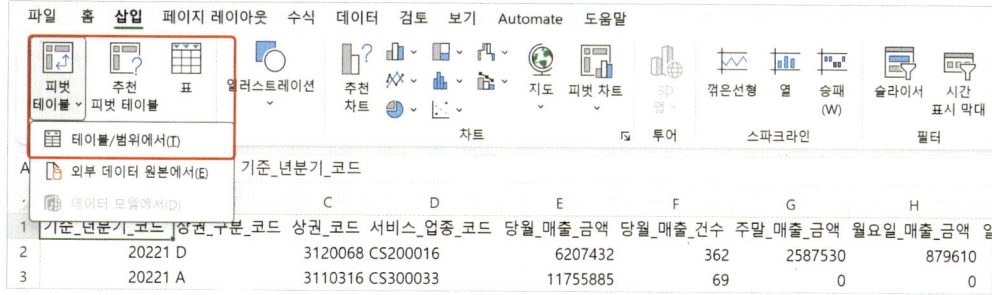

03 그러면 '표 또는 범위의 피벗 테이블' 창이 열립니다. 여기서 테이블/범위는 자동으로 전체 범위가 표기된 것을 볼 수 있습니다. 특별히 지정할 필요가 없으므로 [확인]을 누릅니다.

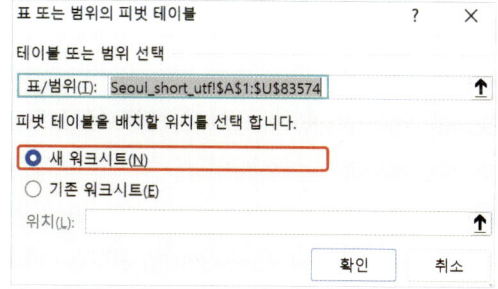

04 새 워크시트(예: Sheet1)에 다음 화면이 나타납니다.

05 여기서 A 변수는 '상권_구분_코드', B 변수는 '기준_연분기_코드', C 변수는 '주말_매출_금액'입니다. 그리고 필터에 지정할 D 변수는 '서비스_업종_코드'입니다. 6번에서 9번까지의 조작은 다음 화면을 참고하세요.

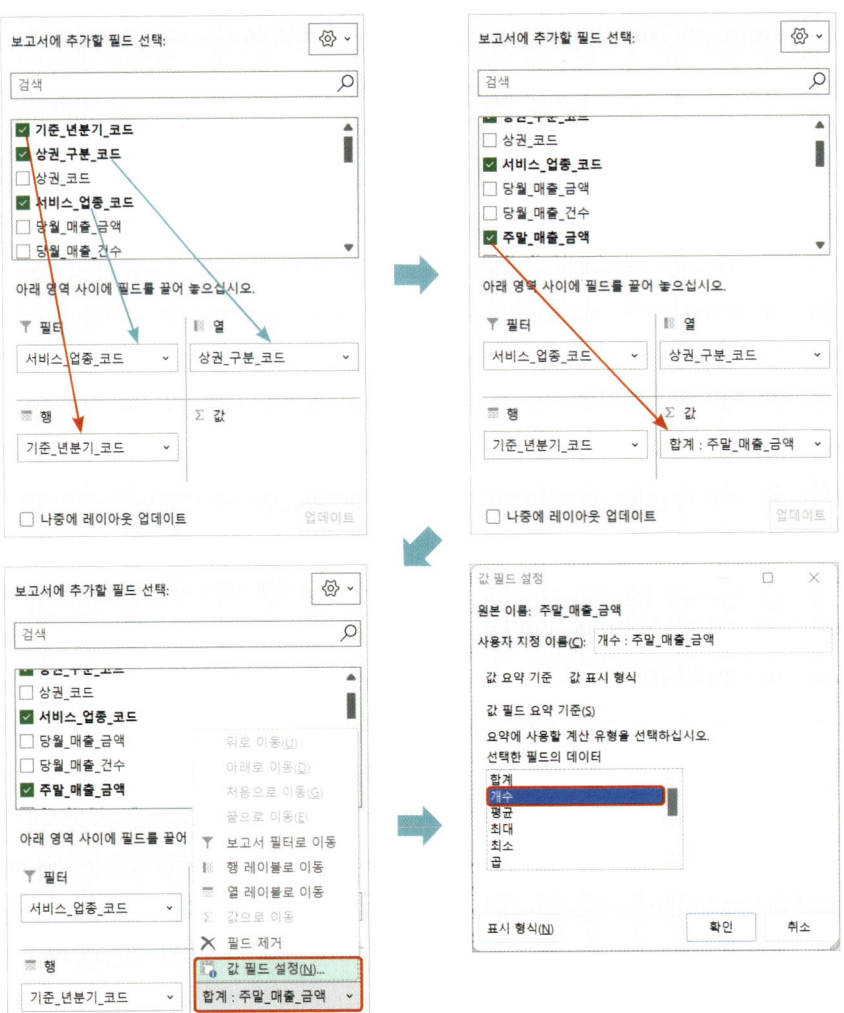

06 그 결과 나타나는 피벗 테이블은 다음과 같습니다. 필터로 '서비스_업종_코드'를 지정했기에 상단 A1 및 B1셀에 해당 필터가 보입니다. 디폴트 필터 값은 '(모두)'로 되어 있습니다.

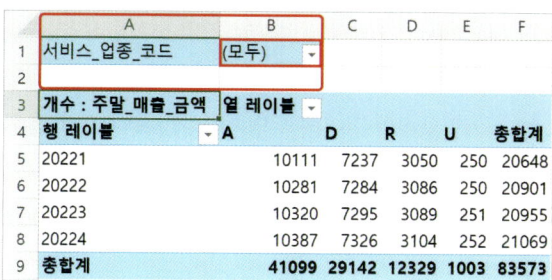

07 B1셀 오른쪽의 드릴다운 아이콘을 눌러 '서비스_업종_코드' 값 중 [CS100001]을 지정해 보겠습니다. 그럼 나머지 결괏값들이 바뀝니다. 참고로 아래 화면 오른쪽 맨 아래쪽 값 영역에 있는 '주말_매출_금액'은 디폴트 대푯값이 '합계'였으나 앞의 조치로 인해 대푯값이 '개수'로 바뀌었습니다. 이제 원하던 결과가 나왔습니다.

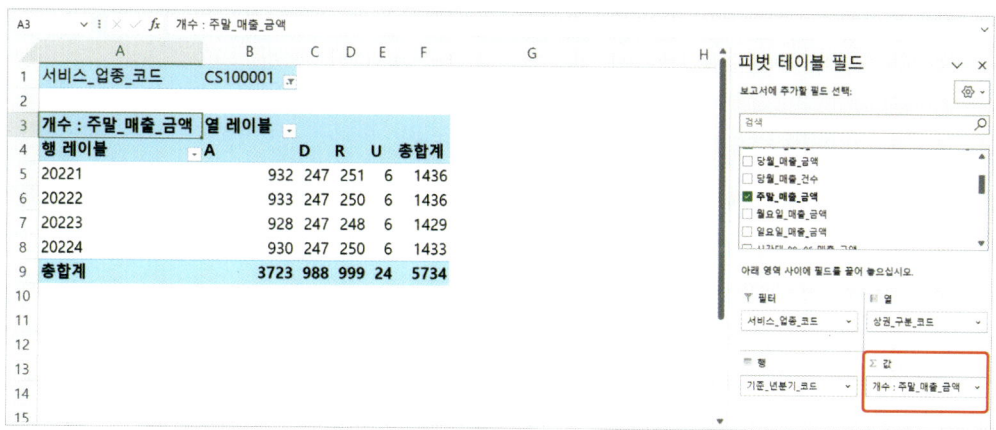

이외에도 피벗 테이블은 필터, 열, 행, 값에 여러 변수를 추가하여 더 복잡하게 구성할 수 있습니다. 다만, 이 절에서는 책의 분량상 실무에서 피벗 테이블을 만들기 위한 필요한 최소한의 기능만 보여드렸습니다. 특히 피벗 테이블에서 필터 기능은 대단히 요긴한 기능이니 꼭 알아 두면 좋겠습니다.

피벗 테이블을 손에 익히는 제일 좋은 방법은 '피벗 테이블 필드' 창에서 여러 변수를 필터, 열, 행, 값 필드로 이리 저리 옮겨보는 것입니다. 이외에 피벗 테이블에서 꼭 알아야 하는 기능이 하나 더 있는데 그건 다음 절에서 설명할 [피벗 차트]입니다.

5.2 피벗 차트

제가 데이터 분석을 배울 때는 강력한 시각화 기능을 제공하는 상용 통계 패키지인 SAS를 사용했습니다. 당시 지도 교수님께서 데이터 분석의 주요 단계인 [탐색적 자료 분석 및 시각화] 과정을 여러 번 시연해 주셨습니다(참고로 이 과정은 후속 Chapter 09, 10에 상세히 설명해 두었습니다). 그때 느낀 점은 '와, 데이터를 이렇게 입체적으로 봐야 하는 거구나.'였습니다. 무조건 엑셀에 집어넣고 평균 등 통계만 신나게 뽑던 제 습관을 반성하게 됐습니다. 그런데 엑셀에도 [탐색적 자료 분석 및 시각화] 과정을 수월하게 해 주는 기능이 있었습니다. 그것이 바로 **피벗 차트**입니다.

5-2-1 챗GPT로 피벗 차트 만들기

앞서 챗GPT가 만든 피벗 테이블 파일인 Seoul_pivot.xlsx를 챗GPT에 업로드하고 해당 데이터를 차트로 그려 달라고 해보겠습니다.

이 파일의 데이터를 엑셀의 피벗 차트 세로 막대형과 유사한 형태로 그려 줄래? X축명은 'Year and Quarter'를 쓰고, Y축명은 'Sales Value'로 표기해 줘. 그리고 세로 막대 색은 최대한 구별되게 선택해서 그려 줘

알겠습니다. 'seoul_pivot.xlsx' 파일의 데이터를 이용하여 세로 막대형 피벗 차트를 생성하겠습니다. 이 차트는 각 기준 년도 및 분기('기준_년분기_코드')별로 다른 항목들('A', 'D', 'R', 'U')의 값을 세로 막대로 표시할 것입니다. 차트를 만들어 보겠습니다.

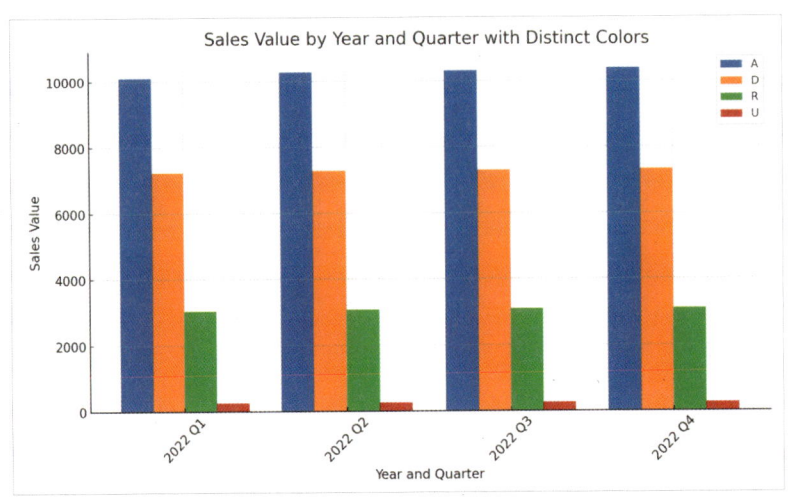

이렇게 피벗 차트를 만드는 과정에서 챗GPT의 몇 가지 한계가 드러납니다. 우선 명령에서 X축과 Y축의 이름을 영어로 지정한 이유는 챗GPT가 아직 한글 변수를 차트에서 표기하지 못하기 때문입니다. 이는 아직까진 한글 폰트가 지원되지 않기 때문입니다. 단, 이 문제는 챗GPT의 업데이트 속도를 봐서 조만간 해결될 것으로 보입니다.

5-2-2 엑셀로 피벗 차트 만들기

01 앞서 엑셀로 만든 피벗 테이블 Seoul_short_utf.csv 파일을 이용해 피벗 차트를 만들어 보겠습니다. [피벗 테이블 분석 → 피벗 차트]를 클릭합니다.

▸ [피벗 테이블 분석] 탭이 보이지 않으면 피벗 테이블 어디든 클릭하면 탭을 볼 수 있습니다.

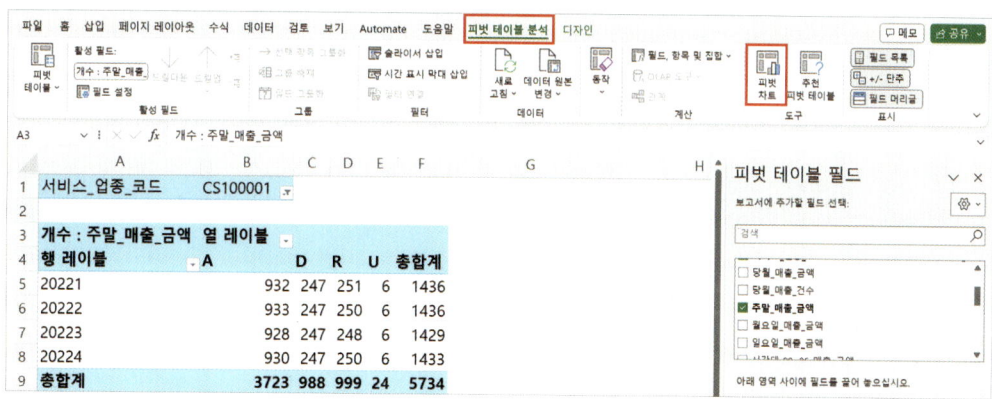

02 '차트 삽입' 창이 뜹니다. 기본 차트로 [세로 막대형 → 묶은 세로 막대형]이 선택돼 있습니다. 왼쪽 차트 메뉴를 보면 분산형, 방사형 등 다양한 차트가 있습니다. 우선 [묶은 세로 막대형]을 그대로 선택하겠습니다. 원하는 차트 형태를 선택했다면 [확인]을 클릭합니다.

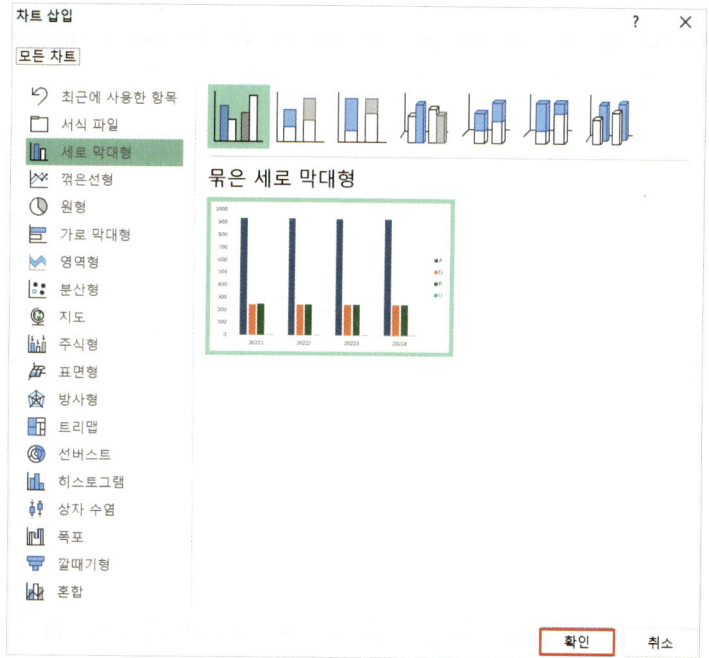

03 간단하게 피벗 테이블의 결과를 피벗 차트로 만들었습니다. 한눈에 데이터를 볼 수 있게 되었습니다.

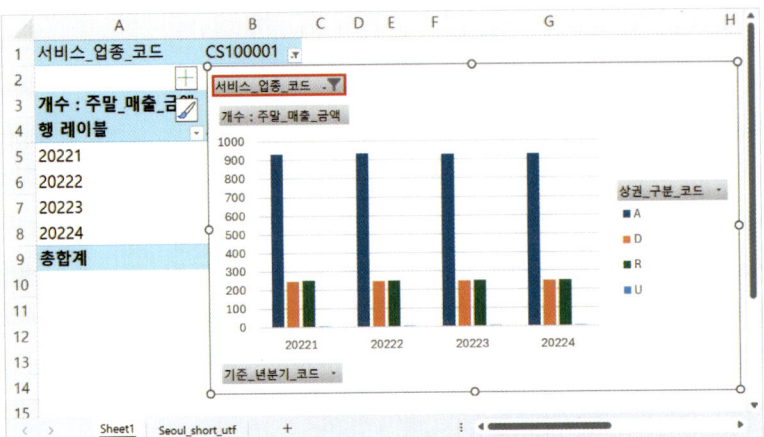

04 여기서 필터로 지정해 둔 '서비스_업종_코드' 값 [CS100001]을 바꿔 보겠습니다. 피벗 차트에서 [서비스_업종_코드] 오른쪽의 필터 아이콘을 클릭한 [CS100002]를 선택하고 [확인]을 클릭합니다.

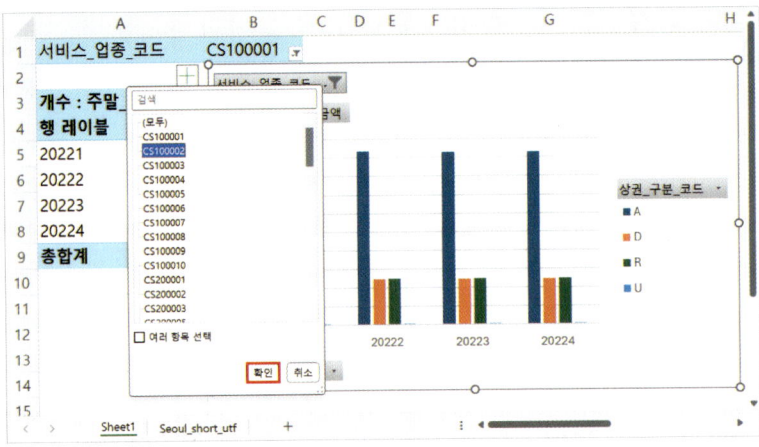

05 값이 바뀌자 피벗 테이블과 피벗 차트가 바뀌는 것을 볼 수 있습니다.

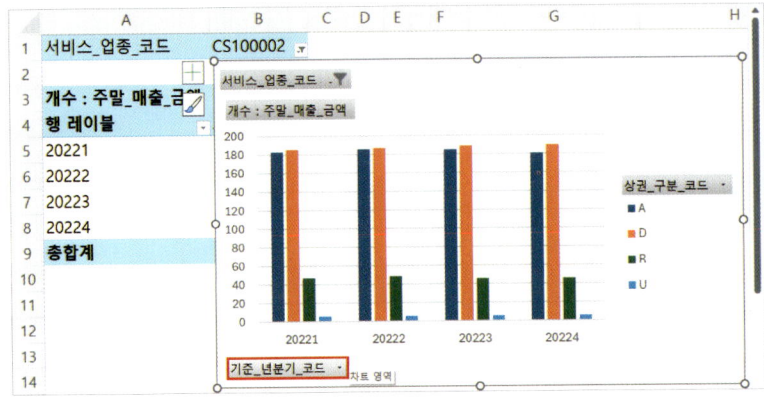

06 이번에는 원하는 값만 나오도록 변경해 보겠습니다. 피벗 차트의 왼쪽 하단 [기준_년분기_코드]의 오른쪽 드릴다운 버튼을 클릭하면 '년분기', 즉 연도와 분기를 선택할 수 있습니다. [20221]을 선택하고 [확인]을 클릭합니다.

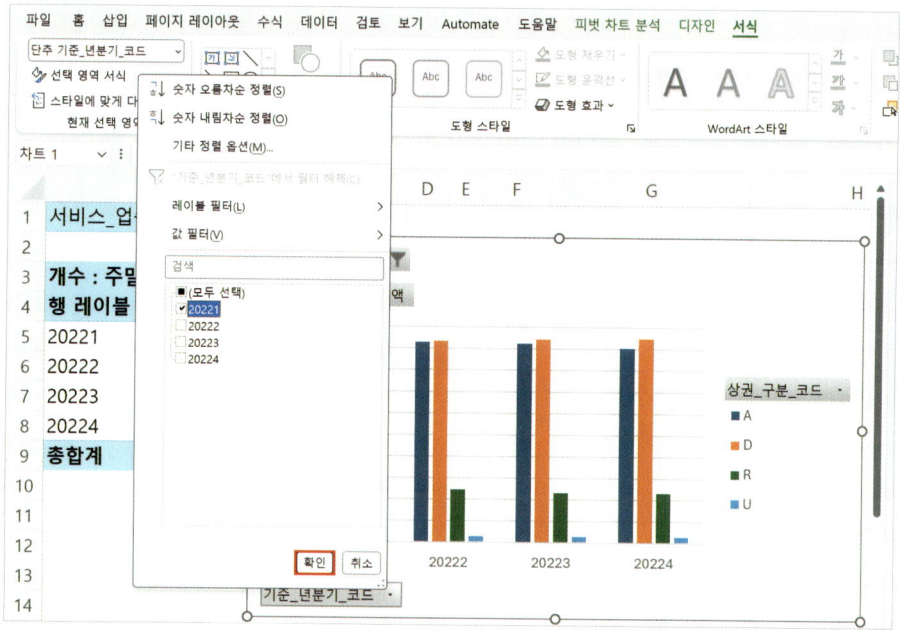

07 피벗 테이블과 피벗 차트에서 2022년 1분기 값만 나오는 것을 볼 수 있습니다.

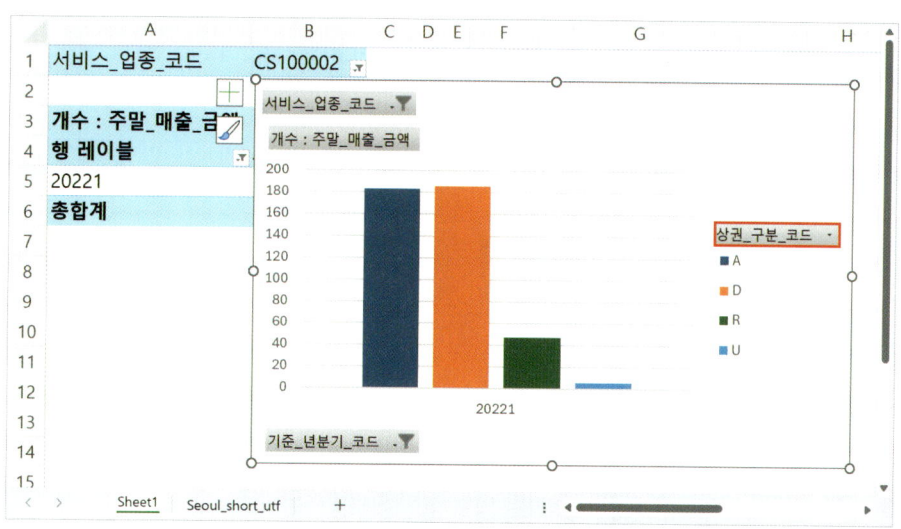

08 이번에는 피벗 차트 화면 오른쪽에 있는 [상권_구분_코드] 드릴다운 버튼을 클릭하고 [A]와 [D]만 선택한 다음 [확인]을 클릭합니다.

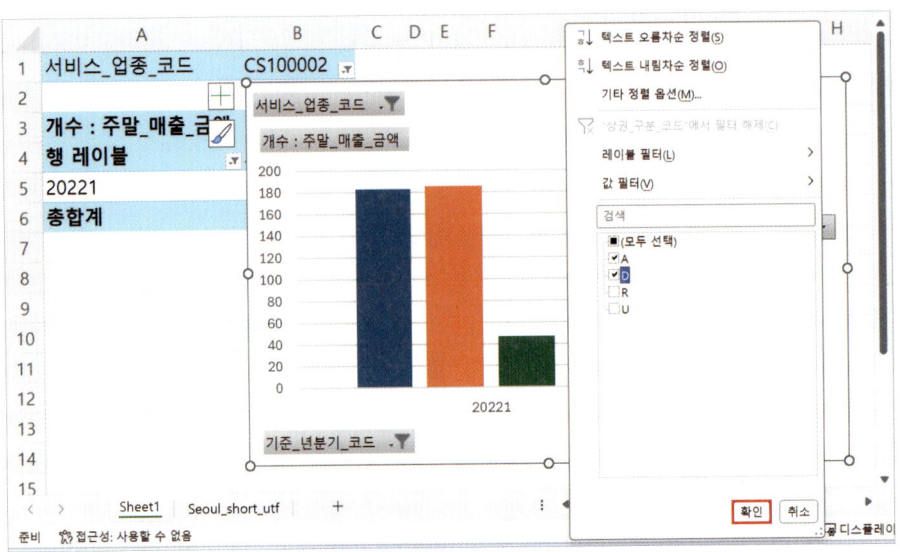

09 그 결과로 '상권_구분_코드'의 A와 D만 반영된 피벗 테이블과 차트가 만들어지는 것을 볼 수 있습니다.

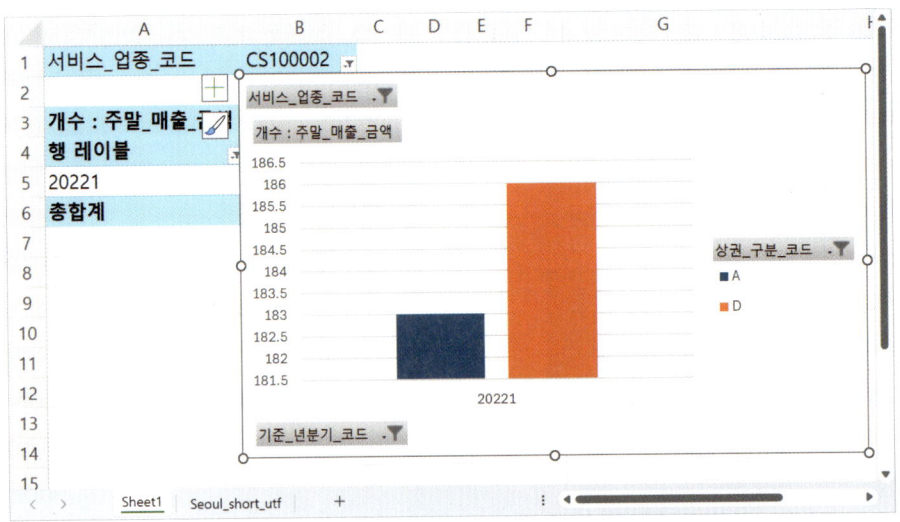

이처럼 피벗 차트는 피벗 테이블을 시각화할 뿐만 아니라 피벗 테이블의 필터, 행, 열 필드의 값별로 선택지를 제공해서 하나의 데이터 테이블을 여러 가지 관점에서 볼 수 있습니다. 이 기능은 이후 'Chapter 09 아파트 거래 가격 예측'에서 살펴볼 탐색적 자료 분석 및 시각화에서 빛을 발할 예정이니 익혀 두는 것이 좋습니다.

CHAPTER

06

원하는 데이터를 쉽게 찾는 법, VLOOKUP 함수

앞 장에서 중급 수준의 엑셀 사용자가 알아야 할 기능으로 피벗 테이블과 VLOOKUP 함수를 언급했습니다. 피벗 테이블을 소개했으니 이 장에서는 엑셀 VLOOKUP 함수를 알아보고 챗GPT로 VLOOKUP 함수 기능을 대체할 수 있는지 알아봅니다. 아울러 몰라서 안 쓰는 사람은 있어도 일단 쓰게 되면 한 번만 쓰는 사람은 없는 정말 유용한 기능인 FORMULATEXT 함수도 소개합니다.

6-1 FORMULATEXT 함수
6-2 VLOOKUP 함수

6.1 FORMULATEXT 함수

이 책의 서두에서 제가 늦은 나이에 유학을 가서 엑셀을 다시 배워야 했던 경험을 말씀드렸습니다. 예전에 개그콘서트 '달인'이라는 프로그램이 있었습니다. 이 프로그램에서 주인공은 항상 "16년동안 이 일만 해오신 ~" 이라는 멘트로 소개됩니다. 저 또한 프리랜서로 나서기 전에는 16년 동안 회사에서 엑셀을 사용해 왔기에 웬만한 엑셀 기능은 알고 있다는 자신감을 갖고 그 수업을 들어갔습니다. 하지만 제가 간과해 온 중요한 엑셀 기능들을 그 수업에서 만나게 되었고, 지금도 그 보석 같은 기능들을 유용하게 써먹고 있습니다. 그중에서도 대표적인 엑셀 기능을 2가지만 말해 보라고 한다면 첫 번째가 이 장에서 소개할 FORMULATEXT 함수입니다. 두 번째는 다음 장에서 소개할 조건부 서식입니다.

FORMULATEXT 함수는 값에 입력한 함수나 수식을 보여주는 기능입니다. 무척 단순해 보이지만 이어서 나올 실습을 보면 왜 이 함수가 유용한지 알게 될 것입니다.

6-1-1 엑셀에서 FORMULATEXT 함수 사용하기

01 앞서 챗GPT가 생성한 Seoul_pivot.xlsx를 다시 열겠습니다. 먼저 엑셀 기본 함수 중 하나인 SUM 함수를 사용해 B셀의 값을 모두 더하겠습니다. 아무 값이 없는 B6 셀을 클릭하고 =SUM(B2:B5)를 입력하거나 =SUM(까지 입력하고 합산할 값이 있는 셀을 드래그한 다음)로 괄호를 닫아 수식을 완성합니다. 이 수식은 B2부터 B5까지의 값을 합산하겠다는 의미입니다.

▶ 변수명이 길어서 제대로 보이지 않으면 열과 열 사이 경계선을 더블 클릭하세요.

02 [Enter] 키를 누르면 모든 셀을 합산한 값이 B6셀에 입력됩니다. 이렇게 수식으로 입력한 값은 셀에 결괏값만 볼 수 있으므로 수식이 적용되었는지 확인하려면 해당 셀을 클릭해야 합니다. 그러나 여러 셀에 함수를 사용했을 때는 어떤 셀에 함수가 적용되어 있는지 확인하기가 쉽지 않습니다. 이때 FORMULATEXT 함수를 사용해 수식이 적용된 셀을 표시해 보겠습니다.

03 앞서 수식을 입력한 B6셀 아래 B7셀을 클릭하고 =FORMULATEXT(B6)를 입력합니다. 또는 =FOR까지 입력했을 때 뜨는 추천 함수에서 [FORMULATEXT]를 선택하고 (B6)를 추가 입력해서 함수를 완성하세요.

	A	B	C	D	E
1	기준_년분기_코드	A	D	R	U
2	20221	10111	7237	3050	250
3	20222	10281	7284	3086	250
4	20223	10320	7295	3089	251
5	20224	10387	7326	3104	252
6		41099			
7		=FORMULATEXT(B6)			

04 이제 B6 셀에 입력한 함수를 B7에서 볼 수 있습니다.

	A	B	C	D	E
1	기준_년분기_코드	A	D	R	U
2	20221	10111	7237	3050	250
3	20222	10281	7284	3086	250
4	20223	10320	7295	3089	251
5	20224	10387	7326	3104	252
6		41099			
7		=SUM(B2:B5)			

FORMULATEXT 함수는 입력해 둔 함수나 수식이 어디에 있는지 편리하게 확인할 수 있습니다. 지금은 간단한 데이터와 하나의 수식을 표시했을 뿐이라 이 기능이 그리 편리하지 않게 느껴질 수도 있지만 수많은 수식과 함수를 사용한 엑셀 파일을 다룰 때 이 함수가 무척 유용할 것이니 익혀 두는 것이 좋습니다.

6.2 VLOOKUP 함수

VLOOKUP 함수는 특정 값을 열에서 검색하여 해당 값과 관련된 데이터를 찾는 함수입니다. '수직으로 찾는다'라는 이름의 뜻 그대로 첫 번째 열에서 검색 대상 값을 찾은 다음 지정된 행에서 해당하는 열의 데이터를 반환합니다. 아울러 **VLOOKUP** 함수와 함께 엑셀 중급 사용자의 기초 기술 중 하나로 **HLOOKUP** 함수를 꼽을 수 있습니다. **VLOOKUP** 함수와 마찬가지로 원하는 값을 쉽게 찾아 반환하는 함수로, 이 책에서는 분량상 다루지 않습니다.

6-2-1 챗GPT로 VLOOKUP 함수 사용하기

01 Seoul_pivot.xlsx 파일을 이어서 사용하겠습니다. SUM 함수와 FORMULATEXT 함수가 적용된 B6, B7셀을 지워 원래 상태로 되돌립니다. 그런 다음 1행을 복사해서 7행에 붙여 넣고 A5셀을 복사해서 A8셀에 붙여 넣습니다. 그리고 이 파일을 Seoul_pivot1.xlsx로 저장합니다.

	A	B	C	D	E
1	기준_년분기_코드	A	D	R	U
2	20221	10111	7237	3050	250
3	20222	10281	7284	3086	250
4	20223	10320	7295	3089	251
5	20224	10387	7326	3104	252
6					
7	기준_년분기_코드	A	D	R	U
8	20224				

02 이제 D8 셀에 R의 변숫값을 가져오는 **VLOOKUP** 함수를 작성해 보겠습니다. 이 엑셀 파일을 챗GPT 플러그인에 업로드하고 **VLOOKUP** 함수 수식을 만들어 달라고 명령하겠습니다.

입력한 엑셀의 A1:E5 범위의 테이블을 기준으로, D8셀에 기준_년분기_코드 20224, 변수 R에 해당하는 값을 가져오는 엑셀 VLOOKUP 함수를 만들어 줘.

D8셀에 '기준_년분기_코드' 20224에 해당하는 변수 R의 값을 가져오기 위한 VLOOKUP 함수를 작성해 드리겠습니다. 이 경우, 변수 R은 'A1:E5' 범위 내에서 네 번째 열에 위치하므로 열 인덱스 번호는 4가 됩니다.

Excel에서 VLOOKUP 함수의 기본 구조는 다음과 같습니다.

  =VLOOKUP(lookup_VALUE, table_array, col_index_num, [range_lookup])

lookup_VALUE : 찾고자 하는 값 (여기서는 20224)

table_array : 검색할 범위 (여기서는 A1:E5)

col_index_num : 반환할 값이 있는 열의 인덱스 (여기서 R 열은 인덱스 4)

[range_lookup] : 정확한 일치를 찾을 것인지 여부 (정확한 일치를 위해 FALSE 사용)

따라서, D8셀에 입력할 VLOOKUP 함수는 다음과 같습니다.

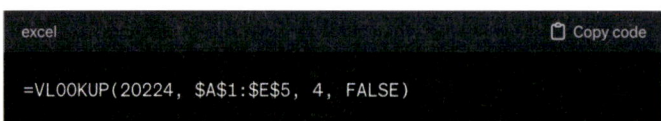

```excel
=VLOOKUP(20224, $A$1:$E$5, 4, FALSE)
```

…(중략)…

03 챗GPT가 제공한 수식을 복사하려면 오른쪽 상단의 [Copy code]를 클릭합니다.

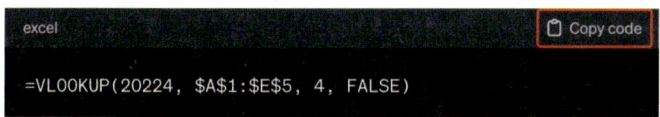

04 이렇게 복사한 수식을 D8셀에 붙여 넣고 [Enter] 키를 누르면 성공적으로 3104라는 값을 가지고 옵니다. 이렇게 생성한 VLOOKUP 함수 수식은 수식 입력창에서 확인할 수 있습니다.

05 그런데 이 수식이 R에는 적용이 되지만 A, D, U에 붙여 넣으면 매칭되는 값을 제대로 가져오지 못합니다. 이를 고치기 위해 챗GPT에 추가 명령을 합니다.

 바로 전에 만든 VLOOKUP 함수 수식 하나만 복사해서 B8, C8, E8로 붙여 넣어도 '기준_년분기_코드' 20224 그리고 A, D, U 변수에 매칭되는 값을 가져오게 작성해 줘.

 B8, C8, E8 셀에 붙여 넣어도 각각 A, D, U 변수에 맞는 값을 가져올 수 있도록 VLOOKUP 함수를 수정해야 합니다. 이를 위해 열 인덱스 번호(col_index_num) 부분을 상대 참조로 설정해야 합니다. 상대 참조를 사용하면 함수를 다른 셀로 복사할 때 열 인덱스 번호가 자동으로 조정됩니다.

Excel의 COLUMN 함수를 사용하면 이를 구현할 수 있습니다. COLUMN 함수는 특정 셀의 열 번호를 반환합니다. 함수를 D8셀에 배치하고, B8, C8, E8셀로 복사할 경우, COLUMN(D8)는 4를 반환하고, 이를 B8, C8, E8셀로 복사하면 각각 2, 3, 5를 반환합니다. 그러나 엑셀의 열 인덱스는 A1:E5 범위 내에서 시작하므로, COLUMN(D8)-COLUMN($A$1)+1을 사용하여 조정합니다. 이렇게 하면 A열이 1, B열이 2, ...로 조정됩니다.

따라서, 수정된 VLOOKUP 함수는 다음과 같습니다.

이 함수를 D8셀에 입력하고 B8, C8, E8셀에 복사하면, 각각 A변수, D변수, U변수에 해당하는 값을 올바르게 가져올 수 있습니다. 여기서 $A$1:$E$5의 $ 기호는 테이블 범위를 절대 참조로 설정하여, 함수를 다른 셀로 복사하더라도 참조 범위가 변경되지 않도록 합니다.

06 다시 챗GPT가 제공한 수식을 복사해 엑셀로 돌아온 다음 D8셀에 붙여 넣습니다. 이 셀을 클릭하면 오른쪽 아래에 [채우기 핸들]이 보입니다. 이를 클릭한 채 마우스를 좌우로 움직이면 셀의 수식이 복사됩니다. 이렇게 D8셀 수식을 복사하여 B8, C8, E8에 붙여 넣습니다.

07 그 결과 VLOOKUP 함수가 잘 작동함을 알 수 있습니다. 참고로 D9셀에는 FORMULATEXT 함수를 사용해서 D8셀의 수식이 나타납니다. 해당 수식은 화면 상단의 수식 입력창에서도 확인할 수 있습니다.

사실 **VLOOKUP** 함수를 쓸 줄 안다면 챗GPT에게 수식을 수정해 달라고 할 필요 없이 직접 간단하게 수정할 수 있습니다. 바로 이어서 엑셀에서 더 단순하게 **VLOOKUP** 함수를 작성하고 수정하는 방법을 살펴보겠습니다.

6-2-2 엑셀에서 VLOOKUP 함수 사용하기

01 이제 엑셀에서 **VLOOKUP** 함수를 직접 작성해 보겠습니다. 계속해서 Seoul_pivot1.xslx 파일을 사용하겠습니다. 챗GPT가 만들어 준 함수를 모두 제거하고(B8, C8, D8, E8, D9셀 삭제) 초기 상태로 되돌립니다.

02 D8셀을 클릭한 다음 **=Vl**까지만 입력하면 함수 자동 완성 기능과 안내문이 뜹니다. 이를 클릭합니다.

	A	B	C	D	E
1	기준_년분기_코드	A	D	R	U
2	20221	10111	7237	3050	250
3	20222	10281	7284	3086	250
4	20223	10320	7295	3089	251
5	20224	10387	7326	3104	252
6					
7	기준_년분기_코드	A	D	R	U
8	20224			=VL	

03 D8셀에 **VLOOKUP** 함수가 입력되고 **lookup_value**를 지정해 달라는 안내문이 뜹니다.

▶ 안내문의 lookup_value 글자 위에 마우스 커서를 가져가면 글자색이 파란색으로 강조됩니다.

7	기준_년분기_코드	A	D	R	U
8	20224			=VLOOKUP(	

04 이 상태에서 A8셀을 클릭하여 **lookup_value**를 지정합니다.

7	기준_년분기_코드	A	D	R	U
8	20224			=VLOOKUP(A8	

05 이어서 쉼표(,)를 입력하면 이번에는 안내문의 **table_array**가 굵은 글씨로 변합니다.

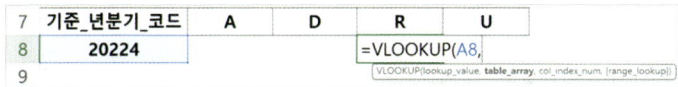

06 **table_array**는 VLOOKUP 함수 값을 찾을 참조 테이블을 의미합니다. 이 예에서는 원래의 테이블, 즉 A1:E5 영역입니다. 마우스로 범위를 지정한 후 절대 주소로 바꾸기 위해서 [F4] 키를 누릅니다. A1:E5 영역이 **$A$1:$E$5**로 변합니다. 이는 **VLOOKUP** 함수를 복사하여 다른 셀에 붙여 넣는 경우에도 절대 주소로 지정한 영역을 그대로 고정시키기 위함입니다.

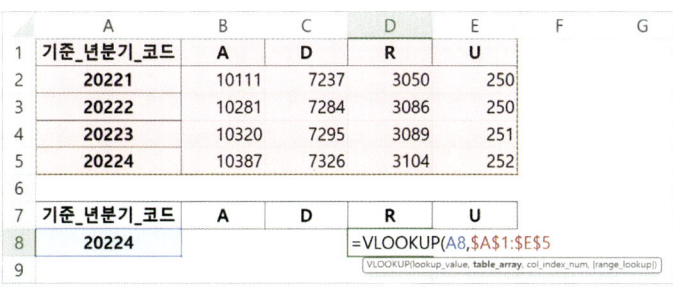

07 VLOOKUP 함수 입력란에 쉼표(,)를 클릭하면 안내문의 **col_index_num**가 굵게 변합니다.

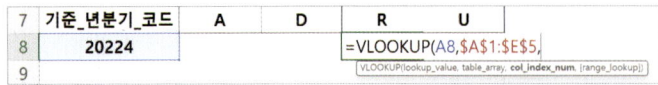

08 변수명 R은 엑셀의 D열에 있습니다. D열은 A열, B열, C열에 이은 4번째 열이므로 **col_index_num**가 4입니다. 아래 화면에서4를 넣고 쉼표(,)를 입력합니다.

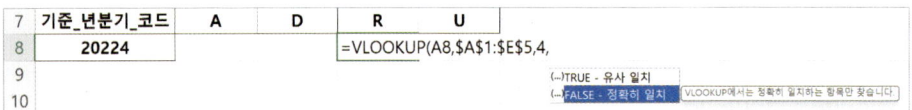

09 **VLOOKUP** 함수의 마지막 인자는 TRUE나 FALSE입니다. 대개 [FALSE - 정확히 일치]를 선택하고 더블 클릭합니다. 이렇게 처음으로 완성한 VLOOKUP 함수는 다음과 같습니다.

▶ FALSE 대신 TRUE를 쓰면 근사치 검색을 의미합니다. 이 옵션을 사용하면 VLOOKUP 함수는 찾고자 하는 값과 가장 가까운 값을 반환합니다.

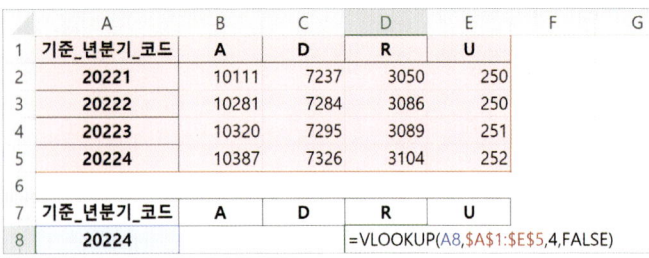

10 이제 [Enter] 키를 누르면 **VLOOKUP** 함수 값이 나옵니다. 참고로 D9셀은 **FORMULATEXT** 함수를 사용하여 D8의 **VLOOKUP** 함수 수식을 나타냅니다.

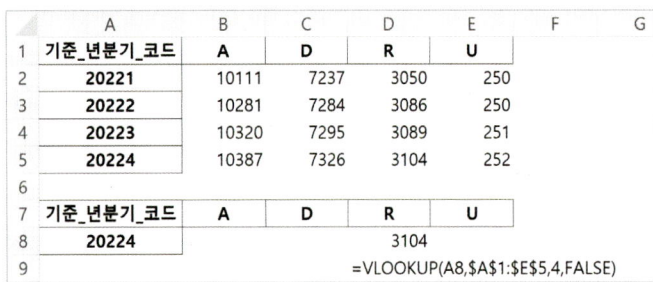

6-2-3 엑셀에서 VLOOPUP 함수 수정하기

이렇게 VLOOKUP 함수가 잘 완성된 것 같지만 D8셀의 수식을 복사해 B8, C8, E8셀에 붙여 넣으면 원하는 결과가 나오지 않습니다. 그 이유는 VLOOKUP의 첫 번째 인자인 A8과 세 번째 인자인 4를 일반적인 형태로 바꿔야 하기 때문입니다. 즉, 수식을 복사하여 다른 셀에 붙여 넣을 때 의도한 결과를 내기 위해서는 추가 수정이 필요합니다. 앞서 챗GPT가 만든 VLOOKUP 함수 수식을 다시 살펴보겠습니다.

 =VLOOKUP(20224, $A$1:$E$5, COLUMN(D8) – COLUMN($A$1)+1, FALSE)

앞서 언급했던 대로 챗GPT는 생성 AI라는 특성 때문에 사람이라면 더 간단하게 만들 수 있는 코드를 복잡하게 작성했습니다. 챗GPT는 VLOOKUP 함수 첫 번째 인수로 값 20224를 넣었고, 우리는 A8이라는 셀을 지정했습니다. VLOOKUP 함수 수식을 다른 셀에서도 사용하려면 가급적 함수 인자를 일반적인 표현, 즉 **셀 주소**를 지정하는 것이 좋습니다. 그래서 우리가 사용한 A8이라는 셀 주소를 그대로 사용하겠습니다. 다만 VLOOKUP 함수를 복사해서 다른 셀에 붙여 넣어야 하기 때문에 가급적 셀 주소를 **절대 번지**($D$8)로 만들어 주는 것이 좋습니다.

01 앞서 작성하던 파일에서 VLOOKUP 함수를 수정해 보겠습니다. VLOOKUP 함수 수식에서 첫 번째 인자로 A8셀을 클릭하여 입력한 후 [F4] 키를 누릅니다. 그러면 첫 번째 인자가 A8에서 **$A$8**로 변합니다.

> 절대 번지로 만드는 $ 표기를 셀 주소의 행과 열 주소 앞에 넣음으로써 행과 열 기준으로 각기 절대 주소를 만들 수도 있습니다.

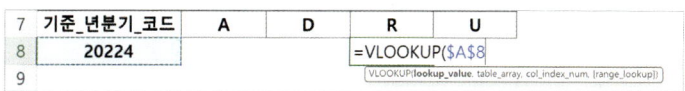

02 쉼표(,)를 찍고 **table_array** 영역을 앞서 입력했던 과정 그대로 반복합니다. 그럼 **col_index_num** 인자를 입력해야 합니다.

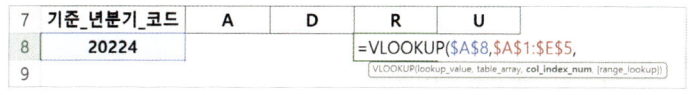

03 **col_index_num** 인자로 지금은 **COLUMN(D8)**을 입력해 보겠습니다. 이 값은 D열이 4번째 열임을 의미합니다. 그리고 FALSE까지 입력하는 과정을 마찬가지로 반복한 다음 괄호를 닫고 [Enter] 키를 누릅니다.

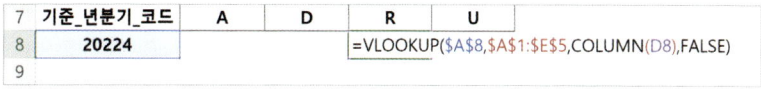

04 이제 D8 셀 값으로 우리가 원하는 **VLOOKUP** 함수 값이 나옵니다. D9셀에 표시된 함수 수식은 **FORMULATEXT** 함수로 R8의 함수 수식을 나타냅니다.

7	기준_년분기_코드	A	D	R	U
8	20224			3104	
9				=VLOOKUP($A$8,$A$1:$E$5,COLUMN(D8),FALSE)	

05 이제 D8셀을 마우스로 클릭하면 오른쪽 하단에 녹색 점으로 채우기 핸들이 나타납니다. 여기에 마우스 커서를 가져다 대고 [+] 아이콘을 마우스로 끌어서 왼쪽 혹은 오른쪽으로 움직여 다른 셀에 값을 복사할 수 있습니다.

	A	B	C	D	E	F	G	H
1	기준_년분기_코드	A	D	R	U			
2	20221	10111	7237	3050	250			
3	20222	10281	7284	3086	250			
4	20223	10320	7295	3089	251			
5	20224	10387	7326	3104	252			
6								
7	기준_년분기_코드	A	D	R	U			
8	20224	10387	7326	3104	252			
9				=VLOOKUP($A$8,$A$1:$E$5,COLUMN(D8),FALSE)				

우리는 D8셀에 **VLOOKUP** 함수를 만들었고 이 함수의 인자를 범용적인 표현을 써서 작성했기 때문에 함수 자체를 복사해서 다른 셀에 붙여 넣어도 의도했던 함수 값을 가져옵니다.

다만 여기서 한 가지 의문이 드는 것은 챗GPT가 생성한 **VLOOKUP** 함수의 세 번째 인자는 왜 이렇게 쓸데없이 복잡한가?' 하는 것입니다. 앞서 챗GPT가 생성한 세 번째 인자는 다음과 같습니다.

  COLUMN(D8) – COLUMN($A$1)+1

구성 요소 중에 두 번째 요소인 **COLUMN($A$1)**은 A1셀의 열 번호를 묻는 것으로, 답은 1입니다. 그러면 이 수식은 **COLUMN(D8) – 1 + 1** 형태가 되어서 실은 **COLUMN(D8)**과 같은 결과를 도출합니다. 우리가 엑셀에서 직접 VLOOKUP 함수 수식을 작성했을 때는 간단하게 **COLUMN(D8)**을 사용했지만, 챗GPT는 생성 AI의 특성상 사람처럼 직접적이고 답을 하지 못하고 빙빙 돌아가는 해결책을 제시하기도 합니다. 이번 경우가 대표적인 사례입니다.

아울러 생성 AI는 같은 질문을 해도 학습 시점, 초기 가중치 부여 상태 등에 따라 다른 대답을 내놓기도 합니다. 즉, 어떤 경우에는 우리가 최종으로 작성한 VLOOKUP 함수 형태를 바로 제안할 수도 있습니다. 따라서 엑셀(혹은 파이썬)로 생성 AI의 답변을 검증하는 습관을 들이는 게 좋습니다. '생성 AI는 도울 뿐!'이라는 마음가짐으로 챗GPT가 공동 작업을 한다고 생각하기 바랍니다.

CHAPTER
07

데이터 시각화의 힘, 조건부 서식

FORMULATEXT 함수와 함께 무척 유용하게 쓰이는 기능 중 하나가 바로 '조건부 서식'입니다. 조건부 서식은 데이터 분석 과정에서 그야말로 필수 불가결한 기능으로, 크게 [데이터 막대], [셀 규칙 강조], [새 규칙]이라는 3가지 기능으로 나뉩니다. 이 중 [데이터 막대]를 먼저 살펴보고 나머지 두 기능도 이어서 함께 살펴보겠습니다. 그리고 챗GPT로 이들 엑셀 기능을 대체할 수 있는지 알아봅니다.

7-1 데이터 막대

7-2 셀 규칙 강조와 새 규칙

7.1 데이터 막대

엑셀의 [데이터 막대] 기능은 셀 안에 막대 그래프를 표시하여 값의 크기를 쉽게 비교하는 기능입니다. 예를 들어, 매출 목록이 있다면 데이터 막대를 사용하여 각 항목의 매출이 전체 중 어느 정도 비율을 차지하는지 빠르게 시각화하여 볼 수 있습니다. 이 기능을 챗GPT와 엑셀을 통해 각각 구현해 보겠습니다.

7-1-1 챗GPT로 데이터 막대 그리기

01 챗 GPT에 Seoul_short_utf.xlsx 파일을 업로드하고 해당 파일의 데이터 중 20행까지만 담은 새로운 엑셀 파일을 생성해 달라고 명령합니다. 파일 제목은 Seoul_20.xlsx로 지정합니다.

이 엑셀 파일을 1행부터 20행까지만 담은 새로운 엑셀 파일 Seoul_20.xlsx를 만들어서 다운로드받게 해줘. 한글은 깨지지 않게 하고.

새로운 엑셀 파일 Seoul_20.xlsx를 성공적으로 만들었습니다. 아래 링크를 클릭하여 다운로드할 수 있습니다.

Seoul_20.xlsx 다운로드

▶ 해당 결과 파일을 이 책에서 제공하는 깃허브에서도 다운로드받을 수 있습니다.

02 다운로드받은 Seoul_20.xlsx 파일을 다시 챗GPT에 업로드하고 이번에는 데이터를 막대 형식으로 변경해 달라는 명령을 합니다. 원하는 대로 막대 색상도 지정할 수 있습니다.

이 엑셀 파일에서 변수 '당월_매출_금액', '당월_매출_건수', '주말_매출_금액'의 값을 각기 엑셀 [조건부 서식 → 데이터 막대 → 단색 채우기] 형식으로 만든 후 다운로드할 수 있게 해줄래? 단색은 녹색, 파란색, 빨간색을 각기 사용하고 한글은 깨지지 않게 해줘.

조건부 서식을 적용한 엑셀 파일 Seoul_20_formatted.xlsx를 성공적으로 만들었습니다. 아래 링크를 클릭하여 다운로드할 수 있습니다.

Seoul_20_formatted.xlsx 다운로드

03 다운로드받은 파일을 실행하면 지정한 색으로 데이터 막대를 그린 것을 확인할 수 있습니다.

아쉬운 점이 있다면 A열에 지시하지 않은 조건부 서식이 적용되어 있는 것입니다. 이는 생성 AI의 특성상 구체적이지 않은 명령에 대한 결과로, 사용자에 따라 다른 결과가 나타날 수 있습니다. 이런 결과는 직접 수정하는 과정을 거칠 수밖에 없습니다. 반면 E, F, G열의 변수에 대해서는 저의 명령대로 조건부 서식 기능을 훌륭하게 구현했습니다.

7-1-2 엑셀로 데이터 막대 그리기

01 이번에는 엑셀에서 데이터 막대를 만들어 보겠습니다. Seoul_short_utf.xlsx 파일을 사용하겠습니다. 엑셀에서 파일을 열고 E열의 '당월_매출_금액'의 값을 E2:E20까지 선택합니다.

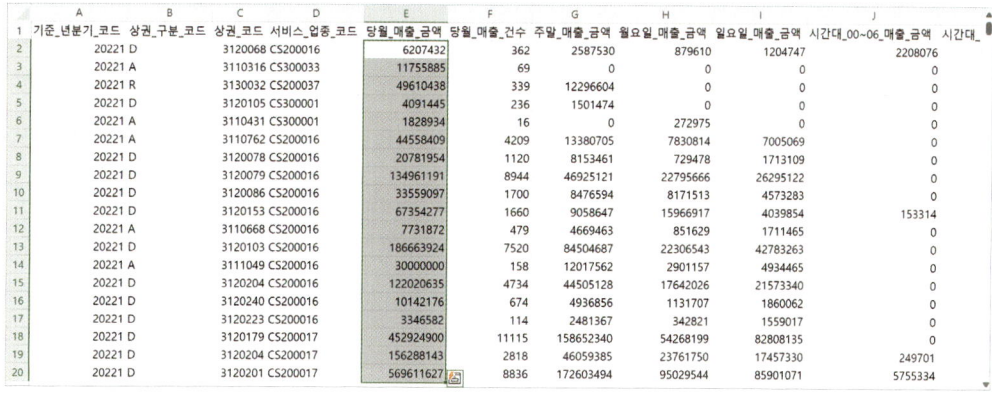

02 [홈 → 조건부 서식 → 데이터 막대 → 단색 채우기 → 녹색 데이터 막대]를 선택합니다.

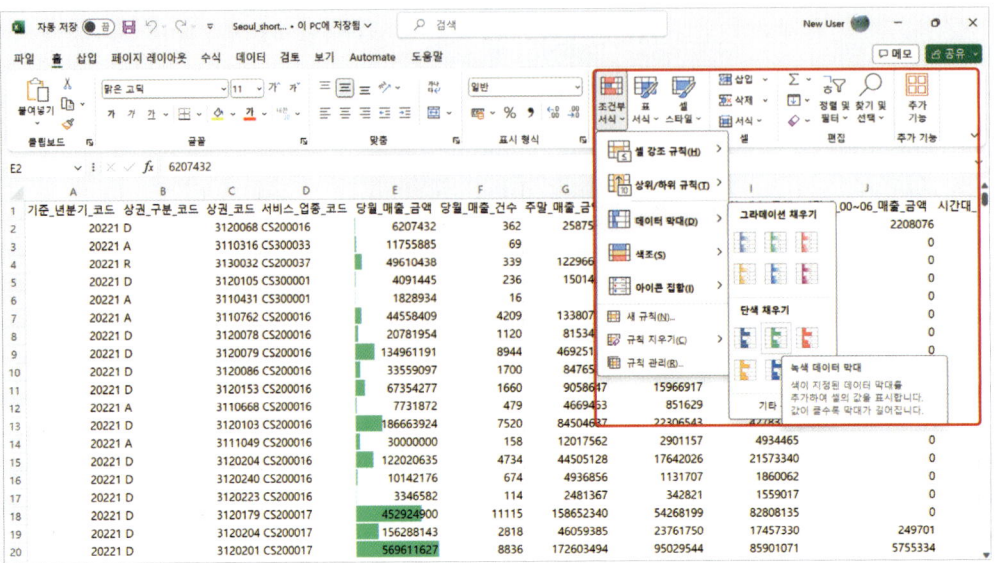

03 [녹색 데이터 막대] 위에 마우스 커서를 놓기만 해도 엑셀 테이블에 녹색 데이터 막대가 그려지는 것을 볼 수 있습니다. 원하는 그래프를 클릭하면 데이터에 그래프가 적용됩니다. 이어서 '당월_매출_건수'는 파란색 데이터 막대, '주말_매출_금액'은 빨간색 데이터 막대를 적용합니다.

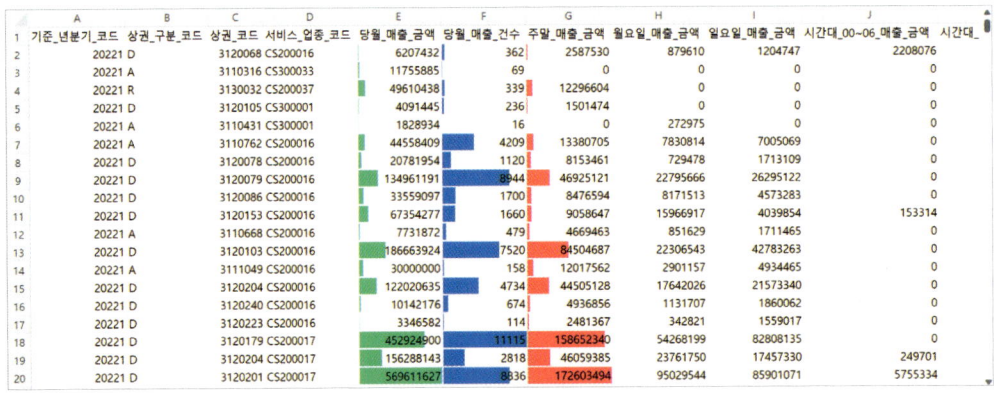

이렇게 데이터 막대를 적용했더니 일일이 숫자를 확인할 필요도 없이 18, 20행의 매출이 높은 것을 한눈에 볼 수 있습니다. 이것이 데이터 시각화의 힘입니다.

7.2 셀 규칙 강조와 새 규칙

조건부 서식의 주요 기능 중에서 이번에는 [색상으로 셀 강조]와 [새 규칙] 기능을 살펴보겠습니다. [색상으로 셀 강조]는 특정 조건을 만족하는 셀의 배경색이나 글씨 색을 자동으로 변경해 중요한 정보를 빠르게 식별할 수 있게 도와줍니다. [새 규칙] 기능은 사용자가 특정 조건을 설정하여 조건부 서식을 적용할 때 사용합니다. 사용자가 정의한 조건(예: 특정 값, 범위, 수식 등)에 따라 셀의 서식을 변경할 수 있습니다. [새 규칙]은 [색상으로 셀 강조]의 확장 기능이라고 생각하면 편리합니다. 이 두 기능 중 챗GPT에서는 [색상으로 셀 강조]를 살펴보고 엑셀로 두 기능 모두 살펴보겠습니다.

7-2-1 챗GPT로 데이터 시각화하기

01 챗GPT에 Seoul_20.xlsx 파일을 업로드하고 특정 값에 원하는 색으로 칠해 달라고 하겠습니다.

Seoul_20.xlsx
Spreadsheet

[조건부 서식 → 셀 규칙 강조 → 보다 큼] 기능을 활용해서 이 엑셀 테이블의 E열부터 I열 범위의 값 중에서 1,000,000보다 큰 값의 셀을 연한 빨강으로 칠해 줘. 그리고 그 결과 파일을 다운로드받을 수 있게 해줘. 한글은 깨지지 않게 하고.

조건부 서식을 적용하여 1,000,000보다 큰 값을 연한 빨강색으로 강조한 엑셀 파일 Seoul_20_highlighted.xlsx를 성공적으로 만들었습니다. 아래 링크를 클릭하여 다운로드할 수 있습니다.

Seoul_20_highlighted.xlsx 다운로드

02 엑셀을 다운로드받아 열어 보겠습니다. 조건부 서식 기능이 적용된 것을 볼 수 있습니다. 챗GPT가 조건부 서식 기능을 잘 구현합니다.

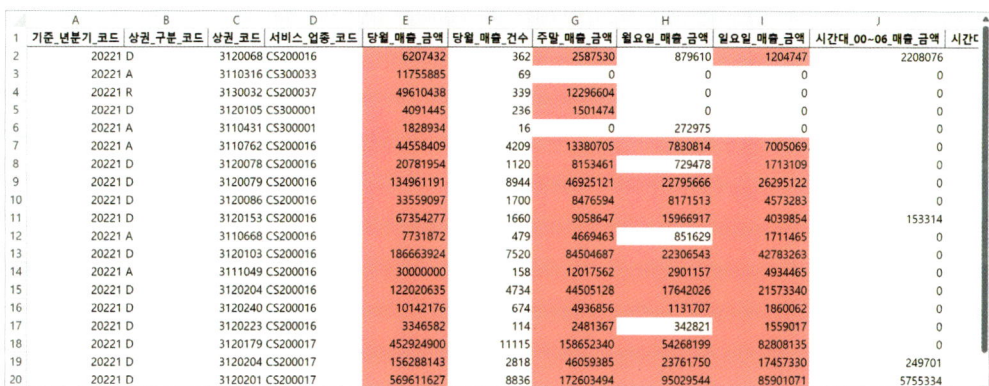

7-2-2 엑셀에서 데이터 셀 규칙 강조 적용하기

01 엑셀에서 Seoul_short_uft.xlsx 파일을 실행한 다음 E2:I20까지 영역을 지정 선택합니다. 그런 다음 [홈 → 조건부 서식 → 셀 규칙 강조 → 보다 큼…]을 선택합니다.

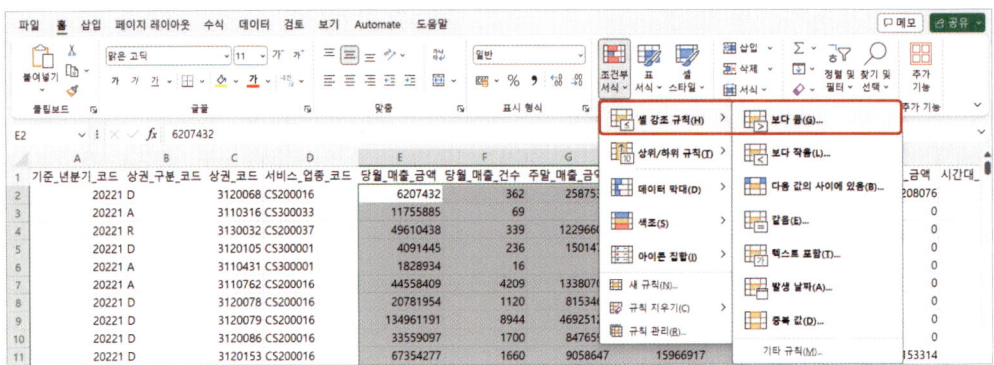

02 '보다 큼' 창이 뜨면 왼쪽 입력창에 1백 만, 즉 "1000000" 입력합니다. 적용할 서식은 기본으로 설정된 [진한 빨강 텍스트가 있는 연한 빨강 채우기]를 선택하고 [확인]을 클릭합니다.

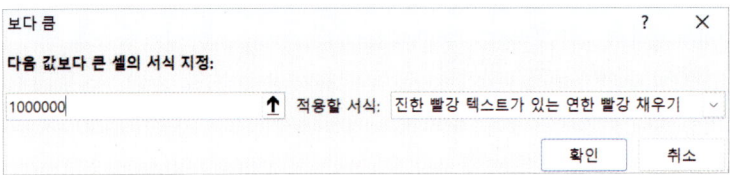

03 간단하게 데이터에 [셀 강조 규칙]을 적용했습니다. 지정한 대로 1백 만이 넘는 데이터의 텍스트 색과 배경색이 바뀐 것을 확인할 수 있습니다.

무척 간단해 보이지만 이 기능은 무척 유용합니다. 가령 데이터 분석 과정에서 상관계수의 크기가 일정 수치 이상(예: 0.7)인 변수들을 찾아야 할 때나 변수 개수가 많은 데이터의 상관계수를 찾을 때 굉장히 요긴합니다.

7-2-3 엑셀에서 새 규칙 적용하기

01 이번에는 데이터에 [새 규칙] 기능을 적용해 보겠습니다. Seoul_short_uft.xlsx 파일을 맨 처음 불러온 상태로 되돌립니다. 다시 E2:I20까지 영역을 지정한 다음 [홈 → 조건부 서식 → 새 규칙]을 선택합니다.

▶ 실행 취소는 엑셀 화면 상단의 입력 취소 아이콘[↶]을 누르거나 [Ctrl] + [Z]키를 누르세요.

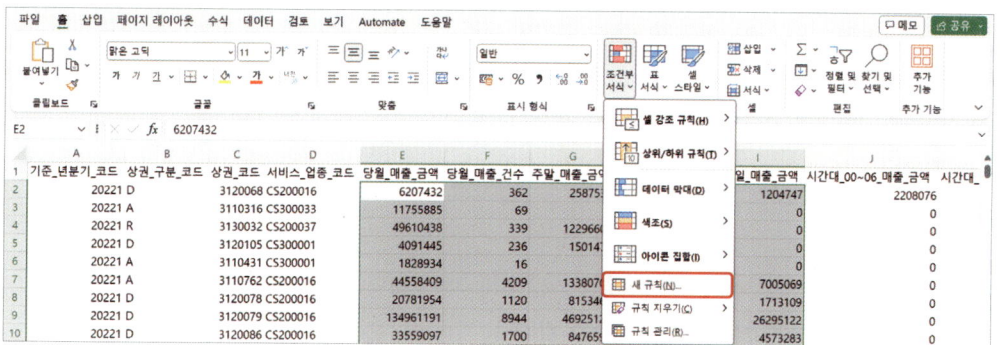

02 '새 서식 규칙' 창이 뜨면 '규칙 유형 선택'에서 [수식을 사용하여 서식을 지정할 셀 결정]을 클릭하고 아래 '규칙 설명 편집'에서는 입력 칸에 =E2:I20〉1000000을 입력합니다. 1백 만이 넘는 값을 선택한다는 뜻입니다. 모두 입력했다면 오른쪽 아래 [서식]을 클릭합니다.

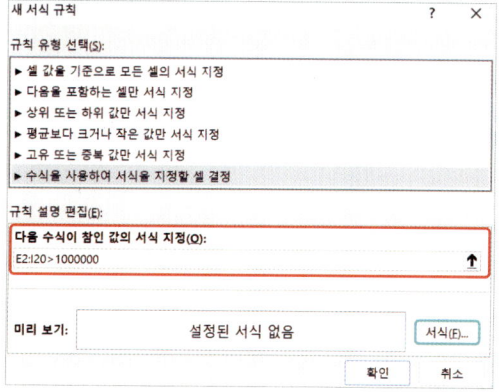

03 셀을 채우는 색을 변경하겠습니다. '셀 서식' 창에서 [채우기] 탭을 클릭한 다음 주황색을 선택하고 [확인]을 클릭합니다.

04 '미리 보기'의 색상이 선택한 색으로 바뀌었습니다. 이제 [확인]을 눌러 마무리합니다.

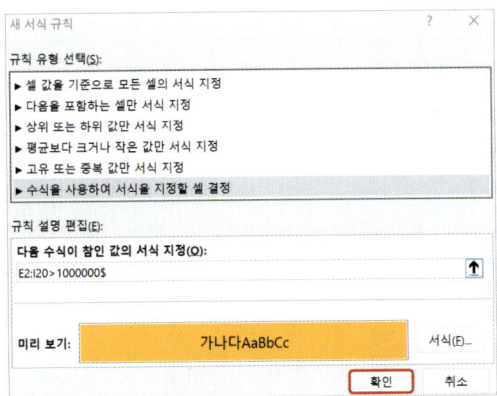

05 앞서 입력한 규칙 대로 1백 만이 넘는 값을 가진 셀에 주황색 배경이 적용된 것을 확인할 수 있습니다. 색만 바뀌었을 뿐 결과는 [셀 규칙 강조] 기능과 동일합니다.

CHAPTER

08

데이터 분석 순서도

데이터 분석 순서도를 소개합니다. 후속 Chapter 09, 10 두 데이터 분석 프로젝트를 이 데이터 분석 순서도에 의거하여 데이터 분석을 실행합니다.

8-1 데이터 분석에도 순서가 있어?
8-2 데이터 분석 순서도

8.1 데이터 분석에도 순서가 있어?

지금까지 데이터 분석 툴을 살펴보고 유용한 엑셀의 기능들도 알아보았습니다. 데이터 분석이라는 여정을 떠나기 앞서 배낭에 두둑하게 도구들을 챙겼으니 든든하기만 합니다. 그런데 막상 길을 떠나자니 어느 방향으로 가야 할지 막막합니다. 가이드라인이 있으면 좋겠습니다. 등산할 때 산 입구에 있는 등산로 표지판처럼 말입니다. 등산로 표지판을 보면 A코스, B코스, C코스 등 길목에 따라 코스가 나뉘어져 있고 코스별로 중간 목표 지점이 표시돼 있습니다. 이 표지판을 데이터 분석에 적용하면 어떨까요?

사실 데이터 분석에 쓰이는 엑셀 기능이 어렵지 않음에도 머릿속에 잘 들어오지 않는 이유는 각 기능을 필요할 때만 쓰기 때문입니다. 또, 기능마다 사용자 인터페이스도 미묘하게 달라 눈에 익기도 쉽지 않죠. 게다가 힘들게 익혀 두어도 수 년 동안 쓸 일이 없다 보면 결국은 까먹기 십상입니다. 피벗 테이블, VLOOKUP 등 대표적인 엑셀 기능은 어려워서 못 외우는 것이 아니라 이런 이유들 때문에 자주 잊어버리는 기능입니다.

하지만 이 기능들을 마치 하나의 스토리처럼 체계적으로 익힌다면 마치 자전거를 한번 배우고 나면 언제든 탈 수 있듯이 사용할 수 있게 될 것입니다. 그 방안으로 이 책에서는 **데이터 분석 순서도**를 제시합니다.

여러 개의 세부 순서도로 확장되는 이 데이터 순서도는 데이터 분석 흐름을 나타내는 것이 특징입니다. 각 단계별 역할은 다음과 같습니다.

```
문제 제기
데이터 구하기
타깃 변수 설정
데이터 처리
탐색적 자료 분석 및 시각화
모델 실행
최적 모델 선정 및 활용
```

데이터 분석 순서도의 상위 흐름

- **문제 제기**: 데이터에서 분석하고자 하는 연구 주제를 선정합니다.
- **데이터 구하기**: 연구 주제에 알맞는 데이터를 여러 출처를 통해 구합니다.
- **타깃 변수 설정**: 연구에서 예측하고 싶은 변수를 선택하고 생성합니다.
- **데이터 처리**: 입력 데이터 형식 등을 살펴보고 필요한 조치를 취합니다.
- **탐색적 자료 분석 및 시각화**: 시각화를 포함한 다양한 방법으로 데이터 분포를 파악합니다.

- **모델 실행**: 모델에 데이터를 입력하고 실행해서 타깃 변숫값을 예측하고 성능평가지표를 출력합니다.
- **최적 모델 선정 및 활용**: 여러 모델 중에서 성능평가지표가 가장 좋은 모델 예측치를 실무에 적용합니다.

8.2 데이터 분석 순서도

앞서 데이터 분석 순서도의 가장 상위 흐름을 살펴봤습니다. 이 상위 흐름 중 '문제 제기', '데이터 구하기', '타깃 변수 설정'을 제외한 나머지 단계는 모두 하위 단계가 있습니다. 먼저 '데이터 처리'에는 다음과 같이 5개의 하위 단계가 있습니다.

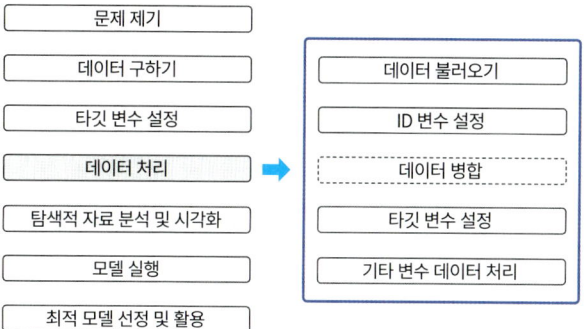

데이터 처리를 순서 없이 진행하면 절차를 빠뜨릴 위험이 있습니다. 따라서 5개의 하위 단계를 가급적 순서를 지키면서 진행하는 게 좋습니다. 여기서 '데이터 병합 단계'는 필요한 경우에만 진행하면 되고, '기타 변수 데이터 처리'는 그 앞의 하위 단계에서 빠진 점검을 몰아서 처리하는 단계입니다.

이어서 살펴볼 '탐색적 자료 분석 및 시각화'의 하위 단계는 다음과 같습니다.

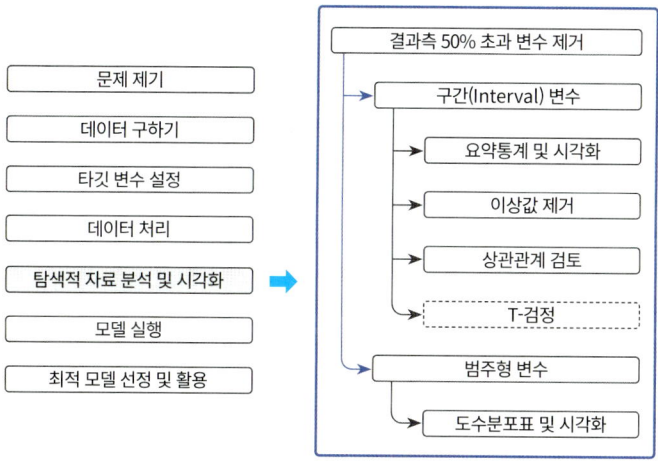

'결측값 50% 초과 변수 제거' 단계를 거치면 '구간 변수'를 처리하는 4단계와 '범주형 변수'를 처리하는 1단계로 나뉩니다. 이는 구간 변수와 범주형 변수에 각기 다른 분석 기법을 적용해야 하기 때문입니다. 구간 변수와 범주형 변수는 어느 것을 먼저 처리해도 상관이 없습니다. 실무에서는 구간 변수의 '요약통계 및 시각화' 단계를 처리하고 이에 대응하는 범주형 변수의 '도수분포표 및 시각화'를 이어서 처리하면 좋습니다. 그리고 나서 구간 변수의 나머지 처리를 시행합니다.

간단할 줄 알았는데 하위 단계가 꽤 많습니다. 괜찮습니다! 이 정도면 벌써 많은 분량의 데이터 분석을 시도한 셈입니다.

그 다음 '모델 실행'의 하위 단계는 다음과 같습니다.

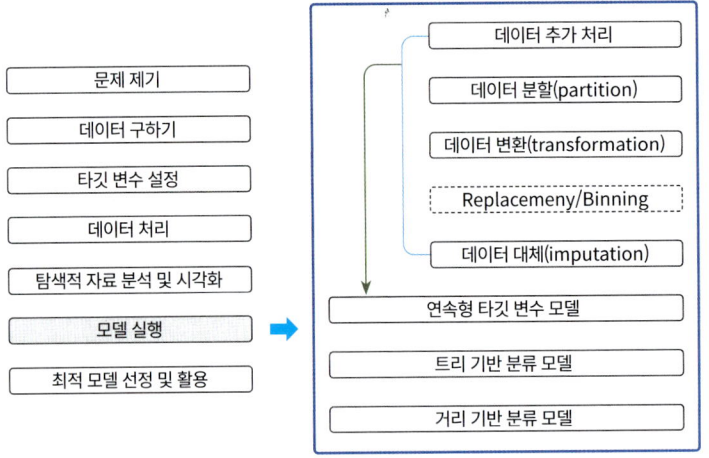

이 순서도의 연속형 타깃 변수 모델, 트리 기반 분류 모델, 거리 기반 분류 모델은 Chapter 09와 10 후반부에서 설명하겠습니다. 이 챕터에서 소개한 '데이터 분석 순서도'는 매우 유용한 나침반이자 지도입니다. 데이터 분석 여정에서 이 순서도를 종종 꺼내 보면서 전체 등반로를 자주 확인하기 바랍니다.

> **궁금해요!** 데이터 분석 모델에 특화된 또 다른 툴이 있나요?
>
> 엑셀은 데이터 분석에 무척 유용한 툴이지만, 데이터 분석 모델 중에서 회귀 모델에 특화돼 있습니다. 하지만 조금만 큰 관점에서 보면 엑셀이 다루지 못하는 데이터 분석 모델을 오렌지3, SPSS, SAS, 파이썬, 허깅페이스 트랜스포머, 파이토치 등이 다룰 수 있습니다. 상용 통계 패키지인 SPSS와 SAS를 제외하고는 나머지 데이터 분석 툴은 모두 무료이며 제가 나열한 순서대로 학습 난이도가 있습니다. 오렌지3는 특히 배우기가 매우 쉽기 때문에 기회가 되면 배워 두기를 권장합니다.

PART

03

실전,
데이터 분석

09장_아파트 거래 가격 예측

10장_공유 자전거 수요 예측

CHAPTER 09

아파트 거래 가격 예측

데이터 분석의 핵심은 '예측'입니다. 과거를 분석하는 것도 중요하지만, 실제 업무에서 가장 많이 쓰이는 데이터 분석은 향후 사업 계획을 구상하면서 매출과 비용 예측을 하는 것입니다. 이런 데이터 분석을 가리켜 '비즈니스 예측'이라 합니다. 비즈니스 예측의 주 대상은 매출액, 거래 가격, 수요량, 비용 등입니다. 이번 챕터에서는 이 중에서도 아파트 거래 가격을 예측하기 위해 연속형 타깃 변수 모델을 다룹니다. 먼저 회귀 모델까지는 챗GPT와 엑셀로 분석을 실행하고 릿지, 라쏘, 결정 트리, 랜덤 포레스트, 그레이디언트 부스팅, XGBoost, LightGBM 모델은 엑셀에서 지원하지 않기에 챗GPT로 실행하고 파이썬으로 검증한 성능평가 지표를 병기합니다.

참고로 Chapter 09, 10에서 파이썬 코드는 ipynb 파일 형태로 이 책의 깃허브에서 제공합니다. 이 프로젝트를 따라 예측 데이터 분석의 과정을 낱낱이 파악하면 이후 매출액, 비용 등 원하는 데이터를 가지고 응용해 더 많은 분석 성과를 얻을 수 있을 것입니다.

9-1 데이터 분석 프로젝트의 시작 3단계

9-2 데이터 처리 1 - ID 변수, 타깃 변수

9-3 데이터 처리 2 - 기타 변수 데이터 처리

9-4 탐색적 자료 분석 및 시각화

9-5 모델 실행 전 데이터 처리

9-6 연속형 타깃 변수 모델

9-7 최적 모델 선정 및 활용

9.1 데이터 분석 프로젝트의 시작 3단계

데이터 분석 프로젝트는 앞서 살펴본 순서도에 따라 진행됩니다. 따라서 1단계 문제 제기부터 2단계 데이터 구하기 그리고 3단계 타깃 변수 설정까지 한 번에 살펴보겠습니다.

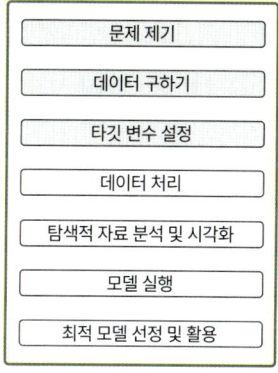

9-1-1 문제 제기, 데이터 구하기, 타깃 변수 설정

01 먼저 데이터 분석을 시작하기 전에 문제 제기를 합니다. 이 프로젝트에서는 거래 금액, 그중에서도 아파트의 거래 금액을 분석해 미래 거래 금액을 예측하겠습니다. 따라서 문제 제기는 다음과 같습니다.

문제 제기: 과거의 아파트 거래 데이터로 현재 혹은 미래의 아파트 거래 금액을 예측하고 싶다.

02 이제 데이터 분석에 필요한 데이터를 구해야 합니다. 앞서 'Chapter 03 데이터를 가져오는 방법'에서 데이터를 제공하는 여러 사이트를 살펴봤었습니다. 그중 캐글(www.kaggle.com) 사이트를 이용하겠습니다. 캐글로 이동한 다음 로그인(또는 회원가입)을 진행하고 "Korean Apartment"를 검색합니다. 검색 결과에서 'Korean Apartment Deal Data' 데이터세트를 찾아 클릭합니다.

▶ 혹은 단축 주소 bit.ly/3O46Wey를 브라우저 주소창에 직접 입력합니다.

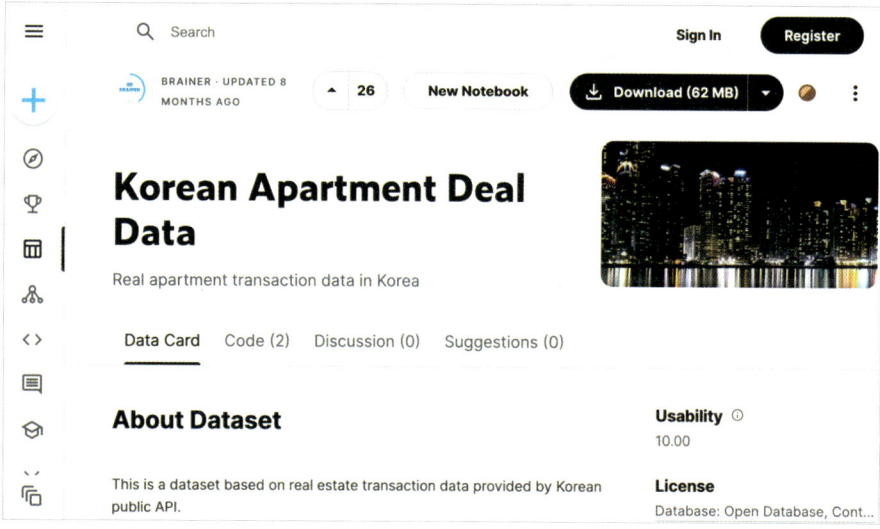

03 데이터세트에 대한 정보를 한번 살펴보겠습니다. 설명을 보면 이 데이터세트는 한국 공공 API에서 제공하는 부동산 거래 데이터 기반이라는 것을 알 수 있고 데이터세트 페이지 하단의 [Detail] 탭에서 변수 설명 및 측정 단위도 확인할 수 있습니다.

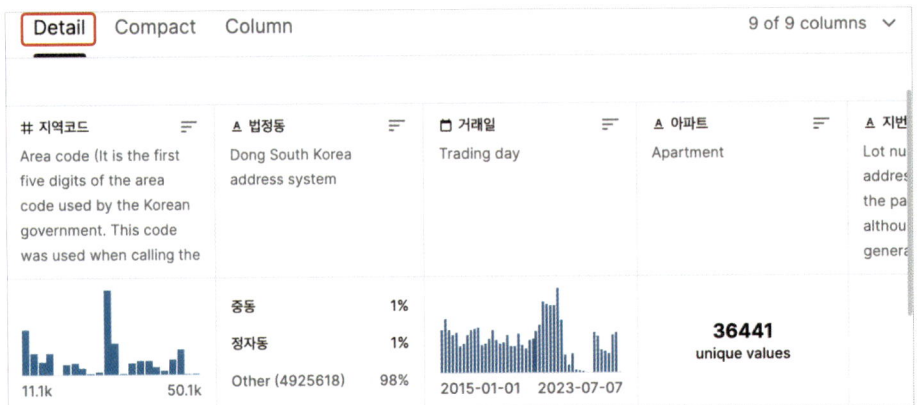

이 데이터세트의 변수를 정리하면 다음과 같습니다.

- **지역코드**: 대한민국 정부가 법정동 코드로 사용하는 10자릿수에서 처음 5자릿수
- **법정동**: 대한민국 동 이름
- **아파트**: 아파트명
- **지번**: 과거부터 사용해온 통상적인 주소 체계의 번지 수
- **전용면적**: 제곱미터 기준
- **거래금액**: 만원 단위 기준

04 검색창 아래 [Download]를 눌러 데이터세트를 다운로드받습니다. 용량이 62MB로, 상당히 큽니다.

05 다운로드 파일은 컴퓨터의 [다운로드] 폴더에 archive.zip 파일로 저장됩니다. 이 파일을 압축을 풀면 Apart Deal.csv 파일이 보입니다.

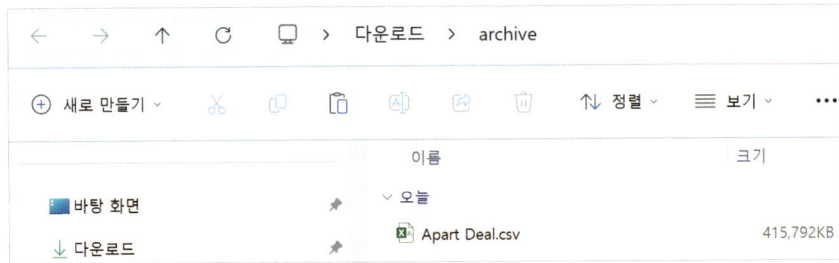

06 Apart Deal.csv 파일을 실행하면 한글 폰트가 깨지기 때문에 앞서 배운 파워 쿼리로 불러오겠습니다. 새 엑셀 통합 문서를 열고 [데이터 → 텍스트/CSV에서]를 클릭하면 '데이터 가져오기' 창이 뜹니다. Apart Deal.csv 파일을 선택한 다음 [가져오기]를 누릅니다.

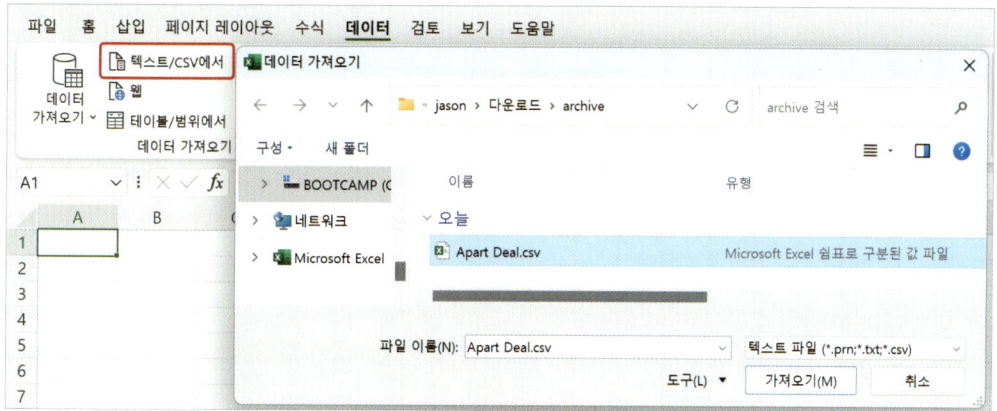

07 한글 폰트가 깨지지 않은 미리 보기 창이 뜨면 [로드]를 클릭합니다.

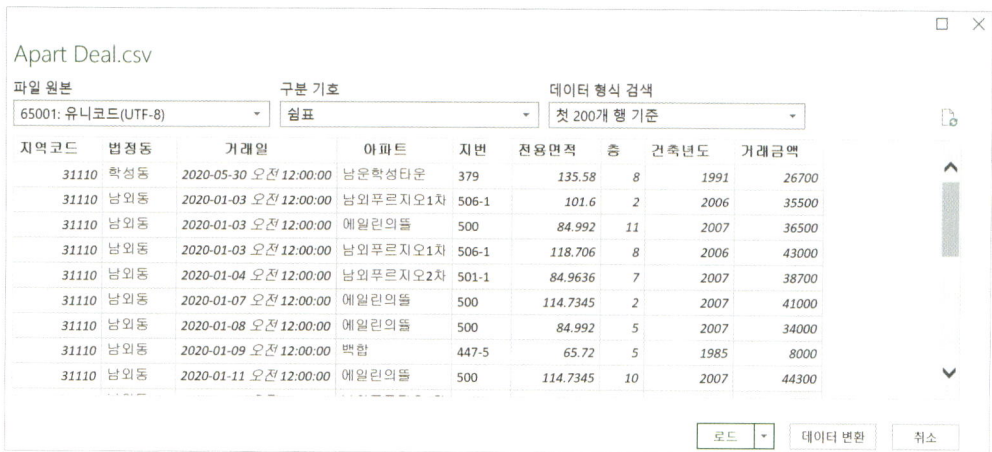

08 데이터를 모두 불러오면 오른쪽 하단에 "워크시트에 로드하지 못했습니다."라는 경고 문구가 뜹니다. 이는 원래 데이터세트가 가진 최대 용량만큼 불러오지 못했다는 의미입니다. 우선 [확인]을 눌러 진행합니다.

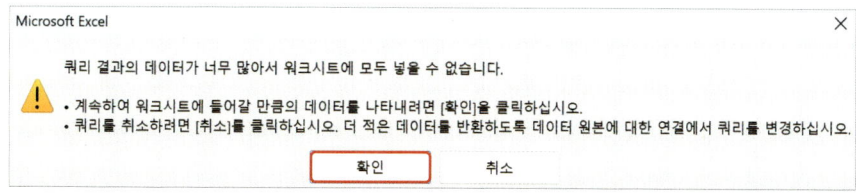

09 엑셀의 아무 열을 클릭해서 불러온 데이터세트의 행 수를 보면 약 104만 줄로, 이것이 엑셀이 불러올 수 있는 데이터 줄 수의 한계입니다. 이렇게 엑셀로 불러온 데이터세트는 csv, xlsx 등 원하는 형태로 저장할 수 있습니다. 다만 아직 용량이 만만치 않으니 이 데이터세트는 저장하지 않고 불러온 상태에서 이후 과정을 진행하겠습니다.

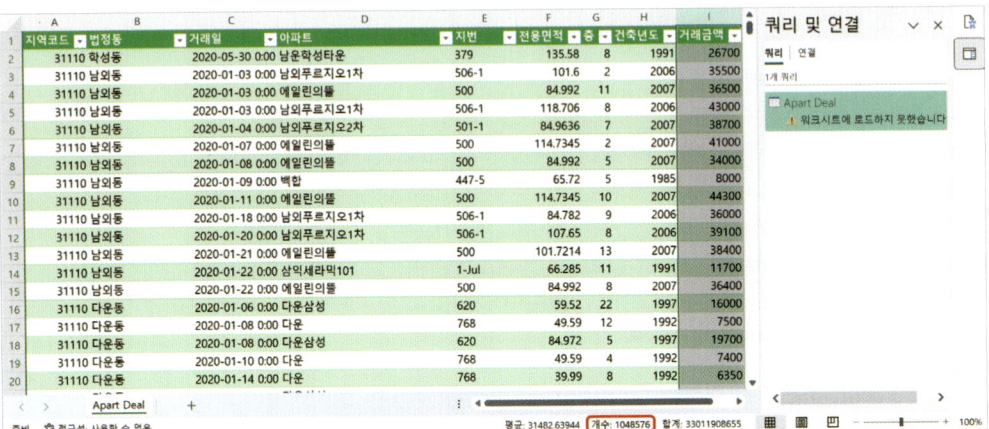

10 이제 타깃 변수를 설정하겠습니다. 타깃 변수는 데이터 분석 작업에서 예측하고자 하는 변수로, '문제 제기' 단계에서 어떤 변수에 관심을 갖느냐에 따라 타깃 변수가 정해집니다. 이 프로젝트에서 알고자 하는 것은 '아파트 거래 가격을 결정하는 원인은 무엇이고 그 효과는 얼마나 되는가?'이므로 타깃 변수는 불러온 데이터세트의 I열에 있는 '거래금액'이 됩니다.

- **타깃 변수**: 거래금액

> **❓ 궁금해요!**   100만 줄을 초과하는 데이터는 엑셀에서 불러올 수 없나요?
>
> 캐글이나 다른 공공 데이터 사이트에서 여러 데이터를 다운로드받고 불러온 적이 있다면 100만 줄을 훨씬 초과하는 데이터는 엑셀에서 불러올 수 없다는 오류 문구를 본 적이 있을 것입니다. 그렇다면 이렇게 용량이 큰 데이터세트로는 엑셀에서 데이터 분석이 불가능할까요? 불행히도 현재의 답은 "그렇다."입니다.
>
> 이후 프로젝트 실습 과정에서 챗GPT로 확인하겠지만 대용량 데이터세트를 분석하려면 파이썬, SPSS, SAS, 오렌지3 등의 힘을 빌려야 합니다. 그러나 이런 툴들은 이 책에서 다루는 범위 밖이기 때문에 여기서는 다루지 않습니다. 아울러 100만 줄로 축소한 데이터세트도 엑셀이나 챗GPT에서 처리하는 데도 시간이 많이 걸립니다. 때문에 시간을 줄이기 위해 원래 데이터세트를 축소한 미니 데이터세트를 만들어 사용하는 방법도 있습니다.

9.2 데이터 처리 1 – ID 변수, 타깃 변수

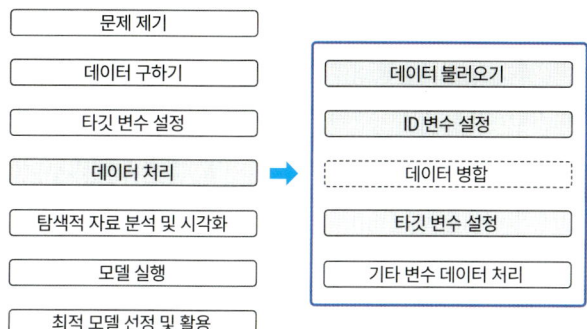

9-2-1 데이터 불러오기

01 이제 챗GPT와 협업할 차례입니다. 대부분 데이터 분석가들은 파이썬을 이용해 데이터세트의 행 수를 파악합니다. 챗GPT의 [Data Analyst]는 파이썬을 활용하기 때문에 파이썬을 배우지 않고도 파이썬을 활용하는 셈입니다. 앞서 캐글에서 다운로드받은 Apart Deal.csv 파일의 데이터 수를 먼저 파악하겠습니다. archive.zip 압축 파일을 업로드하고 행 수를 알려 달라고 명령합니다.

 archive.zip
Zip Archive

이 csv 파일의 행 수를 알려 줘.

 파일을 확인하기 위해 먼저 압축을 풀어보겠습니다. 파일이 CSV 형식인지와 그 내용을 확인해야 행의 수를 알 수 있을 것입니다. 잠시만 기다려 주세요.

압축 파일에서 "Apart Deal.csv"라는 파일이 추출되었습니다. 이제 이 CSV 파일을 열어 행의 수를 확인해 보겠습니다.

"Apart Deal.csv" 파일에는 총 5,002,839행이 있습니다.

02 이 데이터세트에는 5백 만하고도 2,839 줄이 들어 있는 것을 알 수 있습니다. 이를 5만 줄짜리 미니 데이터세트로 만들어 달라고 명령하겠습니다. 이때 random seed를 알려 달라는 명령을 추가합니다. 이후 실습 내용과 동일한 환경 설정을 위해 반드시 이 명령을 추가하기 바랍니다.

Apart Deal.csv에 담긴 데이터세트의 행을 임의로 5만 개를 뽑아서 Apart_short.csv 파일을 만들어 주되 한글이 깨지지 않게 해줘. 그리고 이 작업을 반복해서 시켜도 같은 결과를 낼 수 있게 random seed도 알려 줘.

샘플링된 데이터를 "Apart_short.csv" 파일로 저장했습니다. 이 파일은 한글이 깨지지 않도록 UTF-8-SIG 인코딩으로 저장되었습니다. 작업을 반복할 때 동일한 결과를 얻으려면 random seed 42를 사용하면 됩니다.

새로 생성된 파일은 여기에서 다운로드할 수 있습니다.

▶ 대용량 데이터를 다루기 때문에 이 질문에 시간 초과 에러가 날 수 있습니다. 시간 초과 에러가 계속해서 발생한다면 github.com/jasonyim2/book4에서 데이터세트를 다운로드받아 다음 과정으로 넘어가기 바랍니다.

❓ 궁금해요!   random seed가 뭐예요?

> 챗GPT는 데이터 분석 시 파이썬을 사용합니다. 파이썬에서 랜덤하게 데이터 행을 뽑을 때 결과를 동일하게 하려면 random seed 번호를 동일하게 주면 됩니다. 파이썬에서 random seed를 특정 값으로 설정하면 난수 수열의 시작점을 random seed 값에 맞춰 설정하기 때문에 같은 결과를 생성할 수 있습니다. 여담으로 더글러스 애덤스의 코믹 SF 소설 『은하수를 여행하는 히치하이커를 위한 안내서』에 나오는 슈퍼 컴퓨터의 대답이 42입니다. 데이터 분석 책들은 대개 이에 대한 오마주로 random seed 값을 42로 두곤 합니다. 챗GPT는 이러한 방식도 따라합니다.

03 다운로드 링크를 클릭하면 챗GPT가 생성한 Apart_short.csv를 저장한 다음 엑셀로 실행합니다. 표기법 변환에 대한 경고창이 뜨면 [변환 안 함]을 누릅니다.

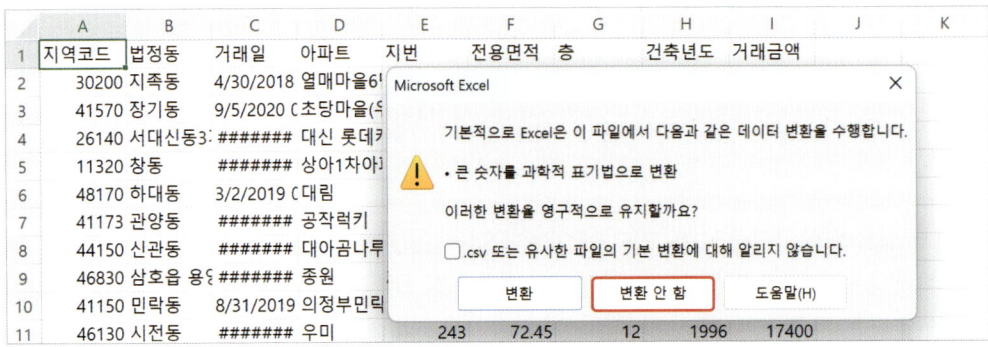

04 데이터를 5만 줄로 정리한 결과 화면이 뜹니다. 하지만 자세히 보면 '거래금액' 값이 있는 I17셀에만 쉼표(,)가 있는 등 '거래일', '지번', '거리금액' 값의 형식이 통일되어 있지 않습니다. 실제로 대부분 데이터의 형식은 이렇게 중구난방일 가능성이 높습니다. 이제 이 데이터를 다음 단계에서 정리하기 전에 [문서 → Book4 → Ch10]에 저장합니다.

	A	B	C	D	E	F	G	H	I
1	지역코드	법정동	거래일	아파트	지번	전용면적	층	건축년도	거래금액
2	30200	지족동	4/30/2018 0:00	열매마을6단지(현대2차)	880	84.984	3	2000	29500
3	41570	장기동	9/5/2020 0:00	초당마을(우남퍼스트빌)	Jan-65	101.96	11	2011	44500
4	26140	서대신동3가	2016-12-06 0:00	대신 롯데캐슬	762	102.7835	5	2014	51750
5	11320	창동	2021-11-24	상아1차아파트	299	58.59	3	1987	73,500
6	48170	하대동	3/2/2019 0:00	대림	100	84.29	3	1991	13200
7	41173	관양동	2017-05-10 0:00	공작럭키	1587	49.8	16	1993	27300
8	44150	신관동	2019-08-09 0:00	대아곰나루	5	84.98	12	1996	11000
9	46830	삼호읍 용앙리	2020-08-10 0:00	종원	222-9	59.96	14	1999	6550
10	41150	민락동	8/31/2019 0:00	의정부민락우미린더스카이	889	84.9907	11	2018	39700
11	46130	시전동	2018-11-16 0:00	우미	243	72.45	12	1996	17400
12	48125	월영동	8/12/2019 0:00	현대5	710-1	59.98	4	1998	11900
13	11590	흑석동	2016-01-15 0:00	흑석한강센트레빌	335	84.84	18	2011	72900
14	41590	영천동	2020-06-12 0:00	동탄역 센트럴상록 아파트	662	84.91	7	2017	80600
15	30200	전민동	2019-02-02 0:00	세종	462-5	117.53	15	1994	24000
16	48330	명동	2018-08-12 0:00	명동 삼한 사랑채 아파트	1079-3	59.988	10	2015	17500
17	28237	산곡동	2022-09-07 0:00	현대2차	311-126	84.96	8	1987	45,000
18	43150	하소동	2/29/2020 0:00	제천그린코아루2차	198	84.9857	9	2007	19070

Apart_short

9-2-2 ID 변수 설정하기

01 **ID 변수**는 하나의 레코드(행)별로 유일Unique한 값을 담고 있는 변수입니다. 예를 들어 주민등록번호, 병원 ID 등을 들 수 있습니다. 챗GPT에 Apart_short.csv 파일을 업로드하고 변수들의 유일한 값의 개수를 물어봤습니다.

Apart_short.csv
Spreadsheet

이 파일에서 변수별로 유일(unique)한 값의 개수를 알려 줘.

"Apart-short.csv" 파일의 각 열(COLUMN)의 유일한 값의 개수는 다음과 같습니다.

'지역코드' (Region Code): 247 unique VALUEs

'법정동' (Legal Dong): 2507 unique VALUEs

'거래일' (Transaction Date): 3924 unique VALUEs

'아파트' (Apartment Name): 14696 unique VALUEs

'지번' (Address Number): 8103 unique VALUEs

'전용면적' (Exclusive Area): 12901 unique VALUEs

'층' (Floor): 67 unique VALUEs

'건축년도' (Year of Construction): 59 unique VALUEs

'거래금액' (Transaction Amount): 3764 unique VALUEs

▶ 법정동은 한국의 행정 구역 체계 중 하나입니다. 일반적으로 주소에는 시, 군, 동, 리 등의 정보가 포함되는데 법정동은 이 중 '동'에 해당하는 지리적 단위를 가리킵니다.

이 데이터세트는 변수명이 들어 있는 첫 행을 제외한 행이 5만 개 줄을 갖고 있습니다. 챗GPT의 답변을 보면 어떤 변수든 유일한 값의 개수는 최대 15,000행을 넘지 못합니다. 따라서 이 데이터세트에는 ID로 추천할 만한 변수가 없는 상태입니다. ID 변수가 없기 때문에 레코드(행) 단위로 전체가 동일한 행이 있으면 이를 제거해야 합니다(이 과정은 조금 후에 다루겠습니다).

> **궁금해요!** 어떤 변수가 ID 변수가 될 수 있나요?
>
> 참고로 '아파트' 변수의 값이 아파트명뿐 아니라 아파트 동호수까지 결합된 상태라면 충분히 ID가 될 수 있습니다. ID가 중요한 이유는 병원에서 A 환자에 대한 처방이 B 환자에게 가면 안 되듯이 데이터에서 하나의 레코드(행)가 행 전체로 유일무이한 개체에 대한 정보를 담고 있어야 하기 때문입니다. 하나의 개별 데이터세트를 생성하거나 혹은 여러 부서에서 데이터세트를 취합할 때는 ID 변수를 꼭 만들어서 데이터의 중복을 방지해야 합니다.

02 그렇다면 엑셀에서는 유일한 값의 개수를 어떻게 구할까요? 챗GPT에 변수의 유일한 값의 개수를 세는 함수를 알려 달라고 명령한 다음 챗GPT가 제안한 코드 오른쪽 상단의 [Copy code]를 클릭해 수식을 복사합니다.

엑셀에서 변수의 유일한(unique) 값의 개수를 세는 함수를 (한국어로) 알려 줘.

… 엑셀 365 및 엑셀 2021에서: UNIQUE 함수를 사용하여 범위 내에서 고유한 값들의 목록을 직접 추출할 수 있습니다. 그런 다음 COUNTA 함수를 사용하여 그 범위 내의 비어 있지 않은 셀의 수를 세어 고유한 값의 개수를 파악할 수 있습니다.

예를 들어 엑셀 365와 엑셀 2021에서 사용할 수 있는 간단한 수식은 다음과 같습니다.

```excel
=COUNTA(UNIQUE(범위))
```

03 Apart_short.csv 파일을 엑셀에서 실행한 다음 K1셀에 "지역코드계산"을 입력하고 K2셀에 복사해온 수식 **=COUNTA(UNIQUE(범위))**를 붙여 넣습니다.

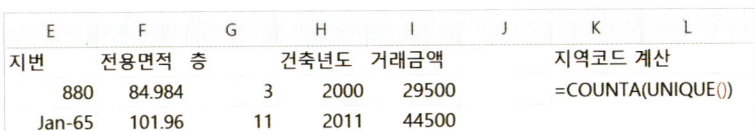

E	F	G	H	I	J	K	L
지번	전용면적	층	건축년도	거래금액		지역코드 계산	
880	84.984	3	2000	29500		=COUNTA(UNIQUE())	
Jan-65	101.96	11	2011	44500			

04 복사한 수식에서 범위 부분을 채우겠습니다. "범위"라는 글자를 지우고 괄호 안에 커서를 둔 상태에서 A2셀을 선택합니다. 그런 다음 [Ctrl] + [Shift] + [↓] 키를 눌러 A2셀부터 해당 열의 데이터 끝까지, 즉 A50001셀까지 영역을 선택하면 =COUNTA(UNIQUE(A2:A50001))로 범위가 지정됩니다.

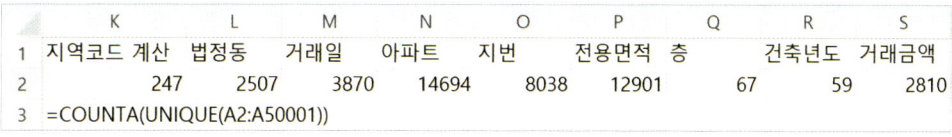

05 범위를 지정하고 [Enter] 키를 누르면 앞서 챗GPT가 말한 '지역코드' 변수의 유일한 개수인 247을 반환합니다.

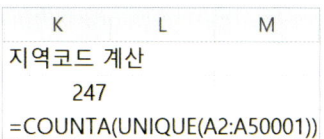

▶ K3셀에서는 FORMULATEXT 함수를 사용해 K2셀에 쓰인 함수 수식을 표시했습니다.

06 이제 나머지 변수명을 복사해 셀 L1부터 S1까지 붙여 넣은 다음 채우기 핸들을 클릭해 오른쪽 S1셀까지 K2의 수식을 복사합니다.

	K	L	M	N	O	P	Q	R	S
1	지역코드 계산	법정동	거래일	아파트	지번	전용면적	층	건축년도	거래금액
2	247	2507	3870	14694	8038	12901	67	59	2810
3	=COUNTA(UNIQUE(A2:A50001))								

그런데 챗GPT의 결과와 엑셀 함수 결과를 비교하면 몇몇 변수는 유일한 값의 개수가 다릅니다. 이는 쉼표(,)가 포함된 값은 다른 값으로 간주하기 때문입니다. 즉, 통일되지 않은 데이터 타입이 원인입니다. 예를 들어 거래 금액 73,510과 73510은 같은 값이지만 형식이 다르다는 이유로 챗GPT는 이를 다른 값으로 인식합니다. 따라서 데이터 분석에서 변수별로 데이터 타입 통일이 꼭 필요하다는 것을 알 수 있습니다. 챗GPT뿐만 아니라 엑셀에서도 데이터 타입 정리 작업을 끝낸 후에야 변수별로 유일한 값 개수를 확인해야 합니다(데이터 타입 정리 작업은 이후 다룹니다).

이제 타깃 변수를 생성하기 앞서 챗GPT의 결과를 확인하기 위해 입력했던 K열부터 S열의 모든 입력을 삭제합니다.

▶ Chapter 09와 10에서는 엑셀에서 함수나 수식을 사용하여 챗GPT의 결과를 확인한 부분은 별도의 언급이 없는 한 다음 단계로 넘어가기 전에 엑셀 시트에서 지우고 진행합니다.

9-2-3 타깃 변수 생성하기

01 앞서 타깃 변수를 '거래금액'으로 설정했습니다. ID 변수와 함께 타깃 변수는 결측값이 없어야 합니다. 다른 변수들은 결측값을 평균 등으로 대체할 수 있지만 이 두 변수는 결측값이 있다면 해당 레코드(행)를 지워야 합니다. 지금까지 대화하던 내용에 이어 챗GPT에게 타깃 변수의 결측값이 몇 개인지 물어보겠습니다.

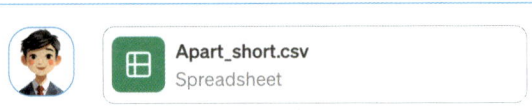

변수 '거래금액'의 결측값 개수는?

'거래금액' 변수에는 결측값이 없습니다.

02 챗GPT의 답이 맞는지 이번에는 엑셀에서 **COUNTA** 함수를 이용해 결측값의 개수를 확인하겠습니다. J1셀에 "거래금액 계산"을 입력하고 J2셀에 **=COUNTA(**를 입력합니다.

03 **COUNTA** 함수 범위를 설정하겠습니다. I2셀을 클릭한 다음 [Ctrl] + [Shift] + [↓] 키를 눌러 I2셀부터 해당 열의 데이터 끝까지, 즉 I50001셀까지 지정합니다. 괄호를 닫고 [Enter] 키를 누르면 빈 칸이 없는 셀 개수가 50,000줄이라는 결과가 나타납니다.

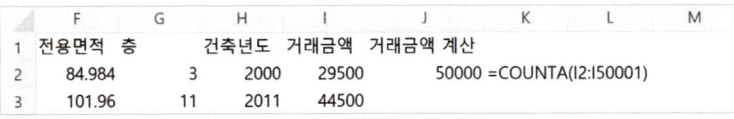

04 이번에는 **SUM** 함수와 **ISBLANK** 함수를 결합하여 '거래금액'의 결측값 개수를 세어보겠습니다. J3셀에 **=SUM(ISBLANK(I2:I50001))**을 입력합니다. ISBLANK 함수는 결측값이면 TRUE, 그렇지 않으면 FALSE를 반환합니다. SUM 함수는 TRUE를 1, FALSE를 0으로 간주하여 합계를 구합니다. 그러므로 이 함수의 결괏값으로 반환된 J3셀의 값 0은 결측값이 없음을 알려줍니다. 이로써 타깃 변수 '거래금액'의 결측값이 없음을 확인했습니다. 이제 J열과 K열을 삭제하여 확인 작업을 마무리합니다.

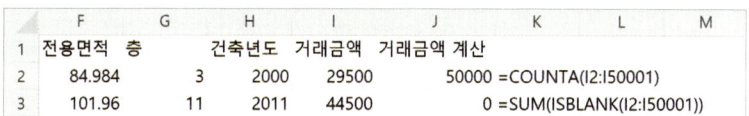

05 만약 거래 금액이 높은 아파트를 1로 값을 표시하고, 낮은 아파트를 0으로 표시하면 이 문제를 새로운 시각인 **이진 분류 문제**로 볼 수 있습니다. 이렇게 분석의 목적에 따라 기존의 타깃 변수에 기반한 추가 타깃 변수를 생성할 수 있습니다. 데이터 분석을 더 다채롭게 하기 위해 이진 분류 타깃 변수로 '거래금액_B'를 만들겠습니다. 여기서 B는 **이진수**$^{Binary\ Value}$를 의미합니다. 이 새로운 변수는 원래 타깃 변수 '거래금액' 값이 **중위수**^{Median}보다 높거나 같으면 1을 부여하고, 그렇지 않으면 0을 부여하여 생성합니다. 이제 챗GPT에 Apart_short.csv 파일을 업로드한 상태에서 계속 다음과 같은 질문을 합니다.

 이 데이터세트에 추가로 변수 '거래금액_B'를 만들어 주고 변수 '거래금액' 값의 중위수(median)를 기준으로 그 이상이면 1, 미만이면 0을 부여해줘. 그리고 그 결과 파일을 다운로드받게 해줘. 한글은 깨지지 않게 하고.

 … 새로운 변수 '거래금액_B'가 성공적으로 생성되었으며, '거래금액'의 중위수를 기준으로 해당 값 이상이면 1, 미만이면 0의 값을 부여했습니다. 이제 이 데이터세트를 파일로 저장하고 한글이 깨지지 않도록 UTF-8 인코딩을 사용하여 다운로드 링크를 제공하겠습니다. …

다운로드 링크

06 수정된 파일을 실행하면 마지막 열에 새로운 변수 '거래금액_B'가 생긴 것을 확인할 수 있습니다.

	A	B	C	D	E	F	G	H	I	J
1	지역코드	법정동	거래일	아파트	지번	전용면적	층	건축년도	거래금액	거래금액_B
2	30200	지족동	4/30/2018 0:00	열매마을6단지(현대2차)	880	84.984	3	2000	29500	1
3	41570	장기동	9/5/2020 0:00	초당마을(우남퍼스트빌)	Jan-65	101.96	11	2011	44500	1
4	26140	서대신동3	2016-12-06 0:00	대신 롯데캐슬	762	102.7835	5	2014	51750	1
5	11320	창동		2021-11-24 상아1차아파트	299	58.59	3	1987	73500	1
6	48170	하대동	3/2/2019 0:00	대림	100	84.29	3	1991	13200	0

07 중위수를 기준으로 1과 0을 부여했으므로 이 둘의 비율은 50:50에 가깝게 나와야 합니다. 챗GPT에게 '거래금액_B' 값의 종류 개수와 비율을 물어봤습니다.

 새롭게 만든 '거래금액_B' 값을 종류별로 세고 비율도 알려 줘.

 … '거래금액_B' 값의 종류별 개수와 비율은 다음과 같습니다.

값 1: 개수 25,040개, 비율 50.08%

값 0: 개수 24,960개, 비율 49.92% …

08 원하는 비율이 나온 것을 확인했다면 이제 이 파일을 저장하겠습니다. 파일 이름을 Apart.csv로 바꾸고 컴퓨터 [문서 → Book4 → Ch9]에 저장합니다.

▶ CSV 파일로 저장할 때는 챗GPT가 한글 변수명이나 값이 포함된 CSV 파일을 못 읽는 경우를 방지하기 위해 'CSV UTF-8 (쉼표로 분리)' 형식을 선택하기 바랍니다.

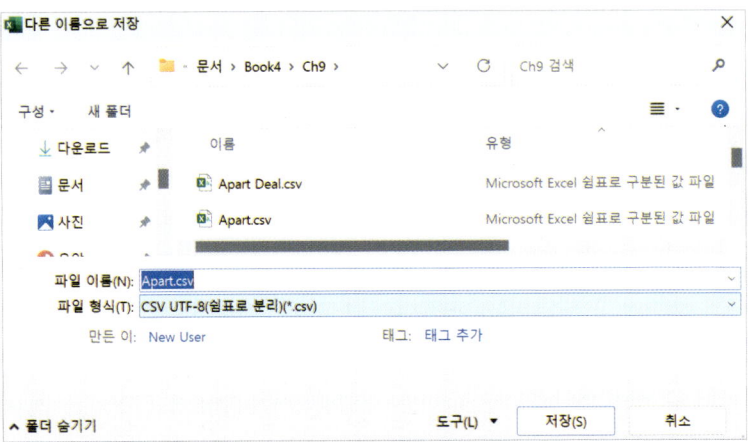

9.3 데이터 처리 2 – 기타 변수 데이터 처리

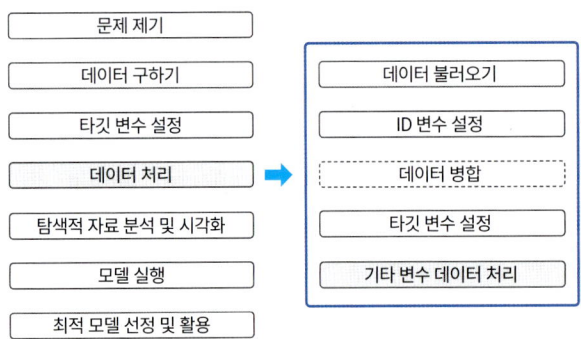

'데이터 처리'의 하위 5단계중 마지막 단계인 '기타 변수 데이터 처리'는 앞에서 처리하지 못한 변수, 즉 ID 변수와 타깃 변수를 제외한 모든 변수를 처리합니다. 여기서는 데이터 타입 확인 및 정리, 날짜 변수 전처리, 범주형 변수 전처리 과정을 알아보겠습니다.

우선 데이터 분석의 대상이 되는 데이터세트는 변수마다 하나의 데이터 타입을 가져야 합니다. 그렇지 않으면 수학 연산이 불가능해서 컴퓨터가 데이터 분석 작업을 실행할 수 없게 됩니다. 예를 들어 모든 한국 사람의 나이를 기록한 엑셀 데이터가 있다고 가정하겠습니다. 다른 사람의 나이는 모두 숫자로 입력했는데 유독 한 사람의 나이만 한글로 '이십칠세'라고 입력되어 있다면 이 데이터를 계산할 수 없기 때문입니다. 따라서 데이터 분석이 가능하려면 각 변수마다 하나의 데이터 타입을 반드시 가져야 합니다.

데이터 분석의 세계에서는 파이썬을 주로 사용하는데, 이 파이썬을 구성하는 라이브러리 중에서도 **넘파이**Numpy가 대부분의 수학 연산을 처리합니다. 넘파이 라이브러리가 취급하는 데이터 타입은 기본적으로 정수Integer, 실수Float, 논리값Boolean, 객체Object, 문자열String로 구성돼 있습니다. 이외에 시간을 나타내는 데이터 타입(Datetime, Timedelta)까지 고려하면 웬만한 데이터 분석이 가능합니다.

▶ 이 책에서는 데이터 타입을 더 간략화해서 객체를 문자열과 같은 의미로 간주해 숫자가 아닌 값으로 보고 '문자열(Object)'이라 표기하겠습니다. 이 표현은 챗GPT의 대답에 많이 등장합니다.

9-3-1 데이터 타입 확인하기

01 챗GPT에게 Apart.csv 파일이 담고 있는 각 변수의 데이터 타입을 확인해 달라고 명령해 보겠습니다.

 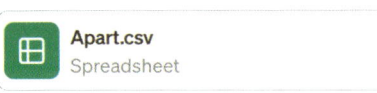

이 데이터세트에 있는 변수들의 파이썬 데이터 타입(dtype)을 알려 줘.

…이 데이터세트에 있는 변수들의 파이썬 데이터 타입은 다음과 같습니다.

지역코드: float64

법정동: object (판다스에서 문자열은 object로 표시됩니다)

거래일: object (날짜 형식일 가능성이 높지만 현재 문자열로 인식되고 있습니다)

아파트: object (문자열)

지번: object (문자열)

전용면적: float64

층: float64

건축년도: float64

거래금액: float64

거래금액_B: int64

object 타입은 주로 문자열을 나타내지만, 때로는 다른 형태의 데이터(예: 날짜, 혼합된 데이터 타입 등)를 포함할 수 있습니다. …

02 이제 엑셀에서 다시 확인하겠습니다. Apart.csv 파일을 엑셀에서 실행해 보면 '거래일'의 값 형식이 중구난방인 것을 알 수 있습니다. '지번' 역시 텍스트와 숫자, 기호가 뒤섞여 있습니다. 데이터 타입이 정수(int64)나 실수(float64)인 변수들은 괜찮습니다. 문제는 문자열(Object)입니다. 문자열 중에 텍스트 값이 대다수라면 문자열로 데이터를 처리하면 되지만 만약 대부분 값이 숫자고 한두 개가 텍스트라면 데이터 처리를 통해서 데이터 타입을 정수나 실수로 바꾸는 것이 바람직합니다.

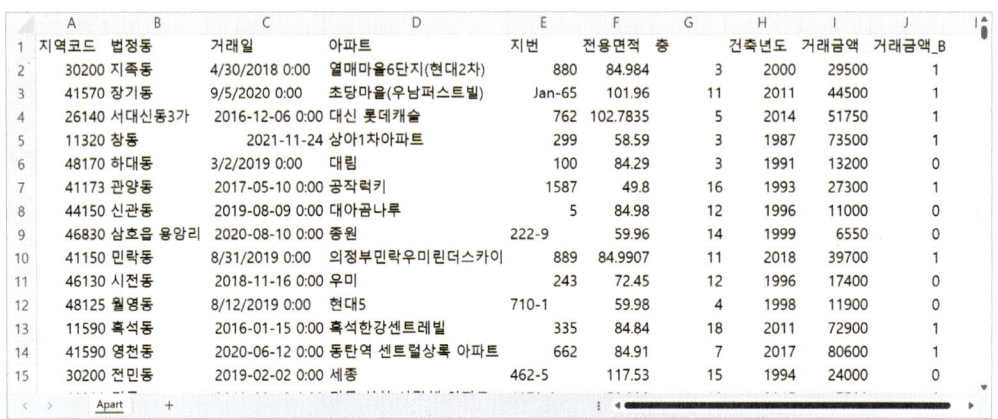

엑셀은 프로그래밍 언어처럼 정확한 데이터 타입을 제공하지 않습니다. 그야말로 각 셀의 값이 숫자냐, 텍스트냐, 결측값이냐만 구분할 수 있습니다. 따라서 변수의 데이터 타입 파악을 위해서는 엑셀 대신 챗GPT, 파이썬, 상용 통계 패키지 등을 사용하는 것이 좋습니다.

9-3-2 데이터 타입 정리하기

01 데이터 타입을 정리하려면 엑셀의 파워 쿼리로 Apart.csv 파일을 불러와야 합니다. 단순히 파일을 실행해서는 데이터 타입을 정리하기가 어렵기 때문입니다. 새 엑셀 통합 문서를 열고 [데이터 → 텍스트/CSV에서]를 클릭합니다.

02 [문서 → Book4 → Ch9]에 저장된 Apart.csv 파일을 불러옵니다. 미리 보기 창이 뜨면 오른쪽 하단의 [데이터 변환]을 클릭합니다.

03 파워 쿼리 편집기가 실행되면서 데이터가 보입니다. '거래일' 값을 보면 2가지 형식의 날짜 입력값이 보입니다. 날짜 입력 형식을 통일하겠습니다. [변환] 탭을 선택하고 '거래일' 열을 클릭합니다.

04 '거래일' 열을 선택한 다음 [변환 → 데이터 형식: 텍스트]를 클릭하면 드릴다운 메뉴가 보입니다. 여기서 [날짜/시간]을 선택합니다.

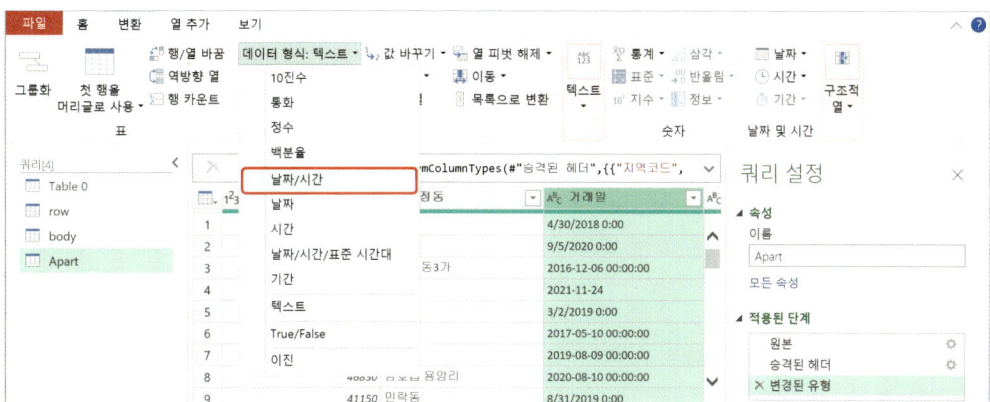

05 열 형식을 변경하겠냐는 안내창이 뜨면 [현재 전환 바꾸기]를 클릭합니다.

06 편집기 창을 보면 '거래일' 열의 날짜 형식이 통일된 것을 확인할 수 있습니다. 이처럼 파워 쿼리로 데이터를 불러오면 클릭 몇 번으로 날짜 형식을 통일할 수 있어서 대단히 편리합니다.

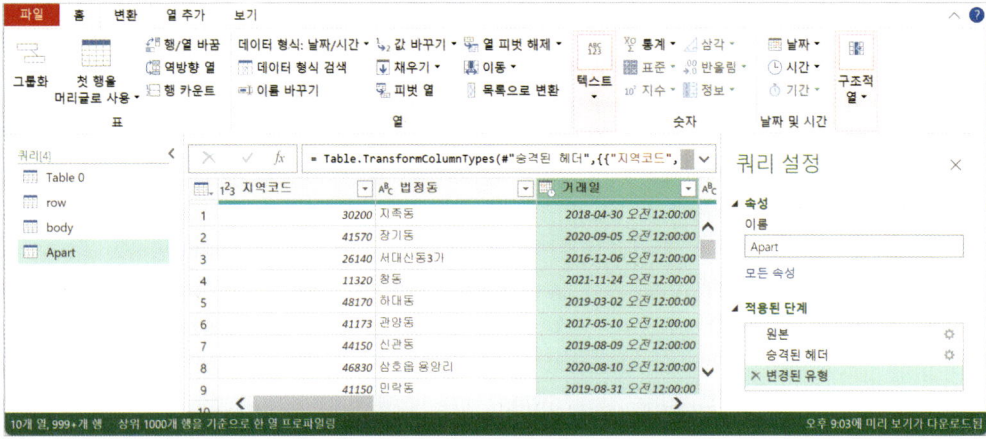

07 이제 [파일 → 닫기 및 로드] 혹은 [홈 → 닫기 및 로드]를 클릭해 편집기를 종료하고 수정한 데이터를 불러옵니다. '거래일' 데이터 타입이 깔끔하게 통일되었습니다.

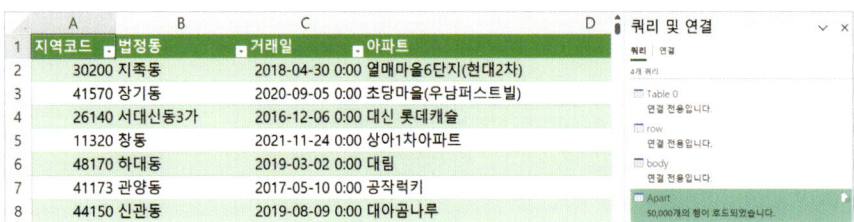

08 각 변수에 적용된 필터를 해제하려면 [데이터 → 필터]를 클릭합니다.

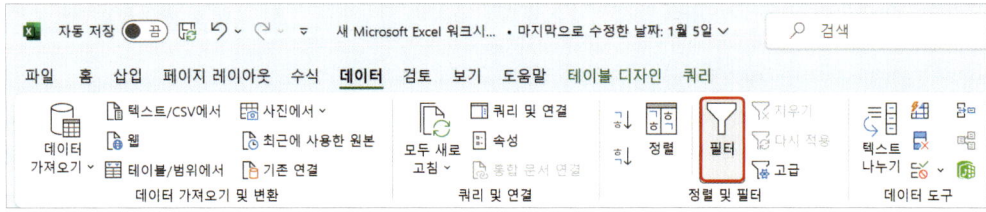

09 '지역코드'와 '지번'은 형태는 다르지만 둘 다 위치 정보를 담고 있어서 좀 더 체계적인 '지역코드'를 살리고 '지번'을 제거하겠습니다. '지번' 정보가 담긴 E열을 마우스 오른쪽을 클릭한 다음 [삭제]를 눌러 열 전체를 삭제합니다. 이제 파일을 Apart1.csv로 저장합니다.

▶ CSV 파일로 저장할 때 'CSV UTF-8 (쉼표로 분리)' 형식으로 저장하기 바랍니다.

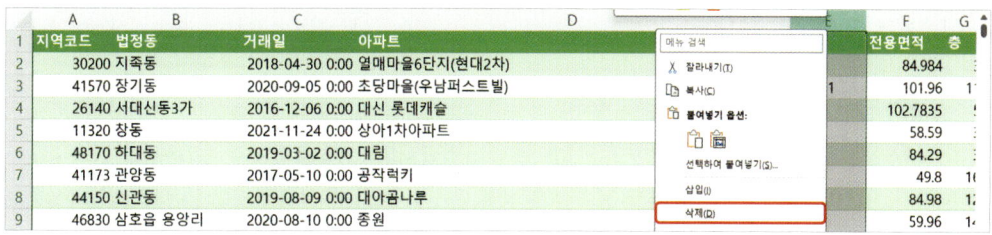

10 마지막으로 데이터 타입을 다시 확인해 보겠습니다. 바로 앞에서 저장한 Apart1.csv 파일을 챗GPT에 업로드한 다음 변수별 데이터 타입을 물어봤습니다.

 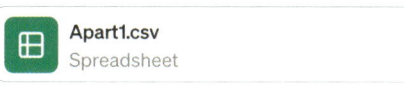

데이터세트 변수의 데이터 타입을 알려 줘.

데이터세트의 각 변수(열)의 데이터 타입은 다음과 같습니다.

지역코드: 정수형 (int64) <-> 이전 대답 float64

법정동: 문자열 (object)

거래일: 문자열 (object)

아파트: 문자열 (object)

전용면적: 실수형 (float64)

층: 정수형 (int64)   <-> 이전 대답 float64

건축년도: 정수형 (int64) <-> 이전 대답 float64

거래금액: 정수형 (int64)

거래금액_B: 정수형 (int64) …

값에 여전히 하이픈(-)과 콜론(:)이 들어 있는 '거래일'은 문자열(object)이라 판단했고 앞서 삭제한 '지번'도 없어졌습니다. 이렇게 데이터 타입 정리 작업이 일단락되었습니다.

9-3-3 챗GPT로 날짜 변수 전처리하기

01 '거래일' 변수는 날짜 변수입니다. 이 중에서 '연도' 및 '월'을 별도의 변수로 추출하는 작업을 챗GPT에게 맡겨 보겠습니다.

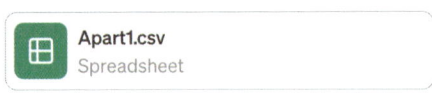

 '거래일'은 값이 연도와 월, 일 그리고 시간으로 구성돼 있어. '거래일' 변숫값에서 연도를 나타내는 값을 뽑아서 새로운 변수 '연도'의 값으로 넣고, 월을 나타내는 값을 뽑아서 새로운 변수 '월'의 값으로 넣어 줄래? 변수 '연도'와 '월'은 '거래일' 바로 다음 열에 연달아 나오게 해줘. 다운로드받을 파일은 한글이 안 깨지게 해 주고.

 …(중략)

'거래일' 열에서 '연도'와 '월'을 성공적으로 추출하여 새로운 열로 추가하고 위치를 조정했습니다. 이제 이 데이터를 CSV 파일로 저장하여 한글이 깨지지 않도록 하겠습니다. 저장 후 다운로드 링크를 제공드리겠습니다.

Updated_Apart1.csv 다운로드

02 챗GPT가 제공한 CSV 파일 이름을 Apart2.csv로 바꾸고 [문서 → Book4 → Ch9]에 저장합니다. 이 파일을 엑셀에서 실행하면 '연도'와 '월' 변수가 생겼고 값도 잘 추출된 것을 확인할 수 있습니다.

9-3-4 엑셀에서 날짜 변수 전처리하기

01 앞서 챗GPT에게 요청했던 '연도'와 '월' 변수를 생성하는 과정을 엑셀에서 해보겠습니다. **YEAR**와 **MONTH** 함수를 사용하면 됩니다. Apart1.csv 파일을 연 상태에서 D열을 선택하고 마우스 오른쪽을 클릭하고 [삽입]을 눌러 새 열을 2개 추가합니다.

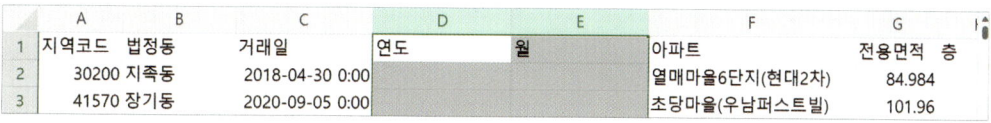

02 새로 생긴 D1셀에 "연도", E1셀에 "월"을 입력합니다. 그리고 D열을 선택하고 [Ctrl] 혹은 [Shift] 키를 누른 채 E열을 마우스로 클릭해 D열과 E열 전체를 선택합니다.

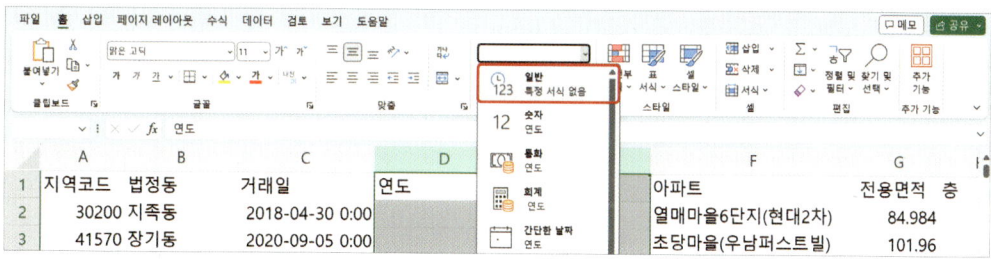

03 [홈 → 일반]을 클릭한 다음 드릴 다운 메뉴에서 [일반]을 선택합니다. 이 과정을 생략하면 **YEAR, MONTH 함수** 값이 제대로 나오지 않을 수 있으니 꼭 챙기도록 합니다.

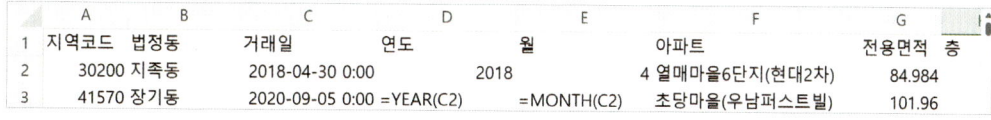

04 이제 D2셀에 **=YEAR(C2)**, E2셀에는 **=MONTH(C2)**를 입력하고 [Enter] 키를 누릅니다. 간단하게 연도와 월이 추출됩니다.

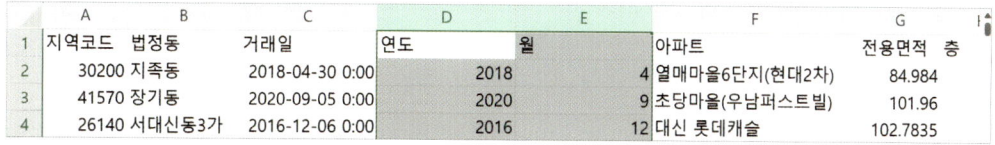

05 이제 D2셀의 채우기 핸들에 커서를 얹고 [+] 아이콘이 뜨면 더블 클릭해 나머지 셀에 자동으로 함수를 적용합니다. E2셀에도 마찬가지 방법으로 값을 채웁니다.

9-3-5 범주형 변수 전처리

앞 절에서 마지막으로 데이터세트의 변수별 데이터 타입을 재확인해 보니 문자열(Object)로 나온 것은 다음 3가지 변수였습니다.

- **법정동**: 문자열 (object)
- **거래일**: 문자열 (object)
- **아파트**: 문자열 (object)

'거래일'은 바로 '연도'와 '월'을 숫자로 추출했고 이들 두 변수를 향후 '거래일' 대신 사용할 예정입니다. 남은 변수 '법정동', '아파트'의 값은 텍스트이므로 덧셈 뺄셈 등의 연산이 불가능합니다.

덧셈과 뺄셈이 가능한 숫자로 구성된 변수를 **구간 변수**$^{\text{Interval variable}}$라 하고, 그렇지 않은 변수를 **범주형 변수**$^{\text{Categorical variable}}$라 합니다. 단, 값이 숫자로만 이루어져 있어도 범주형 변수가 될 수 있습니다.

- **구간 변수**: 숫자로 이루어져 있으며 값끼리 덧셈 뺄셈이 가능한 변수
- **범주형 변수**: 값이 텍스트, 숫자, 혹은 혼합 형태로 이루어져 있으며 값끼리 덧셈 뺄셈을 할 수 없는 변수

예를 들어 '초' 단위로만 시간을 재면 0초에서 계속 더 큰 숫자의 초를 입력할 수 있습니다. 즉, '초' 단위로만 구성된 시간은 구간 변수입니다. 그런데 월은 1월에서 시작하지만 12월을 지나면 다시 1월에서 시작합니다. 이렇게 덧셈이나 뺄셈 결과를 그대로 쓰지 못하면 범주형 변수로 취급합니다. 따라서 텍스트 값을 가진 '월'은 데이터 분석에서 범주형 변수로 취급합니다. 이번에는 바로 이 범주형 변수를 전처리하는 과정을 살펴보겠습니다.

01 앞서 날짜 변수를 전처리한 파일 Apart1.csv를 이어서 진행하겠습니다. '지역코드'의 값은 숫자로, 데이터 타입은 정수형(int64)입니다. 그러나 앞서 언급했듯이 값이 숫자로만 이루어져 있어도 범주형 변수가 될 수 있습니다. 두 지역 코드를 더해서 나오는 숫자는 합계로서의 의미가 전혀 없기 때문입니다.

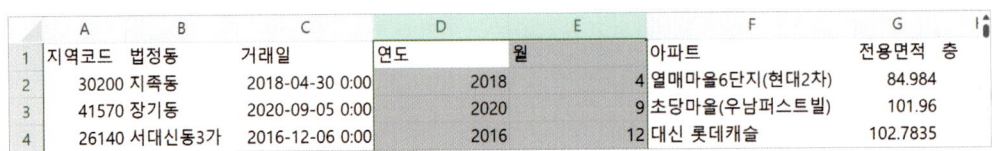

02 이제 3개의 범주형 변수인 '지역코드', '법정동', '아파트'의 유일한 값의 개수를 챗GPT에게 물어보겠습니다.

'지역코드', '법정동', '아파트'의 유일한 값의 개수를 알려 줘.

'지역코드', '법정동', '아파트' 열에서 각각의 유일한 값의 개수는 다음과 같습니다.

지역코드: 247개

법정동: 2,507개

아파트: 14,696개

03 '지역코드'를 제외한 나머지 2개 변수는 값의 종류(카테고리)가 많기 때문에 챗GPT에게 줄여 달라고 명령해 보았습니다. 이때 변숫값으로 가져올 값의 개수는 나머지 값을 넣을 변수 '기타동'의 비율이 너무 크지 않도록 200개로 설정합니다.

'법정동1' 변수를 만들고 변숫값으로 '법정동' 값을 가장 빈도가 높은 200개까지를 그대로 가지고 오고, 나머지는 값을 '기타동'으로 넣어 줘. '아파트1' 변수를 만들고 '아파트' 변숫값에서 한글 초성을 따와서 그 값을 '아파트1' 변숫값으로 넣어 줘. 그리고 '아파트' 변숫값이 영어로 시작하면 첫 알파벳을 따와서 그 값을 '아파트1' 변숫값으로 넣어 줘. 만약 '아파트 변숫값이 한글이나 영어로 시작하지 않으면 값을 '기타아파트'로 넣어 줘.

…(중략)…

'법정동1'과 '아파트1' 변수를 성공적으로 생성하고 조건에 맞게 값들을 설정했습니다.

04 이제 변수별 유일한 개수를 다시 물어봤습니다.

▶ 범주형 변수의 카테고리가 너무 많아도 안 좋지만, 카테고리를 맥락과 상관없이 너무 줄여서도 안 됩니다. 다만, 이 책에서는 실습 목적으로 최대한 카테고리를 줄여서 간소한 데이터세트를 만들어 사용합니다.

'지역코드', '법정동1', '아파트1'의 유일한 값의 개수를 알려 줘.

처리한 데이터에서 '지역코드', '법정동1', '아파트1' 열의 각 유일한 값의 개수는 다음과 같습니다.

지역코드: 247개

법정동1: 201개

아파트1: 39개

05 챗GPT에게 최종 파일을 요청한 다음 내려받은 파일 이름을 Apart3.csv로 이름을 바꿔서 컴퓨터 [문서 → Book4 → Ch9]에 저장합니다.

 작업한 파일을 다운로드할 수 있게 해줘. 한글은 깨지지 않게 하고.

 …(중략)…

데이터가 CSV 파일로 성공적으로 저장되었습니다. 아래 링크를 클릭하여 업데이트된 파일을 다운로드하실 수 있습니다:

Updated_Apart2.csv 다운로드

06 범주형 변수의 값은 일반적으로 텍스트(혹은 혼합 형태)입니다. 이후 설명할 '탐색적 데이터 분석과 시각화' 과정까지는 범주형 변숫값을 숫자로 바꾸지 않아도 되지만 매출, 가격, 수요, 비용 등을 예측 모델에 투입하려면 범주형 변수는 전처리가 필요합니다. 전처리 방법은 다음 2가지 중 하나를 취하면 됩니다.

범주형 변수의 전처리 방법

- 텍스트 값을 숫자로 치환
- 더미 변수를 만들어 값을 1과 0으로 치환

▶ 두 번째 방법도 결국은 숫자로 치환하는 방법이니 모두 변숫값을 숫자로 치환하는 셈입니다.

다시 말해, 컴퓨터가 텍스트를 대상으로 연산 작업을 할 수 없기에 예측 모델에서는 텍스트를 미리 숫자로 바꿔야 합니다.

앞서 다운로드받은 Apart3.csv를 엑셀로 실행하겠습니다. 이제는 필요 없어진 변수인 '법정동', '아파트', '거래일' 열을 삭제하겠습니다. 삭제할 열을 선택하고 마우스 오른쪽을 클릭해 [삭제]를 클릭합니다.

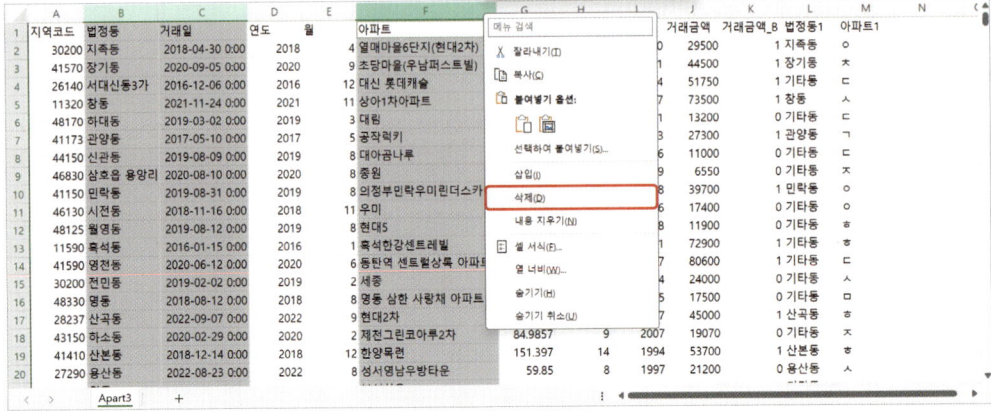

07 불필요한 열을 지우면 I, J열에 나란히 '법정동1', '아파트1' 변수가 보입니다. 이제 숫자를 갖지 않는 변수는 새로 만든 '법정동1', '아파트1' 뿐입니다. '법정동1'과 '아파트1'은 이 장의 후반부에서 숫자로 값을 변경하겠습니다. 이어지는 '탐색적 자료 분석 및 시각화' 작업까지는 현재의 텍스트 값으로 분석하는 것이 도움이 되기 때문입니다.

08 변경 사항을 반영하기 위해 Apart3.csv 파일을 저장합니다. 파일 형식은 CSV UTF-8(쉼표로 분리)를 선택한 다음 저장해 주세요.

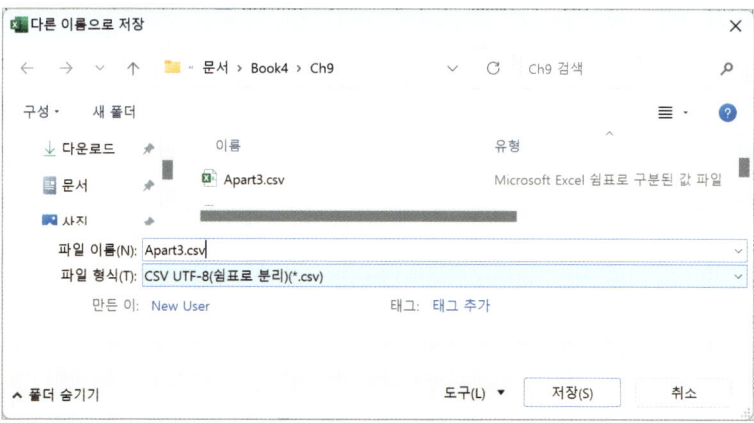

9.4 탐색적 자료 분석 및 시각화

데이터 처리 과정을 거치고 나면 데이터 분석의 꽃이라 불리는 '탐색적 자료 분석 및 시각화' 과정에 들어섭니다. 이 과정은 챗GPT와 엑셀에서 점점 더 자동화되고 있지만 아직까지는 사람의 손길이 많이 필요합니다. 세부 항목별 작업을 챗GPT가 해줄 수는 있지만 분석과 판단은 데이터 분석가의 몫으로 온전히 남아 있습니다. 데이터 분석가의 몸값을 높이는 부분이니 귀를 쫑긋 세우고 따라오기 바랍니다.

9-4-1 결측값 50% 초과 변수 제거

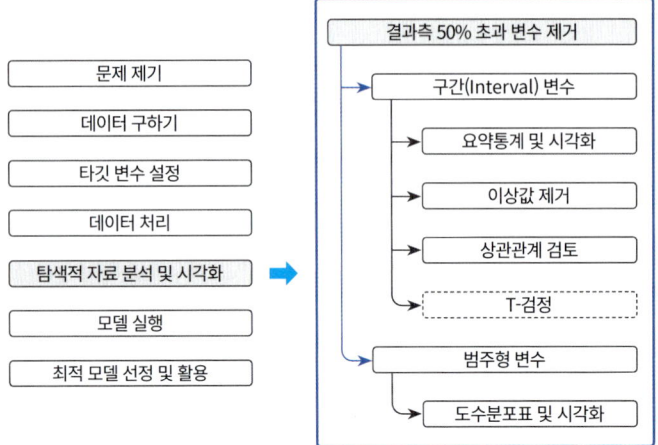

이번에 살펴볼 단계의 핵심은 '결측값'입니다. 실무에서는 데이터 타입도 중구난방에 결측값도 난무합니다. 그런 경우 결측값 비율이 50%를 초과하는 변수가 있으면 그 변수를 데이터세트에서 제거해야 합니다. 하지만 이번 프로젝트에서 다룰 데이터세트는 결측값이 없으므로 확인 절차만 살펴보겠습니다.

01 챗GPT에 Apart3.csv 파일을 업로드하고 다음과 같이 질문합니다. 챗GPT의 확인 결과 결측값은 없습니다.

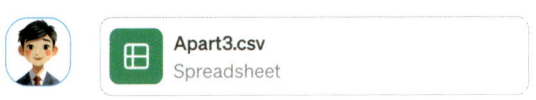

변수별로 결측값의 개수와 비율을 알려 줄래?

…(중략)…

모든 변수들은 결측값이 0개이며, 따라서 결측값 비율도 0%입니다.

02 이제 엑셀에서 다시 한번 결측값을 확인하겠습니다. Apart3.csv 파일을 엑셀에서 실행합니다. 결측값을 확인해야 하지만 이 데이터세트에는 결측값이 없으니 고의로 결측값을 만들 예정입니다. 따라서 임시로 사용할 엑셀 파일이 필요하니 파일 이름을 Apart3_t.csv로 바꿔서 저장합니다. 그리고 2행을 선택한 다음 마우스 오른쪽을 클릭하고 [삽입]을 선택해 2행에 빈 행을 삽입합니다.

03 '연도'부터 '아파트1' 변수까지 계단식으로 값을 제거해 고의로 결측값을 생성합니다.

	A	B	C	D	E	F	G	H	I	J	K
1	지역코드	연도	월	전용면적	층	건축년도	거래금액	거래금액_B	법정동1	아파트1	
2											
3	30200										
4	41570	2020									
5	26140	2016	12								
6	11320	2021	11	58.59							
7	48170	2019	3	84.29	3						
8	41173	2017	5	49.8	16	1993					
9	44150	2019	8	84.98	12	1996	11000				
10	46830	2020	8	59.96	14	1999	6550	0			
11	41150	2019	8	84.9907	11	2018	39700		1 민락동		
12	46130	2018	11	72.45	12	1996	17400		0 기타동	ㅇ	

04 이제 결측값을 찾아보겠습니다. A2셀을 선택하고 **=COUNTBLANK(**를 입력합니다. 이 함수는 지정 범위 내 결측값의 개수를 출력합니다.

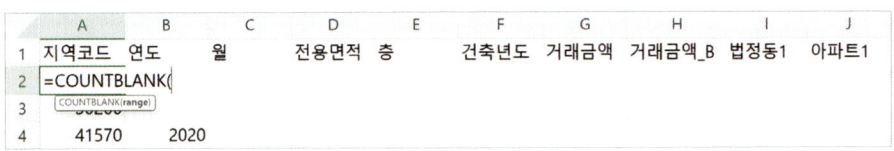

05 A3셀을 선택하고 [Ctrl] + [Shift] + [↓] 키를 눌러 함수가 적용될 영역으로 A열 전체를 지정합니다. 영역을 지정했다면 괄호를 닫고 [Enter] 키를 누릅니다. 그러면 앞서 추가한 2행에 결측값 0이 나타납니다.

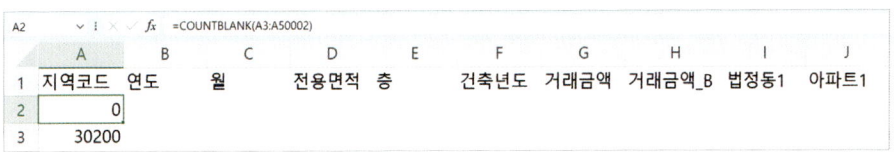

06 A2셀의 채우기 핸들을 J2셀까지 드래그하면 각 변수의 결측값이 나타납니다. 이런 식으로 엑셀에서 변수별 결측값을 알 수 있습니다.

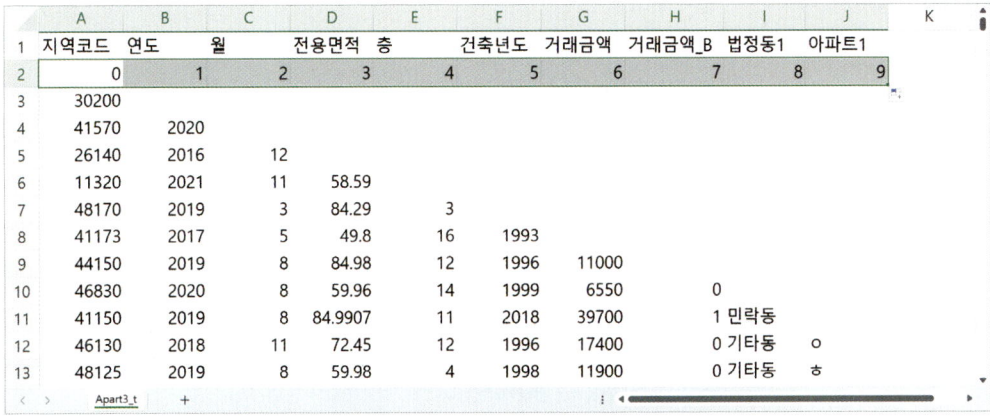

9-4-2 구간 변수 요약 통계

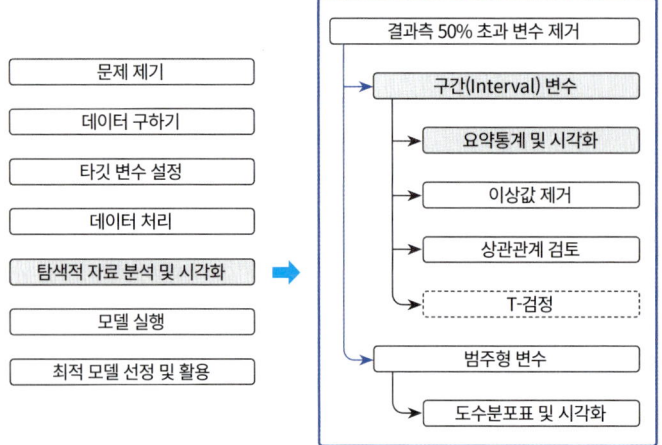

이번에는 '탐색적 자료 분석 및 시각화' 단계의 구간 변수 중 '요약 통계 및 시각화'를 살펴보겠습니다. 요약 통계는 구간 변수에 적용할 수 있는 통계 기법이며 시각화로는 산포도를 활용해 보겠습니다.

01 먼저 구간 변수별 요약 통계를 챗GPT에게 물어보겠습니다. 단, 이때 챗GPT에게 구간 변수를 구분해 알려 주는 것이 좋습니다. 이 데이터세트에서 구간 변수는 다음과 같습니다.

- 구간 변수: '연도', '전용면적', '층', '건축년도', '거래금액'

구간 변수 '연도', '전용면적', '층', '건축년도', '거래금액'의 요약 통계량(Feature statistics or Summary statistics)을 알려 줄래?

 구간 변수 '연도', '전용면적', '층', '건축년도', '거래금액'의 요약 통계량은 다음과 같습니다.

연도:

평균: 2018.39

표준편차: 2.33

최솟값: 2015

25% 분위수: 2016

중앙값(50% 분위수): 2019

75% 분위수: 2020

최댓값: 2023

전용면적 (㎡):

평균: 75.39

표준편차: 26.28

최솟값: 11.67

25% 분위수: 59.72

중앙값(50% 분위수): 76.43

75% 분위수: 84.96

최댓값: 273.83

…(중략)…

02 이 과정을 엑셀에서 반복해 챗GPT의 답변을 검증하겠습니다. 엑셀에서 이 과정을 거치려면 [데이터 분석]이라는 기능이 필요합니다. Apart3.csv 파일을 엑셀에서 실행한 다음 [데이터 분석] 기능을 설치하기 위해서 엑셀의 [파일 → 옵션]을 누릅니다.

▶ 공간 부족으로 화면 하단의 [옵션]이 보이지 않으면 [더 보기]를 누르세요.

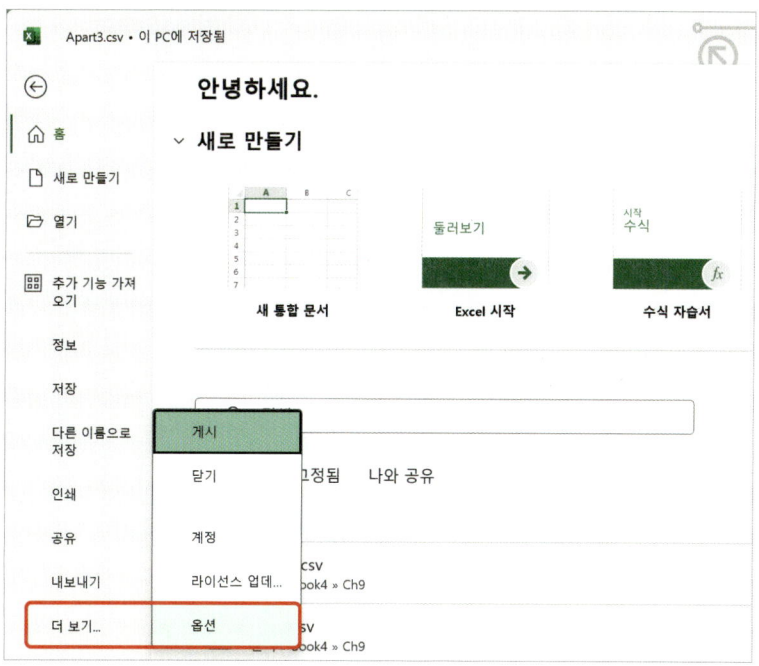

03 'Excel 옵션' 창 왼쪽 메뉴에서 [추가 기능]을 클릭하고 [분석 도구 팩]을 선택합니다. 그런 다음 하단의 [Excel 추가 기능] 오른쪽의 [이동]을 클릭합니다. 분석 도구 팩이 활성화되면 다음과 같이 [활성 응용 프로그램 추가 기능]에 분석 도구 팩을 볼 수 있습니다.

04 '추가 기능' 창이 뜨면 [분석 도구 팩]을 체크하고 [확인]을 클릭합니다.

05 활성화된 [데이터 → 데이터 분석] 아이콘을 클릭하면 '통계 데이터 분석' 창이 실행됩니다. 여기서 [기술 통계법]을 선택하고 [확인]을 누릅니다.

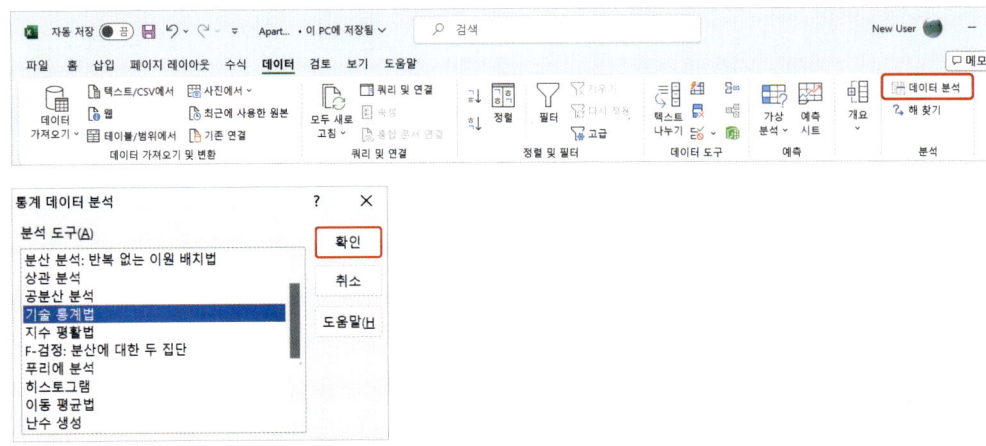

06 잠시 기다리면 '기술 통계법' 창이 뜹니다. [입력 범위]를 클릭한 다음 B열을 선택하고 [Shift] 키를 누른 채 G열까지 선택합니다. [입력 범위]가 지정되면 [첫째 행 이름표 사용]와 [요약 통계량]을 체크한 다음 [확인]을 누릅니다.

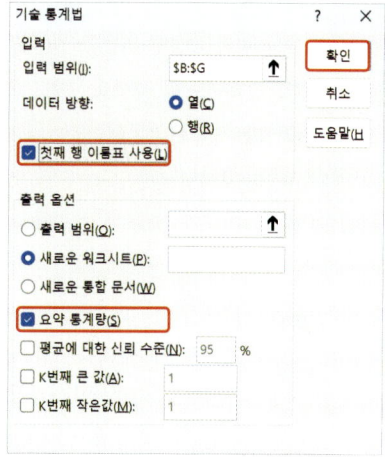

07 데이터 용량에 따라 실행 시간이 소요될 수 있습니다. 실행 결과는 새 시트에 출력됩니다. 챗GPT에게 물어본 것보다 더 다양한 요약 통계를 볼 수 있습니다. 이 중에서도 최댓값과 최솟값을 보면 현실적으로 존재하는지 의심스러운 데이터들을 확인할 수 있습니다. 이제 이런 값들을 시각적으로 쉽게 판별하기 위해 시각화를 활용해보겠습니다.

	A	B	C	D	E	F	G	H	I	J	K	L
1	연도		월		전용면적		층		건축년도		거래금액	
2												
3	평균	2018.388	평균	6.16884	평균	75.38594	평균	9.18288	평균	2001.678	평균	31029.2
4	표준 오차	0.010438	표준 오차	0.0147	표준 오차	0.117527	표준 오차	0.028347	표준 오차	0.042354	표준 오차	126.5981
5	중앙값	2019	중앙값	6	중앙값	76.432	중앙값	8	중앙값	2001	중앙값	24200
6	최빈값	2020	최빈값	3	최빈값	84.99	최빈값	5	최빈값	1997	최빈값	25000
7	표준 편차	2.333991	표준 편차	3.286991	표준 편차	26.27987	표준 편차	6.338612	표준 편차	9.470536	표준 편차	28308.2
8	분산	5.447516	분산	10.80431	분산	690.6316	분산	40.178	분산	89.69104	분산	8.01E+08
9	첨도	-0.92224	첨도	-1.13065	첨도	3.078783	첨도	3.745879	첨도	-0.56803	첨도	36.16363
10	왜도	0.177444	왜도	0.13759	왜도	1.131508	왜도	1.264224	왜도	-0.05077	왜도	4.237233
11	범위	8	범위	11	범위	262.1643	범위	78	범위	62	범위	699300
12	최소값	2015	최소값	1	최소값	11.6657	최소값	-2	최소값	1961	최소값	700
13	최대값	2023	최대값	12	최대값	273.83	최대값	76	최대값	2023	최대값	700000
14	합	1.01E+08	합	308442	합	3769297	합	459144	합	1E+08	합	1.55E+09
15	관측수	50000	관측수	50000	관측수	50000	관측수	50000	관측수	50000	관측수	50000

요약 통계를 보는 이유는 구간 변수에 대한 분포의 감을 잡기 위해서도 있지만 잘못된 입력값을 골라내려는 목적도 있습니다. 참고로 '월' 변수는 범주형 변수지만 범위를 설정하다 보니 요약 통계에 끌려든 케이스입니다. 다만 이렇게 범주형 변수도 최솟값, 최댓값, 관측 수는 요약 통계에서 점검해도 됩니다. 또, 최댓값이나 최솟값 외에 평균, 중앙값(중위수), 최빈값, 첨도, 왜도 등도 구간 변수의 분포를 살펴보는데 유용한 요약 통계량입니다.

9-4-3 구간 변수 시각화

01 '연도'와 '건축년도'를 가지고 산포도를 그리겠습니다. 챗GPT에 Apart3.csv를 업로드하고 산포도를 그려 달라고 해보겠습니다. 단, 챗GPT는 아직 차트에 한글 폰트를 사용하지 못하므로 변수명을 영어로 바꿔서 표기해 달라고 요청하겠습니다.

'연도'를 Y축에, '건축년도'를 X축에 두고 산포도(Scatter plot)를 그려 줄래? X축의 '건축년도'는 오름차순으로 배치해 주고 '연도' 및 '건축년도'를 각기 'Year'와 'Construction Year'로 그래프에 축 이름으로 표시해 줘. 단 X축의 연도 표기는 10년 단위마다 표기해 줘.

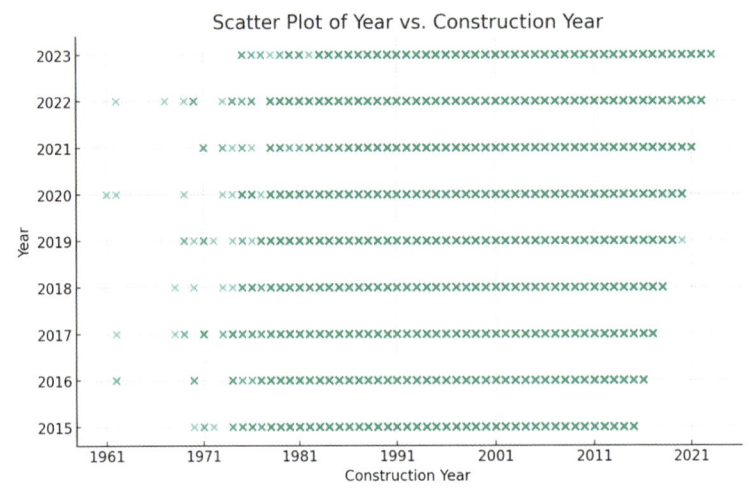

02 이번에는 '층'과 '거래금액'을 차트로 그리겠습니다. 챗GPT에 마찬가지로 변수명을 영어로 설정하고 산포도를 그려 달라고 요청합니다.

 이 데이터세트에서 '거래금액'를 Y축에 두고 '전용면적을' X축에 둔 산포도(Scatter plot)를 그려 줄래? X축의 '전용면적' 값은 오름차순으로 배치해 줘. '전용면적' 및 '거래금액'를 각기 'Squre meter'와 '10,000 KRW'으로 그래프에 축 이름으로 표시해 줘. 그리고 추세선도 그려줘. 단 X축의 연도 표기는 50 Square meter마다 표기해 줘.

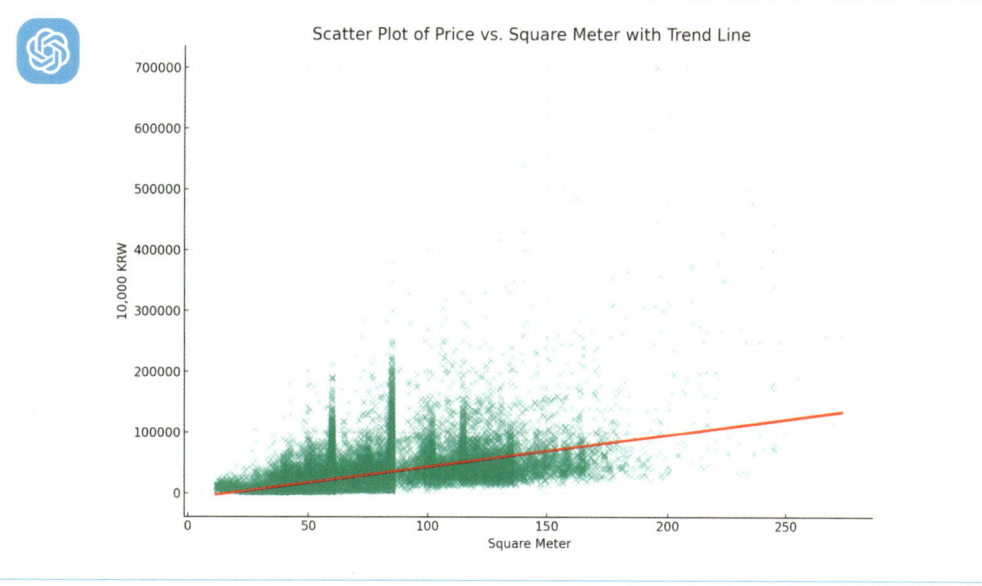

산포도를 보니 '전용면적'의 값이 커짐에 따라 '거래금액'도 커진다는 것이 한눈에 보입니다. 그렇지만 30~40억 이상인 아파트의 수는 적은데 최대 70억짜리 아파트까지 표기하느라 추세선의 상승 기울기가 상당히 완만해 보입니다. 만약 40억 대까지 제한해서 차트를 그리면 전용 면적에 비례해서 아파트 가격이 확실히 더 잘 보일 것입니다. 이 차트만 봐도 50억을 넘는 '거래금액'은 단 2건만 보입니다. 이렇게 산포도 차트를 보고 이상값의 감을 잡은 후 **상자그림**Box plot을 그려서 정확하게 이상값을 제거합니다.

▶ 이상값을 제거하는 과정은 다음 단계에서 살펴보겠습니다.

03 파이썬에는 여러 구간 변수의 산포도를 한 화면에 격자 형식, 즉 **페어 플롯**Pair plot으로 그리는 기능이 있습니다. 챗GPT도 가능한지 살펴보겠습니다.

이 데이터세트에서 구간 변수는 '연도', '전용면적', '층', '건축년도', '거래금액'이야. 이들 간의 산포도를 격자 형식으로 하나의 화면에 분할해서 그리고 X축에 들어가는 변수들의 값은 오름차순으로 정렬해 줘. '연도', '전용면적', '층', '건축년도', '거래금액'을 가급적 산포도마다 표기해 주되 영어로 'Year', 'Square M', 'Floor', 'Construction Year', 'KRW'로 표기해 줘.

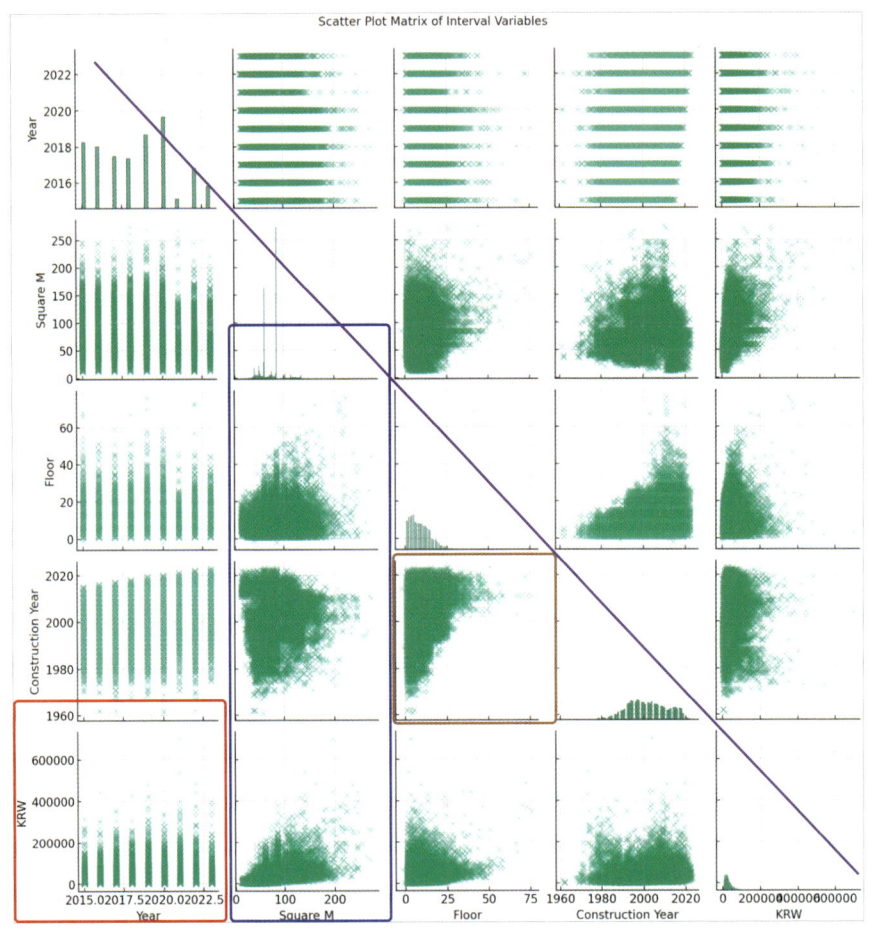

챗GPT는 백그라운드에서 파이썬으로 데이터 분석 작업을 하기 때문에 파이썬에서 가능한 작업은 대부분 가능합니다. 페어 플롯 역시 마찬가지입니다. 챗GPT가 그린 페어 플롯을 보면 대각선에 있는 차트들은 각 변수가 자신의 값끼리 산포도를 그린 것이어서 분석할 필요가 없습니다. 대각선(보라색 선)을 기준으로 위쪽 삼각형이나 아래 삼각형 영역의 차트만 보면 됩니다.

▶ 참고로 타깃 변수가 아닌 변수(설명 변수라 칭함)끼리 지나치게 비례 관계에 있으면 타깃 변수를 예측하는 통계 모델에 왜곡이 생깁니다. 이들을 엄밀하게 걸러내는 것은 상관계수 값을 기준으로 다음 단계에서 다룹니다. 여기 시각화 과정에서는 서로 비례하는 변수들에 대한 대략적인 감만 잡으면 됩니다.

04 이번에는 엑셀에서 구간형 변수들의 산포도를 그리겠습니다. Apart3.csv 파일을 엑셀에서 실행합니다. 이번에는 '건축년도'와 '거래금액'의 산포도를 그리겠습니다. F열을 클릭하고 [Shift] 키를 누른 채 G열을 선택합니다.

	A	B	C	D	E	F	G	H	I	J
1	지역코드	연도	월	전용면적	층	건축년도	거래금액	거래금액_B	법정동1	아파트1
2	30200	2018	4	84.984	3	2000	29500	1	지족동	ㅇ
3	41570	2020	9	101.96	11	2011	44500	1	장기동	ㅊ
4	26140	2016	12	102.7835	5	2014	51750	1	기타동	ㄷ

05 [삽입 → 분산형] 아이콘을 선택합니다.

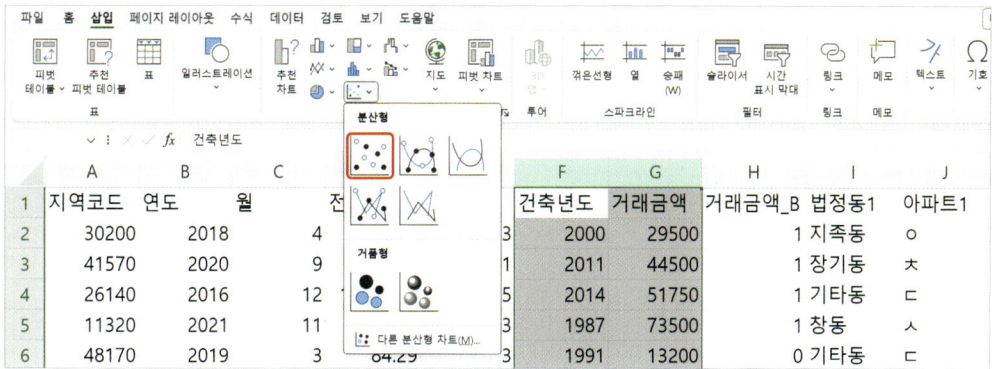

06 차트가 그려집니다. 여기서 X축과 Y축에 변수명을 넣겠습니다. 차트 오른쪽 상단의 [+] 기호를 클릭해 '차트 요소' 창을 연 다음 [축 제목]을 선택합니다.

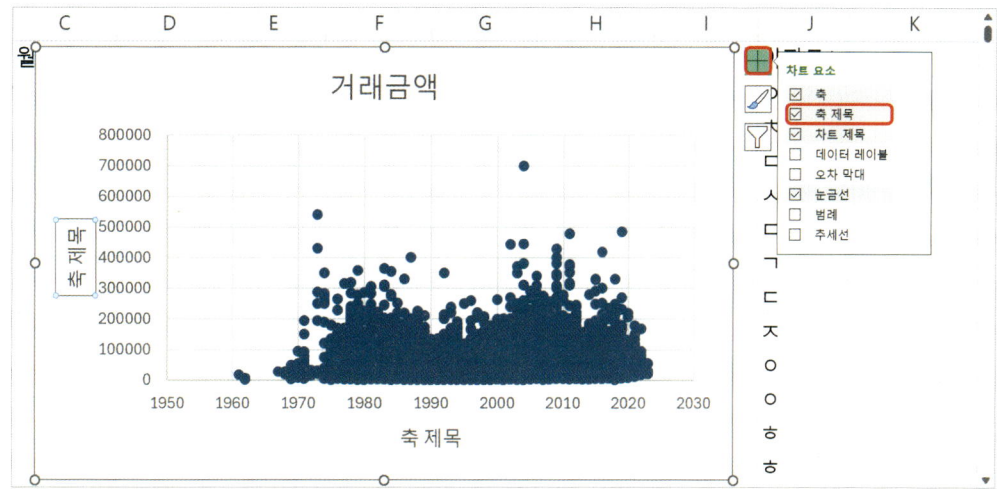

▶ '차트 요소' 창에서 [데이터 레이블]과 [범례]는 데이터 종류에 따라 매우 유용한 기능입니다.

07 Y축 제목에 "거래금액", X축 제목에 "건축년도"를 입력합니다. 추가로 추세선을 넣기 위해 차트를 마우스로 클릭하고 다시 [+] 기호를 클릭한 다음 [추세선]을 선택합니다.

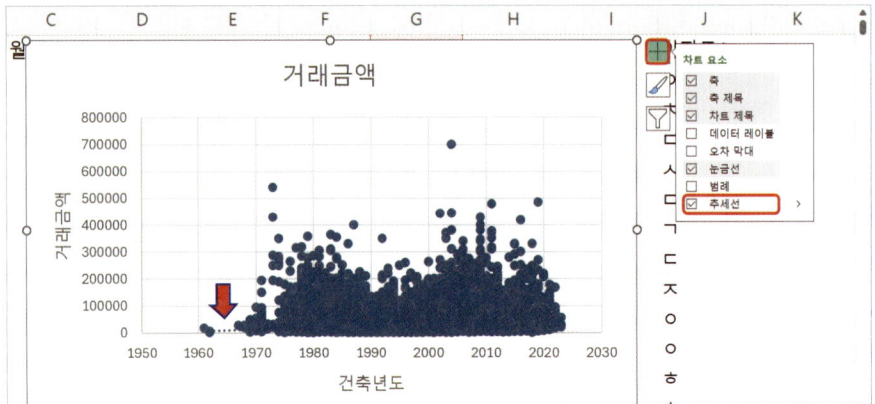

08 추세선이 산포도와 같은 색이어서 잘 보이지 않습니다. 추세선 색을 바꾸기 위해 추세선을 더블 클릭해 '추세선 서식' 창을 열고 [색상] 아이콘을 클릭합니다.

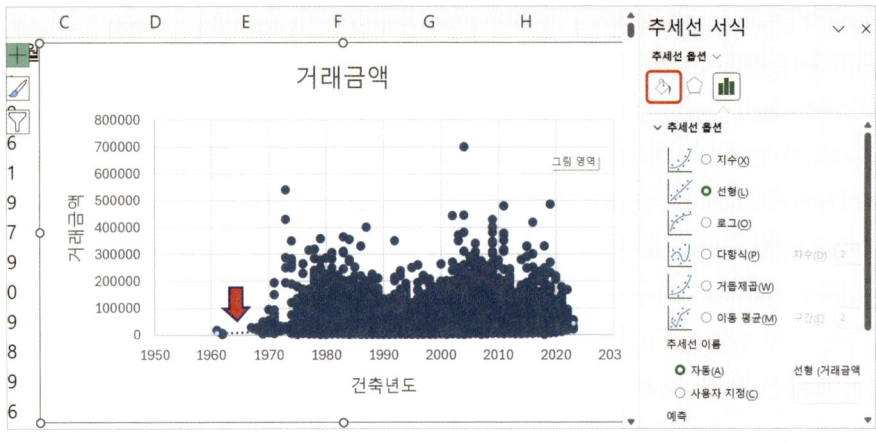

09 [색] 아이콘을 클릭한 다음 빨간색을 선택합니다. 추세선이 좀 더 잘 보이도록 [너비]도 3pt로 변경합니다. 이제 그래프 아래 추세선이 뚜렷하게 보입니다.

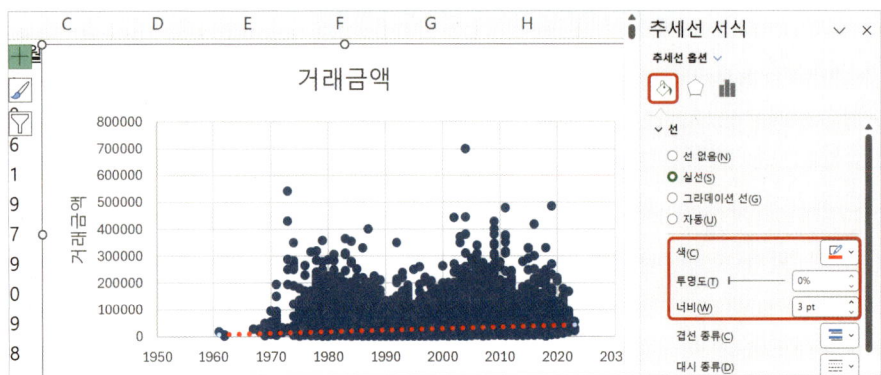

> **❓ 궁금해요!** 　 엑셀의 '차트'와 '피벗 차트'에는 어떤 차이가 있나요?
>
> 지금까지 엑셀에서 2가지 방식으로 차트를 그려 보았습니다. 하나는 피벗 차트, 나머지는 구간 변수들의 산포도였습니다. 같은 차트지만 이 두 방법은 명백한 차이가 있습니다. 보통 차트를 그릴 때는 원본 데이터를 가지고 생성합니다. 반면 피벗 차트는 피벗 테이블이 있어야 하는데, 이 피벗 테이블은 데이터의 집계 값을 생성합니다. 즉, 피벗 차트는 집계된 데이터를 차트로 만듭니다. 따라서 두 차트의 가장 큰 차이는 '원본 데이터를 그대로 사용하는가' 아니면 '집계 데이터를 사용하는가'입니다. 이에 따라 엑셀에서 생성하는 방법도 다릅니다.
>
> **'차트'와 '피벗 차트' 생성 방법의 차이점**
> - 차트: [삽입 → 차트]
> - 피벗 차트: [피벗 테이블 분석 → 피벗 차트]

9-4-4 범주형 변수 도수분포표 및 시각화

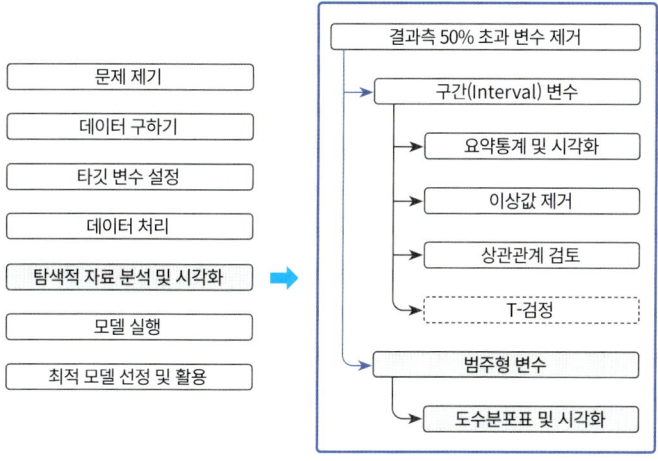

범주형 변수는 연속적인 정수나 실수를 값으로 갖지 않습니다. 이 변수의 값은 카테고리를 나타내는 텍스트 혹은 숫자 형태이므로 더하거나 평균을 내는 것과 같은 연산은 불가능합니다. 혹시나 값이 숫자로 되어 있어도 그것은 어떤 특정 카테고리를 나타내는 표시에 불과합니다. 예를 들어서 '성별'이라는 범주형 변수가 있을 때 값으로 '여자'를 '1', '남자'를 '2'로 줄 수 있지만 이 숫자를 더하거나 평균 내는 것은 어떤 의미도 없습니다. 때문에 범주형 변수에서 가능한 집계^{Aggregation} 작업은 값의 카테고리별 개수를 더해서 합계를 구하는 것뿐입니다.

이렇게 집계한 것을 통계 용어로 **도수분포표**$^{Frequency\ table}$라고 합니다. 이진 분류 문제에서 자주 나오는 **혼동행렬**$^{Confusion\ matrix}$도 도수분포표의 일종입니다.

이 프로젝트의 데이터세트에서 등장하는 범주형 변수는 다음과 같습니다.

- 범주형 변수: '지역코드', '월', '법정동1', '아파트1', '거래금액_B'

앞서 챗GPT가 각 범주형 변수의 유일한 값을 다음과 같이 알려준 바 있습니다.

지역코드: 247개

월: 12개

법정동1: 201개

아파트1: 39개

거래금액_B: 2개

▶ Chapter 09-3-4 결과에 '월'과 '거래금액_B'를 추가하였습니다.

01 먼저 챗GPT에 Apart3.csv 파일을 업로드하고 변수 '아파트1'로 도수분포표를 만들어 달라고 요청하겠습니다.

 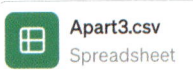

범주형 변수 '아파트1'의 값을 집계해서 도수분포표(Frequency table)로 만들어 줘.

… '아파트1' 변수에 대한 도수분포표를 생성했습니다. 이 표는 각 아파트 유형('아파트1'의 값)별로 데이터세트에서의 빈도수(거래 횟수)를 보여줍니다. 예를 들어, 'ㅅ' 아파트 유형의 거래가 8,673회로 가장 많고, 'ㅇ' 아파트 유형의 거래가 7,535회로 그 다음으로 많은 것을 볼 수 있습니다. …

02 아쉽게 챗GPT가 표를 제공하진 않았지만 이 데이터를 기반으로 세로 막대형 차트를 요청해 보겠습니다.

아까 만든 '아파트1' 변수의 도수분포표를 세로 막대형 차트로 그려 줘. 축 이름이나 차트 제목은 영어로 번역해서 표기해 주고.

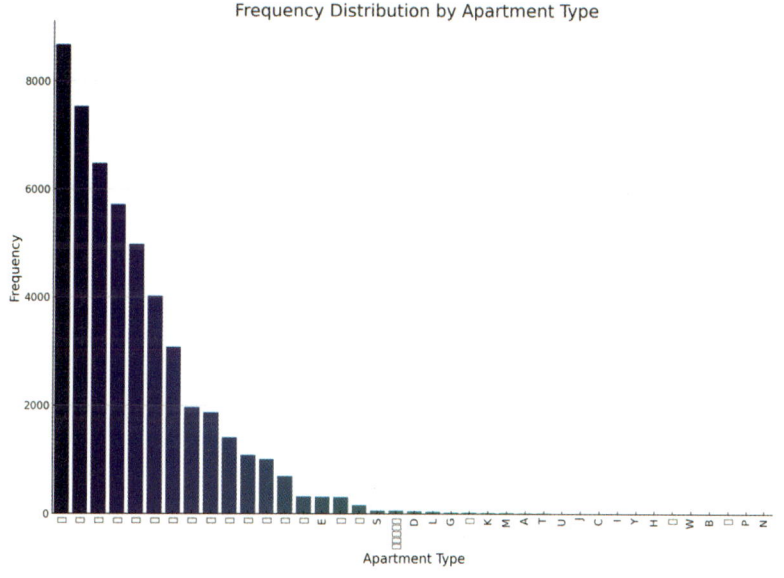

03 이제 챗GPT와 엑셀에 어떤 차이가 있는지 엑셀에서 Apart3.csv를 열어 도수분포표를 만들어 보겠습니다. 도수분포표는 피벗 테이블로 만들면 됩니다. 우선 값이 입력된 아무 셀(예: A1)을 클릭하고 [Ctrl] + [A] 키를 눌러 값이 입력된 테이블 전체를 선택합니다.

04 [삽입 → 피벗 테이블]을 클릭합니다.

05 '표 또는 범위의 피벗 테이블' 창에서 [새 워크시트]를 선택하고 [확인]을 클릭합니다.

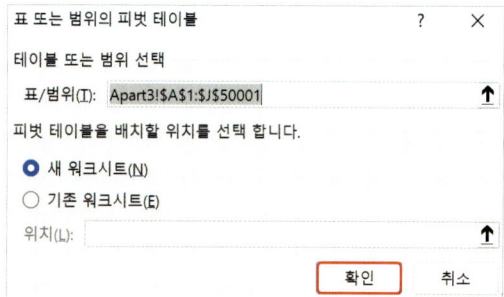

06 새로운 시트가 열리면 왼쪽엔 피벗 테이블, 오른쪽에는 '피벗 테이블 필드' 창이 나타납니다. 이 피벗 테이블 창의 상단에 보이는 '아파트1'을 클릭한 채 드래그하여 오른쪽 하단의 [행] 필드와 [값] 필드에 놓으면 왼편에 바로 도수분포표가 생성됩니다.

'아파트1'의 변숫값이 텍스트여서 [값] 필드에 '아파트1' 변수를 끌어 놓으면 엑셀이 자동으로 '개수' 기준으로 셉니다. 이렇게 '아파트1'에 대한 도수분포표를 피벗 테이블로 간단하게 완성했습니다. 엑셀이 챗GPT보다 편리할 때가 있습니다.

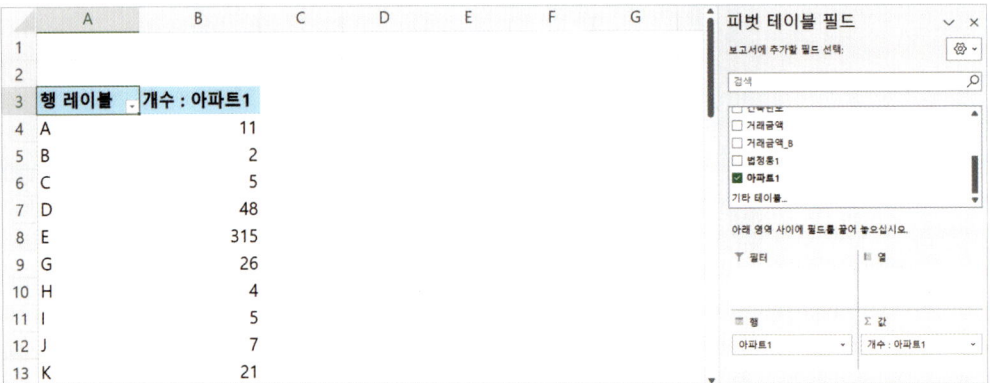

07 이제 도수분포표를 시각화해 보겠습니다. [피벗 테이블 분석 → 피벗 차트]를 클릭합니다.

▶ [피벗 테이블 분석] 탭이 보이지 않을 때는 엑셀에서 생성한 피벗 테이블 안쪽 아무 곳이나 클릭하면 해당 탭이 나타납니다.

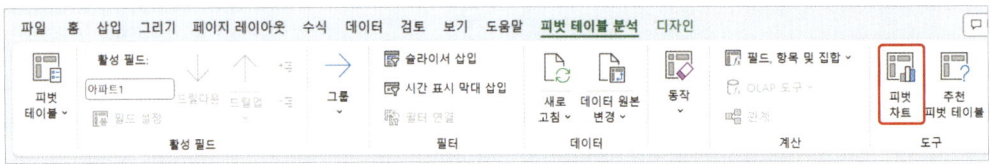

08 '차트 삽입' 창이 뜨면 왼쪽 메뉴에서 [세로 막대형]을 선택하고 [확인]을 누릅니다.

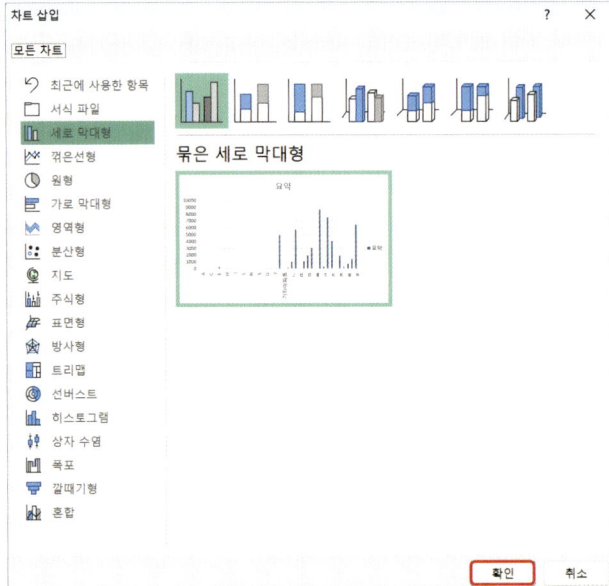

09 간단하게 피벗 차트를 그렸습니다. 차트를 보면 영문으로 시작하는 아파트 중 E가 도드라집니다. 즉, E로 시작하는 아파트를 주의하면 된다는 사실을 알게 됩니다. 따라서 차트 왼쪽 하단의 [아파트1]을 클릭한 다음 [E]만 선택하고 [확인]을 클릭합니다.

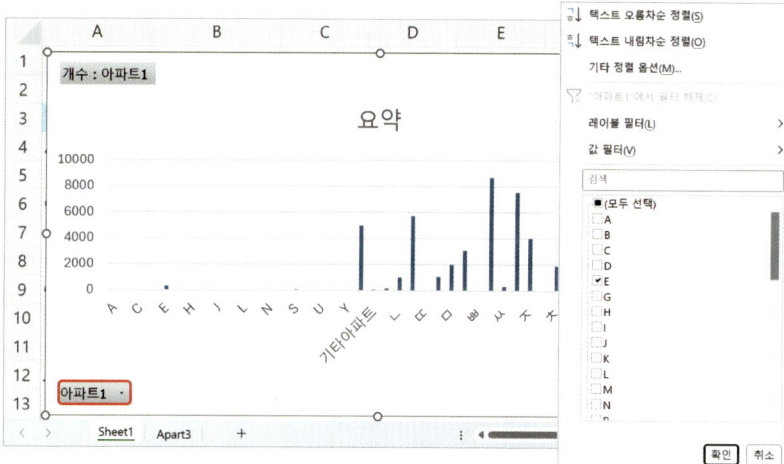

10 이제 가독성이 눈에 띄게 향상된 차트를 확인할 수 있습니다.

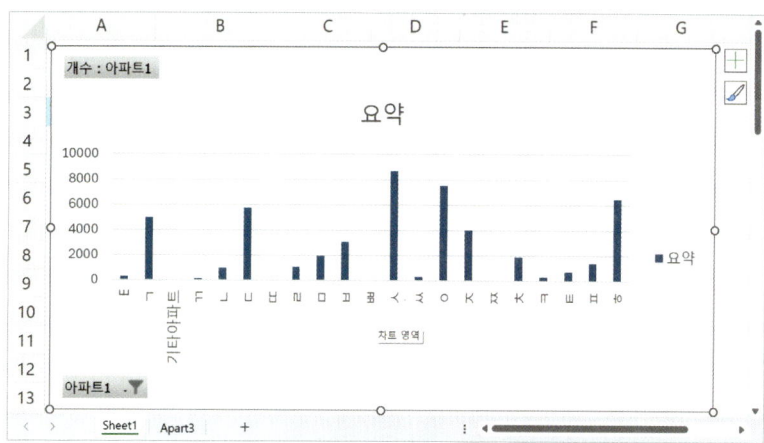

9-4-5 이상값 제거

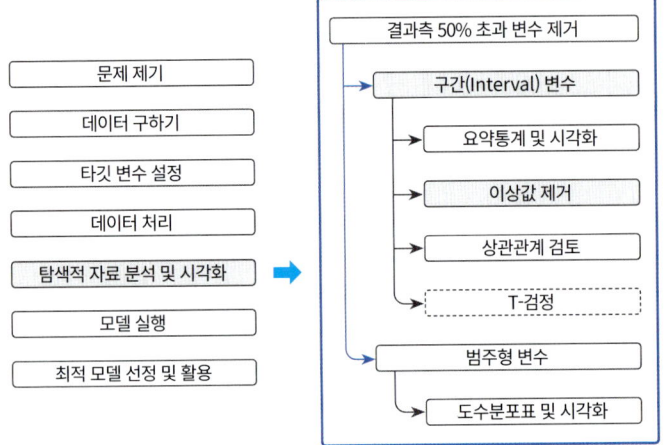

전통적인 통계 기법에서는 구간 변수들이 가급적 정규분포에서 크게 벗어나지 않는 것을 전제합니다. 자연계 현상이나 인간의 다양한 활동(비즈니스 포함) 결과를 구간 변수로 측정하면 표본의 수가 커질수록 정규분포에 수렴하는 경향이 있기 때문입니다. 이러한 통계 기법을 예측, 판단, 생성 모델로 발전시킨 것이 **머신러닝**Machine Learning과 **딥러닝**Deep Learning 모델입니다. 즉, 그 어떤 최신 모델도 일반적으로 정규분포를 전제한 통계 기법에 기반하고 있습니다. 따라서 데이터세트의 구간 변수들은 정규분포에서 크게 벗어나지 않아야 합니다.

그렇다면 구간 변수가 정규분포에 가까운지 어떻게 알 수 있을까요? 통계 모델에서는 구간 변수가 **왜도**Skewness의 절댓값 3 이하, **첨도**Kurtosis의 절댓값 10 이하이면 정규분포라고 간주합니다.

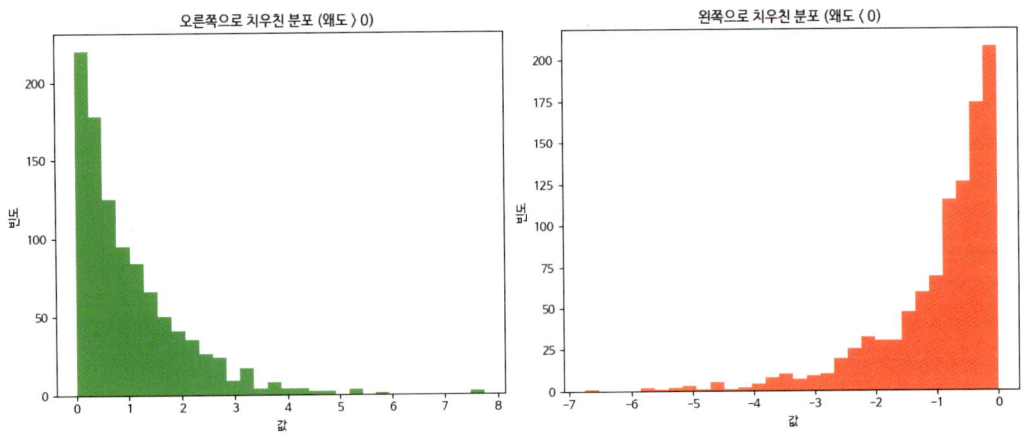

왜도는 분포를 히스토그램 혹은 산포도로 그렸을 때 좌우로 치우진 정도를 의미합니다. 양수일 때는 분포가 오른쪽으로 치우친Right-skewed 경우이고 음수일 때는 왼쪽으로 치우친Left-skewed 경우입니다.

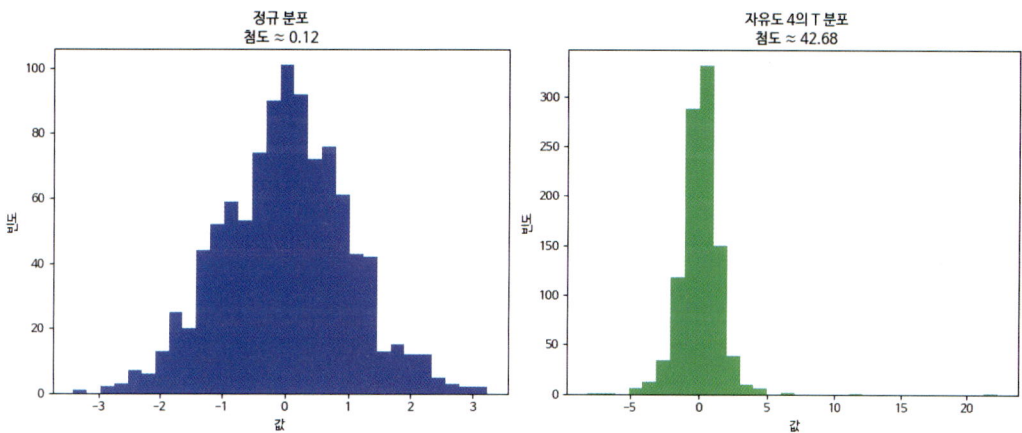

▶ 왼쪽 정규분포 그래프는 첨도가 0에 가깝도록 랜덤하게 생성한 데이터를 바탕으로 그렸습니다.

첨도는 분포의 꼭대기가 뾰족한 정도를 의미합니다. 첨도가 높을수록 뾰족하고 낮을수록 평평합니다.

구간 변수가 정규분포를 크게 이탈하지 않을 조건

- **왜도의 절댓값**: 3 이하
- **첨도의 절댓값**: 10 이하

여기서 이상값을 제거할 필요성이 생깁니다. 왜냐하면 이상값을 제거하면 구간 변수들의 왜도 및 첨도가 수용 가능한 영역의 값으로 떨어지곤 하기 때문입니다. 만약 이상값을 제거하지 않으면 구간 변수가 정규분포를 벗어날 확률이 높아지고 모델의 예측 결과가 심각하게 왜곡됩니다.

그렇다면 이 데이터세트에서 이상값을 제거할 변수부터 살펴보겠습니다.

▶ 이 절부터 이후에 다루는 이상값 제거, 상관관계 검토, T-검정은 모두 구간 변수를 대상으로 합니다.

- **구간 변수**: '연도', '전용면적', '층', '건축년도', '거래금액'

이 구간 변수 중 '연도'와 '건축년도'는 대부분 연속된 기간(예: 3년, 5년, 10년, …)을 대상으로 하기 때문에 이상값이 있을 수 없습니다. 때문에 이들을 제외하고 나머지 3개의 구간 변수의 이상값을 제거하겠습니다.

01 챗GPT에게 구간 변수 3개의 왜도와 첨도를 알려 달라고 명령하겠습니다.

'전용면적', '층', '거래금액'의 왜도와 첨도를 알려 줘.

 각 변수 '전용면적', '층', '거래금액'의 왜도와 첨도는 다음과 같습니다.

전용면적:

왜도: 1.1315 (비대칭이며 오른쪽으로 긴 꼬리를 가진 분포)

첨도: 3.0784 (정규분포보다 뾰족한 분포)

층:

왜도: 1.2642 (비대칭이며 오른쪽으로 긴 꼬리를 가진 분포)

첨도: 3.7454 (정규분포보다 뾰족한 분포)

거래금액:

왜도: 4.2371 (매우 비대칭이며 오른쪽으로 매우 긴 꼬리를 가진 분포)

첨도: 36.1599 (정규분포보다 매우 뾰족한 분포)…

▶ 생성 AI의 특성상 왜도와 첨도의 값은 소수점 이하 자릿수가 바뀌어서 출력될 수 있습니다(예: 소수점 4자릿수에서 2자릿수로).

02 왜도와 첨도를 하나의 표로 정리해서 보여 달라고 해봤습니다.

 위의 왜도와 첨도를 테이블로 작성해서 보여 줘.

Variable	Skewness	Kurtosis
전용면적	1.1315	3.0784
층	1.2642	3.7454
거래금액	4.2371	36.1599

앞서 제시한 기준으로 결과를 보면 '전용면적'과 '층'은 정규분포를 크게 벗어나지 않습니다. 그러나 타깃 변수인 '거래금액'은 왜도와 첨도 각기 +3과 +10을 초과합니다.

▶ 참고로 Chapter 09-4-2의 엑셀 기술 통계 결과에 이미 왜도와 첨도가 포함되어 있습니다.

왜도를 줄이기 위해서는 2가지 방법을 순차적으로 취합니다. 첫째, 왜도가 +3을 초과하는 경우 변숫값에 로그 변환을 취하고 -3 미만인 경우는 루트를 씌웁니다. 둘째, 그래도 초과하면 이상값을 제거합니다.

왜도와 첨도의 절댓값을 줄이는 방법

- **1단계**: 왜도가 +3을 넘으면 변숫값 로그 변환
- **2단계**: IQR 규칙에 의한 이상값 제거

이 단계를 거치면 첨도는 대부분 자동으로 완화됩니다. 즉, '첨도는 거들 뿐!' 정도의 역할을 합니다.

▶ 실무에서 거래 금액, 매출, 비용 등을 예측할 때는 로그 변환을 취하는 경우가 대부분이며 루트를 씌우는 경우는 흔치 않습니다.

그렇다면 이상값은 어떻게 정의할까요? 이때 필요한 도구가 **상자그림**과 **IQR 규칙**입니다.

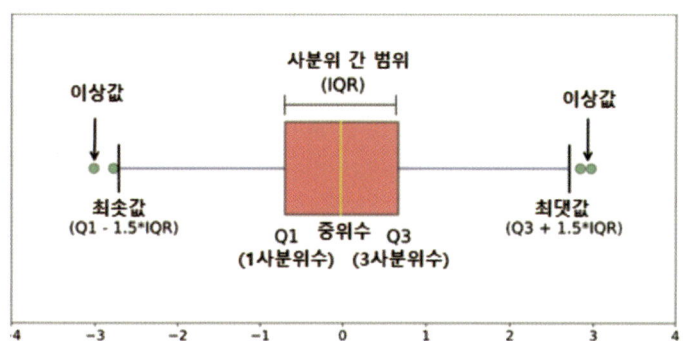

이 그림에서 가운데 상자는 1사분위수(Q1)에서 시작해 3사분위수(Q3)로 끝나고, 가운데 수직선이 중위수입니다. 이때 3사분위수에서 1사분위수를 뺀 거리를 사분위 간 범위, 즉 IQR$^{Interquartile\ Range}$이라 합니다. 상자그림의 맨 왼쪽에 있는 **하한**$^{lower\ bound}$을 나타내는 수직선은 Q1 − 1.5 * IQR을 의미하고, 맨 오른쪽에 있는 **상한**$^{upper\ bound}$을 나타내는 수직선은 Q3 + 1.5 * IQR을 의미합니다. 이 두 선분 바깥에 존재하는 점들은 1.5 * IQR 규칙에 의해 이상값으로 간주합니다.

1.5 * IQR 규칙은 이상값의 범위가 넓어서 웬만한 이상값은 모두 판별할 수 있지만, 그 수가 많아져서 전체 데이터세트가 줄어든다는 단점이 있습니다. 이때 1.5를 3으로 바꾼 3 * IQR 규칙을 적용할 수 있습니다. 3 * IQR 규칙은 상자그림의 하한을 좀 더 왼쪽으로, 상한을 좀 더 오른쪽으로 밀어붙입니다. 그러면 정상값의 범위가 늘고 이상값의 범위가 줄어듭니다. 즉, 극단적인 이상값만 판별하므로 이상값 제거 효과는 반감되지만, 데이터 레코드(행) 축소를 최소화합니다.

IQR 규칙에 의한 이상값 제거 단계

- **2-1단계: 3.0 * IQR 규칙**: (1Q − 3.0 * IQR) 미만 값 혹은 (3Q + 3.0 * IQR) 초과 값 제거
- **2-2단계: 1.5 * IQR 규칙**: (1Q − 1.5 * IQR) 미만 값 혹은 (3Q + 1.5 * IQR) 초과 값 제거

이 책에서는 우선적으로 3.0 * IQR 규칙을 적용하겠습니다.

03 이제 이상값을 판별하기 위해 상자그림을 활용해 보겠습니다. 챗GPT에게 '거래금액'의 상자그림을 그려 달라고 부탁해 봤습니다.

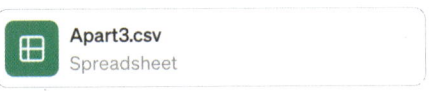

이 데이터세트의 타깃 변수 '거래금액'의 상자그림(Box plot)을 그려 줄래? 그리고 Y축에는 '10,000 KRW', 상자그림 제목에는 'Sale price'라고 표기해 줘.

04 아파트 '거래금액'의 분포가 워낙 낮은 값 영역에 집중적으로 배치되어 있어서 하한에 이상값은 없습니다. 상자그림에서 가장 밑에 있는 선분이 하한을 나타내는데 그 아래 분포하는 값이 없기 때문입니다. 1.5*IQR 규칙에 의한 상한은 10억 미만(대략 7~8억 근처)에 걸쳐 있습니다. 이를 3.0*IQR 규칙에 따라 상한을 기준으로 생각하면 상한선이 2배쯤 위로 올라갈 텐데 이 기준으로도 다수의 이상값이 보입니다. 따라서 1단계로 '거래금액'을 로그 변환하고, 2단계로 이상값 제거 과정을 밟아 보겠습니다.

'거래금액1'이라는 변수를 생성하고 '거래금액' 값을 로그 변환해서 그 값을 '거래금액1'의 변숫값으로 생성해 줘. 단 로그 변환시 파이썬 np.log1p 함수를 사용해 줘.

… 로그 변환은 NumPy의 log1p 함수를 사용하여 수행하겠습니다. 이 함수는 값에 1을 더한 후 자연로그를 취하는 연산을 수행합니다. 이는 데이터에 0이 포함된 경우 로그 변환을 안전하게 수행할 수 있도록 도와줍니다. 변환을 진행하겠습니다.

'거래금액' 열의 값을 성공적으로 로그 변환하여 '거래금액1'이라는 새로운 열에 저장했습니다.

05 챗GPT는 로그 변환된 '거래금액1'을 성공적으로 만들었습니다. 이제 왜도와 첨도를 구해 하나의 표를 만들어 달라고 명령합니다.

'거래금액1'의 왜도와 첨도를 구해서 '거래금액'의 왜도와 첨도를 하나의 표로 작성해서 비교해 줘.

Variable	Skewness	Kurtosis
거래금액	4.2371	36.1599
거래금액1	-0.1325	0.4184

06 결과를 보면 로그 변환 변수인 '거래금액1'의 왜도와 첨도의 절댓값이 각각 3과 10보다 작습니다. 챗 GPT에게 방금 생성한 '거래금액1'까지 포함된 데이터세트를 요청하겠습니다.

방금 생성한 '거래금액1'이 포함된 전체 데이터세트를 다운로드받게 해주고 한글이 안 깨지게 해줘.

'거래금액1' 변수가 포함된 데이터세트를 CSV 파일로 저장했습니다. 아래 링크를 통해 파일을 다운로드하실 수 있습니다:

Updated_Apart3.csv 다운로드

07 다운로드받은 파일 이름을 Apart4.csv로 바꾸고 컴퓨터 [문서→ Book4 → Ch9]에 저장합니다. 이제 상자그림을 만들기 위해 이 파일을 엑셀에서 실행합니다. 먼저 데이터 타입을 확인하기 위해 L2셀에 `=Isnumber(K2)`를 입력하자 값이 FALSE가 도출됩니다. K2셀의 값이 숫자가 아닌 것을 알았습니다.

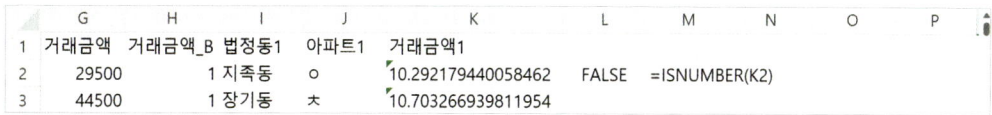

▶ M2셀은 FORMULATEXT 함수로 L2셀의 수식을 보여줍니다.

08 K2셀을 숫자로 변환하기 위해 기존 L2셀을 지우고 `=VALUE(K2)`를 입력합니다. 그리고 M2셀에 `=ISNUMBER(L2)`를 입력하면 그 값으로 TRUE를 출력합니다.

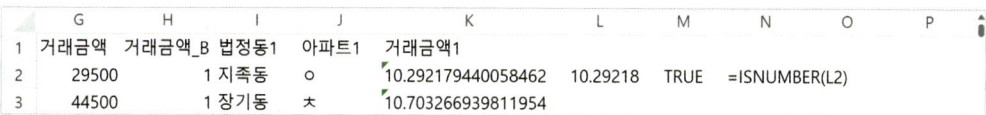

09 L2의 채우기 핸들을 더블 클릭해서 L열의 나머지 값에 L2 수식을 적용합니다.

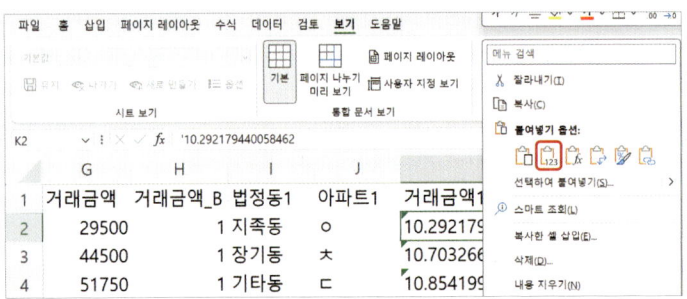

10 L2셀을 클릭하고 [Ctrl] + [Shift] + [↓] 키를 눌러 L열에서 값이 있는 전체 영역을 선택하고 복사합니다. 그런 다음 K2셀을 선택하고 마우스 오른쪽을 클릭해 [값으로 붙여 넣기]를 선택합니다.

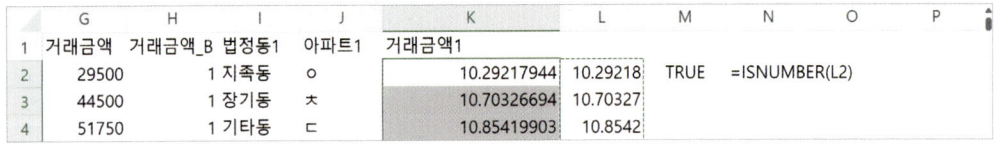

11 그럼 K열에 텍스트 대신 숫자가 입력됩니다. 이제 불필요해진 L, M, N열은 삭제합니다.

❓ 궁금해요!   매번 텍스트를 숫자로 바꿔야 하나요?

고가의 상용 통계 프로그램은 자동으로 텍스트 값을 숫자로 전환하는 기능을 갖고 있습니다. 하지만, 오픈 소스인 파이썬은 모델이 연산할 수 있는 데이터 타입으로 입력 값을 바꿔줘야 합니다. 엑셀도 마찬가지입니다. 그럼 모델이 연산할 수 있는 데이터 타입이란 무엇일까요? 간단합니다. 숫자 형태의 값입니다. 컴퓨터는 숫자가 아니면 연산할 수 없습니다.

또, 이 단계는 가급적 원본 데이터세트 자체로 하는 것이 좋습니다. 특히 '탐색적 자료 분석 및 시각화' 단계에서는 최대한 원본 데이터세트에 가까운 형태로 데이터세트를 이리 저리 둘러 보고 문제점을 발견하고 시사점을 발견합니다. 그리고 이상값, 상관관계 등의 문제점을 해결한 후에야 데이터 값을 모두 숫자로 바꾸는 과정을 밟습니다.

12 K열로 상자그림을 그리겠습니다. K열 전체를 선택하고 [삽입 → 상자 수염]을 클릭합니다.

▶ 상자그림은 '상자 수염'이라고도 합니다.

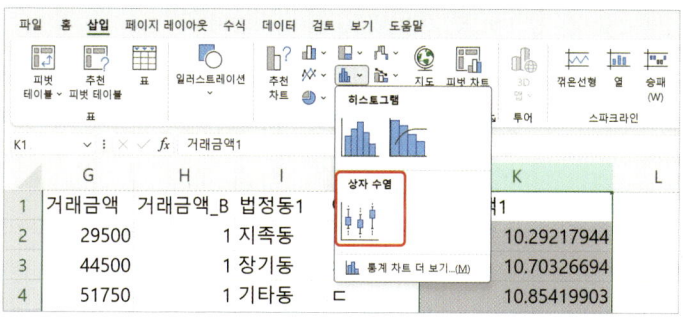

13 이렇게 데이터 타입을 확인하고 상자그림을 그렸습니다. 자세히 보면 이상값들을 한눈에 확인할 수 있습니다.

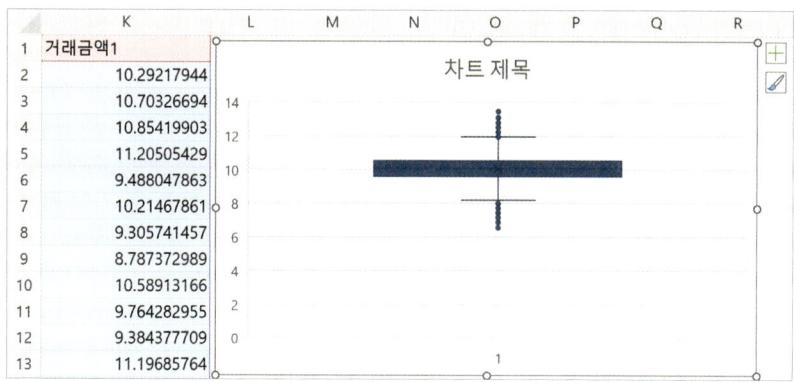

14 단, 엑셀은 IQR 규칙에 1.5를 기본으로 적용하고 있습니다. 우리는 데이터 손실이 적은 3.0*IQR 규칙을 적용해야 하므로 다시 한번 챗GPT에게 방법을 물어봅니다.

▶ 챗GPT는 앞서 명령에 이어서 계속 질문합니다. 혹시나 중간에 챗GPT를 이 시점부터 다시 시작해야 할 때는 명령하기 전에 Apart4.csv를 업로드하면 됩니다.

 '거래금액1' 값을 대상으로 3.0*IQR 규칙을 기준으로 한 상한값과 하한값을 알려 줘. 참고로 IQR은 Inter Quantile Range의 줄임말이야.

 … '거래금액1'에 대한 3.0 * IQR 규칙을 기준으로 한 상한값과 하한값은 다음과 같습니다.

상한값 (Upper Bound): 약 13.37

하한값 (Lower Bound): 약 6.77 …

15 이번에는 방금 전에 구한 상한값과 하한값을 이용해서 이상값을 행 단위로 제거하라고 명령했습니다. 이런 방식으로 제거된 행 수는 단 5줄입니다.

'거래금액1'의 상한값을 초과하는 값과 하한값 미만인 값을 데이터세트에서 행 단위로 지워 줘. 그리고 지우기 전 원래 데이터세트 행수와 지운 후의 행수, 그리고 그 차이도 가급적 표 형태로 정리해서 알려 줘.

설명	개수
원래 행 개수	50000
정제된 후의 행 개수	49995
제거된 행 개수	5

16 이처럼 왜도와 첨도가 정규분포에서 많이 벗어났던 원래 타깃 변수 '거래금액' 값은 먼저 로그 변환을 한 후 이상값을 제거했습니다. 그러나 왜도와 첨도가 허용 가능한 범위에 있었던 나머지 두 구간 변수 '전용면적'과 '층'은 로그 변환 절차 없이 바로 이상값을 제거하면 됩니다.

'전용면적'과 '층'에 대해서 각기 3.0*IQR 규칙에 의한 이상값을 바로 앞까지 처리한 데이터세트에서 행 기준으로 제거하면 몇개의 행이 제거되니? 그 비율은?

…'전용면적'과 '층'에 대해 3.0*IQR 규칙을 적용하여 이상값을 포함하는 행들을 제거한 후, 총 559개의 행이 제거되었습니다. 제거된 행의 비율은 약 1.12%입니다. …

17 이상값을 제거한 변수들의 최댓값과 최솟값을 확인하겠습니다. 거래금액1'은 원래 타깃 변수 '거래금액'에 Log1p 함수를 취해 로그를 걸어준 값입니다. 이를 원래 값으로 환원하기 위해서는 Expm1 함수가 필요합니다.

'거래금액1'의 최댓값과 최솟값을 알려주고 이 값에 Expm1 함수를 적용한 값도 알려 줘. '전용면적'과 '층'의 최댓값과 최솟값도 알려 줘. 이들 모두의 결과를 가급적이면 표로 보여 줘.

	최대값	최소값	Expm1_최대값	Expm1_최소값
거래금액1	13.199326	6.867974	540000.0	960.0
전용면적	160.6586	11.6657	N/A	N/A
층	40.0	-2.0	N/A	N/A

▶ 이 표의 N/A는 실제 결측값이 아니라 챗GPT가 표를 그리다 보니 형식상 발생한 것입니다. Expm1 함수는 '거래금액1'에만 적용되기 때문입니다.

18 Expm1 함수를 적용한 값은 '거래금액1'의 원래 스케일로 복원하는 값을 대략 나타냅니다. 예를 들어, '거래금액1'의 최댓값 13.199326에 대한 expm1 결과는 540,000이며, 최솟값 6.867974에 대한 expm1 결과는 960입니다. 앞서 엑셀에서 구한 요약 통계량을 다시 가져와서 비교해 보면 다음과 같습니다.

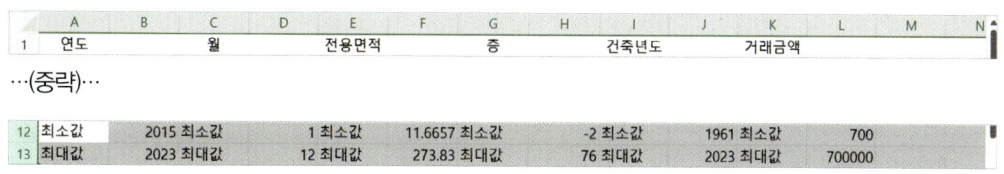

▶ '거래금액' 단위는 만 원입니다.

'거래금액' 최댓값은 70억 원에서 54억 원으로 줄었고 최솟값은 700만 원에서 960만 원으로 늘었습니다. 아파트 거래 가격에서 너무 높은 가격은 몇 건 없으므로 이상치로 간주하여 제거된 것입니다. 이런 식으로 '전용면적'과 '층' 역시 최댓값과 최솟값이 조정된 것을 확인할 수 있습니다.

19 이제 이 데이터세트 파일을 요청하겠습니다. 다운로드받은 파일은 [문서 → Book4 → Ch9]에 저장합니다.

 이렇게 이상치를 제거한 데이터세트를 'Apart5.csv'로 다운로드받을 수 있게 해줘. 한글은 깨지지 않게 하고

이로써 이상값 제거 과정을 마쳤습니다. 이번 실습에서 챗GPT가 구현했던 기능들을 엑셀에서도 함수를 사용해서 작성할 수 있지만 이상값 제거는 챗GPT를 통해 실행하는 것이 더 효율적이고 시간이 절약됩니다.

9-4-6 상관관계 검토

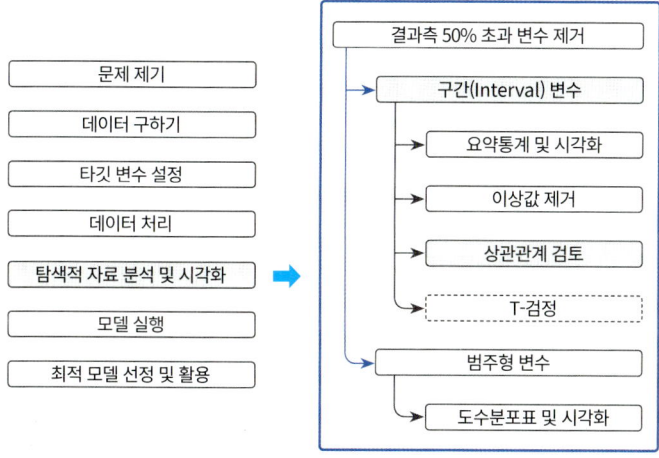

데이터세트의 변수들은 크게 타깃 변수와 타깃 변수가 아닌 변수로 구분됩니다. 전자는 **종속 변수**라고도 하고, 후자를 **설명 변수** 혹은 **독립 변수**라고도 합니다. 타깃 변수와 설명 변수는 상관관계가 강할수록 좋습니다. 아울러 범주형 변수끼리 혹은 범주형 변수와 구간 변수와는 상관관계를 계산할 수 없습니다. 그래서 상관관계는 설명 변수 중에서도 구간 변수만을 대상으로 검토합니다. 이들끼리 상관관계가 높으면 예측 모델 결과에 왜곡을 불러와 예측 결과가 쓸모없게 됩니다.

그럼 구간 변수 중 타깃 변수를 제외한 설명 변수 '연도', '전용면적', '층', '건축년도' 간 상관관계의 크기를 알아보겠습니다. 상관관계의 크기는 상관계수 값으로 판별하며, 데이터 분석 실무에서는 대체로 상관계수 값의 절댓값이 0.7 이상이면 2개의 구간 변수 중 하나를 제거합니다.

구간 변수 중 타깃 변수인 '거래금액'은 앞 절에서 로그 변환한 값인 '거래금액1'으로 대체할 예정입니다. 구간 변수는 다음과 같습니다.

- **구간 변수**: '연도', '전용면적', '층', '건축년도', '거래금액', '거래금액1'

01 챗GPT에게 구간 변수 4개의의 상관계수 값을 물어보겠습니다.

'연도', '전용면적', '층', '건축년도'의 상관계수를 가급적 하나의 표로 정리해서 알려 줘. 값은 반올림해서 소수점 3자리까지 보여 주고.

	연도	전용면적	층	건축년도
연도	1.000	-0.041	0.036	0.170
전용면적	-0.041	1.000	0.145	0.238
층	0.036	0.145	1.000	0.290
건축년도	0.170	0.238	0.290	1.000

이 표는 각 변수 쌍 간의 선형 상관관계 정도를 나타냅니다. 상관계수 값이 1에 가까우면 강한 양의 상관관계, -1에 가까우면 강한 음의 상관관계, 0에 가까우면 거의 또는 전혀 상관관계가 없음을 의미합니다. 이 결과를 보면 설명 변수 중 구간 변수들의 상관계수는 기준치 0.7을 초과하거나 -0.7에 미달하는 값이 없습니다. 때문에 기존 구간 변수들을 그대로 갖고 가면 됩니다.

02 이번에는 엑셀로 상관계수를 구해 보겠습니다. 엑셀에서 Apart5.csv 파일을 엽니다. 이 파일은 '거래금액1' 변 숫값이 아직 숫자가 아닙니다. L2셀에 **=ISNUMBER(K2)** 수식을 넣으면 결과로 FALSE를 출력하기 때문입니다. L열에 VALUE 함수로 K열의 값을 숫자로 변경합니다. 이 값을 복사하여 다시 K열에 값으로 '붙여넣기'로 입력합니다.

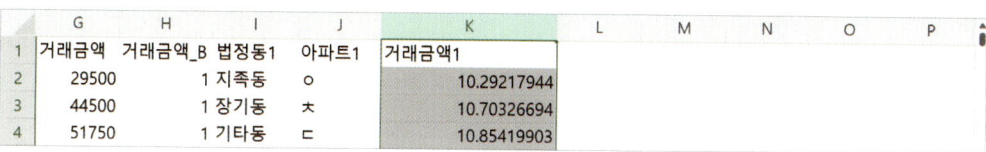

03 [데이터 → 데이터 분석]을 클릭합니다.

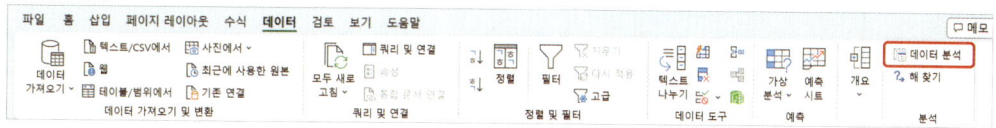

04 '통계 데이터 분석' 창이 뜨면 [상관 분석]을 선택하고 [확인]을 누릅니다.

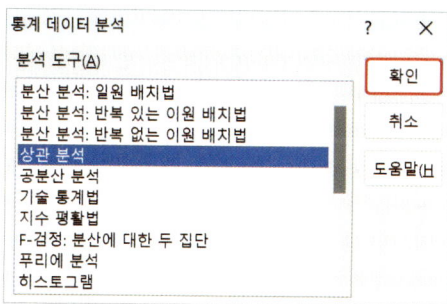

05 '상관 분석' 창이 뜨면 [입력 범위]에 커서를 두고 B열을 선택한 다음 [Shift] 키를 누른 채 F열을 클릭해 영역을 지정합니다. [첫째 행 이름표 사용]을 체크하고 [확인]을 클릭합니다.

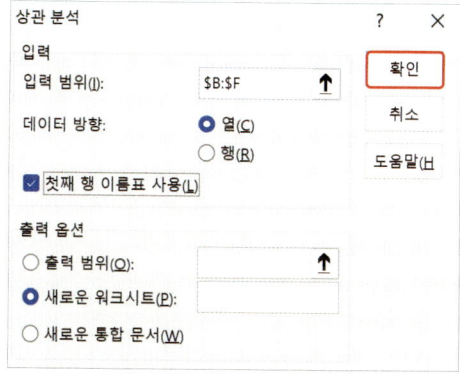

06 새로운 시트에 정리된 데이터를 볼 수 있습니다. 결과 중 '월'은 범주형 변수지만 다른 변수 사이에 위치해 있다 보니 같이 계산돼 나온 값에 불과합니다. 이 변수를 행과 열에서 지웁니다.

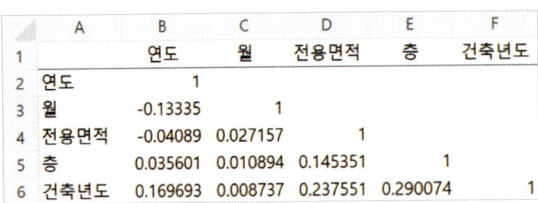

이 결과에서 대각선은 각 변수의 자기 자신과의 상관계수여서 값이 모두 1이므로 대각선 아래의 상관계수만 검토하면 됩니다. 최댓값이 0.290074로, 0.7보다 훨씬 아래에 있습니다. 때문에 구간 변수 중 상관관계 때문에 제거해야 할 변수는 없습니다.

이 실습에서는 몇 개 안 되는 구간 변수들의 상관계수를 비교했기에 육안으로도 쉽게 검토를 완료할 수 있습니다. 그러나 만약 구간 변수의 개수가 20개, 50개, 100개에 달할 때는 일일이 값을 확인하기가 쉽지 않습니다. 그럴 때는 Chapter 07에서 다룬 [보다 큼] 조건부 서식 기능이나 Chapter 10에서 다룰 조건부 서식을 상관계수에 적용하는 예시를 참고하세요.

9-4-7 T-검정

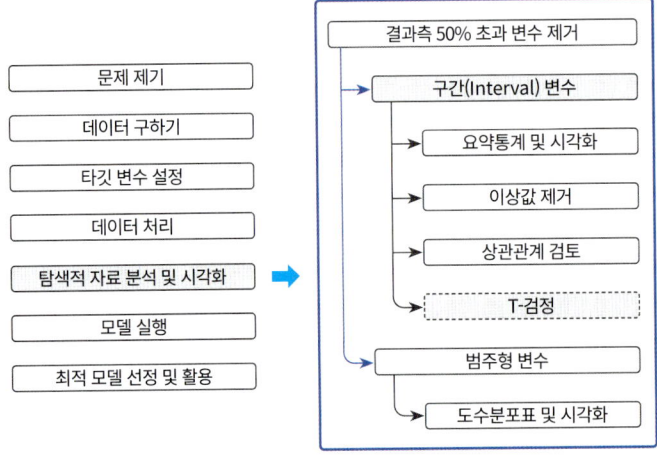

T-검정은 이상값 제거, 상관관계 검토와 마찬가지로 연속형 구간 변수를 대상으로 합니다. 단, 타깃 변수가 연속형이라면 T-검정이 의미가 없습니다. **이진수**^{binary} 혹은 **다중 범주형**$^{multi-category}$ 타깃 변수를 가질 때 T-검정이 의미가 있습니다. 앞서 연속형 타깃 변수인 '거래금액' 값을 기반으로 이진수 타깃 변수 '거래금액_B'를 생성해 두었으므로 이 데이터세트로도 T-검정이 의미가 있습니다.

추가로 생성한 타깃 변수 '거래금액_B'는 원래 타깃 변수 '거래금액' 값이 중위수 이상이면 1, 미만이면 0을 갖는 이진수 변수입니다. 따라서 '거래금액_B' 값(0 혹은 1)별로 다른 구간 변수들의 평균이 차이가 나는지 T-검정을 통해 알 수 있습니다. 샘플이 타깃 변수에 의해 나뉘므로 이 경우는 **독립 표본 T-검정** 2-sample t-test이라고 합니다. 독립 표본 T-검정의 전제 조건은 다음과 같습니다.

독립 표본 T-검정의 전제 조건

- 자료는 연속형 구간 변수여야 합니다.
- 두 집단은 서로 독립적입니다.
- 자료는 정규분포를 따릅니다.

이때 두 집단의 분산이 같은지 다른지는 **레빈 검정**Levene's test으로 구분합니다. 두 집단의 분산이 같으면 **Student T-검정**, 다르면 **Welch's T-검정**을 따릅니다.

만약 이진수 혹은 다중-범주형 타깃 변숫값에 따라 나눈 두 그룹에서 특정 구간 변수의 평균이 통계적으로 유의미하게statistically significant 다르다고 판명되면, 해당 설명 변수는 타깃 변수에 영향을 미칠 가능성이 큽니다. 물론 예측 모델을 돌려 보면 더 정확한 결과가 나오지만, 적어도 T-검정을 통해 설명 변수가 타깃 변수에 미치는 영향력을 간접적으로 추정해 볼 수 있습니다.

앞서 언급한 대로 독립 표본 T-검정은 3가지 전제 조건을 가집니다. 그리고 앞에서 우리는 구간 변수에 대한 이상값 처리 과정에서 왜도 및 첨도가 허용 가능한 범위에 있도록 조치했습니다. 이런 경우 대체로 변수들이 정규분포를 따른다고 말할 수 있습니다.

이제 타깃 변숫값 0과 1을 기준으로 나눈 그룹에서 독립 표본 T-검정을 수행합니다. 이제 타깃 변수 '거래금액', '거래금액1'을 제외하고 다음 구간 변수들이 남았습니다.

- 구간 변수: '연도', '전용면적', '층', '건축년도'

01 챗GPT에게 다음과 같이 T-검정을 명령하겠습니다. 이때 p값은 95%의 정확성(확률)을 의미하는 0.05를 기준으로 놓습니다.

▶ 일반적으로 대부분의 통계 분석에서 p값 기준을 0.05로 놓습니다.

Apart5.csv
Spreadsheet

이진수 타깃 변수 '거래금액_B'의 값 1과 0으로 구분한 후 1과 0값 그룹별로 구간 변수 '연도', '전용면적', '층', '건축년도' 값을 T-검정(t-test)해서 결과를 해석해 줘. 이때 사용하는 p값(p Value)의 기준은 0.05야.

각 구간 변수에 대한 T-검정 결과는 다음과 같습니다.

변수	t-통계량	p-value
연도	10.193929	2.23e-24
전용면적	120.262040	0.00e+00
층	50.386105	0.00e+00
건축년도	77.583725	0.00e+00

해석:
모든 변수('연도', '전용면적', '층', '건축년도')에 대한 p-VALUE 값이 0.05보다 훨씬 작습니다. 이는 '거래금액_B'의 값이 1인 그룹과 0인 그룹 간에 각 변수의 평균이 통계적으로 유의미한 차이를 가진다는 것을 의미합니다. …

▶ 2.23e-23은 2.23×10^{-24}을 의미하며 0에 매우 가까운 작은 값입니다.

02 마지막 문단을 보면 질문한 4개 구간 변수 모두 타깃 변수 '거래 가격_B' 값이 1인 그룹과 0으로 나뉜 값의 평균 차이가 통계적으로 '유의미하다'고 답을 합니다. 즉, 확실히 차이가 난다는 뜻입니다. 이 4개의 변수들은 '거래액_B' 값에 영향을 미칠 가능성이 크다는 의미이기도 합니다. 만약 p값이 0.05보다 크게 나와서 두 그룹 간 평균 차이가 미미한 것으로 판명이 나면 해당 변수는 타깃 변수에 영향을 미칠 가능성이 낮습니다. 이러한 사실을 예측 모델을 돌려보기 전에 T-검정을 통해 대략 알 수 있습니다.

▶ 엑셀에서 T-검정을 하는 방법은 Chapter 10에서 살펴보겠습니다.

9.5 모델 실행 전 데이터 처리

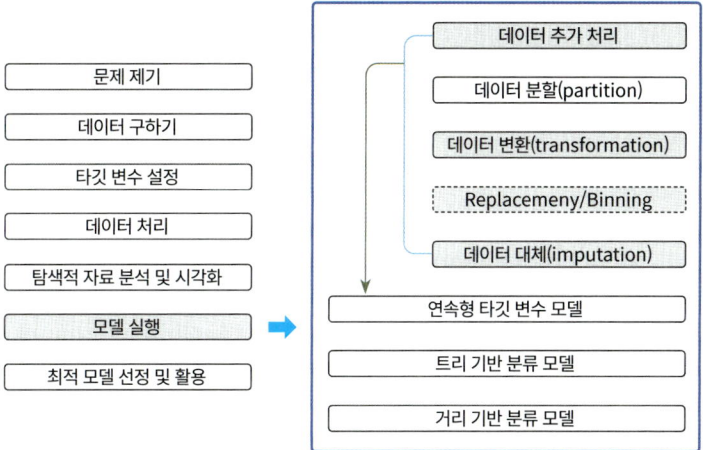

순서도를 보면 '모델 실행'의 세부 단계에 '데이터 추가 처리', '데이터 분할', '데이터 변환', '데이터 구간화', '데이터 대체' 등의 과정이 있습니다. 이 모든 과정을 '모델 실행 전 데이터 처리'로 묶어서 다루겠습니다(실무에서는 순서도에 언급된 모든 절차를 고려하는 것이 좋습니다). 또, '데이터 분할'은 실제 개별 모델을 실행할 때 같이 처리하기 위해 다음 단계에서 다루겠습니다.

이처럼 데이터 분석 전체 과정은 상세하게 여러 단계로 나눠져 있기 때문에 순서가 헷갈릴 때가 많습니다. 또, 분석하는 데이터나 프로젝트에 따라 세부 순서를 조금씩 바꿔야 할 때도 있습니다.

9-5-1 데이터 변환 – 구간 변수 스케일 조정

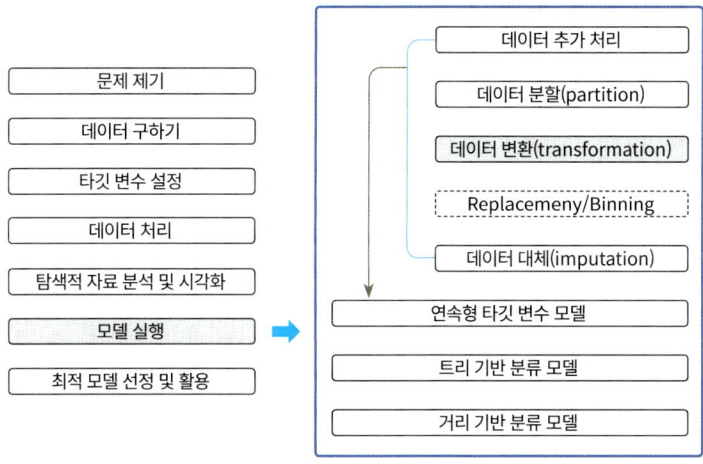

이번엔 순서도에서 '모델 실행' 단계 중 '데이터 변환'을 다룹니다. '모델 실행 전 데이터 처리 순서를 중간부터 해도 되나?'라는 생각이 들 것입니다. 모델 실행 전 데이터 처리 순서는 어느 것을 먼저 해도 상관이 없습니다. 필요한 모든 부분을 반드시 검토하고 넘어간다고만 생각하면 됩니다.

예측 모델에서 구간 변수들의 측정 스케일(예: 미터)이 너무 차이가 나면 스케일이 큰 변수가 작은 변수를 압도할 수 있습니다. 예를 들어서 변수 하나는 달팽이가 이동하는 거리를 재고, 다른 변수는 지구와 가장 먼 별까지의 거리를 쟀다면 후자가 전자의 영향력을 압도하게 됩니다. 따라서 스케일이 너무 크게 차이 나지 않게 조정해야 합니다.

지금까지 수정 과정을 거친 이 데이터세트의 구간 변수는 다음과 같습니다.

- **구간 변수**: '연도', '전용면적', '층', '건축년도', '거래금액', '거래금액1'
- '거래금액' 값을 로그 변환하여 '거래금액1'을 만들었습니다. 모델 입력 시 '거래금액1'이 '거래금액'을 대체하겠지만 최종 결괏값을 비교할 때 필요해서 '거래금액'을 데이터세트에서 제거하지 않았습니다.

01 챗GPT에 '거래금액'을 제외한 구간 변수들의 최댓값과 최솟값을 표 형태로 정리해 달라고 하겠습니다.

 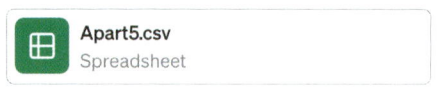

변수 '연도', '전용면적', '층', '건축년도', 거래금액1'의 최댓값과 최솟값을 표 형태로 알려 줘.

변수	최소값	최대값
연도	2015	2023
전용면적	11.67	160.66
층	-2	40
건축년도	1961	2023
거래금액1	6.87	13.20

02 이번에는 앞서 구한 변수의 최댓값을 차트로 그려 달라고 하겠습니다.

각 변수의 최댓값을 차트로 그려서 보여 줄래? 최댓값도 차트에 표기해 주고. 단 변수들 이름은 영어로 번역해서 차트에 표기해 줘.

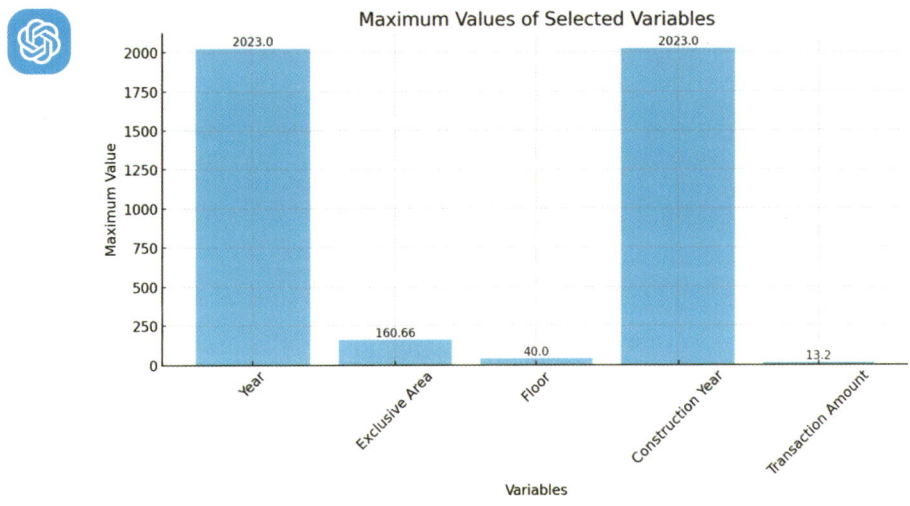

03 챗GPT가 그린 그래프를 보면 '연도'와 '건축년도'는 4자리 숫자입니다. 나머지는 최댓값이 2자리에서 3자리 사이입니다. 데이터 분석은 통계를 기본으로 삼지만, 어떤 영역에서는 회사 업무처럼 기준이 모호한 경우가 있습니다. 이때는 분석가의 경험에 의한 판단이 필요합니다. '거래금액1(Transcaton amount)'은 타깃 변수고 나머지 변수들은 설명 변수입니다. 때문에 타깃 변수를 제외한 나머지 설명 변수들은 측정 스케일의 차이가 크면 좋지 않습니다. 따라서 나머지 설명 변숫값의 측정 스케일에 맞추기 위해 '연도'와 '건축년도'에서 숫자 1960을 빼겠습니다. 이럴 경우 '연도'의 값은 55에서 63 사이의 값을 갖고, '건축년도'는 1에서 63 사이의 값을 갖습니다. 참고로 1960은 이들 두 변숫값 중 최솟값이 1에서 시작하도록 고른 값입니다.

▶ 일반적으로 '연도'는 날짜에 속하는 변수인데 구간 변수로도, 범주형 변수로도 취급할 수 있습니다. 구간 변수 혹은 범주형 변수 중 어느 형태를 취할 것인지는 데이터 분석가가 맥락에 맞게 선택하면 됩니다.

 '연도'와 '건축년도'변수의 원래 값에서 1960을 빼서 각기 '연도1', '건축년도1'로 변수명을 바꿔줄래? 그리고 기존 '연도'와 '건축년도'열을 지운 채로 한글이 깨지지 않게 다운로드받게 해줘.

 …(중략)…

파일이 성공적으로 저장되었습니다. 아래 링크를 클릭하셔서 수정된 CSV 파일을 다운로드받으실 수 있습니다:

Updated_Apart5.csv 다운로드

04 다운로드한 파일의 이름을 Apart6.csv로 바꾸고 [문서 → Book4 → Ch9]에 저장합니다. 이 파일을 엑셀에서 열면 2자리 값으로 변환된 '연도1'과 '건축년도1'이 보입니다.

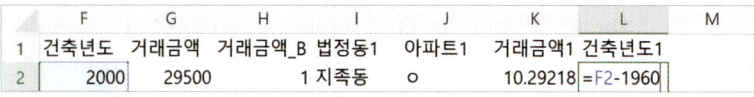

05 이미 챗GPT가 2자릿수로 변숫값을 변경해 줬지만 엑셀에서는 이 작업을 어떻게 하는지 '건축년도1'을 엑셀에서 만들어 보겠습니다. Apart5.csv 파일을 엑셀에서 엽니다. '건축년도'에서 1960를 빼는 간단한 수식을 적용하는 것입니다. L1셀에 "건축년도1"을 입력합니다. 그리고 L2 셀을 클릭해 =F2-1960을 입력하고 [Enter] 키를 누릅니다.

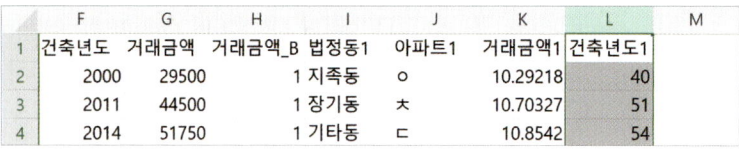

06 L2셀 값으로 40을 반환합니다. L2셀의 수식을 나머지 셀에도 복사하여 적용합니다

	F	G	H	I	J	K	L	M
1	건축년도	거래금액	거래금액_B	법정동1	아파트1	거래금액1	건축년도1	
2	2000	29500	1	지족동	○	10.29218	40	
3	2011	44500	1	장기동	☆	10.70327	51	
4	2014	51750	1	기타동	ㄷ	10.8542	54	

07 L열의 수식은 F열의 '거래금액'을 대상으로 계산한 값이어서 F열을 제거하면 **#REF** 에러가 발생합니다. 이를 방지하기 위해 L열의 값들을 영역 지정 후 복사합니다. 그리고 다시 L2셀을 선택하고 마우스 오른쪽을 클릭한 다음 [값으로 붙여 넣기]를 선택합니다. 이렇게 값을 붙여 넣으면 계산 시 참조하는 F열이 사라져도 L열에 값이 그대로 남아 있습니다.

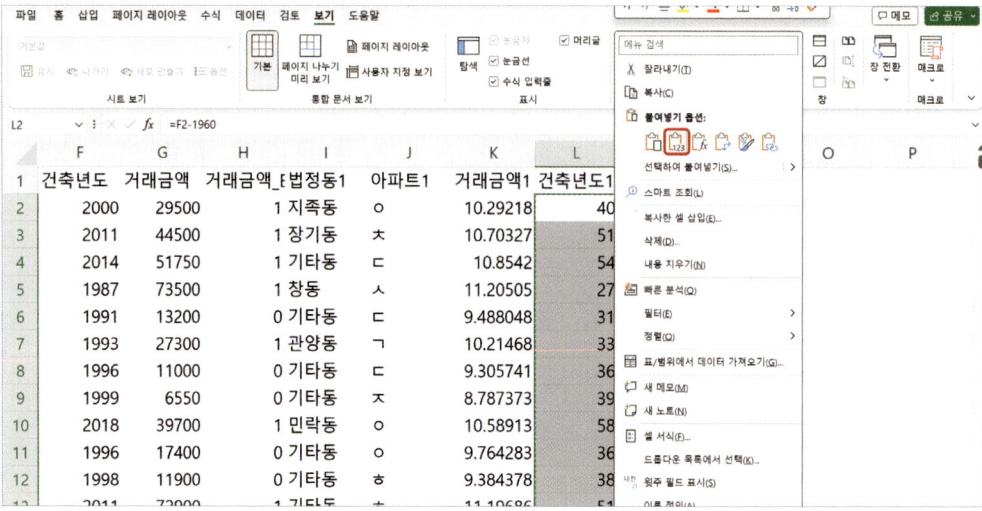

9-5-2 데이터 대체 – 결측값 보정

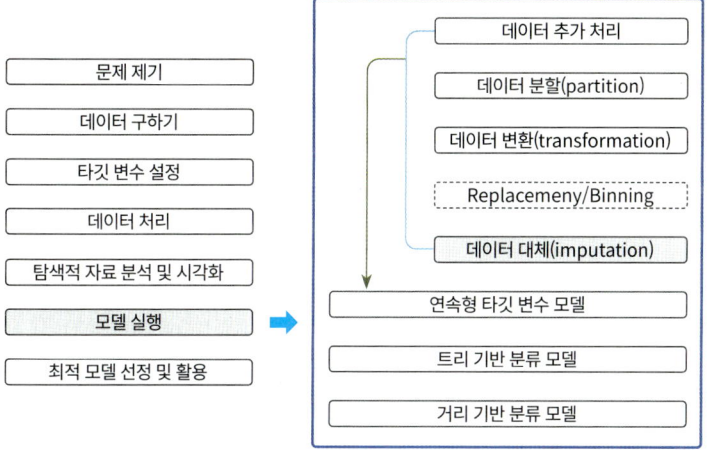

간혹 데이터세트를 구하자마자 데이터 스케일을 조정(정규화)하고 결측값이 있는 행을 제거하는 코딩을 마주칠 때가 있습니다. 그러면 저는 적잖이 당황하는 편입니다. 순서가 틀렸기 때문입니다. 최대한 원본 데이터로 '탐색적 자료 분석과 시각화'를 진행해야 데이터세트 자체에 대한 전반적인 이해도가 높아지고 데이터세트의 특이한 구조를 파악할 수 있습니다. 그러면 필요한 데이터 처리 과정이 자연스럽게 떠오릅니다. 그런 절차를 다 마친 다음에는 데이터세트를 데이터 분석 모델에 넣기 위해 다듬기만 하면 됩니다.

이번 단계에서는 순서도의 '모델 실행' 하위 단계 중 '데이터 대체'를 다룹니다. 앞서 데이터세트에는 결측값이 없음을 확인한 바 있습니다. 다만 실무에서 다루는 데이터는 결측값이 발견되는 경우가 비일비재합니다. 따라서 결측값을 처리하는 과정은 반드시 알고 있어야 합니다. 결측값 보정 방법은 다음과 같습니다.

결측값 보정 방법

- 결측값이 있는 레코드 행을 통으로 제거(특히 타깃 변수인 경우)
- 구간 변수인 경우 해당 변수의 평균, 중위수, 최빈값 등으로 대체
- 범주형 변수인 경우 해당 변수의 최빈값으로 대체

보정 방법은 타깃 변수와 설명 변수에 따라 다릅니다. 우리가 데이터 분석, 특히 예측 모델을 돌리는 목적은 타깃 변수를 정확하게 예측하기 위함입니다. 그러므로 타깃 변수에 결측값이 있다면 평균, 중위수, 최빈값 등으로 대체하면 중요한 변수를 인공적으로 조합해서 만들어내는 셈이 됩니다. 따라서 타깃 변수는 결측값이 있는 레코드(행)를 통으로 제거하는 것을 추천합니다.

타깃 변수가 아닌 설명 변수에 결측값이 있을 때는 일부 행을 제거해도 무방합니다. 다만, 데이터 행 수가 적으면 데이터 하나하나가 소중하기 때문에 레코드 행을 제거하는 대신 결측값 보정 방법 중 2, 3번을 적용하면 됩니다. 그렇다면 이 프로젝트의 데이터세트에서 임시로 결측값을 만들고 보정하는 과정을 살펴보겠습니다.

01 Apart6.csv 파일을 엑셀에서 열고 [다른 이름으로 저장]으로 파일을 복사하겠습니다. 새로 저장하는 파일 이름은 Apart6_t.csv로 변경합니다. 이 파일에 임시 결측값을 만들고 보정하겠습니다. 먼저 '전용면적' 변수의 첫 번째와 두 번째 값을 지웁니다. '층' 변수는 3번째와 4번째 값을 지웁니다. 그리고 다시 저장합니다.

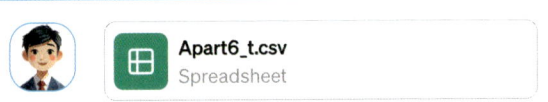

02 이제 챗GPT에 Apart6_t.csv 파일을 업로드한 다음 결측값을 대체할 값을 알려 줍니다. '전용면적'은 변수의 특성상 평균 혹은 중위수로 대체하는 것이 무난해 보입니다. '층'은 대체할 값으로 평균을 지정하면 7과 1/2층 같은 괴상한 답이 나올 수 있습니다. 그래서 이런 경우는 중위수를 선택해야 합니다.

▶ 이 실습에서는 구간 변수만 다루지만 범주형 변수에서는 최빈값을 넣으면 됩니다.

Apart6_t.csv
Spreadsheet

'전용면적'의 결측값은 '전용면적' 값의 평균으로 대체하고, '층'의 결측값은 '층' 값의 최빈값으로 대체해 줘. 그리고 각각 대체해서 집어넣은 값을 보고해 줘.

… '전용면적'의 결측값은 약 74.29(전용면적의 평균)으로, '층'의 결측값은 5(층의 최빈값)으로 대체되었습니다. …

03 이 결측값 보정 과정을 엑셀에서도 밟아 보겠습니다. Apart6_t.csv 파일을 엑셀에서 실행한 다음 L2셀을 클릭하고 **=IF(ISBLANK(C2), AVERAGE(C:C), C2)**을 입력합니다. 이 수식은 C2셀이 결측값이면 C열(첫 행 변수명 제외)의 평균을 출력하고 결측값이 아니면 C2셀의 값을 그대로 출력하라는 의미입니다. C2셀이 현재 결측값이므로 첫 번째 값으로 C열의 평균인 74.28670] 나옵니다.

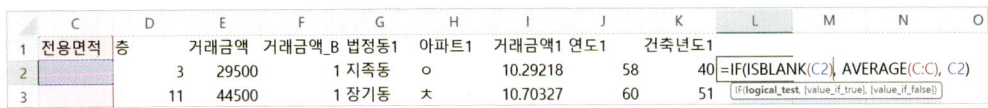

04 L2셀의 채우기 핸들을 더블 클릭하여 L열의 나머지 셀에도 수식을 적용합니다. 그리고 L열의 값이 있는 영역(L2:L49437)을 지정하고 복사한 다음 C2셀을 선택하고 마우스 오른쪽을 클릭해 [값으로 붙여 넣기]를 클릭합니다. 그러면 '전용면적' 결측값 보정 작업이 완료됩니다. 그리고 방금까지 작업한 L열을 삭제합니다.

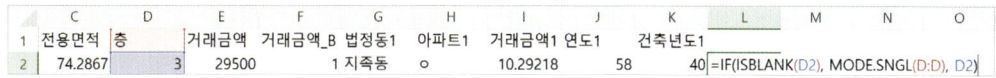

05 지금까지 과정을 '층' 변수에도 동일하게 적용해 결측값을 보정하겠습니다. 빈 L셀을 클릭 후 `=IF(ISBLANK(D2), MODE.SNGL(D:D), D2)` 수식을 입력합니다. 이 수식은 D2셀이 결측값이면 D열(첫 행 변수명 제외) 값의 최빈값을 출력하고, 결측값이 아니면 D2셀의 값을 그대로 출력하라는 의미입니다. 이제 [Enter] 키를 누르면 첫 번째 값 3이 나옵니다.

나머지 절차는 바로 앞 '전용면적' 절차의 후반부를 반복하면 됩니다. 즉, L열에 생성된 값을 복사하여 D열에 [값으로 붙여 넣기]를 하면 됩니다. 이때 값을 붙여 넣을 최초의 셀 위치는 D2셀입니다.

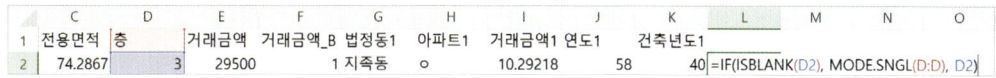

9-5-3 범주형 데이터 추가 처리 – 트리 기반 데이터세트

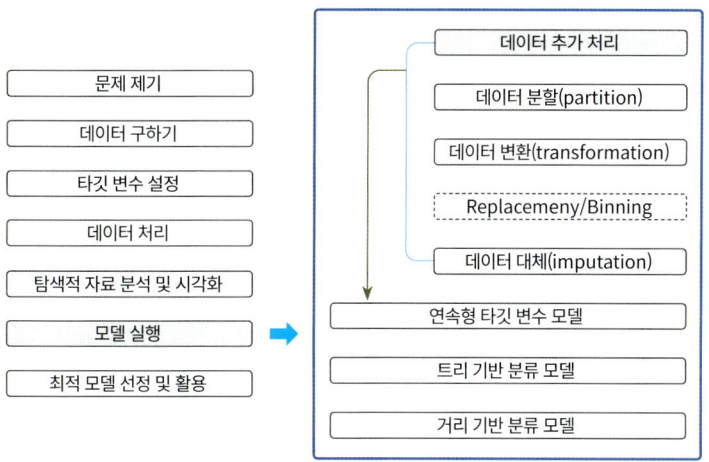

이번엔 순서도에서 '모델 실행' 단계 중 '데이터 추가 처리'를 다룹니다. 이 과정은 순서도대로 '데이터 변환'과 '데이터 대체'보다 먼저 해도 되지만 '데이터 추가 처리'를 하고 나면 데이터세트의 변수 수가 폭증하기 때문에 데이터 처리 과정의 맨 마지막으로 남겨 두었습니다. 이렇듯 '모델 실행'의 세부 과정은 데이터세트의 특성에 따라 순서를 뒤바꿔도 문제가 없습니다.

데이터 분석 시 예측에 다양한 모델을 사용할 수 있는데 크게 '트리 기반 모델'과 '거리 기반 모델'로 나눌 수 있습니다. '거리 기반 모델'은 '트리 기반 모델'이 아닌 다른 모든 예측 모델의 총칭으로 이 책에서 간편하게 호칭하기 위해 도입한 명칭입니다. 이 절에서 살펴볼 트리 기반 모델은 범주형 변숫값을 숫자로 바꾸어도 데이터세트의 변수 수는 변하지 않습니다.

- **트리 기반 모델**: 결정 트리, 랜덤 포레스트, 그레이디언트 부스팅, XGBoost, LightGBM 모델 등
- **거리 기반 모델**: 회귀/릿지/라쏘, 로지스틱 회귀, 신경망(딥러닝 모델 포함), KNN, SVM 모델 등

트리 기반 모델은 각 변숫값을 크기순으로 비교하지 않습니다. 그 숫자의 크기와 상관없이 특정 숫자는 특정 범주를 나타낼 뿐입니다. 예를 들어 A 아파트, B 아파트, C 아파트의 값은 숫자로 0, 1, 2를 부여받아도 이는 아파트 자체만 지칭할 뿐 숫자 크기의 의미는 없습니다. 즉 0, 1, 2를 덧셈하는 것은 아무런 의미도 없습니다. 때문에 지금까지 우리가 범주형 변수의 값을 단순히 숫자로 바꿔 놨는데 이런 데이터세트는 트리 기반 모델에 사용할 수 있습니다.

지금까지 수정 과정을 거친 이 장의 범주형 변수를 다시 살펴봅니다.

- **범주형 변수**: '지역코드', '월', '법정동1', '아파트1', '거래금액_B'

'지역코드'는 행정표준코드관리시스템(bit.ly/49c6Nxv)에서 법정동명에 예를 들어 '학성동'을 넣고 조회해 보면 10자릿수 법정동 코드 중 처음 5자리임을 알 수 있습니다.

▶ '법정동1'과 '아파트1'은 앞 절에서 전처리 과정을 거쳤습니다.

01 Apart6.csv 파일을 챗GPT에 업로드하고 범주형 변수들의 유일한 값의 개수와 데이터 타입을 확인하겠습니다.

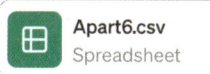
Apart6.csv
Spreadsheet

'지역코드', '월', '법정동1', '아파트1'의 유일한 값의 개수 및 데이터 타입을 표 형식으로 알려 줘.

열 이름	유일한 값의 개수	데이터 타입
지역코드	247	int64
월	12	int64
법정동1	201	object
아파트1	39	object

02 아직 '법정동1'과 '아파트1'의 변수는 숫자가 아닌 문자열임을 확인할 수 있습니다. 데이터 분석 모델은 숫자만 입력받기에 문자열을 숫자로 변환하는 방법을 챗GPT에게 물어보겠습니다.

'법정동1'과 '아파트1' 값의 데이터 타입을 문자열(Object)에서 int64(정수형)로 바꾸고 싶은데 어떤 변환 방법이 있고 추천하는 방법은 무엇이니?

… 각 고유 문자열 값을 고유한 정수 값에 매핑하는 방식으로 변환할 수 있습니다. 이를 '인코딩'이라고 합니다.

변환 방법:

Label Encoding: 각 고유 문자열 값에 대해 고유한 정수를 할당합니다. 이 방법은 순서 또는 계층 구조가 없는 범주형 데이터에는 부적합할 수 있습니다. 왜냐하면 인코딩 결과가 알고리즘에 순서 정보를 암시할 수 있기 때문입니다.

One-hot Encoding: 각 고유 문자열 값에 대해 별도의 열을 생성하고, 해당 문자열이 있는 행에만 1의 값을 할당하며 나머지는 0으로 채웁니다. 이 방법은 차원이 증가할 수 있지만, 순서 정보를 암시하지 않습니다.

Ordinal Encoding: Label Encoding과 유사하지만, 데이터의 순서 정보나 계층 구조를 반영하여 인코딩할 수 있습니다. 예를 들어, '소', '중', '대'와 같은 순서가 있는 데이터에 적합합니다.

……

추천 방법:

One-hot Encoding은 많은 머신러닝 알고리즘에서 잘 작동하며, 순서 정보를 암시적으로 부여하지 않기 때문에 '법정동1'과 '아파트1' 같은 비순서형 범주형 데이터에 적합합니다. 하지만, 열의 수가 매우 많아질 수 있으므로 차원의 저주를 고려해야 합니다.

Label Encoding은 모델이 순서 정보를 해석할 수 있는 경우나 트리 기반 모델 같이 범주형 변수를 내부적으로 다룰 수 있는 알고리즘에 적합할 수 있습니다. … Label Encoding은 각 고유 문자열 값을 고유한 정수 값에 매핑하여 데이터 타입을 변환하는 효과적인 방법 중 하나입니다. 하지만, 이 방법은 순서가 없는 범주형 데이터에는 순서 정보를 부여할 수 있으므로 주의하여 사용해야 합니다.

03 챗GPT가 추천한 방법 중 **레이블 인코딩**Label Encoding을 사용하여 '법정동1' 값을 숫자로 바꿔 달라고 명령하겠습니다.

▶ 참고로 오디널 인코딩Ordinal Encoding을 적용해도 결과는 동일합니다.

'법정동1' 변수에 레이블 인코딩(Label encoding)을 적용하여 값을 숫자로 변환하고 '법정동2' 변수로 저장해 줘. 그리고 '법정동1'과 '법정동2'의 값으로 매칭 테이블을 만들어서 보여 줘.

법정동1	법정동2
가경동	0
가락동	1
가양동	2
…	…
화정동	199
후평동	200

▶ 종종 챗GPT는 첫 5행 혹은 10행만 보여주기도 합니다. 마지막 행을 보고 싶으면 "첫 5행과 마지막 5행을 보여 줘."라는 명령을 추가하면 됩니다.

04 이번에는 '아파트1'의 값을 숫자로 바꿔 보겠습니다. 이렇게 정리하면 이제 제거해야 할 변수는 '법정동1', 아파트1'이며 추가할 변수는 '법정동2', '아파트2'입니다.

'아파트1' 변수를 레이블 인코딩(Label encoding)을 허용하여 값을 숫자로 변환하고 '아파트2' 변수로 저장해 줘. 그리고 '아파트1'과 '아파트2' 변숫값으로 매칭 테이블을 만들어서 보여 줘

아파트1	아파트2
A	0
B	1
C	2
…	…
ㅎ	37
기타아파트	38

05 이렇게 처리한 범주형 변수들이 포함된 전체 데이터세트를 Apart_tree.cs라는 파일 이름으로 저장하겠습니다. 트리 기반 모델에 바로 쓸 수 있는 데이터세트이므로 이름에 tree를 넣었습니다. 이 파일을 컴퓨터 [문서 → Book4 → Ch9]에 저장합니다.

기존 Apart6.csv에서 불러들인 변수 중에 '법정동1', '아파트1' 열을 없애고, 새로 만든 '법정동2', '아파트2' 변수 및 숫잣값을 포함시켜서 다운로드받게 해줘. 한글은 깨지지 않게 하고.

…(중략)

이 데이터를 CSV 파일로 저장하여 한글이 깨지지 않도록 하겠습니다. 저장 후 다운로드 링크를 제공드리겠습니다.

다운로드 링크

06 앞서 저장한 파일과 원본 데이터 파일을 챗GPT에게 다시 업로드하고 두 데이터세트의 열의 개수를 비교해서 표로 정리해 달라고 하겠습니다. 이렇게 해서 최종 모델에 들어갈 데이터세트 Apart_tree.csv를 장만했습니다.

▶ 매우 드물지만 챗GPT가 열의 개수를 잘못 세는 경우도 있으므로 반드시 엑셀로 확인하기 바랍니다.

두 데이터세트의 열의 개수를 표로 정리해서 보여 줘. 표 제목 줄은 한국어로 번역해 주고.

데이터셋	열의 개수
Apart6.csv	11
Apart_tree.csv	11

9-5-4 범주형 데이터 추가 처리 – 거리 기반 데이터세트

거리 기반 모델은 변숫값으로서 숫자 크기가 의미가 있습니다. 왜냐하면 거리 기반 모델은 데이터 값끼리의 위치를 측정해서 거리를 재기 때문에 0, 1, 2 값은 실제로 숫자 0, 1, 2 크기를 갖습니다. 따라서 아파트별로 0, 1, 2 등의 값을 부여하면 안 됩니다. 따라서 거리 기반 모델에서는 챗GPT가 추천한 값 변환 방법 중 **원-핫 인코딩**One-hot encoding을 써서 범주형 변수를 더미 변수로 만들어야 합니다. 더미 변수 개념은 결괏값을 직접 보고 이해하는 게 더 빠릅니다. 바로 데이터를 처리하는 과정을 살펴보겠습니다.

01 Apart6.csv를 챗GPT에 업로드하고 다음 질문을 던집니다.

변수 '아파트1'을 원-핫 인코딩(One-hot encoding) 변환하여 그 결과를 다운로드받을 수 있게 해 줄래? 한글은 깨지지 말게 하고.

 답변 추가

02 그 결과 생성된 파일을 다운로드받아 엑셀로 실행합니다. 데이터를 보면 AG4셀은 값으로 1을 가지는데 이는 4행 레코드의 아파트는 이름이 'ㄷ'으로 시작한다는 의미입니다. AO2셀도 값으로 1을 가지는데 이는 2행 레코드의 아파트는 이름이 'ㅇ'으로 시작한다는 의미입니다. 이런 식으로 데이터를 만드는 것을 원-핫 인코딩이라고 합니다.

원-핫 인코딩으로 생성된 변수를 **더미 변수**라고 합니다. 더미 변수의 값 1과 0은 Yes, No를 지칭하는 값에 불과합니다. 다음 이미지에서 보이지 않지만 챗GPT에서 원-핫 인코딩을 하면 원래 변수인 '아파트1'은 자동으로 제거됩니다. 이렇게 범주형 변수 '아파트1'의 더미 변수화에 성공했습니다.

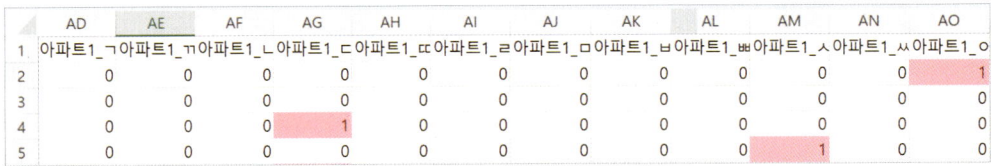

▶ 값 1을 빠르게 식별하기 위해 엑셀 [홈 → 조건부 서식] 기능을 사용했습니다.

03 나머지 범주형 변수들의 데이터 타입은 다음과 같습니다.

- **지역코드**: int64 (정수형)
- **월**: int64(정수형)
- **법정동1**: object (문자열)

'법정동1' 변수는 '아파트1'처럼 문자열 값을 갖고 있어서 유사하게 원-핫 인코딩을 통해 더미 변수를 만들면 됩니다. 문제는 값으로 숫자를 갖고 있는 '지역코드'와 '월' 변수입니다. 트리 기반 모델용 데이터로는 이 값을 그대로 사용하면 됩니다. 트리 기반 모델에서 1월을 의미하는 1과 12월을 의미하는 12라는 값은 숫자의 크기 정보는 담지 않고 그냥 특정한 월을 표기할 뿐입니다.

그런데 거리 기반 모델에서 컴퓨터는 값 1과 12의 차이를 거리로 재려고 하기 때문에 모든 범주형 변수의 값은 컴퓨터가 값들 간 거리를 재지 못하게 막아야 합니다. 따라서 범주형 변수의 값이 숫자 형태일 때에도 원-핫 인코딩을 통한 더미 변수화가 필요합니다. 이 부분은 복잡한 데이터 분석 처리 과정에 치여서 간혹 그대로 방치하는 경우가 있으니 꼭 유념하기 바랍니다. 거리 기반 모델에서는 범주형 변숫값을 더미 변수로 만들지 않으면 모델 결과가 왜곡됩니다.

이런 이유로 나머지 범주형 변수를 다음과 같이 더미 변수로 만들겠습니다. 아울러 '지역코드'는 유일한 값의 개수를 줄이기 위해서 앞자리 수 2자리를 기준으로 더미 변수를 만들겠습니다. 그러면 '지역코드'는 17개의 유일한 값을 가져서 대략 우리나라의 대도시 및 도 정도의 구분을 할 수 있습니다. 이 같은 작업을 하면 챗GPT가 원본 변수를 지워주지 않기 때문에 작업 후 원본 변수를 지워 달라고 명령하겠습니다. 챗GPT는 방금 전에 수행한 '아파트명1' 변숫값 변환에 이어 나머지 변수들을 변환하고 파일을 다운로드하면 '아파트명' 변수의 값 변환 결과를 반영해 주지 않는 경우가 있습니다. 그래서 이번 명령에서는 명확하게 대상 csv 파일을 다시 지정해 주고, '아파트1' 변수 변환 작업도 다시 명시해 주었습니다.

기존 Apart6.csv 파일에서 '지역코드' '월', '법정동1', '아파트명1' 변수를 원-핫 인코딩(One-hot encoding) 변환해 줘. 단 '지역코드' 값은 맨 앞자리 수 2자리를 기준으로 새로운 카테고리를 생성하고 이를 기준으로 원-핫 인코딩 변환해 줘. 최종 결과에서 '지역코드'는 제거해 주고 한글이 깨지지 않게 다운로드하게 해줘.

기존의 '법정동1'과 '아파트1' 열을 삭제하고 새로 만든 '법정동2'와 '아파트2' 변수를 포함한 CSV 파일을 생성했습니다. 아래 링크를 클릭하여 파일을 다운로드하실 수 있습니다:

Modified_Apart6.csv 다운로드

04 챗GPT가 제공한 파일 이름을 Apart_distance.csv로 변경하고 컴퓨터 [문서 → Book4 → Ch9]에 저장합니다. 다운로드받은 파일과 원래 파일을 다시 챗GPT에 업로드하고 열의 개수를 표로 정리해 달라고 명령하겠습니다.

두 데이터셋의 열의 개수를 표로 정리해서 보여 줘. 표 제목 줄은 한국어로 번역해 주고.

데이터셋	열의 개수
Apart6	11
Apart_distance	276

처음에 업로드한 Apart6.csv 파일의 열 수는 11열이었습니다. 변수가 11개였다는 뜻입니다. 거리 기반 모델용 데이터셋를 생성하느라 범주형 변숫값을 더미 변수화했더니 276개로 늘어났습니다. 참고로 앞에서 보았듯이 트리 기반 모델은 범주형 변수의 값을 숫자로 바꾸어도 데이터셋의 변수 개수는 변하지 않습니다. 이 과정에서 만든 2개의 데이터셋를 사용할 모델에 따라 분류하면 다음과 같습니다.

- Apart_tree.csv: 트리 기반 모델용 데이터셋
- Apart_distance.csv: 거리 기반 모델용 데이터셋

9.6 연속형 타깃 변수 모델

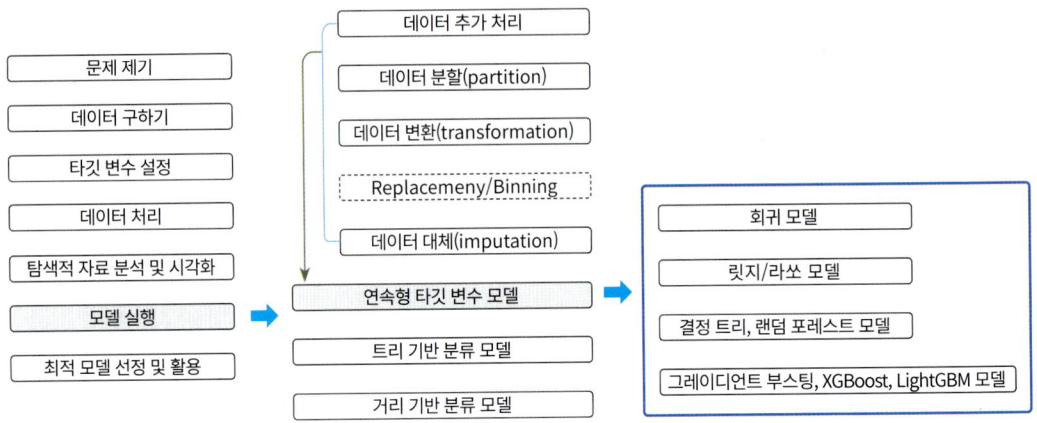

예측 분석에는 다양한 모델을 사용할 수 있습니다. 이 모델들을 크게 '트리 기반 모델'과 '거리 기반 모델'로 나눌 수 있으며 각 모델 유형에는 다음과 같은 모델이 포함됩니다.

- **트리 기반 모델**: 결정 트리, 랜덤 포레스트, 그레이디언트 부스팅, XGBoost, LightGBM 모델 등
- **거리 기반 모델**: 회귀/릿지/라쏘, 로지스틱 회귀, 신경망(딥러닝 모델 포함), KNN, SVM 등

연속형 타깃 변수 모델 중에 회귀, 릿지, 라쏘 모델은 '거리 기반 모델'에 속합니다. 그리고 뒤이어 다룰 결정 트리, 랜덤 포레스트, 그레이디언트, XGBoost, LightGBM 모델은 트리 기반 모델이면서 연속형 타깃 변수 모델을 처리할 수 있습니다. 이러한 연속형 타깃 변수 모델들을 하나 하나 돌려 보겠습니다.

9-6-1 데이터세트 파일 정리

01 우선 데이터세트를 살펴보겠습니다. 연속형 타깃 변수 모델에 넣을 데이터세트는 Apart_distance.csv 파일을 기반으로 합니다. 엑셀에서 이 파일의 변수 중 '거래금액_B'는 이진수 타깃 변수로, 연속형 타깃 변수를 다루는 이 절에서는 필요하지 않습니다. '거래금액_B' 변수가 있는 D열을 삭제해 변수와 값을 지웁니다. 이 파일을 Apart_distance1.csv로 이름을 바꾼 다음 [문서 → Book4 → Ch9]에 저장합니다

	A	B	C	D	E	F	G	H	I
1	전용면적	층	거래금액	거래금액_B	거래금액1	연도1	건축년도1	지역코드_2자리_11	지역코드_2자리_26
2	84.984	3	29500	1	10.29217944	58	40	0	0
3	101.96	11	44500	1	10.70326694	60	51	0	0
4	102.7835	5	51750	1	10.85419903	56	54	0	1

02 한편 거리 기반 분류 모델에서는 이진수 타깃 변수 '거래금액_B'가 필요하고, 오히려 연속형 타깃 변수 '거래금액'과 이 변수의 로그 변환 값인 '거래금액1'이 필요하지 않습니다. 따라서 다시 Apart_distance.csv를 엑셀에서 열고 이번에는 C열과 E열에 있는 '거래금액'과 '거래금액1' 변수와 값을 제거합니다. 이 파일을 Apart_distance2.csv로 이름을 바꾼 다음 [문서 → Book4 → Ch9]에 저장합니다

거리 기반 모델용 최종 데이터세트

- Apart_distance1.csv: 연속형 타깃 변수 거리 기반 모델용
- Apart_distance2.csv: 이진수 타깃 변수 거리 기반 모델용

▶ 지면상 Apart_distance1.csv 파일만 예제로 사용합니다.

9-6-2 챗GPT 회귀 모델

앞서 '전용면적'과 '거래금액'의 산포도를 그리면서 빨간색 추세선을 그린 적이 있습니다.

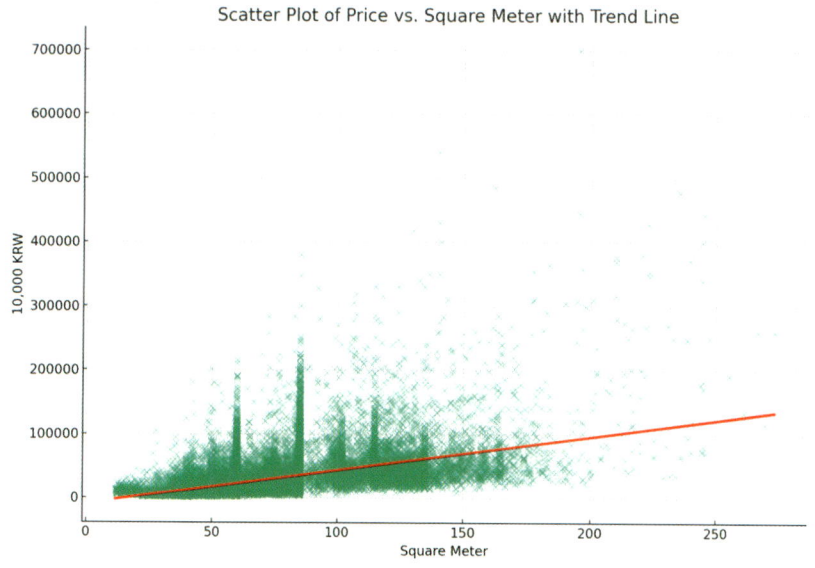

추세선은 **회귀 분석**이라는 전통적인 통계 기법을 따라 구한 **회귀선**으로, 분포를 대표하는 선입니다. 이런 추세선을 구하는 것이 **회귀 모델**입니다. 회귀 모델에서는 X축의 변수를 설명 변수, Y축의 변수를 타깃 변수로 보면 됩니다. 이러한 회귀 문제는 연속형 타깃 변수를 가진 데이터세트를 대상으로 분석합니다.

다음 순서도를 보면 가운데 부분은 Chapter 09-5에서 처리한 '모델 실행 전 데이터 처리' 영역이었습니다.

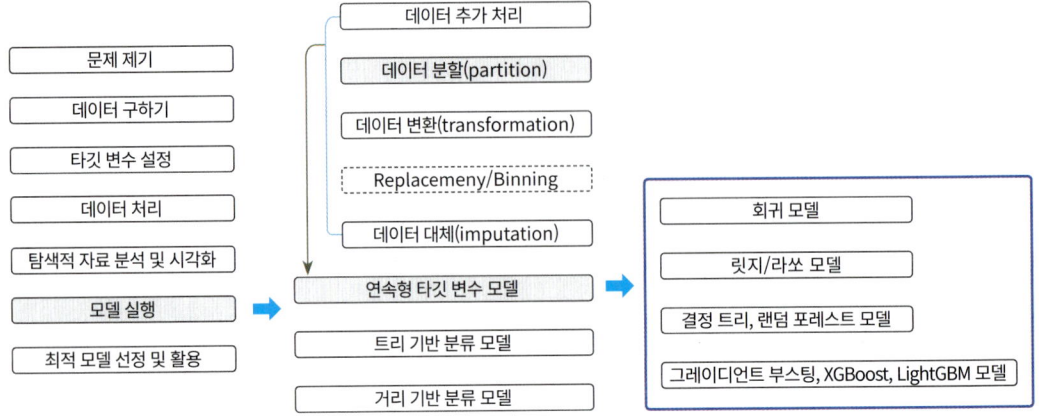

아울러 그 단계에서 의도적으로 '데이터 분할'을 생략했습니다. 특히 챗GPT에서는 '데이터 분할' 단계를 모델 실행 직전에 하는 것이 좋기에 이 책에서는 '데이터 분할'을 마지막까지 미뤄 두었습니다. 따라서 모델들의 실행 직전에 '데이터 분할'을 먼저 실행하겠습니다. 다만 파이썬, SAS 등 타 데이터 분석 툴의 일반적인 작업 순서는 우리 순서도의 원래 흐름이 더 일반적인 순서입니다. 아울러 데이터 변환, Replacement/Binning, 데이터 대체 과정은 이 데이터세트에는 필요하지 않습니다.

01 챗GPT에 Apart_datance1.csv를 업로드하고 변수명을 확인하겠습니다.

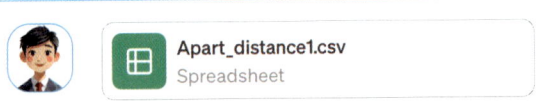

변수명을 알려 줘.

… 파일에는 다음과 같은 변수명이 포함되어 있습니다.

기본 정보: 전용면적, 층, 거래금액, 거래금액1, 연도1, 건축년도1

지역코드: 지역코드_2자리_11부터 지역코드_2자리_50까지 다양한 지역 코드

월: 월_1부터 월_12까지

법정동: 법정동1_가경동부터 법정동1_화정동까지 다양한 법정동

아파트: 아파트1_A부터 아파트1_기타아파트까지 다양한 아파트 …

회귀 모델은 연속형 타깃 변수를 사용합니다. 여기서는 로그 변환된 값인 '거래금액1'을 타깃 변수로 사용하고 '거래금액'은 추후 모델의 예측 결과와 비교하는 용도로만 사용합니다. 나머지 변수는 모두 설명 변수입니다.

02 데이터 분할을 하겠습니다. 챗GPT에 데이터세트를 학습용과 테스트용으로 분할해 달라고 명령합니다.

▶ Random_state는 동일한 데이터 분할 명령을 챗GPT(실은 백그라운드에서 돌아가는 파이썬)에게 내릴 때마다 같은 결과를 내기 위해서 지정합니다. Randome_state 값은 아무 정수나 지정하면 되며 이 책에서는 일괄적으로 42로 지정합니다.

이 데이터세트를 80:20비율로 학습(training) 데이터세트와 테스트(test) 데이터세트로 나눠 줘. 이때 Random_state는 42로 설정하고. 이렇게 생성된 데이터세트를 다운로드받게 해줘. 한글은 깨지지 않게 하고.

… 다운로드 링크는 다음과 같습니다.

학습 데이터세트 다운로드

테스트 데이터세트 다운로드 …

❓ **궁금해요!** 　데이터세트를 나누는 비율은 어느 정도가 적당한가요?

데이터세트가 작다면 학습 데이터세트와 테스트 데이터세트 비율은 50:50이 적당하고 대규모라면 70:30 혹은 80:20도 괜찮습니다. 이 프로젝트에서 다루는 데이터세트는 5만 행 미만으로, 큰 데이터세트는 아니어서 50:50 분할을 선택해도 좋습니다. 이 책에서는 다양한 분할을 볼 수 있도록 Chapter 09에서는 80:20분할을, Chapter 10에서는 50:50 분할을 사용합니다.

---

03 다운로드받은 학습 데이터세트 파일은 Train_data.csv로, 테스트 데이터세트 파일은 Test_data.csv로 첫 알파벳을 대문자로 바꿔서 [문서 → Book4 → Ch9]에 저장합니다. 그리고 챗GPT에게 두 파일의 행과 열 수를 확인합니다.

학습 데이터세트와 테스트 데이터세트의 행과 열을 알려주되 표 형식으로 정리해서 알려 줘. 표 내용은 한국어로 번역해서 알려 주고.

데이터셋	행(샘플) 수	열(특성) 수
학습 데이터셋	39,548	275
테스트 데이터셋	9,888	275

마지막으로 알아본 Apart_distance.xlsx의 열 수는 276개였습니다. 여기서 '거래금액_B' 변수를 제거한 Apart_distance1.xlsx의 열 수는 275개로 줄었고 이는 80:20으로 데이터 분할한 결과에도 반영돼 있습니다.

04 이어서 챗GPT에게 사용할 예측 모델, 타깃 변수, 설명 변수, 성능평가지표 등을 지정하고 회귀 모델을 실행하고 결과를 알려 달라고 명령합니다.

▶ 회귀 모델은 random_state 파라미터가 없으므로 이를 사용하지 않았습니다. 이후 다른 모델에서 사용하겠습니다.

실행할 모델은 사이킷런(sklearn) 라이브러리의 선형 회귀(LinearRegression) 모델이야. 연속형 타깃 변수를 '거래금액1'로 삼고 나머지 변수들은 설명 변수로 모델에 입력해 줘. 단, 학습 데이터세트의 '거래금액' 변수와 테스트 데이터세트의 '거래금액' 변수는 모델에 입력하지 말아 줘. 회귀 모델을 실행하고 성능평가지표로 R-squared, MSE(Mean Squared Error), MAE(Mean Absolute Error)를 사용해서 성능평가지표 값을 반올림해서 소수점 다섯 자리까지 표 형식으로 보여 줘. 표는 한국어로 번역하고 모델명은 '회귀 모델'로 표시해 줘.

모델	R-squared	MSE	MAE
회귀 모델	0.76142	0.13688	0.27828

R-square(R^2값)는 모델이 데이터의 분산을 얼마나 잘 설명하는지를 나타내는 지표로, 이 경우 약 76%의 데이터 분산을 모델이 설명하고 있음을 의미합니다.

MSE (Mean Squared Error)는 실제 값과 예측값의 차이를 제곱하여 평균한 값으로, 이 경우 약 0.14입니다.

MAE (Mean Absolute Error)는 실제 값과 예측값의 절대 차이를 평균한 값으로, 이 경우 약 0.28입니다.

이러한 지표들은 모델의 성능을 평가하는 데 사용될 수 있으며, 이 모델의 경우 상대적으로 높은 R-squared 값을 가지고 있지만, MSE와 MAE를 통해 예측의 정확도를 추가적으로 평가할 수 있습니다.

? 궁금해요!   성능평가지표와 R^2값이 뭐예요?

성능평가지표는 모델이 데이터를 얼마나 잘 예측하는지를 설명하는 표이며 R^2값은 모델이 데이터의 분산을 얼마나 잘 설명하는지를 나타내는 값입니다. R^2값은 0과 1 사이의 값을 가지며, 1에 가까울수록 모델이 데이터를 더 잘 설명한다는 의미입니다. 간단하게 말해서 R^2값은 모델의 '설명력'이라고 이해하면 편합니다. 일반적으로 통계 분석에서 R^2값이 최소 0.7 이상인 모델을 선호합니다. 그 기준에서 보면 우리가 실행한 회귀 분석 모델은 나쁘지 않은 성능을 보입니다. 나머지 두 성능평가지표인 MSE와 MAE는 값이 작을수록 좋습니다.

05 예측 모델은 데이터세트의 80%인 학습 데이터세트를 통해 학습하는 과정에서 모델의 가중치(회귀 모델에서는 설명 변수별 계수)를 생성합니다. 챗GPT에게 테스트 데이터세트에서 타깃 변수 예측값을 생성하라고 명령하겠습니다.

이 학습된 모델을 사용해서 테스트 데이터세트에 타깃 변수 '거래금액1_예측'을 생성해 줘. 다만 이 생성 과정에서 테스트 데이터세트에 이미 담겨 있는 '거래금액'과 '거래금액1' 변수는 사용하지 말아 줘. 그리고 '거래금액1_예측' 값을 Expm1 함수를 사용해서 '거래금액_예측'이라는 변수에도 담아 줘. 이렇게 생성된 테스트 데이터세트의 처음 5줄의 '거래금액1_예측'과 '거래금액_예측' 변숫값 중심으로 보여 줄래?

거래금액1_예측	거래금액_예측
10.241620	28045.54
10.646714	42053.17
9.503608	13407.01
10.761139	47151.35
9.292691	10857.37

결과의 '거래금액1_예측'과 '거래금액_예측' 둘 다 회귀 모델의 예측값입니다. '거래금액1_예측'은 모델이 예측한 로그 변환된 '거래금액'의 값이고, '거래금액_예측'은 원래의 스케일로 되돌린 '거래금액'의 값입니다. 참고로 챗GPT는 '거래금액_예측' 값을 소수점 첫째 자리부터는 다른 결과를 내기도 합니다. 아직 챗GPT가 불안정하다는 것을 알 수 있습니다.

06 이제 예측 결과가 담긴 테스트 데이터세트를 다운로드받습니다.

이렇게 생성한 테스트 데이터세트를 다운로드받을 수 있게 해주되 '거래금액1_예측'과 '거래금액_예측' 변수를 다른 변수보다 앞 열에 나란히 나오게 해줘. 한글이 깨지지 않게 해 주고 파일 이름은 test_data_predictions.csv로 만들어 줘.

··· 다운로드 링크는 다음과 같습니다.

test_data_predictions.csv 다운로드

07 다운로드받은 파일을 실행하면 다음과 같은 데이터를 확인할 수 있습니다.

	A	B	C	D	E	F	G	H	I
1	거래금액1_예측	거래금액_예측	전용면적	층	거래금액	거래금액1	연도1	건축년도1	지역코드_2자리_11
2	10.241620421409607	28045.53633223612	84.55	6	23500	10.0647982	60	37	0
3	10.646713852882385	42053.17104044237	80.92	1	37800	10.5400908	55	30	1
4	9.503607630729675	13407.010833773107	39.61	1	14500	9.5819728	62	31	0
5	10.761139154434204	47151.351258091985	82.661	28	48700	10.7934548	63	59	0
6	9.292691349983215	10857.36847810469	49.79	10	11200	9.323758	56	32	0

▶ 캐글의 데이터 정보에 따르면 '전용면적'은 제곱미터로 측정되었으며, '거래금액'은 만원 단위입니다.

참고로 E열 '거래금액'과 F열 '거래금액1'은 타깃 변수를 예측할 때 어떠한 역할도 하지 않았습니다. 단지 새로 생성한 예측값과 비교하기 위해 테스트 데이터세트에 담아 두었습니다.

9-6-3 엑셀 회귀 분석

이제 회귀 분석을 엑셀에서 시행해 보겠습니다. 여기서는 3가지 유의사항이 있습니다. 첫째, 챗GPT(실은 백그라운드에서 실행되는 파이썬)는 다양한 예측 모델을 다룰 수 있지만 엑셀은 예측 모델 중에 회귀 분석 모델 하나만 다룰 수 있습니다.

둘째, 엑셀에서 회귀 분석 모델에 입력할 수 있는 설명 변수의 수는 16개에 불과합니다. 우리가 다룰 프로젝트의 데이터세트는 설명 변수가 수십 개에서 수백 개에 이르므로 이 설명 변수 중 일부만 입력할 수 있습니다. 이는 매우 큰 제약 사항이며 실제로 엑셀에서의 성능평가지표(예: R^2값)도 떨어집니다.

셋째, 챗GPT는 타깃 변수의 예측값을 손쉽게 계산해 주는 반면에 엑셀은 추가 수작업이 필요합니다. 가령 챗GPT는 학습 과정을 통해 구한 모델 가중치(회귀 모델의 계수)와 원본 데이터세트를 이용해서 타깃 변수 예측값까지 계산하지만, 엑셀은 회귀 모델의 계수만 보여 줍니다. 일단 회귀 모델 계숫값과 원본 데이터가 있으니 엑셀에서 수식을 작성해서 타깃 변숫값을 계산할 수는 있습니다. 그러나 이는 번거로운 일이고 설명 변수가 16개를 초과하면 회귀 모델 계숫값을 구할 수도 없습니다. 때문에 타깃 변수 예측값 생성은 엑셀보다는 챗GPT로 실행하는 것을 추천합니다.

앞서 챗GPT의 도움으로 원본 데이터세트를 80:20 비율로 학습 데이터세트와 테스트 데이터세트로 나눈 다음 학습 데이터세트로 회귀 모델 가중치를 구했는데요. 이번에는 엑셀에서 이 과정을 진행해 보겠습니다.

01 엑셀에서도 챗GPT에 업로드한 것과 동일한 학습 데이터세트를 사용해야 하므로 저장해 둔 Train_data.csv 파일을 엑셀에서 불러옵니다. 그리고 [다른 이름으로 저장] 기능을 이용해서 이 파일 이름을 Train_data_r.csv 로 바꿔 저장합니다.

> 파일 이름에서 r은 회귀 분석을 뜻하는 Regression의 앞 글자를 따온 것입니다.

	A	B	C	D	E	F	G	H	I
1	전용면적	층	거래금액	거래금액1	연도1	건축년도1	지역코드_2자리_11	지역코드_2자리_26	지역코드_2자리_
2	84.66	11	60000	11.00212	56	33	1	0	
3	72	2	35700	10.48293	61	33	1	0	
4	56.97	4	23600	10.06904	55	29	0	0	

02 C열과 D열에 있는 '거래금액'과 '거래금액1'의 위치를 맨 앞으로 옮기겠습니다. 이를 위해 A열 앞에 2개의 빈 열을 생성합니다.

	A	B	C	D	E	F	G	H	I	J
1			전용면적	층	거래금액	거래금액1	연도1	건축년도1	지역코드_2자리_11	지역코드_2자리
2			84.66	11	60000	11.00212	56	33	1	
3			72	2	35700	10.48293	61	33	1	

03 E열을 선택하고 [Shift] 키를 누른 채 F열을 선택하여 E열과 F열을 동시에 선택합니다. 그리고 마우스 오른쪽 클릭 후 [잘라내기]를 클릭합니다. 그리고 A1셀을 선택한 다음 마우스 오른쪽을 클릭하여 붙여 넣습니다. 비어 있는 E열과 F열은 삭제합니다.

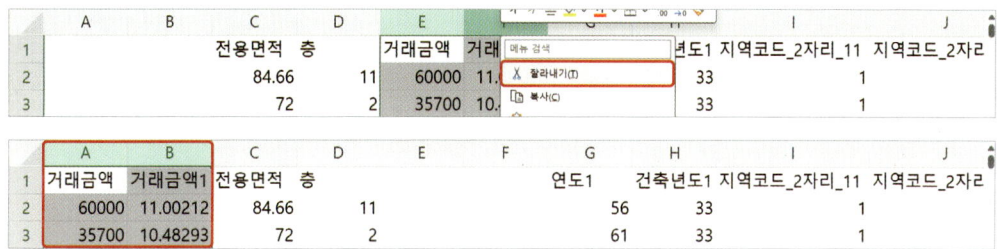

04 [데이터 → 데이터 분석]을 클릭해 '통계 데이터 분석' 창을 연 다음 오른쪽 스크롤 막대를 아래로 내리면 [회귀 분석]이 보입니다. 이를 선택하고 [확인]을 누릅니다.

05 '회귀 분석' 창에서 [입력]의 [Y축 입력 범위] 입력칸에 커서가 놓여 있습니다. 이때 마우스로 B1셀을 클릭 후 [Ctrl] + [Shift] + [↓] 키를 눌러 B열의 값이 있는 전체 영역을 선택합니다. 그러면 [X축 입력 범위] 입력칸에 커서가 놓입니다. 여기서 C1셀을 클릭 후 [Shift] + [→] 키를 한 번씩 계속 눌러 M1셀까지 연속된 영역을 지정합니다. 그 상태에서 [Ctrl] + [Shift] + [↓] 키를 눌러 C열에서 M열까지 값이 있는 모든 영역을 지정합니다.

이 데이터세트는 275개의 열, 즉 275개의 변수가 있는데 우리는 겨우 10개를 조금 넘는 변수만 선택했습니다. 엑셀에서는 16개 이하의 설명 변수만 회귀 분석 모델에 입력할 수 있기 때문입니다. 그리고 화면에서 [이름표] 체크 박스를 클릭하고, 출력 옵션에서 디폴트 설정인 [새로운 워크시트]가 제대로 체크돼 있는지 확인합니다. 마지막으로 [확인]을 클릭합니다.

06 이제 새로운 시트에 회귀 분석 결과가 나타납니다. 챗GPT 결과에서 보았던 R^2값이 [회귀 분석 통계량]의 결정계수로 나타납니다. 275개 변수를 다 사용하지 못하고 겨우 10여 개의 변수만 입력이 가능하다 보니 R^2값이 많이 내려갔습니다. [분산 분석]의 유의한 F값은 0으로 0.05보다 작은데 이는 회귀 분석 계수 중 최소한 하나 이상의 계숫값이 0이 아니라는 의미입니다.

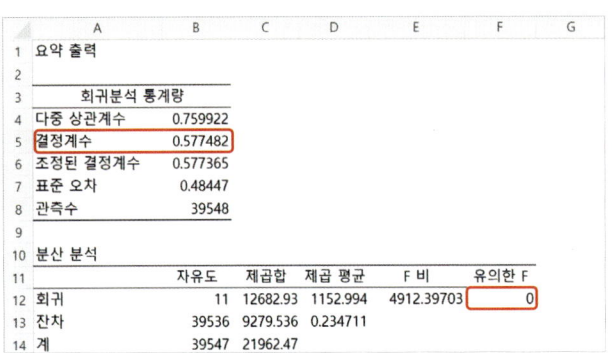

07 여기서 중요한 것은 p값(엑셀에서는 'p-값'으로 표기)입니다. p값이 0.05보다 크면 해당 변수의 계수는 통계적으로 값이 0이 되어서 회귀 분석에서 구한 계수를 무시해야 합니다. [홈 → 조건부 서식 → 셀 강조 규칙 → 보다 큼]을 누르고 비교할 값으로 0.05를 입력했더니 E26셀 p값이 0.05를 초과했습니다. '지역코드_2자리_29' 변수의 계수가 -0.019330이 나왔는데 이 계수를 모델에서 무시하고 0으로 간주하면 됩니다.

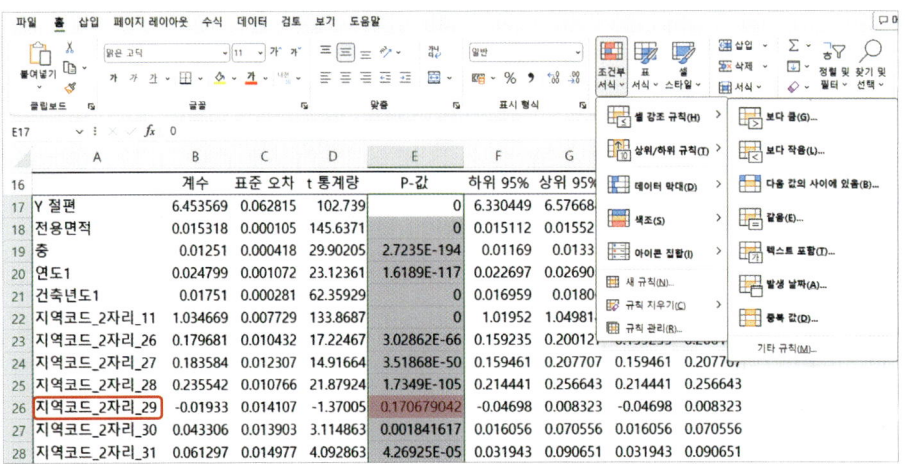

이렇듯 엑셀에서의 회귀 분석은 설명 변수를 16개 이상의 변수를 넣을 수 없는 치명적인 단점이 있습니다. 만약 데이터세트의 설명 변수를 모두 입력하려고 시도하면 에러 메시지가 뜹니다.

데이터세트의 모든 설명 변수를 다 집어넣은 챗GPT에서의 회귀 분석 모델의 R2값이 0.76인데 비해 엑셀에서는 0.58로 나와서 설명력이 상대적으로 낮습니다. 엑셀은 예측 모델을 회귀 분석 모델 하나밖에 못 다루는 데다 설명 변수를 16개밖에 입력할 수 없다는 명백한 한계가 있습니다. 따라서 다음 단계부터는 챗GPT만을 사용해서 여러 예측 모델을 실행하겠습니다.

9-6-4 릿지 모델과 라쏘 모델

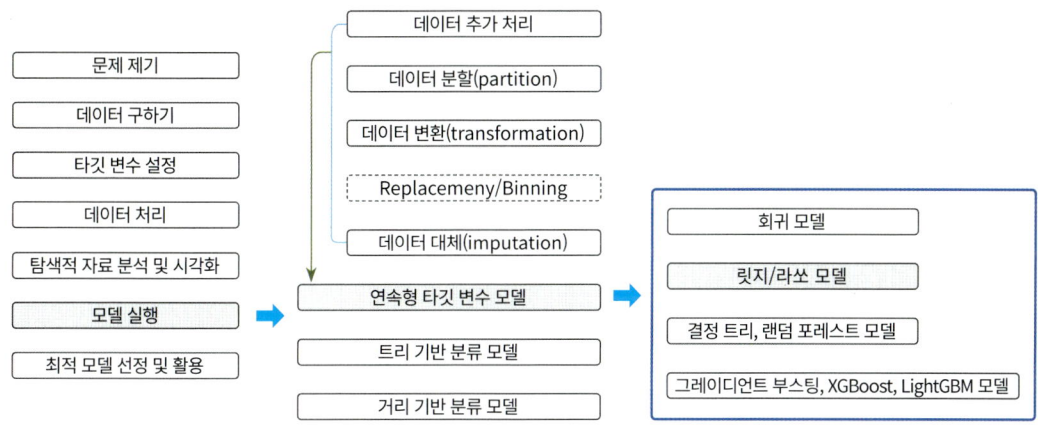

바로 앞에서 회귀 모델을 살펴봤습니다. **릿지 모델**과 **라쏘 모델**은 회귀 모델의 계수에 제약을 건 회귀 모델입니다. 회귀 모델에 L2 제약을 걸면 릿지 모델이 되고, L1 제약을 걸면 라쏘 모델이 됩니다. L2 제약은 모델의 계수의 제곱합에 대해 패널티를 부과하고, L1 제약은 모델의 계수의 절댓값 합에 대해 패널티를 부과합니다. 이를 통해 릿지 모델의 성능을 올리고, 라쏘 모델은 계수가 0에 수렴하는 변수는 제거하는 효과를 냅니다. 이를 챗GPT에서 실행해 보겠습니다.

01 먼저 Train_data.csv 파일과 Test_data.csv 파일을 챗GPT에 업로드하고 다음과 같이 릿지 모델을 학습시키고 표로 요약해 달라고 명령합니다.

▶ 동일한 데이터세트로 동일한 예측 모델을 돌려도 미세하게 성능평가지표가 다르게 나올 수 있으므로 이 책에서는 random_state 파라미터가 있는 모델은 동일한 결과 재현을 위해 해당 값을 '42'로 주고 있습니다. 참고로 앞서 살펴본 회귀 모델은 random_state 파라미터를 지원하지 않기에 사용하지 않았습니다.

Train_data.csv 파일과 Test_data.csv 파일 모두 '거래금액1'이 연속형 타깃 변수이고 '거래금액' 변수를 제외한 나머지 변수는 모두 설명 변수야. Train_data.csv 파일을 이용해서 random_state=42인 사이킷런(sklearn) 라이브러리의 릿지(Ridge) 모델을 학습시키고 Test_data.csv을 이용해서 R-squared, MSE, MAE 성능평가지표 값을 계산해서 반올림한 소수점 5자리까지 표로 요약해서 알려 줘. 표는 한국어로 번역해 주고 모델명은 '릿지 회귀'로 표기해 줘.

모델명	R-squared	MSE	MAE
릿지 회귀	0.76141	0.13688	0.27830

02 릿지 모델의 결정계수 R²값을 향상시키기 위해 **그리드 서치**Gridsearch CV를 실행해 보았습니다. 챗GPT의 백그라운드에서 실행되는 파이썬에서 사이킷런의 그리드 서치 기능을 이용하면 모델의 파라미터(다음 예에서의 alpha 값)를 여러 개 투입하여 최적의 파라미터를 찾을 수 있습니다.

▶ 그리드 서치의 목표는 예측 모델 내부에서 사용하는 다양한 파라미터들의 최적값을 알아내서 모델의 성능, 즉 성능평가 지표를 향상시키려는 데 있습니다.

릿지 회귀 모델에서 Train_data.csv 파일을 대상으로 random_state=42인 릿지 회귀 모델로 GridSearchCV를 실행해서 최적 파라미터 값을 찾아 줘. 릿지 회귀의 제약으로 alpha 값은 [0.1, 1]을 투입하고, solver는 ['auto', 'aga']을 투입해 줘. 그리드 서치 Scoring 기준은 'r2'를 주고, CV 값은 3이며 n_job=-1이야.

이 명령에 사용한 용어 몇 가지를 짚어 보자면 우선 **alpha 값**은 릿지 모델의 계수 크기를 제약하는 강도를 의미하며 값이 클수록 제약 강도가 세고 기본값은 1입니다. 아울러 릿지 모델의 연산 루틴을 정하는 파라미터인 **solver**의 종류도 입력합니다.

Scoring 기준은 그리드 서치가 사용하는 성능평가지표이며, CV는 교차 검증을 위해 학습 데이터세트를 나누는 횟수입니다. **N_job=-1**은 챗GPT에게 주어진 이용자당 CPU를 병렬로 최대한 사용하라는 의미입니다.

▶ 그리드 서치 명령에 대해 챗GPT는 아래처럼 결과를 내놓기도 하지만 어떤 경우에는 내부 리소스 제한으로 작업을 완료할 수 없다고도 말합니다. 아직 챗GPT의 리소스 제한이 엄격하기 때문에 이런 현상이 나타날 수 있으니 결과만 참고하기 바랍니다.

이 명령은 그리드 서치 실행문에서 최소한의 요건들로만 구성되어 있어 작업량이 제일 적은 명령임에도 챗GPT는 시간 초과 에러를 냅니다. 현재 챗GPT의 연산 시간 제약이 어느 정도 완화되는 미래에야 챗GPT 그리드 서치 작업이 원활히 실행될 것 같습니다. 참고로 초반에 실시한 디폴트 릿지 모델은 alpha 값 1과 'auto' solver를 갖고 있는 모델입니다.

03 이어서 라쏘 모델의 결과를 확인하겠습니다. 앞서 릿지 모델에서 사용했던 명령어에서 다음과 같이 키워드만 변경한 다음 동일하게 입력합니다.

Train_data.csv 파일과 Test_data.csv 파일 모두에서 '거래금액1'이 연속형 타깃 변수이고 '거래금액' 변수를 제외한 나머지 변수는 모두 설명 변수야. Train_data.csv 파일을 이용해서 random_state=42인 사이킷런(sklearn) 라이브러리의 라쏘(Lasso) 모델을 학습시키고 Test_data.csv를 이용해서 R-squared, MSE, MAE 성능평가지표 값을 계산해서 반올림한 소수점 5자리까지 표로 요약해서 알려 줘. 표는 한국어로 번역해 주고 모델명은 '라쏘 회귀'로 표기해 줘.

모델명	R-squared	MSE	MAE
라쏘 회귀	0.34588	0.37527	0.47448

이 결과에서는 성능평가지표가 대폭 하락하였습니다만 이는 다루고 있는 데이터세트의 특성이 원인입니다. 다만 데이터세트의 특성이 다르다 해서 항상 이런 결과를 초래하지는 않습니다. 라쏘 모델은 회귀 모델에 L1 제약을 걸어서 모델의 계숫값들을 0으로 만드는 경향이 있습니다. 이는 모델에 투입하는 설명변수 중에 중요하지 않은 변수의 영향력을 제거한다는 의미입니다. 때문에 예측 모델에 투입할 중요 변수만 골라내는 툴로 라쏘 모델을 사용하기도 합니다.

04 이제 학습한 라쏘 모델에서 계숫값이 0이 아닌 변수를 확인하겠습니다.

이렇게 학습된 라쏘 모델에서 계숫값이 0이 아닌 변수 개수와 변수명을 알려 줘.

학습된 라쏘 회귀 모델에서 계숫값이 0이 아닌 변수는 '전용면적'과 '건축년도1' 2개뿐입니다. 따라서 0이 아닌 계수를 가진 변수의 개수는 총 2개입니다.

선택된 변수 개수가 너무 적습니다. 때문에 라쏘 모델의 제약의 강도를 나타내는 alpha 값을 조금 풀어서 0.01, 0.1 등을 순차적으로 넣고 라쏘 모델을 돌려봤습니다. 그 결과 alpha 값 0.01을 적용한 라쏘 모델은 성능평가지표도 대폭 향상됩니다.

05 앞서 릿지 회귀를 돌리는 명령어에서 키워드를 다음과 같이 변경해 이번엔 라쏘 회귀를 돌려 보겠습니다.

Train_data.csv 파일과 Test_data.csv 파일 모두에서 '거래금액1'이 연속형 타깃 변수이고 '거래금액' 변수를 제외한 나머지 변수는 모두 설명 변수야. Train_data.csv 파일을 이용해서 random_state=42, alpha=0.01인 라쏘(Lasso) 모델을 학습시키고 Test_data.csv를 이용해서 R-squared, MSE, MAE 성능평가지표 값을 계산해서 반올림한 소수점 5자리까지 표로 요약해서 알려 줘. 표는 한국어로 번역해 주고 모델명은 '라쏘 회귀'로 표기해 줘.

모델명	R-squared	MSE	MAE
라쏘 회귀	0.67517	0.18636	0.32991

05 비록 성능평가지표가 회귀 모델이나 릿지 모델에 미치지는 못하지만 우리 목적은 중요한 설명 변수를 파악하는 것이므로 괜찮습니다. 이 라쏘 모델은 15개의 중요한 설명 변수를 뽑아줍니다. 이를 알아내기 위해 계수값이 0이 아닌 변수를 알려 달라고 질문합니다. 그 결과는 다음과 같습니다.

방금 학습시킨 모델에서 계숫값이 0이 아닌 변수를 알려 줘.

alpha=0.01로 설정된 라쏘 회귀 모델에서 계숫값이 0이 아닌 변수는 총 15개입니다. 이 변수들은 다음과 같습니다.

전용면적, 층, 연도1, 건축년도1

지역코드_2자리_11, 지역코드_2자리_26, 지역코드_2자리_27, 지역코드_2자리_28

지역코드_2자리_41, 지역코드_2자리_43, 지역코드_2자리_44, 지역코드_2자리_45

지역코드_2자리_46, 지역코드_2자리_47,

법정동1_기타동

06 이렇게 선택된 중요 설명 변수 15개에 타깃 변수 '거래금액1'을 모아서 다운로드하겠습니다. 다운로드받은 파일 이름을 Train_data16.csv와 Test_data16.csv로 바꾸고 컴퓨터에 저장합니다.

 Train_data.csv 파일과 Test_data.csv 파일에서 타깃 변수 '거래금액1'과 지금 선택된 15개 변수만 별도로 뽑아서 새롭게 파일을 다운로드받을 수 있게 해줘. 한글은 깨지지 않게 하고.

 … 다운로드 링크는 다음과 같습니다.

Train_data16.csv

Test_data16.csv …

07 앞서 저장한 파일 중 Train_data16.csv를 엑셀로 불러와서 Train_data16_r.csv로 저장하고 Chapter 09-6-3처럼 엑셀 회귀 분석을 해보겠습니다. 앞서 진행했던 회귀 분석은 설명 변수가 나타난 순으로 16개 미만의 변수만 입력했기에 전체 데이터세트를 모두 입력하지 못했지만 라쏘 모델로 선택된 중요 변수는 16개 이하라서 엑셀 회귀 분석을 온전히 수행할 수 있습니다. 그 결과는 다음과 같습니다.

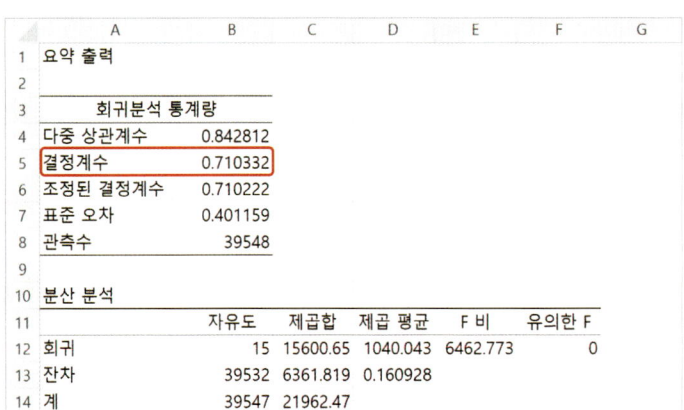

다음은 지금까지의 결과를 요약한 표입니다.

모델별 R^2값	디폴트 모델	비고
회귀 모델	0.76142	0.71033 (16개 변수 데이터세트)
릿지 회귀	0.76141	
라쏘 회귀	0.34588	0.67517 (16개 변수 데이터세트)

9-6-5 결정 트리 모델

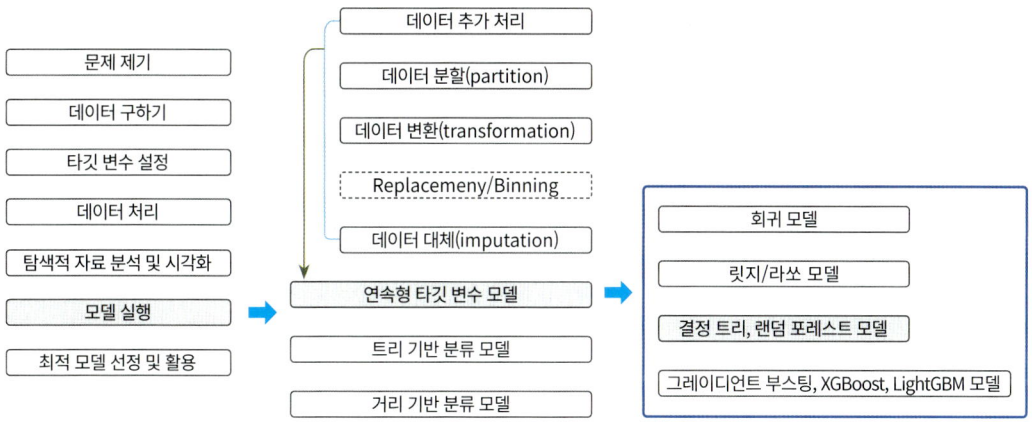

회귀, 릿지 회귀, 라쏘 회귀 모델은 연속형 타깃 변수 거리 기반 모델에 속합니다. 그런데 지금부터 다룰 결정 트리, 랜덤 포레스트, 그레이디언트 부스팅, XGBoost, LightGBM모델은 트리 기반 모델이며 이 역시 연속형 타깃 변수 모델을 처리할 수 있습니다.

결정 트리 Decision Tree는 분류와 회귀에 모두 사용할 수 있습니다. 이 모델은 주어진 학습 데이터세트의 특성으로부터 유추할 수 있는 의사결정 규칙Decision Rules을 학습합니다. 그리고 이 규칙을 테스트 데이터세트의 타깃 변숫값을 예측하는 데 사용합니다. 데이터를 선으로 연결된 상자 모양의 노드로 표현해 가지를 뻗은 나무와 같다고 하여 트리(Tree)라는 이름이 붙입니다. 결정 트리는 단순한 구조로서 이해하기 쉽고 해석이 명확하다는 장점이 있는 반면 과적합Overfitting하기 쉽다는 단점이 있습니다.

앞서 우리는 트리 기반 데이터세트 Apart_tree.csv를 만들어 두었습니다. 지금부터는 트리 기반 모델을 다루기 때문에 이 데이터세트를 사용합니다. 다만 여기서도 연속형 타깃 변수인 '거래금액1'을 사용하는 데이터세트와 이진수 타깃 변수인 '거래금액_B'를 사용하는 데이터세트로 나누겠습니다.

01 우선 연속형 타깃 변수 모델용 데이터세트를 만들어 보겠습니다. 엑셀에서 Apart_tree.csv를 불러옵니다.

02 '거래금액_B'는 이진수 타깃 변수이며 연속형 타깃 변수를 다루는 이 절에서는 필요하지 않으므로 F열을 삭제합니다. 이 파일을 Apart_tree1.csv라는 이름으로 컴퓨터 [문서 → Book4 → Ch9]에 저장합니다.

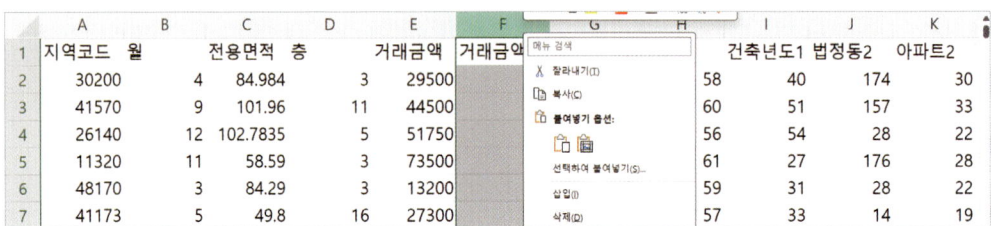

03 한편 이진수 타깃 변수 거리 기반 분류 모델에서는 이진수 타깃 변수 '거래금액_B'가 필요하고, 오히려 연속형 타깃 변수인 '거래금액'과 로그 변환값인 '거래금액1'이 필요 없습니다. 다시 Apart_tree.csv를 엑셀에서 열고 이번에는 E열과 G열에 있는 '거래금액'과 '거래금액1' 변수와 값을 제거합니다. 이 파일은 Apart_tree2.csv로 [문서 → Book4 → Ch9]에 저장합니다. 이렇게 최종 데이터세트는 다음과 같습니다.

트리 기반 모델용 최종 데이터세트

- Apart_tree1.csv: 연속형 타깃 변수 트리 기반 모델용
- Apart_tree2.csv: 이진수 타깃 변수 트리 기반 모델용

▶ Apart_tree1.csv 파일만 예제로 사용합니다.

04 지금부터는 트리 기반 모델을 사용할 것이므로 이제 바로 앞 절에서 작성한 Apart_tree1.csv 데이터세트를 사용하겠습니다. 이 데이터세트는 트리 기반 모델중에서도 연속형 타깃 변수인 아파트 '거래금액1'을 예측하는 경우에 딱 들어맞는 데이터세트입니다. 챗GPT 데이터세트를 업로드하고 변수명을 확인하겠습니다.

변수명을 알려 줘.

… 파일에 포함된 변수명은 다음과 같습니다.

지역코드, 월, 전용면적, 층, 거래금액, 거래금액1, 연도1, 건축년도1, 법정동2, 아파트2

05 이어서 학습과 테스트용 데이터세트로 분할을 요청한 다음 학습 데이터세트 파일은 Train_data1.csv로, 테스트 데이터세트 파일은 Test_data1.csv로 이름을 바꿔서 [문서 → Book4 → Ch9]에 저장합니다.

이 데이터세트를 학습(training) 데이터세트와 테스트(test) 데이터세트로 80:20비율로 나눠 줘. 이때 Random_state는 42로 설정해 적용해 줘. 그리고 이렇게 생성된 학습 데이터세트와 테스트 데이터세트를 다운로드받게 해줘. 한글은 깨지지 않게 하고.

… 다운로드 링크는 다음과 같습니다.

학습 데이터세트 다운로드

테스트 데이터세트 다운로드 …

06 챗GPT에 두 파일의 행과 열 수를 확인합니다. Chapter 09-5-3에서 알아본 Apart_tree.xlsx의 열 수는 11개였습니다. 여기서 '거래금액_B' 변수를 제거한 Apart_distance1.xlsx의 열 수는 10개로 줄었고 이를 80:20으로 데이터 분할한 결과에도 반영돼 있습니다.

학습 데이터세트와 테스트 데이터세트의 행과 열을 알려주되 표 형식으로 정리해서 알려 줘. 표 내용은 한국어로 번역해서 알려 주고.

데이터셋	행 수	열 수
학습 데이터셋	39548	10
테스트 데이터셋	9888	10

07 Train_data1.csv 파일과 Test_data2.csv 파일을 다시 챗GPT에 업로드하고 다음과 같이 물어보겠습니다.

Train_data1.csv 파일과 Test1_data.csv 파일 모두에서 '거래금액1'이 연속형 타깃 변수이고 '거래금액' 변수를 제외한 나머지 변수는 모두 설명 변수야. Train_data1.csv를 이용해서 random_state=42인 결정 트리 회귀(DecisionTreeRegressor) 모델을 학습시키고 Test_data1.csv를 이용해서 R-squared, MSE, MAE 성능평가지표 값을 계산해서 반올림한 소수점 5자리까지 표로 요약해서 알려 줘. 표는 한국어로 번역해 주고 모델명은 '결정 트리 회귀'로 표시해 줘.

모델명	R-squared	MSE	MAE
결정 트리 회귀	0.82026	0.10312	0.22501

08 이제 결정 트리 모델로 그리드 서치를 진행했지만 시간 초과 에러로 답을 얻지 못했습니다. 다만 이 명령은 그리드 서치 최소 작업량에 가깝다는 점에서 참고하는 것이 좋습니다.

▶ max_depth란 결정 트리 모델의 노드들이 아래로 나무 뿌리처럼 확장하는 층의 최댓값을 의미합니다.

Train_data1.csv 파일을 대상으로 random_state=42인 결정 트리 회귀(DecisionTreeRegressor) 모델로 GridSearchCV를 실행해서 최적 파라미터(best parameters) 값을 찾아 줘. 결정트리 회귀의 max_depth=[5, 10] 값을 사용하고. 그리드 서치 Scoring 기준은 'r2'를 주고, CV값은 3이며 n_job=-1이야.

? 궁금해요! 생성 AI로 그리드 서치를 진행할 다른 방법은 없나요?

생성 AI로 그리드 서치를 진행하기 위한 대안은 크게 2가지가 있습니다. 첫 번째는 챗GPT에게 max_depth를 개별적으로 주고(예: max_depth=15) 성능평가지표를 수동으로 비교하는 것입니다. 단, 시간이 많이 걸릴 뿐 아니라 데이터 분석에 '가내 수공업'의 그림자를 짙게 드리웁니다. 게다가 챗GPT에 상당량의 데이터세트를 넣고 몇 시간 작업을 계속하면 내부 로직이 꼬이거나 사용자당 이용 제한에 걸려 최소 1, 2시간은 쉬어야 합니다. 때문에 챗GPT에서 '가내 수공업'을 통한 데이터 분석은 피하는 것이 좋습니다.

두 번째 대안은 구글 코랩에서 직접 파이썬 그리드 서치를 실행하는 것입니다. 이 책에서 그리드 서치 관련 작업은 모두 파이썬으로 수행했으며 그 결과 파일은 이 책이 제공하는 깃허브 URL(https://github.com/jasonyim2/book4)의 Ch9 폴더에 올려 두었으니 참조하기 바랍니다(파이썬 ipynb 파일의 코드 해석은 《플로우가 보이는 머신러닝 프로젝트》(임선집 외 2명, 루비페이퍼)를 참고하기 바랍니다).

09 챗GPT 대신 파이썬 그리드 서치로 찾은 최적의 `max_depth`는 12입니다. 이 모델의 최적 성능평가지표를 챗GPT에서 구하려면 다음과 같이 명령하면 됩니다.

Train_data1.csv 파일과 Test1_data.csv 파일 모두에서 '거래금액1'이 연속형 타깃 변수이고 '거래금액' 변수를 제외한 나머지 변수는 모두 설명 변수야. Train_data1.csv를 이용해서 random_state=42, max_depth=12인 결정 트리 회귀(DecisionTreeRegressor) 모델을 학습시키고 Test_data1.csv를 이용해서 R-squared, MSE, MAE 성능평가지표 값을 계산해서 반올림한 소수점 5자리까지 표로 요약해서 알려 줘. 표는 한국어로 번역해 주고 모델명은 '결정 트리 회귀'로 표시해 줘.

모델명	R-squared	MSE	MAE
결정 트리 회귀	0.83801	0.09294	0.22657

디폴트 결정 트리 모델보다 최적 `max_depth`를 입력한 결정 트리 모델의 성능평가지표가 더 향상된 것을 확인할 수 있습니다.

9-6-6 랜덤 포레스트 모델

여러 모델의 결과를 종합해서 더 좋은 성능을 내는 방법을 **앙상블**^{Ensemble} 기법이라고 합니다. 앙상블은 '백지장도 맞들면 낫다'라는 개념으로 평범한 사람의 지혜를 모아서 구성한 집단 지성이 뛰어난 한 명의 지혜를 넘어설 수 있는 이치와 같습니다. 즉, 문제에 대한 여러 답을 내고 그 평균 내거나 다수결 투표로 데이터세트의 특성에 좌우되지 않고 안정적인 해답을 얻을 수 있습니다.

앙상블은 **보팅**^{Voting}, **배깅**^{Bagging}, **부스팅**^{Boosting} 방식이 있습니다. 보팅과 배깅은 기본 모델, 즉 약한 학습기^{Weak learners}들을 여러 번 수행하여 평균이나 다수결 투표로 결과를 내는 방식입니다. 보팅은 서로 다른 종류의 약한 학습기를 이용하고, 배깅은 동일한 종류의 약한 학습기를 사용하는 것이 차이점입니다. 여기서 다룰 **랜덤 포레스트**^{Random Forest} 모델은 배깅 방식을 사용합니다.

> ▶ 개별 모델은 데이터세트에 따라 좋은 성능을 내기도 하고 나쁜 성능을 낼 수도 있습니다. 예를 들어 결정 트리 모델은 트리의 뎁스에 따라 성능이 달라집니다. 각기 다른 뎁스의 결정 트리 모델들을 약한 학습기1, 약한 학습기2, … 이런 식으로 간주할 수 있습니다.

랜덤 포레스트는 다수의 결정 트리 모델을 생성해서 다수결 혹은 평균을 적용하여 조합한 모델입니다. 동일한 학습 데이터세트에서 각기 다른 입력 변수와 데이터 샘플을 사용하여 여러 개의 소규모 트리들을 생성한 후 조합합니다. 결정 트리 기반의 모델은 분류 문제뿐만 아니라 회귀 문제에도 적용할 수 있습니다. 따라서 기본 모델로 결정 트리 모델을 사용하는 랜덤 포레스트 모델도 회귀 문제에 적용할 수 있습니다. 이를 위해 다음과 같이 챗GPT에 타깃 변수와 설명 변수를 알려 주고 랜덤 포레스트 회귀 모델 학습을 명령합니다.

> ▶ 챗GPT는 동적으로 메모리나 작업 시간을 할당하는 것으로 추정됩니다. 따라서 시간 초과 에러가 나면 n_estimators나 max_depth 값을 더 줄여서 시도해 보기 바랍니다.

Train_data1.csv 파일과 Test1_data.csv 파일 모두에서 '거래금액1'이 연속형 타깃 변수이고 '거래금액' 변수를 제외한 나머지 변수는 모두 설명 변수야. Train_data1.csv를 이용해서 random_state=42, n_estimators=50, max_depth=10인 랜덤 포레스트 회귀 (RandomForestRegressor) 모델을 학습시키고 Test_data1.csv를 이용해서 R-squared, MSE, MAE 성능평가지표 값을 계산해서 반올림한 소수점 5자리까지 표로 요약해서 알려 줘. 표는 한국어로 번역해 주고 모델명은 '랜덤 포레스트 회귀'로 표시해 줘.

모델명	R-squared	MSE	MAE
랜덤 포레스트 회귀	0.85201	0.0849	0.21984

n_estimator는 랜덤 포레스트 모델이 생성하는 개별 결정 트리의 개수이며 기본값은 100이지만 작업량 경감을 위해 50으로 주었습니다. max_depth의 기본값은 무제한이지만 이 역시 작업량 경감을 위해 10으로 주었습니다.

이제 성능평가지표를 확인해 보면 값이 오른 것을 확인할 수 있습니다. 파이썬 그리드 서치 작업 결과 랜덤 포레스트 최적 max_depth=26, 최적 모델 R^2값은 0.90605이 나왔습니다.

모델별 R^2값	디폴트 모델	그리드 서치 모델
결정 트리 회귀	0.82026	0.83801
랜덤 포레스트 회귀	0.85201	0.90605

챗GPT에서 지원하지 않거나 오류가 발생하는 경우 파이썬에서 진행했으며(굵은 숫자) 파이썬 파일은 이 책에서 제공하는 깃허브에서 확인할 수 있습니다.

9-6-7 그레이디언트 부스팅, XGBoost, LightGBM 모델

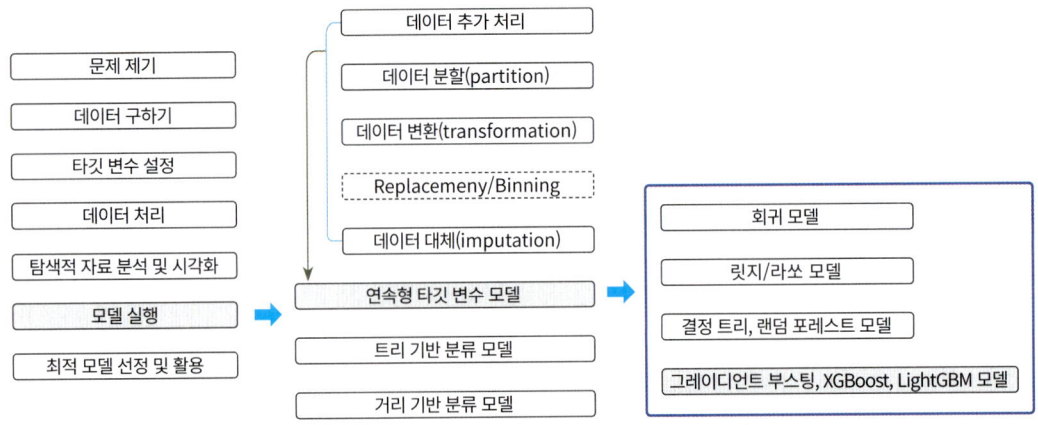

그레이디언트 부스팅 모델

그레이디언트 부스팅^{Gradient Boosting} 모델은 부스팅 방식에 속하는 앙상블 기법입니다. 부스팅은 기본 모델인 약한 학습기를 순차적으로 학습시키는 방식으로, 그레이디언트 부스팅은 다수의 결정 트리 모델을 생성한 후 이들을 조합한 모델입니다. 결정 트리 기반 모델은 분류 문제뿐만 아니라 회귀 문제에도 적용할 수 있습니다. 따라서 약한 학습기(기본 모델)로 결정 트리 모델을 사용하는 그레이디언트 부스팅 모델은 물론 뒤에서 다룰 XGBoost와 LightGBM 모델도 회귀 문제에 적용할 수 있습니다.

그레이디언트 부스팅 모델을 실행하려면 챗GPT에게 다음과 같이 질문합니다.

Train_data1.csv 파일과 Test1_data.csv 파일 모두에서 '거래금액1'이 연속형 타깃 변수이고 '거래금액' 변수를 제외한 나머지 변수는 모두 설명 변수야. Train_data1.csv를 이용해서 random_state=42, n_estimators=30, max_depth=10인 GradientBoostingRegressor 모델을 학습시키고 Test_data1.csv를 이용해서 R-squared, MSE, MAE 성능평가지표 값을 계산해서 반올림한 소수점 5자리까지 표로 요약해서 알려 줘. 표는 한국어로 번역해 주고 모델명은 "그레이디언트 부스팅 회귀"로 표시해 줘.

모델명	R-squared	MSE	MAE
그레이디언트 부스팅 회귀	0.89151	0.06224	0.18574

n_estimator는 모델이 생성하는 개별 결정 트리의 개수며 기본값은 100이지만 작업량 경감을 위해서 30을 주었습니다. max_depth 값은 다른 트리 계열 모델과의 균형을 맞추기 위해 10을 주었습니다.

XGBoost 모델

XGBoost 모델은 그레이디언트 부스팅 모델을 보완한 모델로, 규제를 더 가해 과적합을 방지하고 더 나은 성능을 냅니다. 아울러 그레이디언트 부스팅 모델을 병렬로 학습할 수 있습니다. 다만 아쉽게도 XGBoost 디폴트 모델을 챗GPT에서 실행하면 시간 초과 에러가 발생합니다. XGBoost 모델의 n_estimators와 max_depth 파라미터 값을 8 이하로 주면 챗GPT에서 실행은 되나 R^2값이 너무 낮거나 음수가 나옵니다. 챗GPT에 따르면 R-squared 값이 음수라는 것은 해당 모델의 예측이 평균보다도 나쁘다는 것을 의미합니다.

평균 예측이란 단순히 타깃 변수의 평균값을 사용하는 것을 말합니다. 따라서 이 절의 데이터세트로 XGBoost 모델을 챗GPT에서 실행하는 것은 무리입니다. 이에 파이썬으로 구한 XGBoost 모델 성능평가지표 값을 LightGBM 모델을 언급할 때 같이 공개하겠습니다.

▶ 챗GPT에서 XGBoost 모델을 실행하는 과정은 Chapter 10-7-2를 참고하기 바랍니다.

LightGBM 모델

이어서 소개할 모델은 **LightGBM**입니다. XGBoost 모델의 실행 시간을 단축시킨 모델로, 트리를 성장시킬 때 대칭이 아닌 비대칭으로 성장한다는 특징이 있습니다. 따라서 학습 시간과 작업에 필요한 메모리가 대폭 줄어듭니다. XGBoost와 LightGBM 두 모델이 트리를 성장시키는 방법은 다음과 같습니다.

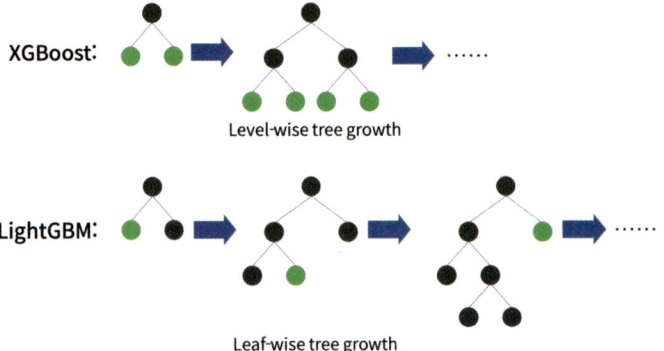

LightGBM도 결정 트리 기반 모델이므로 분류 문제뿐만 아니라 회귀 문제에도 적용할 수 있습니다. 그러나 이 책을 쓰는 현재 기준으로 챗GPT는 LightGBM 모델을 지원하지 않습니다. 이 모델은 파이썬으로 실행하는 것이 현재로서는 최선입니다.

 챗GPT-4 Data Analyst 플러그인은 LightGBM 모델을 쓸 수 없니?

 제 시스템에서 LightGBM 라이브러리를 사용할 수 없는 것으로 확인되었습니다.

다음 표는 앞서 소개한 파이썬 ipynb 파일에서 실행한 세 모델의 성능평가지표를 정리하여 요약한 결과이니 참조하기 바랍니다.

모델별 R^2값	디폴트 모델	그리드 서치 모델
그레이디언트 부스팅 모델	0.89151	0.92191
XGBoost 모델	0.91379	0.92287
LightGBM 모델	0.88972	0.92870

챗GPT에서 지원하지 않거나 오류가 발생하는 경우 파이썬에서 진행했으며(굵은 숫자) 파이썬 파일은 이 책에서 제공하는 깃허브에서 확인할 수 있습니다.

9.7 최적 모델 선정 및 활용

지금까지 연속형 타깃 변수 모델로 아파트 거래 가격 예측 데이터세트의 '거래금액'을 대신해서 로그 변환된 값 '거래금액1'을 예측하는 성능을 알아봤습니다. 참고로 '거래금액1'은 로그를 제거한 원래 스케일의 값 '거래금액'으로 변환할 수 있습니다. 다음은 지금까지 수행한 모든 모델의 성능평가지표 R^2값을 요약한 표입니다. 디폴드 모델과 그리드 서치 모델까지 포함하면 LightGBM 그리드 서치 모델이 가장 우수한 최적 모델입니다. 차선 모델은 XGBoost 그리드 서치 모델입니다.

모델별 R²값	디폴트 모델	비고 및 그리드 서치 모델
회귀 모델	0.76142	0.71033 (16개 변수 데이터세트)
릿지 회귀	0.76141	
라쏘 회귀	0.34588	0.67517 (16개 변수 데이터세트)
결정 트리 회귀	0.82026	0.83801
랜덤 포레스트 회귀	0.85201	0.90605
그레이디언트 부스팅 모델	0.89151	0.92191
XGBoost 모델	0.91379	0.92287 (2위)
LightGBM 모델	0.88972	0.92870 (1위)

챗GPT에서 지원하지 않거나 오류가 발생하는 경우 파이썬에서 진행했으며(굵은 숫자) 파이썬 파일은 이 책에서 제공하는 깃허브에서 확인할 수 있습니다.

이 표에서 언급한 모델 중 회귀 모델부터 그레이디언트 부스팅 모델까지는 챗GPT에서 실행할 수 있었지만 XGBoost 모델부터는 연산량이 많아서 시간 초과 에러를 냅니다. 랜덤 포레스트 모델과 그레이디언트 부스팅 모델도 파라미터 값을 작게 지정하지 않으면 시간 초과 에러를 발생시킵니다. 이는 랜덤 포레스트 모델부터 앙상블 모델이어서 연산량이 많아지기 때문입니다. 또, 챗GPT는 LightGBM 모델을 현재 시점에서는 지원하지 않으며 시간 초과 에러로 그리드 서치 기능을 대부분 사용할 수 없다는 점에 유의하기 바랍니다.

아울러 앞서 회귀 모델에서 다음과 같이 타깃 변수를 예측한 바 있습니다. 이처럼 설명 변숫값을 제대로 얻을 수 있으면 타깃 변수를 예측할 수 있습니다. 각 예측 모델에 설명 변수를 입력해서 타깃 변수의 값을 생성할 수 있기 때문입니다.

	A	B	C	D	E	F	G	H	I
1	거래금액1_예측	거래금액_예측	전용면적	층	거래금액	거래금액1	연도1	건축년도1	지역코드_2자리_11
2	10.241620421409607	28045.53633223612	84.55	6	23500	10.0647982	60	37	0
3	10.646713852882385	42053.17104044237	80.92	1	37800	10.5400908	55	30	1
4	9.503607630729675	13407.010833773107	39.61	1	14500	9.5819728	62	31	0
5	10.761139154434204	47151.351258091985	82.661	28	48700	10.7934548	63	59	0
6	9.292691349983215	10857.36847810469	49.79	10	11200	9.323758	56	32	0

이 예측이 얼마나 정확한지는 성능평가지표로 답할 수 있습니다. 예를 들어 최적 모델 LightGBM 그리드 서치 모델은 주어진 데이터 분산에 대한 설명력이 92.87%입니다. 이 데이터세트에는 최적 모델의 예측 결과를 사용하면 됩니다. 매출, 비용, 수요량을 예측하거나 가격을 책정해야 할 때 이렇게 최적 모델을 활용하면 됩니다.

이 프로젝트에서는 지면 제약상 연속형 타깃 변수를 다루는 모델만 취급했습니다. 이후 살펴볼 두 번째 프로젝트에서는 이진수 타깃 변수를 다루는 분류 모델도 다루겠습니다.

아울러 우리는 앞서 생성한 두 데이터세트에 이진수 타깃 변수인 '거래금액_B'를 포함시켜 두었습니다. 다음 프로젝트에서 배울 분류 모델을 이 데이터세트에 적용하려면 다음 데이터세트를 사용하면 됩니다.

- Apart_tree2.csv: 이진수 타깃 변수 트리 기반 모델용
- Apart_distance2.csv: 이진수 타깃 변수 거리 기반 모델용

CHAPTER 10

공유 자전거 수요 예측

Chapter 09의 서두에서 비즈니스 분석에서 궁금한 것은 '예측'이고 그 대상은 매출액, 거래 가격, 수요량, 비용 등이라고 언급했습니다. 지금까지 거래 가격을 예측해 보았으니 이번 챕터에서는 공유 자전거와 관련된 데이터세트를 활용해 수요량을 예측해 보겠습니다. 수요 예측을 트리, 거리 기반 분류 모델까지 추가로 실행합니다. Chapter 09와 유사하게 처음부터 회귀 모델까지는 챗GPT와 엑셀로 분석을 실행하고 나머지 모델과 로지스틱 회귀, 릿지, 라쏘, 신경망, KNN, SVM 모델까지 챗GPT로 실행하고 파이썬으로 검증한 성능평가지표 병기합니다. 여기서도 여러분의 업무 관련 데이터세트를 활용해 이 예측 과정을 따라하면 더 많은 분석 성과를 얻을 수 있습니다.

10-1 데이터 분석 프로젝트의 시작 3단계

10-2 데이터 처리 1 - ID 변수, 타깃 변수

10-3 데이터 처리 2 - 기타 변수 데이터 처리

10-4 탐색적 자료 분석 및 시각화

10-5 모델 실행 전 데이터 처리

10-6 연속형 타깃 변수 모델

10-7 트리 기반 분류 모델

10-8 거리 기반 분류 모델

10-9 최적 모델 선정 및 활용

10.1 데이터 분석 프로젝트의 시작 3단계

데이터 분석 프로젝트는 앞서 살펴본 순서도에 따라 진행됩니다. 따라서 1단계 문제 제기부터 2단계 데이터 구하기 그리고 3단계 타깃 변수 설정까지 한번에 살펴보겠습니다.

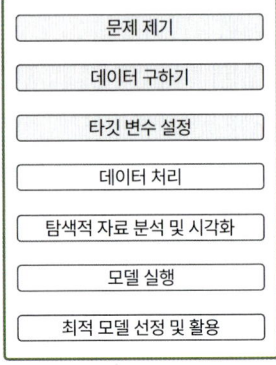

10-1-1 문제 제기, 데이터 구하기, 타깃 변수 설정

01 기업을 운영하는 데 있어 고객 수요를 예측한다는 것은 경쟁 우위를 점하는 것입니다. 회사 주력 제품이나 서비스에 대한 수요를 예측할 수 있다면 기획이나 마케팅 부서에서 두각을 나타낼 수 있습니다. 이번 프로젝트에서는 공유 자전거 사업과 관련해 다음과 같이 문제를 제기합니다.

문제 제기: 과거의 공유 자전거 수요 데이터를 가지고 현재 혹은 미래의 고객 수요를 예측하고 싶다.

02 캐글(www.kaggle.com) 사이트에서 "Seoul Bike"를 검색한 다음 'Seoul Bike Sharing Demand Prediction' 데이터세트를 찾습니다.

▶ 또는 https://bit.ly/47CjC2X를 웹브라우저 주소창에 입력하면 곧장 데이터세트 페이지로 이동할 수 있습니다.

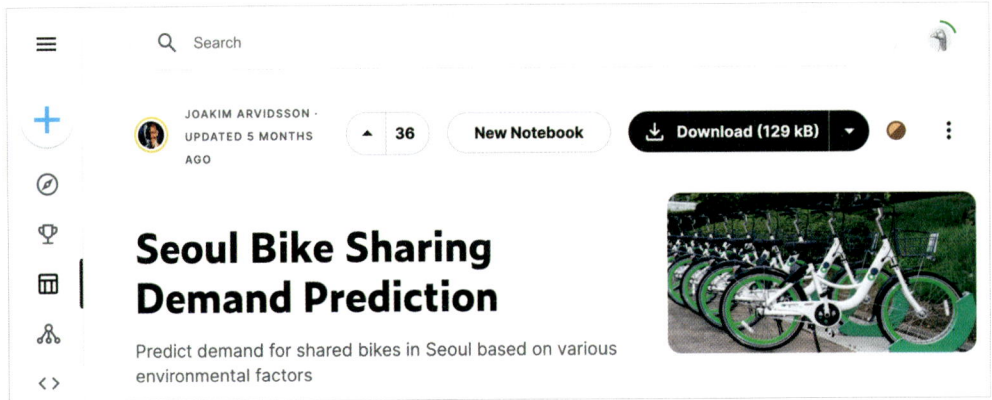

03 페이지를 스크롤하면 데이터세트 설명 및 변수 정보를 볼 수 있습니다.

▶ 데이터 분석 분야에서 변수는 속성 혹은 특성(Attribute)이라고도 합니다.

About Dataset

Data Description:

The dataset contains weather information (Temperature, Humidity, Windspeed, Visibility, Dewpoint, Solar radiation, Snowfall, Rainfall), the number of bikes rented per hour and date information.

Attribute Information:

- Date : year-month-day
- Rented Bike count - Count of bikes rented at each hour
- Hour - Hour of he day
- Temperature-Temperature in Celsius
- Humidity - %
- Windspeed - m/s
- Visibility - 10m
- Dew point temperature - Celsius
- Solar radiation - MJ/m2
- Rainfall - mm
- Snowfall - cm
- Seasons - Winter, Spring, Summer, Autumn
- Holiday - Holiday/No holiday
- Functional Day - NoFunc(Non Functional Hours), Fun(Functional hours)

∧ View less

이 데이터세트 설명과 변수 정보를 번역하면 다음과 같습니다.

데이터세트 정보

데이터 설명: 데이터세트에는 날씨 정보(온도, 습도, 풍속, 가시성, 이슬점, 일사량, 강설량, 강수량), 시간당 대여 자전거 수 및 날짜 정보가 포함되어 있습니다.

변수(속성) 정보:

- Date(날짜): 연월일
- Rented Bike Count(임대 자전거 수): 매시간 대여된 자전거 수
- Hour(시간): 그 날의 시간
- Temperature(온도): 섭씨
- Humidity(습도): %
- Wind speed(풍속): m/s

- Visibility(가시성): 10m
- Dew point temperature(이슬점 온도): 섭씨
- Solar Radiation(태양 복사): MJ/m2(제곱미터당 메가 줄)
- Rainfall(강우량): mm
- Snowfall(강설량): cm
- Seasons(계절): 봄, 여름, 가을, 겨울
- Holiday(휴일): 공휴일/무휴
- Functional Day(영업 여부): NoFunc(비영업 시간), Fun(영업 시간)

▶ 이 데이터세트에서는 Wind speed와 Solar Radiation 등 변수명의 대소문자 적용이 불규칙합니다. 이 책에서도 원본 데이터세트 그대로 사용하기 위해 변수명을 그대로 사용합니다. 또한 맨 마지막 변수명 Functional Day는 Functioning Day로 바로 잡습니다. 이는 캐글의 오기입니다. 타 캐글 화면과 데이터세트 자체에는 Functioning Day로 입력돼 있습니다.

04 데이터세트 페이지에서 [Download] 버튼을 클릭하여 데이터세트를 다운 받습니다. 다운로드 파일의 압축을 풀면 SeoulBikeData.csv 파일이 생성됩니다.

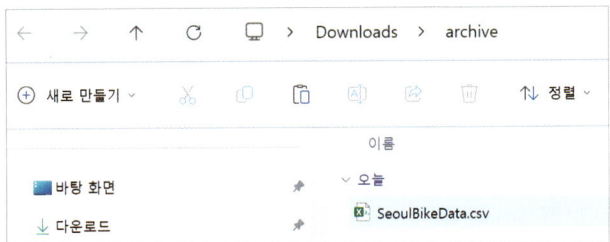

05 파일을 엑셀로 실행합니다. A열을 클릭하면 화면 오른쪽 아래에 8,761개의 줄을 가지고 있다고 표시됩니다. 변수명이 들어 있는 첫 행을 제외하면 8,760줄입니다. 데이터 분석 작업용 용량으로는 규모가 작은 베이비 데이터세트 수준입니다. 이 데이터세트를 새 이름으로 저장하겠습니다. [문서 → Book4 → Ch10] 폴더에 Bike.csv라는 이름의 CSV 파일과 Bike.xlsx라는 이름의 엑셀 파일(xlsx)로 각기 저장합니다.

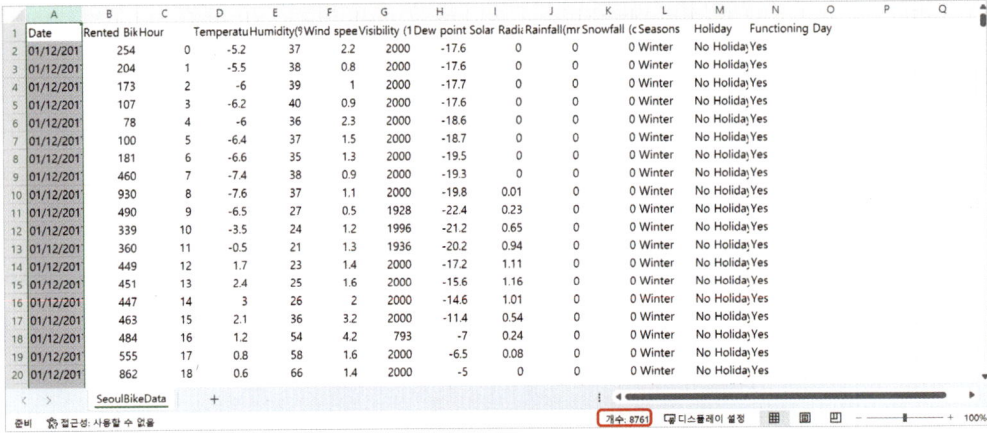

> **? 궁금해요!** **기호가 깨져 보여요!**
>
> 섭씨 등을 나타내는 기호는 윈도우에서는 제대로 표기되지만 맥에서는 깨져 보일 수 있습니다. 이는 %, m/s, 10m, …등의 측정 단위를 변수명에서 모두 지우면 됩니다.
>
>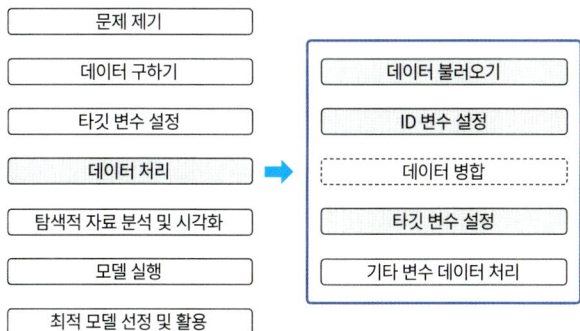

06 앞서 '문제 제기' 단계에서 "공유 자전거 수요를 예측하고 싶다."고 했으므로 이 프로젝트의 타깃 변수는 공유 자전거 수요 즉 'Rented Bike Count'가 됩니다.

- **타깃 변수:** Rented Bike Count

10.2 데이터 처리 1 – ID 변수, 타깃 변수

```
문제 제기
데이터 구하기
타깃 변수 설정          데이터 불러오기
데이터 처리       →    ID 변수 설정
탐색적 자료 분석 및 시각화   데이터 병합
모델 실행               타깃 변수 설정
최적 모델 선정 및 활용    기타 변수 데이터 처리
```

10-2-1 데이터 불러오기 & ID 변수 설정하기

앞서 저장해 둔 2개의 파일 중 [문서 → Book4 → Ch10]에 저장해 둔 Bike.xlsx 파일을 실행합니다.

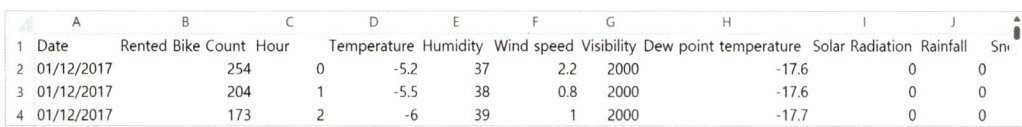

ID 변수는 하나의 레코드(행)별로 유일한 값을 담고 있는 변수입니다. 예를 들어 기업별 사원 번호, 대학교별 학생 ID 등을 들 수 있습니다. 우리가 다루고 있는 데이터세트인 Bike.xlsx에서는 'Date'와 'Hour'

를 결합해서 새로운 변수를 만들면 이 변수가 ID 변수 역할을 수행할 수 있습니다. 그러나 모든 레코드가 각기 다른 날짜 및 시간을 나타내므로 굳이 ID 변수를 만들 필요는 없습니다.

10-2-2 타깃 변수 생성

01 앞서 타깃 변수를 'Rented Bike Count'로 설정했습니다. 이 프로젝트에서는 데이터 분석을 더 다채롭게 하기 위해 이진 분류 타깃 변수로 'Rented Bike B'를 만들겠습니다. 이 새로운 변수는 원래 타깃 변수 'Rented Bike Count' 값이 중위수보다 높거나 같으면 값으로 1을 부여하고, 그렇지 않으면 0을 부여합니다. 챗GPT에 Bike.csv 파일을 넣고 다음과 같이 명령합니다.

이 데이터세트에 추가로 변수 'Rented Bike B'를 만들고 변수 'Rented Bike Count' 값의 중위수(median)을 기준으로 그 이상이면 값 1, 미만이면 값 0을 부여해 줘. 그리고 그 결과 파일을 다운로드 받게 해줘.

데이터세트에 'Rented Bike B'라는 새로운 변수를 추가했습니다. 이 변수는 'Rented Bike Count'의 중위수 이상일 경우 1의 값을, 중위수 미만일 경우 0의 값을 가집니다. 수정된 파일은 아래 링크를 통해 다운로드할 수 있습니다.

수정된 자전거 데이터 다운로드

02 다운로드 링크를 클릭하여 수정된 파일을 다운로드받은 다음 파일 이름을 Bike_Updated.csv로 수정합니다. 파일을 실행하면 마지막 열에 새로운 변수 'Rented Bike B'가 생긴 것을 확인할 수 있습니다.

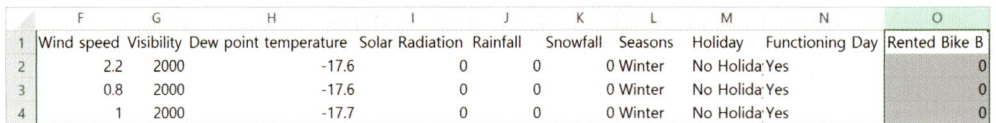

03 중위수를 기준으로 1과 0을 부여했으므로 이들의 비율은 50:50에 가깝게 나와야 합니다. 챗 GPT로 확인해 보면 값 1과 0의 개수는 정확히 동일하게 나옵니다.

새롭게 만든 'Rented Bike B' 값을 종류별로 세 줘.

새롭게 만든 'Rented Bike B' 변수의 값 분포는 다음과 같습니다.

값 0: 4380건

값 1: 4380건

04 이제 엑셀에서 이 과정을 진행해 보겠습니다. Bike.xlsx 파일을 실행한 다음 O3셀에 변수명 'Rented Bike B'를 입력합니다. O2셀에 다음 수식을 입력합니다.

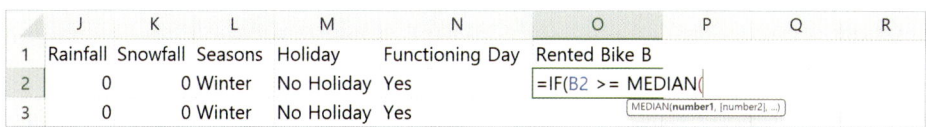

05 커서를 MEDIAN 함수의 괄호 다음에 위치시키고 B2셀을 클릭한 다음 [Ctrl] + [Shift] + [↓] 키를 눌러 B2셀부터 해당 열의 마지막 줄까지 영역을 지정합니다. 이 영역을 절대 번지로 지정하기 위해 [F4] 키를 누르고 MEDIAN 함수의 괄호를 닫은 다음 나머지 수식을 입력합니다.

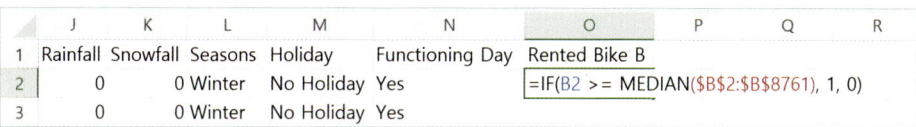

06 수식을 모두 입력하고 [Enter] 키를 누르면 O2셀에 값 0이 부여되었습니다. 이 함수식을 채우기 핸들로 열의 모든 셀에 적용합니다.

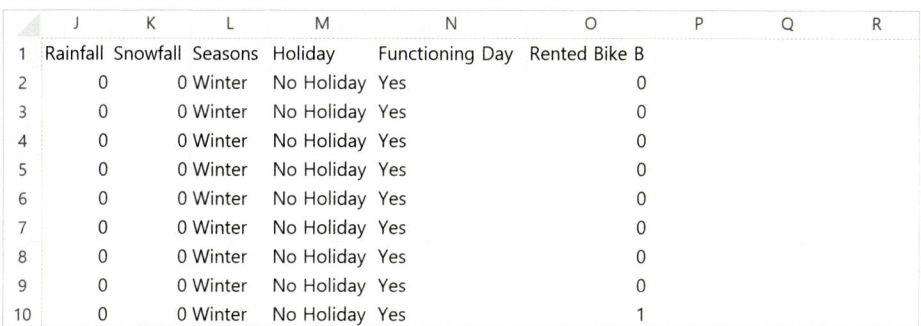

07 이제 이 변수의 1과 0의 개수를 확인하겠습니다. O열을 선택한 상태에서 [삽입 → 피벗 테이블]을 클릭하면 '표 또는 범위의 피벗 테이블' 창에 뜨면서 지정한 영역이 입력된 것을 볼 수 있습니다. [확인]을 클릭합니다.

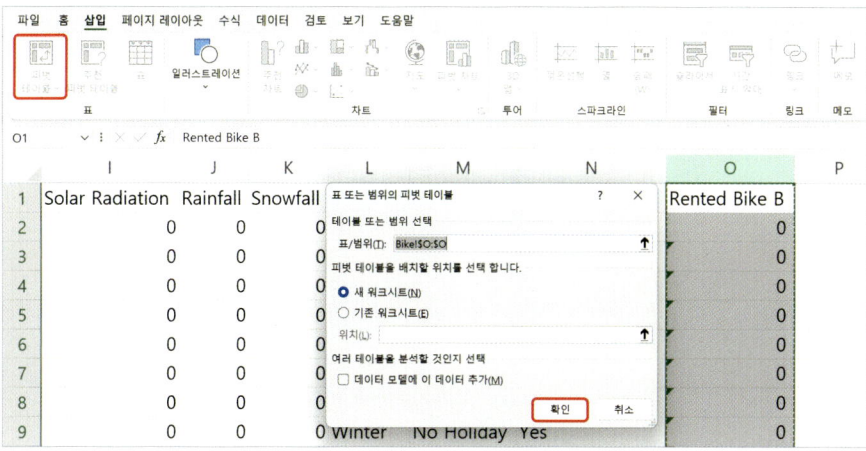

08 새 시트가 생성되고 피벗 화면이 뜨면 '피벗 테이블 필드' 창에서 [Rented Bike B]를 화면 아래쪽 [열] 필드와 [값] 필드로 끌어 놓습니다. 그리고 [값] 필드의 [합계 : Rented Bike B]를 클릭하여 [값 필드 설정]을 클릭합니다.

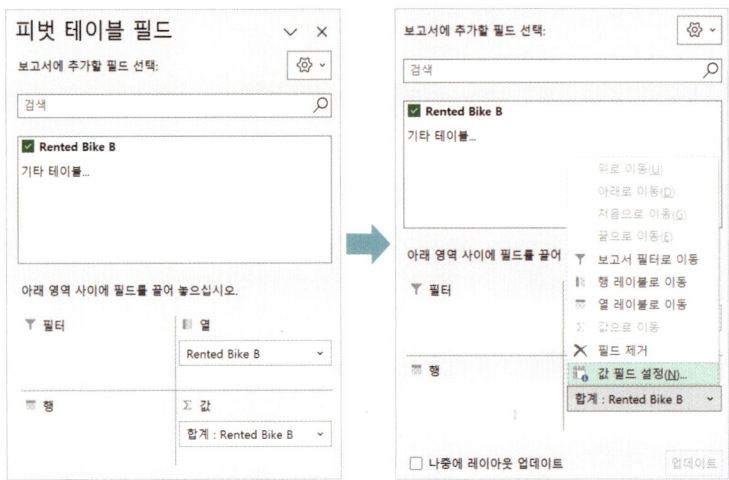

09 '값 필드 설정' 창에서 [개수]를 선택하고 [확인]을 누릅니다.

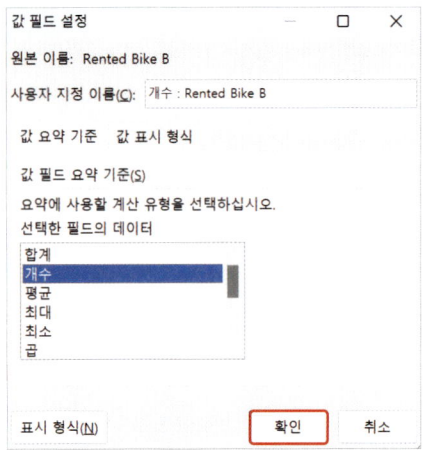

10 새 시트에 값 1과 0의 개수가 뜹니다. 챗GPT에서 확인한 것과 동일한 것을 확인할 수 있습니다. 비율을 확인하기 위한 과정이었으므로 생성한 시트는 삭제합니다.

▶ Chapter 09에서와 마찬가지로 엑셀에서 함수나 수식을 사용하여 챗GPT의 결과를 확인한 부분은 별도의 언급이 없는 한 다음 단계로 넘어가기 전에 엑셀 시트에서 지우는 것을 원칙으로 합니다.

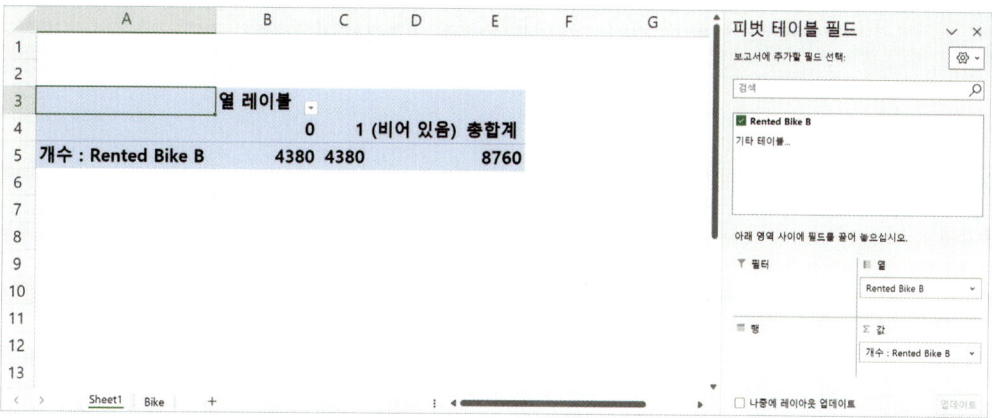

10-2-3 타깃 변수 결측값 확인하기

01 ID 변수와 마찬가지로 타깃 변수 또한 결측값이 없어야 합니다. 이 프로젝트에서는 2가지 타깃 변수를 사용하므로 **SUM**과 **ISBLANK** 함수를 결합하여 두 타깃 변수의 결측값을 세겠습니다. 파일을 실행한 다음 [Bike] 시트로 이동합니다. Q1셀에 'Bike Count', R1셀에 'Bike B Count'를 입력한 다음 Q2셀에 **=SUM(ISBLANK(**까지 입력합니다.

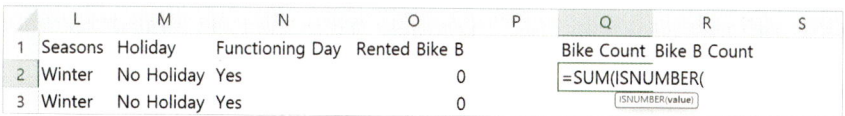

02 수식 마지막 왼쪽 괄호 바로 다음에 커서를 옮기고 B2셀을 선택 후 [Ctrl] + [Shift] + [↓] 키를 눌러 영역을 지정합니다. 그리고 괄호를 닫고 [Enter] 키를 누르면 값 0을 반환합니다.

▶ Q3셀은 FORMULATEXT 함수를 이용해서 Q2셀 수식을 보여줍니다.

03 **ISBLANK** 함수는 결측값은 TRUE, 그렇지 않으면 FALSE를 반환합니다. **SUM** 함수는 TRUE를 1, FALSE를 0으로 간주하여 합계를 구합니다. 그러므로 Q2셀 값 0은 타깃 변수 'Rented Bike Count'에 결측값이 없음을 알려줍니다. 이 과정을 R2 셀에도 반복합니다. 단, R2셀에는 **SUM(ISBLANK(O2:O8761))**을 입력하고 [Enter] 키를 누릅니다. 이 또한 값이 0으로 나와 추가로 생성한 타깃 변수 'Rented Bike B'에도 결측값이 없음을 알 수 있습니다.

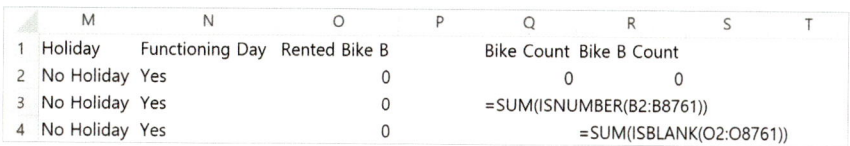

여기까지 확인하고 나면 Q1:R4 영역에 입력한 데이터를 제거합니다.

10.3 데이터 처리 2 – 기타 변수 데이터 처리

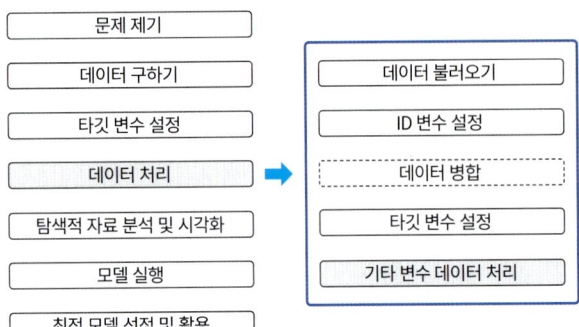

10-3-1 데이터 타입 확인

앞서 데이터 분석이 가능하려면 '각 변수는 하나의 데이터 타입을 가져야 한다'고 강조했습니다. 그래야만 데이터 분석에 필요한 수학 연산이 가능하기 때문입니다. 데이터 분석 도구 중 하나인 파이썬에서는 데이터 타입을 **정수**^{Integer}, **실수**^{Float}, **논리값**^{Boolean}, **객체**^{Object}, **문자열**^{String} 등으로 구분합니다. 이 책에서는 데이터 타입을 더 간략화해서 Object를 문자열과 같은 의미로 보겠습니다. 즉 Object를 숫자가 아닌 값으로 보면 편합니다. 가독성을 위해 이후부터는 '문자열'이라 표기하겠습니다. 이 표현은 챗GPT 대답에 많이 등장합니다.

01 Bike_Updated.csv 파일의 각 변수들의 데이터 타입을 챗GPT로 확인해 보겠습니다.

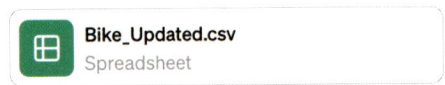

이 데이터세트에 있는 변수들의 파이썬 데이터 타입(dtype)을 알려 줘.

이 데이터세트에 있는 변수들의 파이썬 데이터 타입은 다음과 같습니다.

Date: object (텍스트 또는 혼합 타입)

Rented Bike Count: int64

Hour: int64

Temperature: float64

Humidity: int64

Wind speed: float64

Visibility: int64

Dew point temperature: float64

Solar Radiation: float64

Rainfall: float64

Snowfall: float64

Seasons: object (텍스트 또는 혼합 타입)

Holiday: object (텍스트 또는 혼합 타입)

Functioning Day: object (텍스트 또는 혼합 타입)

Rented Bike B: int64

▶ 챗GPT는 object (텍스트 또는 혼합 타입)으로 데이터 타입을 말하기도 하고, object(문자열)나 문자열(object)로 말하기도 합니다. 이 책에서는 이들을 같은 의미로 간주하고 있습니다.

02 데이터 타입이 정수(int64)나 실수(float64)인 변수들은 문제가 없습니다. 데이터 타입이 텍스트 혹은 혼합 타입, 즉 객체(Object)인 변수들은 정수나 실수로 바꿀 수 있다면 데이터 처리를 해야 합니다. 엑셀에서 Bike_Updated.csv 파일을 열면 다음과 같은 변수들을 볼 수 있습니다.

	A	B	C	D	E	F	G	H
1	Date	Rented Bik	Hour	Temperature	Humidity	Wind speed	Visibility	Dew point
2	01/12/2017	254	0	-5.2	37	2.2	2000	-17.6
3	01/12/2017	204	1	-5.5	38	0.8	2000	-17.6
4	01/12/2017	173	2	-6	39	1	2000	-17.7

	I	J	K	L	M	N	O
1	Solar Radiation	Rainfall	Snowfall	Seasons	Holiday	Functioning Day	Rented Bike B
2	0	0	0	Winter	No Holiday	Yes	0
3	0	0	0	Winter	No Holiday	Yes	0
4	0	0	0	Winter	No Holiday	Yes	0

'Date'의 값에는 슬래시(/)가 있어서 객체로 취급됩니다. 'Seasons', 'Holiday', 'Functioning Day'는 아예 값이 텍스트로 들어가 있습니다. 이들 변수는 모두 숫자가 아닌 값을 갖기에 추가로 데이터 처리를 할 필요가 있습니다.

엑셀에서 변수들의 데이터 타입을 체크하는 함수의 기능은 제한적입니다. 따라서 변수의 데이터 타입 파악은 엑셀 대신 챗GPT, 파이썬, 상용 통계 패키지를 사용하는 것을 추천합니다.

10-3-2 날짜 변수 전처리

01 'Date' 변수에서 'Year'와 'Month'를 추출하겠습니다. 엑셀에서 Bike_Updated.csv 파일을 실행합니다. B열을 선택하고 마우스 오른쪽을 클릭한 다음 [삽입]을 눌러 새 열 2개를 추가합니다. B열과 C열에 빈 열이 2개 삽입됩니다.

▶ 챗GPT로 변수에서 값을 추출하는 과정은 Chapter 09를 참고하기 바랍니다.

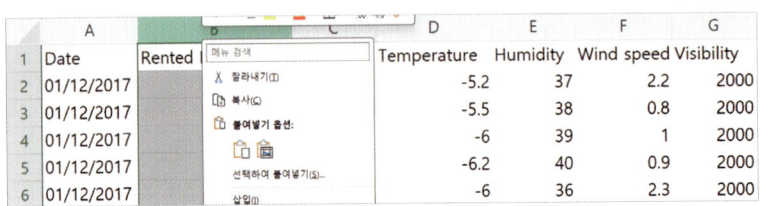

02 B1셀에 'Year', C1셀에 'Month'를 입력합니다. 그리고 B2셀에 =ISTEXT(A2)를 입력하고 [Enter] 키를 누르면 A2셀에 입력된 값이 날짜가 아니라 텍스트 형식인 것을 알 수 있습니다.

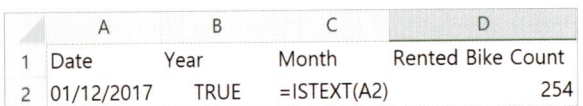

▶ C2셀은 FORMULATEXT 함수로 B2셀의 수식을 보여줍니다.

03 텍스트인 변수 'Date'의 값을 처리하는 방법은 2가지가 있습니다. 첫째, Bike_Updated.csv 파일을 파워 쿼리로 불러오는 방법이 있습니다. 둘째, 파워 쿼리를 거치지 않고 텍스트 함수를 사용하는 것입니다. 이 프로젝트에서는 두 번째 방법인 텍스트 함수 **MIDDLE, RIGHT**를 사용하겠습니다.

B2셀에 =VALUE(RIGHT(A2, 4))를 입력하고 [Enter] 키를 누릅니다. RIGHT 함수 수식은 A2셀의 값 오른쪽의 4번째 글자부터 끝까지 가져오라는 의미입니다. VALUE 함수는 텍스트를 숫자 형식으로 전환합니다. B2 셀의 채우기 핸들을 더블 클릭하여 B열의 나머지 셀에 B2셀의 수식을 적용합니다.

04 이번에는 C2셀에 =VALUE(MID(A2, 4, 2))를 입력하고 [Enter] 키를 누릅니다. 이 수식은 A2셀의 값에서 4번째 글자부터 2개의 글자를 가져오라는 의미입니다. VALUE 함수는 텍스트를 숫자 형식으로 전환합니다. C2 셀의 채우기 핸들을 더블 클릭하여 C열의 나머지 셀에 C2셀의 수식을 적용합니다.

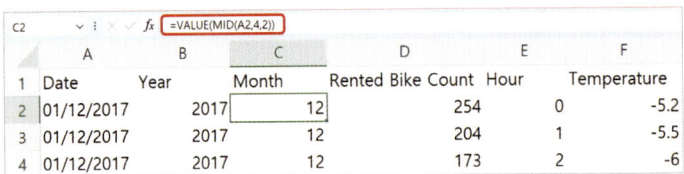

05 그런데 Date 값만 보면 01/12/2017이라는 값에서 어느 것이 월(Month)이고 일(Day)인지 헷갈립니다. 이를 확인하기 위해 A1셀을 마우스로 클릭하고 [Ctrl] → [Shift] → [↓] 키를 눌러 A열의 값이 입력된 마지막 셀까지 지정합니다. 마지막 값인 30/11/2018을 보면 이 값의 4번째, 5번째 글자가 월임을 알 수 있습니다. 이렇게 'Date' 변수에서 'Year'와 'Month'를 추출했습니다.

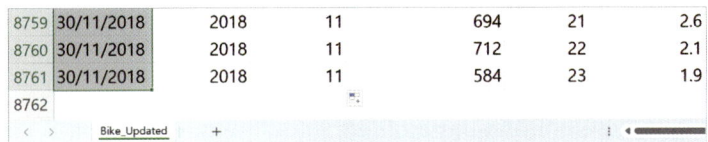

06 이제 'Date' 변수는 분석에서 필요 없으니 삭제해야 합니다. 단, 'Year'와 'Month' 변수의 값이 'Date'를 참조해 생성했으므로 이대로 'Date'를 지우면 'Year'와 'Month' 값이 참조할 원본 데이터가 없어졌다는 #REF! 에러를 출력합니다. 따라서 이 값을 참조가 아니라 데이터로 붙여 넣어야 합니다.

먼저 B2셀을 마우스로 선택하고 [Shift] + [→] 키를 눌러 B2셀과 B3셀을 동시에 선택합니다.

	A	B	C	D	E	F
1	Date	Year	Month	Rented Bike Count	Hour	Temperature
2	01/12/2017	2017	12	254	0	-5.2
3	01/12/2017	2017	12	204	1	-5.5

07 [Ctrl] + [Shift] + [↓] 키를 눌러 'Year'와 'Month'의 모든 값을 선택하고 마우스 오른쪽 클릭을 한 다음 [복사]를 선택합니다. 그리고 다시 B2셀에서 마우스 오른쪽을 클릭한 다음 '붙여넣기 옵션'에서 두 번째 아이콘인 [값으로 붙여넣기]를 클릭합니다.

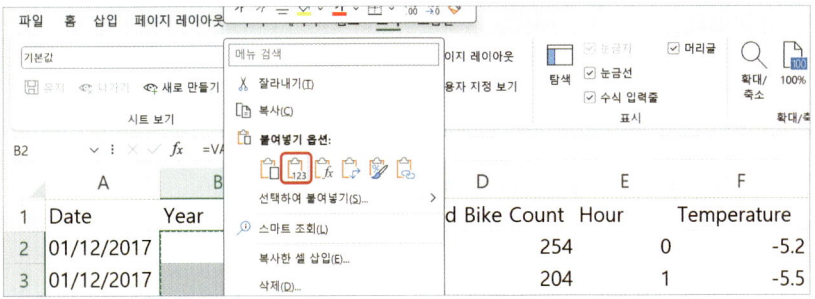

08 이제 'Year'와 'Month' 값이 'Date'를 참조하지 않고 개별 값으로 붙여 넣기가 됩니다. 'Date' 변수를 삭제하고 이 파일을 Bike_Updated1.xlsx로 저장합니다.

	A	B	C	D	E	F	G
1	Year	Month	Rented Bike Count	Hour	Temperature	Humidity	Wind speed
2	2017	12	254	0	-5.2	37	2.2
3	2017	12	204	1	-5.5	38	0.8
4	2017	12	173	2	-6	39	1

> **궁금해요!** 　파일을 파워 쿼리로 어떻게 불러오나요?
>
> [데이터 → 텍스트/CSV에서]를 클릭해 파일을 불러오면 파워 쿼리 편집기가 실행됩니다. 이때 [변환 → 열] 그룹을 보면 [데이터 형식: 날짜]로 'Date'열이 자동 지정되어 있습니다.
>
>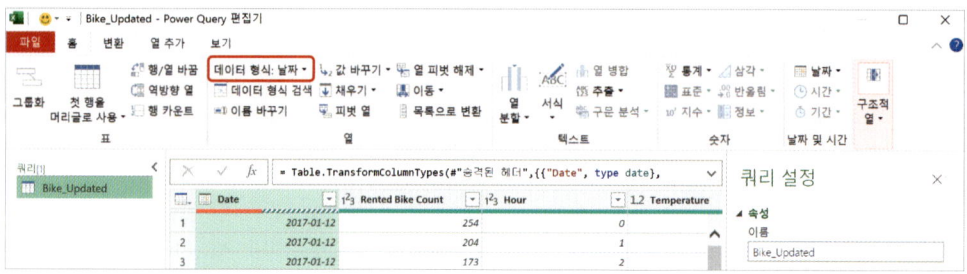
>
> 그후 YEAR나 MONTH **함수**를 적용하면 잘 작동합니다.
>
>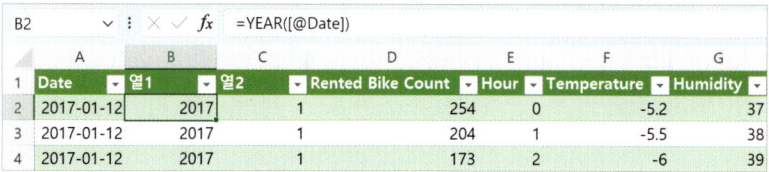
>
> 단, 파워 쿼리로 데이터를 불러와 엑셀을 생성하면 열을 삽입할 때 자동으로 [열1], [열2], … 식으로 이름을 부여합니다. B2셀에 =YEAR(를 입력하고 마우스로 A2셀을 선택한 다음 괄호를 닫으면 자동으로 @Date 값이 A2 대신 입력됩니다. 그리고 B2셀 수식은 열1 전체에 적용됩니다. 이것이 파워 쿼리의 편리함입니다. C2셀에는 =MONTH([@DATE])가 입력됐고 마찬가지로 열2 전체에 이 수식이 적용됩니다.

10-3-3 범주형 변수 전처리

Chapter 09에서 구간 변수와 범주형 변수를 다음과 같이 간단하게 정의했습니다.

- **구간 변수**: 숫자로 이루어져 있으며 값끼리 덧셈 뺄셈이 가능한 변수
- **범주형 변수**: 값이 텍스트, 숫자 혹은 혼합 형태로 이루어져 있으며 값끼리 연산을 할 수 없는 변수
  ▸ 값이 숫자로만 이루어져 있어도 범주형 변수가 될 수 있습니다.

앞서 추출한 'Year'와 'Month'가 범주형 변수에 속합니다. 가령 'Month'는 1월부터 12월까지 값은 증가하지만 12월 이후 다시 1월이 되므로 '10월 + 5월 = 15월'이라고 간편하게 계산할 수 없습니다. 때문에 'Month'는 값이 숫자로 이루어져 있지만 범주형 변수에 속합니다. 'Hour'도 23시간 이후에 다시 0시로 순환하는 구조이기에 범주형 변수에 속합니다.

나머지 변수 중 텍스트로 구성된 것은 'Seasons', 'Holiday', 'Functioning Day'입니다. 이들은 명백히 범주형 변수에 속합니다. 따라서 이 데이터세트에서 다룰 범주형 변수는 'Month', 'Hour' 'Seasons', 'Holiday', 'Functioning Day' 5개뿐입니다. 그렇다면 챗GPT를 통해 이 변수들의 유일한 값을 확인하고 범주형 변수를 전처리하는 과정을 밟아 보겠습니다.

01 챗GPT에 Bike_Updated1.xlsx 파일을 업로드하고 변수들의 유일한 값이 몇 개인지 물어보겠습니다.

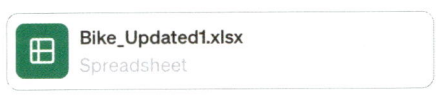

'Month', 'Hour', 'Seasons', 'Holiday', 'Functioning Day' 변수의 유일한 값의 개수를 각각 알려 줘.

데이터세트의 각 변수에 대한 유일한 값의 개수는 다음과 같습니다.

'Month' (월): 12개

'Hour' (시간): 24개

'Seasons' (계절): 4개

'Holiday' (휴일): 2개

'Functioning Day' (영업 여부): 2개

▶ 챗GPT에는 CSV 파일 형태를 올리는 것이 더 안정적이지만 이 데이터세트는 레코드(행) 수가 적어 엑셀 파일도 불러들이기에 지금부터는 가급적 엑셀 파일을 업로드하겠습니다.

02 이번에는 변수별 유일한 값의 목록을 나열하라고 하겠습니다.

방금 대답한 변수들의 유일한 값 목록을 변수별로 나열해 줘.

지정된 변수별로 유일한 값들을 나열하면 다음과 같습니다.

'Month'(월): [12, 1, 2, 3, 4, 5, 6, 7, 8, 9, 10, 11]

'Hour'(시간): [0, 1, 2, 3, 4, 5, 6, 7, 8, 9, 10, 11, 12, 13, 14, 15, 16, 17, 18, 19, 20, 21, 22, 23]

'Seasons'(계절): ['Winter', 'Spring', 'Summer', 'Autumn']

'Holiday'(휴일): ['No Holiday', 'Holiday']

'Functioning Day'(영업 여부): ['Yes', 'No']

03 이제 이 데이터세트를 가져온 캐글 사이트(https://bit.ly/47CjC2X)에서 변수 설명을 다시 확인해 보겠습니다. 캐글의 변수 설명 부분을 보면 챗GPT가 언급한 3개의 범주형 변숫값과 동일한 것을 확인할 수 있습니다.

About Dataset

Data Description:

- Seasons - Winter, Spring, Summer, Autumn
- Holiday - Holiday/No holiday
- Functional Day - NoFunc(Non Functional Hours), Fun(Functional hours)

▶ 변수명 Functional Day는 Functioning Day에 대한 캐글의 오기입니다. Functioning Day의 값을 보면 '비영업 시간' 과 '영업 시간'으로 나뉘어져 있어서 Functioning Day는 '영업 여부'를 의미합니다.

'Month'와 'Hour'는 이미 값이 숫자로 작성돼 있으나 'Seasons', 'Holiday', 'Functioning Day'는 텍스트 값으로, 변환이 필요합니다. 그러나 우선 다음에 다룰 '탐색적 자료 분석 및 시각화' 작업까지는 현재의 텍스트 값으로 분석하는 것이 도움이 되므로 세 변수의 텍스트 값은 프로젝트 후반부에서 숫자로 변환하겠습니다.

10.4 탐색적 자료 분석 및 시각화

데이처 처리 후에는 '탐색적 자료 분석 및 시각화 과정'에 들어섭니다. 이 과정은 데이터 분석 모델의 핵심 단계이므로 반드시 눈과 손으로 익히는 것이 좋습니다.

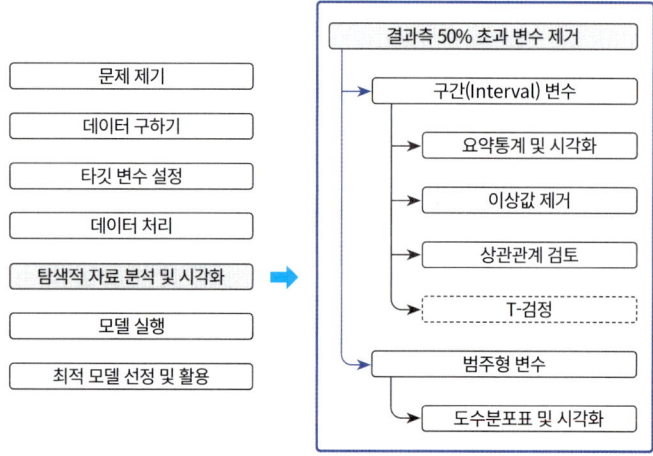

10-4-1 결측값 50% 초과 변수 제거

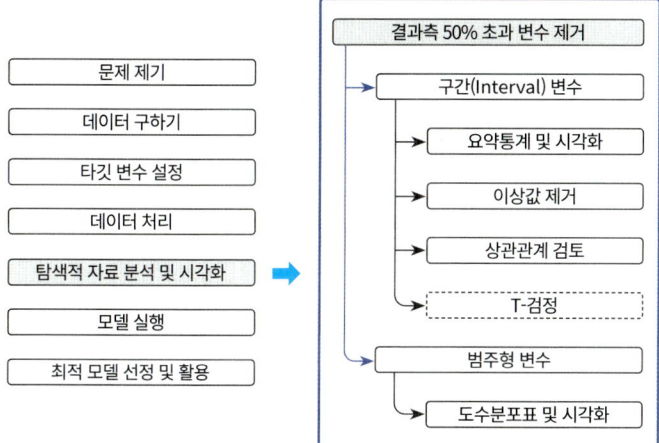

01 데이터세트에 결측값 비율이 50%를 초과하는 변수가 있다면 그 변수를 제거해야 합니다. 챗GPT에 결측값의 개수와 비율을 알려 달라고 하겠습니다.

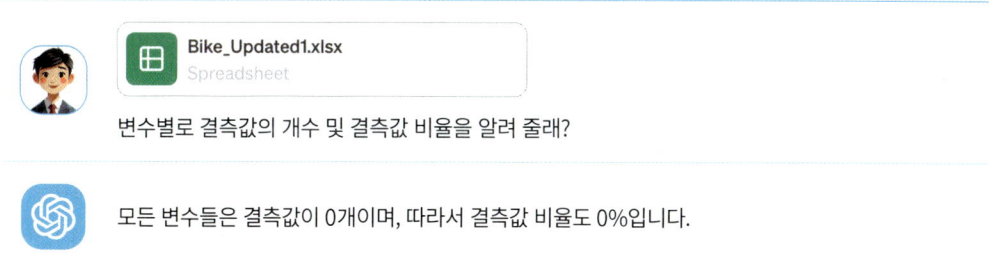

이렇게 간단하게 이 데이터세트에는 결측값이 없는 것을 확인할 수 있습니다.

▶ 엑셀에서 결측값을 확인하는 과정은 Chapter 09-4-1을 참고하기 바랍니다.

10-4-2 구간 변수 요약 통계 검토

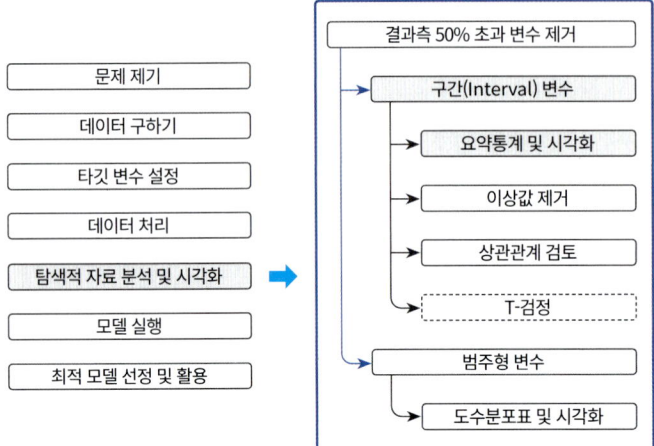

이번에는 구간 변수별 요약 통계를 엑셀로 살펴보겠습니다. 이 데이터세트의 구간 변수는 다음과 같습니다.

- **구간 변수**: 'Year', 'Rented Bike Count', 'Temperature', 'Humidity', 'Wind speed', 'Visibility', 'Dew Point Temperature', 'Solar Radiation', 'Rainfall', 'Snowfall'

01 Bike_updated1.xlsx 파일을 엑셀에서 실행한 다음 [데이터 → 데이터 분석]을 클릭합니다.

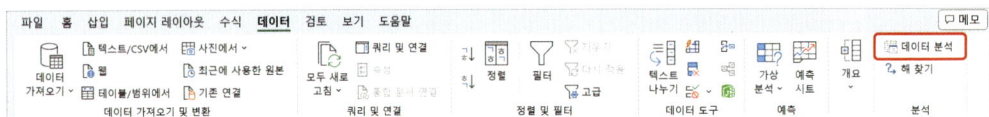

02 '통계 데이터 분석' 창에서 [기술 통계법]을 선택하고 [확인]을 누릅니다.

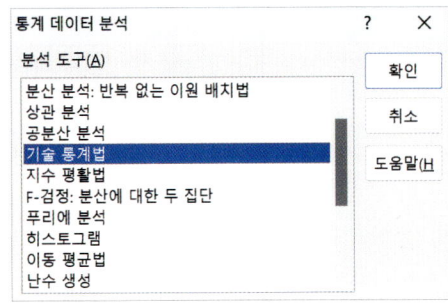

03 '기술 통계법' 창이 뜨면 [입력 범위]에 커서를 놓고 A열을 선택한 다음 [Shift] 키를 누른 채 L열까지 선택합니다. [입력 범위]에 지정한 영역이 입력되면 [첫째 행 이름표 사용]과 [요약 통계량]을 선택하고 [확인]을 누릅니다.

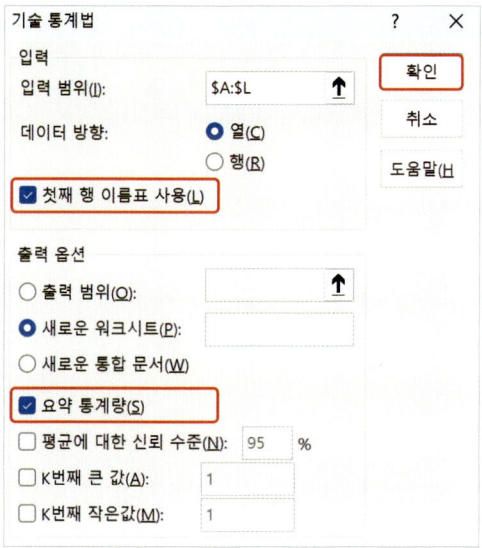

04 약간의 시간이 소요되고 새 시트에서 결과 데이터를 볼 수 있습니다. 이 화면에서 제일 먼저 살펴봐야 할 것은 최솟값과 최댓값입니다.

참고로 변수의 측정 단위는 다음과 같습니다.

변수(속성) 정보:

- Temperature(온도): 섭씨
- Humidity(습도): %
- Windspeed(풍속): m/s
- Visibility(가시성): 10m
- Dew point temperature(이슬점 온도): 섭씨
- Solar radiation(태양 복사): MJ/m2(제곱미터당 메가 줄)
- Rainfall(강우량): mm
- Snowfall(강설량): cm

'월' 변수는 범주형 변수지만 범위를 설정하다 포함된 것이며 '연도' 변수는 2017년, 2018년 2개뿐입니다. 그외 변수들의 최솟값, 최댓값은 문제가 없으며 이후 시각화, 이상값 제거 등을 통해 특정 값을 제거할 수 있습니다. 평균, 중앙값(중위수), 최빈값, 첨도, 왜도 등은 매우 중요한 요약 통계량입니다. 특히 'Rainfall'과 'Snowfall'은 첨도, 왜도에서 문제를 보여서 로그 변환이 필요할 것으로 보입니다. 이런 점들 역시 이후 차근차근 살펴보겠습니다.

10-4-3 구간 변수 시각화

01 앞서 Chapter 09에서 챗GPT로 구간 변수 간의 산포도를 격자 모양의 결과물, 즉 페어 플롯을 간단하게 도출할 수 있다는 사실을 알았습니다. 이번에도 구간 변수를 시각화하는 방법으로 챗GPT에게 페어 플롯을 그려 달라고 해 보겠습니다. 단, 전체 구간 변수를 모두 넣으면 개별 차트가 작게 보이므로 변수를 두 그룹으로 나눠서 입력하겠습니다.

▶ 구간 변수 'Year'는 2개밖에 없으므로 차트 공간 확보 차원에서 제외합니다.

 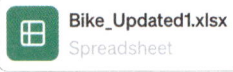

이 데이터세트에서 구간 변수 'Rented Bike Count', 'Temperature', 'Humidity', 'Wind speed', 'Visibility' 이들간의 산포도를 페어 플롯(Pair plot) 형식으로 그려 줘. X축에 들어가는 변수들의 값은 오름차순으로 정렬해 줘.

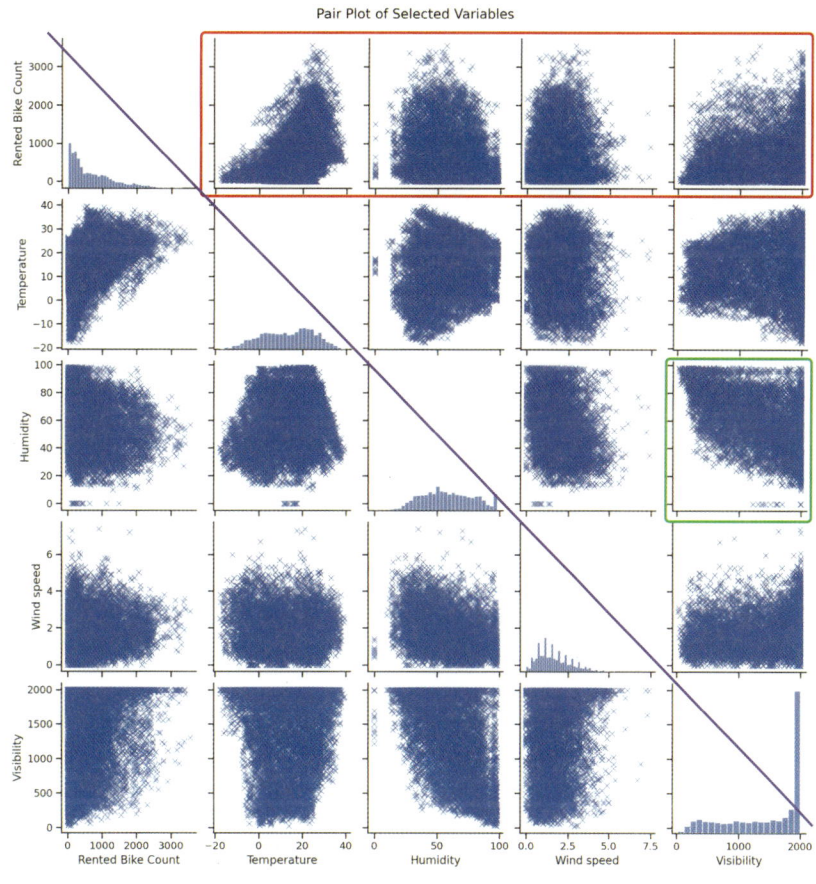

참고로 페어 플롯에서 대각선(보라색 선)에 있는 차트들은 변수 자기 자신의 차트이므로 분석할 필요가 없습니다. 따라서 대각선을 기준으로 위나 아래 삼각형 영역의 차트만 보면 됩니다. 여기서는 위쪽 삼각형 영역의 차트들을 살펴보겠습니다.

빨간색 테두리로 표시한 산포도를 보면 타깃 변수인 'Rented Bike Count'와 명확하게 비례하는 변수는 'Temperature'와 'Visibility'입니다. 녹색 테두리로 표시한 'Humidity'와 'Visibility'는 타깃 변수와 반비례하는 경향이 있습니다.

02 나머지 변수도 페어 플롯을 그려 달라고 하겠습니다. 단, 'Rented Bike Count'는 타깃 변수이므로 여기서도 포함합니다. 페어 플롯 결과의 첫 줄만 보면 다음과 같습니다.

이 데이터세트에서 구간 변수 'Rented Bike Count', 'Dew Point Temperature', 'Solar Radiation', 'Rainfall', 'Snowfall'간의 산포도를 페어 플롯(Pair plot) 형식으로 그려 줘. X축에 들어가는 변수들의 값은 오름차순으로 정렬해 줘.

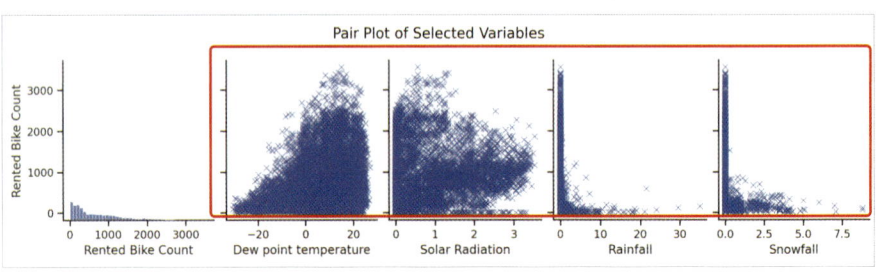

빨간색 테두리로 표시한 산포도를 보면 타깃 변수인 'Rented Bike Count'와 명확하게 비례하는 변수는 'Dew point temperature'이고 'Solar Radiation'은 약간 애매합니다. 'Rainfall'과 'Snowfall'은 당연히 타깃 변수와 반비례를 보입니다.

03 타깃 변수와 'Solar Radiation'가 정비례인지 반비례인지 알아보기 위해 추세선을 그려 달라고 요청하겠습니다.

업로드한 엑셀 데이터에서 'Rented Bike Count'를 Y축에 놓고 'Solar Radiation'을 X축에 놓고 산포도를 그려 줘. 이때 'Solar Radiation' 값을 기준으로 오름차순으로 X축에 배열하고 산포도 데이터는 파란색으로, 추세선은 빨간색으로 그려 줘.

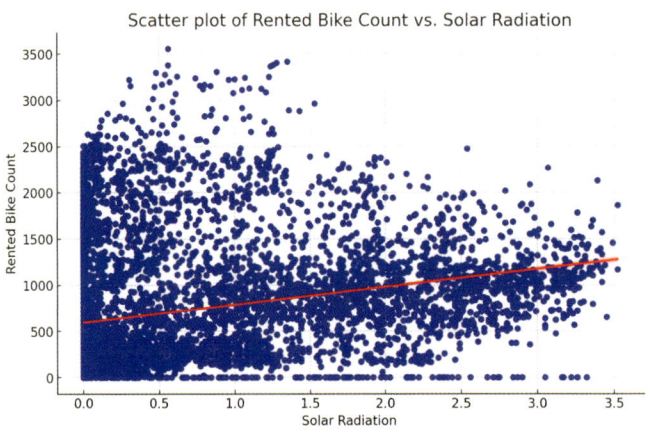

완만하기는 하지만 타깃 변수 'Rented Bike Count'와 이를 설명하는 'Solar Radiation' 변수는 비례 관계에 있음을 알 수 있습니다.

▶ 타깃 변수가 아닌 변수들(설명 변수라 칭함)끼리 강한 비례 관계에 있으면 타깃 변수를 예측하는 통계 모델에 왜곡이 생겨서 이들을 걸러내야 합니다. 이 과정은 다음 단계에서 상관계수값을 기준으로 살펴보겠습니다.

04 이번에는 엑셀에서 구간형 변수들의 산포도를 그리겠습니다. 엑셀에서 Bike_Updated1.xlsx 파일을 실행한 다음 타깃 변수 'Rented Bike Count'가 들어 있는 C열을 클릭합니다. 그리고 [Shift] 키를 누른 채 'Snowfall' 변수가 들어 있는 L열을 선택하여 C열부터 L열까지 범위를 지정합니다.

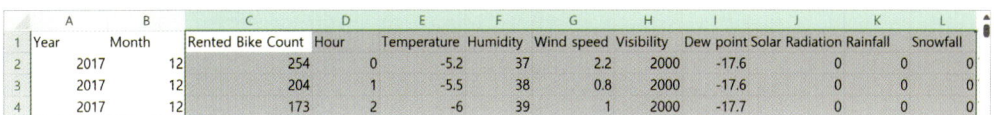

05 [삽입 → 분산형]의 첫 번째 아이콘을 선택합니다.

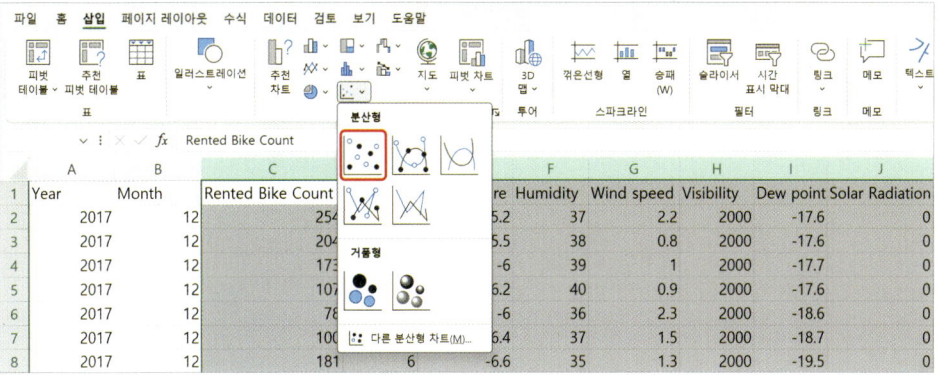

06 차트를 클릭하면 오른쪽 상단에 3개의 아이콘이 뜹니다. 여기서 맨 아래 [필터] 아이콘을 클릭한 다음 [모두 선택]을 해제하고 [Solar Radiation]만 선택하고 [적용]을 클릭합니다.

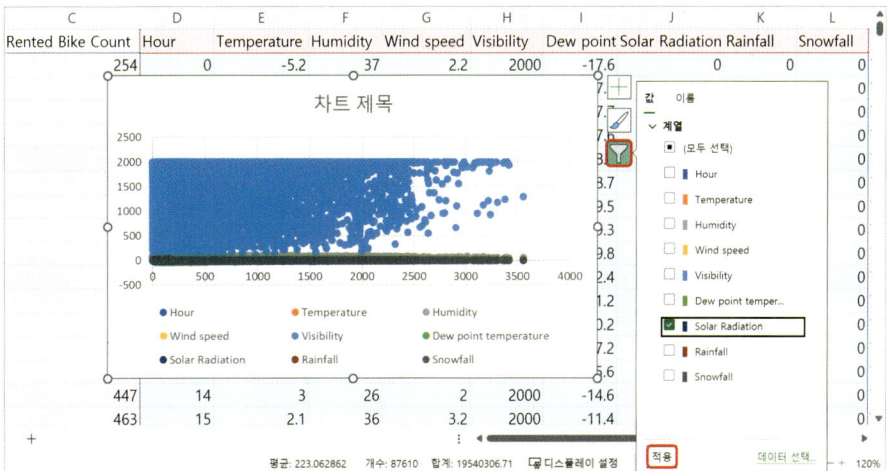

07 이번엔 3개의 아이콘 중 [+]를 클릭한 다음 [추세선]을 선택합니다.

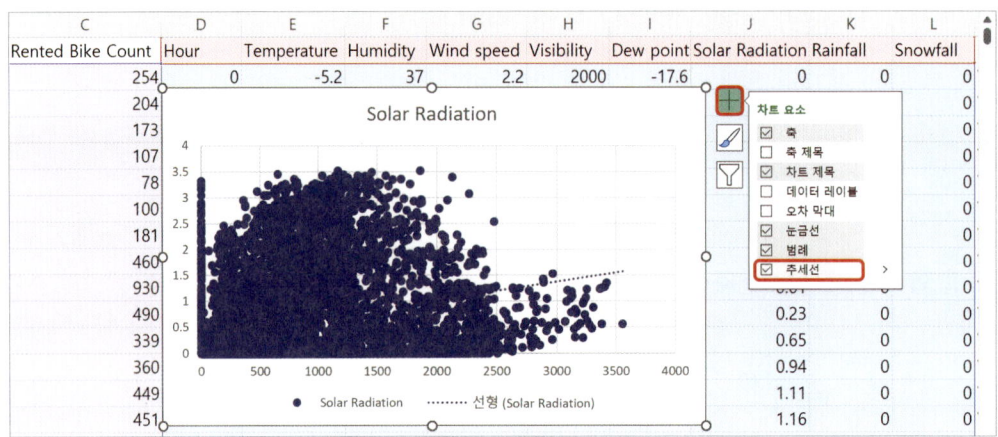

08 추세선이 잘 보이도록 색상을 바꾸겠습니다. [추세선 → 기타 옵션]을 클릭합니다.

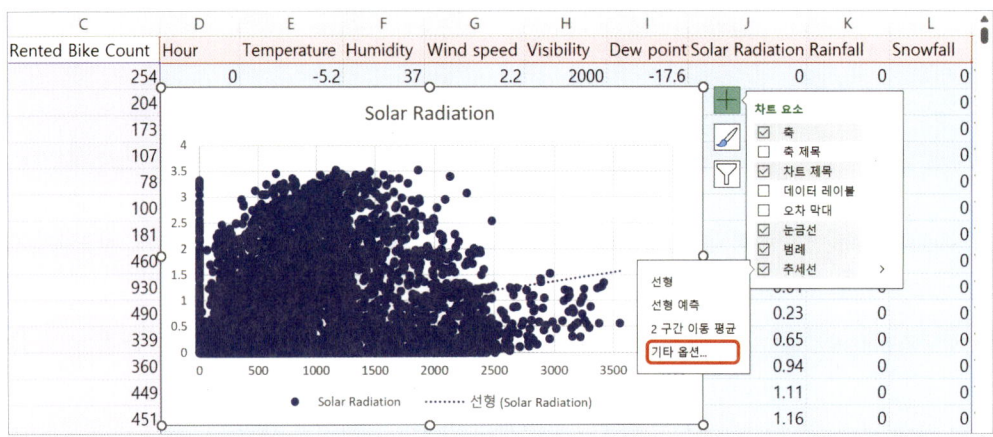

09 '추세선 서식' 창에서 색과 투명도, 너비를 조정합니다. 눈에 띄게 빨간색으로 바꾸고 [너비], 즉 선 두께도 3pt로 조정합니다.

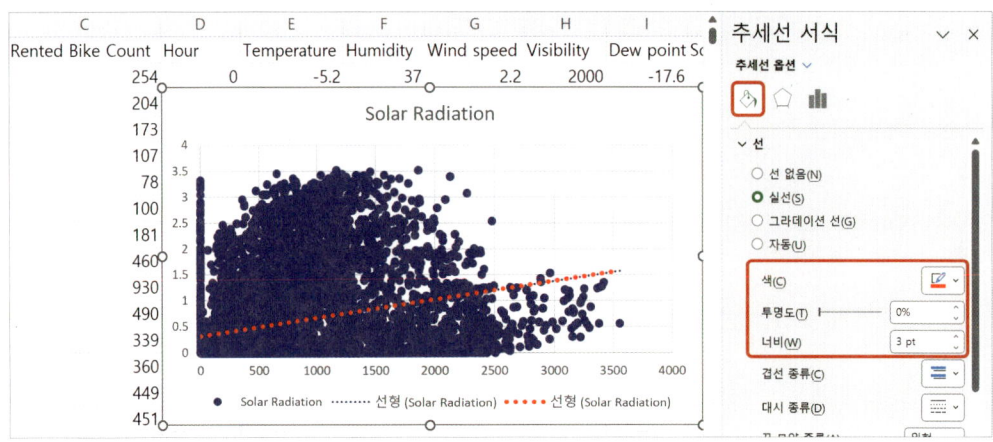

10-4-4 범주형 변수 도수분포표 및 시각화

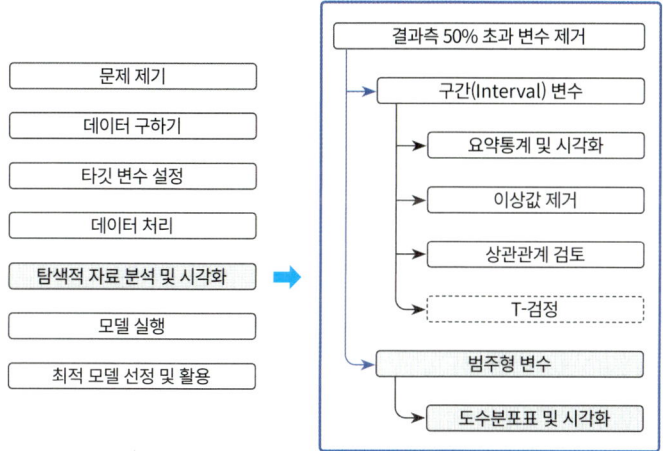

Chapter 09에서 범주형 변수를 집계할 때 도수분포표를 사용해야 하는 이유를 설명한 적이 있습니다. 요약 통계량과 도수분포표는 꼭 구분하여 사용해야 합니다. 따라서 이번에는 순서도에 따라 범주형 변수의 '도수분포표 및 시각화'를 다루겠습니다.

지금까지 정리한 데이터세트의 범주형 변수는 다음과 같습니다. 참고로 'Rented Bike B'는 구간 변수 타깃인 'Rented Bike Count'를 기반으로 생성한 범주형 타깃 변수입니다.

- 범주형 변수: 'Month', 'Seasons', 'Holiday', 'Functioning Day', 'Rented Bike B'

앞서 챗GPT가 각 범주형 변수의 유일한 값을 알려준 적이 있습니다. 여기에 Rented Bike B 변수의 유일한 값을 추가하면 다음과 같습니다.

범주형 변수의 유일한 값

- 'Month' (월): [12, 1, 2, 3, 4, 5, 6, 7, 8, 9, 10, 11]
- 'Hour'(시간): [0, 1, 2, 3, 4, 5, 6, 7, 8, 9, 10, 11, 12, 13, 14, 15, 16, 17, 18, 19, 20, 21, 22, 23]
- 'Seasons' (계절): ['Winter', 'Spring', 'SUMmer', 'Autumn']
- 'Holiday' (휴일): ['No Holiday', 'Holiday']
- 'Functioning Day' (영업여부): ['Yes', 'No']
- 'Rented Bike B': [0, 1]

01 'Holiday'와 타깃 변수 'Rented Bike B' 변수의 도수분포표를 만들어 보겠습니다. 챗GPT에 두 변수의 값을 넣어 도수분포표를 만들어 달라고 하겠습니다.

 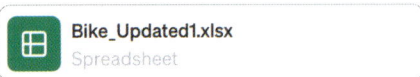

변수 'Holiday'와 'Rented Bike B' 둘 다 범주형 변수야. 특히 두 번째 변수는 타깃 변수야. 이들이 모두 포함된 도수분포표(Frequency table)을 만들되, 행은 변수 'Holiday', 열은 'Rented Bike B'의 값들이 넣어서 도수분포표를 만들어 줘.

 변수 'Holiday'와 'Rented Bike B'를 포함한 도수분포표는 다음과 같습니다.

Holiday	0	1
Holiday	294	138
No Holiday	4086	4242

여기서, 'Holiday'의 'Yes'와 'No'는 각각 휴일과 비휴일을 나타내며, 'Rented Bike B'의 0과 1은 'Rented Bike Count'의 중위수를 기준으로 한 값의 분류를 의미합니다.

02 이제 엑셀에서 피벗 테이블을 활용해 도수분포표를 만들어 보겠습니다. Bike_Updated1.xlsx를 실행한 다음 피벗 테이블로 만들 영역을 지정하기 위해 전체 데이터 영역을 지정합니다.

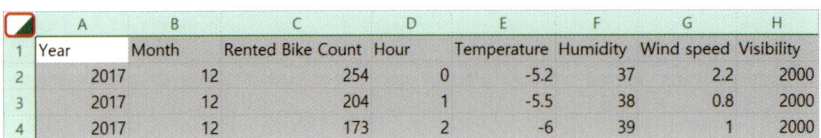

03 [삽입 → 피벗 테이블]을 클릭합니다.

04 '표 또는 범위의 피벗 테이블' 창이 실행되면 [새 워크시트]가 기본으로 선택되어 있습니다. 그대로 [확인]을 클릭합니다.

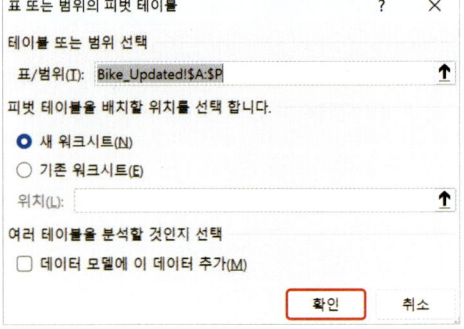

05 새 시트가 생성되면서 왼쪽엔 피벗 테이블, 오른편에는 '피벗 테이블 필드' 창이 나타납니다. 'Holiday'를 드래그해 오른쪽 하단의 [행] 필드와 [값] 필드에 놓으면 피벗 테이블에 도수분포표가 생성됩니다. 이제 새로 생성한 이진수 타깃 변수 'Rented Bike B'를 [필터] 필드로 드래그합니다.

'Holiday' 변수의 값이 숫자가 아닌 텍스트이므로 [값] 필드에서 자동으로 '개수' 기준으로 셉니다. 이렇게 간단하게 'Holiday'에 대한 도수분포표를 피벗 테이블 형태로 완성했습니다. 그것도 이진수 타깃 변수 'Rented Bike B'를 [필터] 필드로 갖다 놓은 상태라서 데이터가 더욱 보기 편리해졌습니다.

06 이제 피벗 테이블의 B1셀을 클릭해 보면 새 타깃 변수 'Rented Bike B'의 값을 선택할 수 있습니다. 디폴트로 [(모두)]로 설정된 해당 타깃 변수의 값을 해제하고 1을 선택해 보겠습니다. 1은 원래의 타깃 변수 'Rented Bike Count' 값이 중위수보다 크거나 같은 값에 부여된 것입니다. 즉, 고객의 렌탈 수요가 평상시보다 높은 상태를 의미합니다.

07 값을 1로 설정한 결과를 보면 필터 값이 '모두'로 설정되어 있을 때와 테이블 값이 다릅니다. 이런 식으로 필터 값이 0일 때의 피벗 테이블 값도 체크할 수 있습니다.

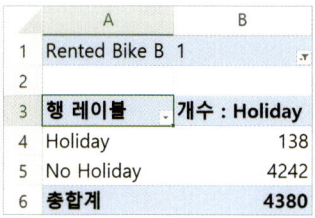

08 이제 'Holiday' 변숫값의 분포를 시각화하겠습니다. [피벗 테이블 분석 → 피벗 차트]를 클릭합니다.

▶ [피벗 테이블 분석] 탭이 보이지 않을 때는 엑셀에서 생성한 피벗 테이블 안쪽 아무 곳이나 클릭하면 해당 탭이 나타납니다.

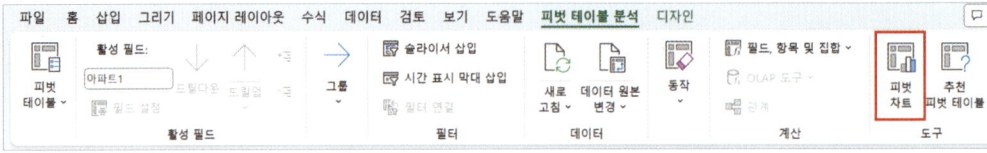

09 '차트 삽입' 창에서 [세로 막대형]을 선택하고 [확인]을 누릅니다.

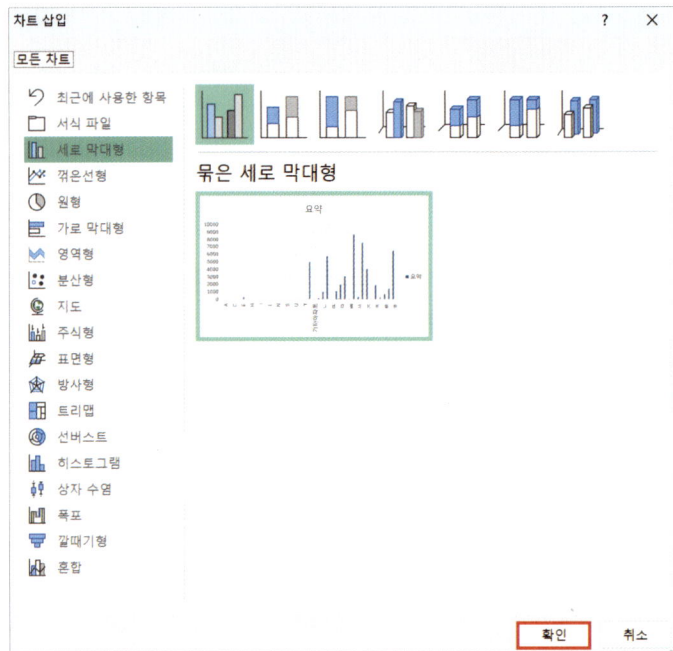

10 만들어진 피벗 차트 하단의 [Holiday]를 클릭하면 해당 변수의 값으로 '모두 선택', 'Holiday', 'No Holiday' 등을 선택할 수 있습니다.

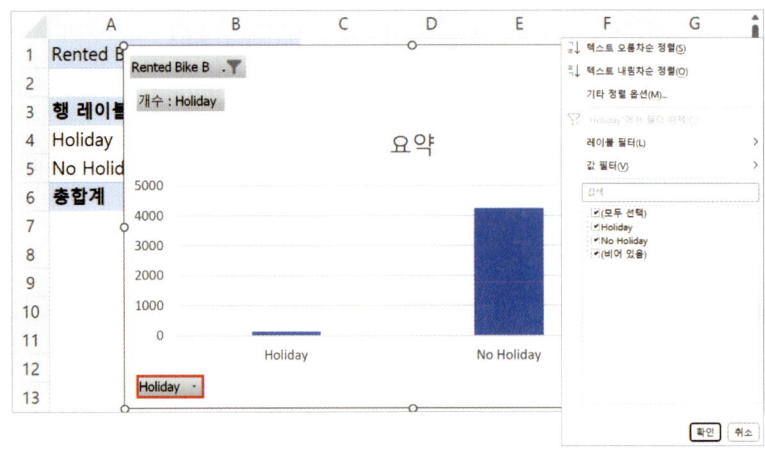

11 피벗 차트 왼쪽 상단에서 [Rented Bike B] 필터 아이콘을 클릭하면 값을 변경할 수 있습니다. 여기서 원하는 값을 선택하고 [확인]을 누르면 피벗 차트가 필터 값을 반영하여 업데이트됩니다.

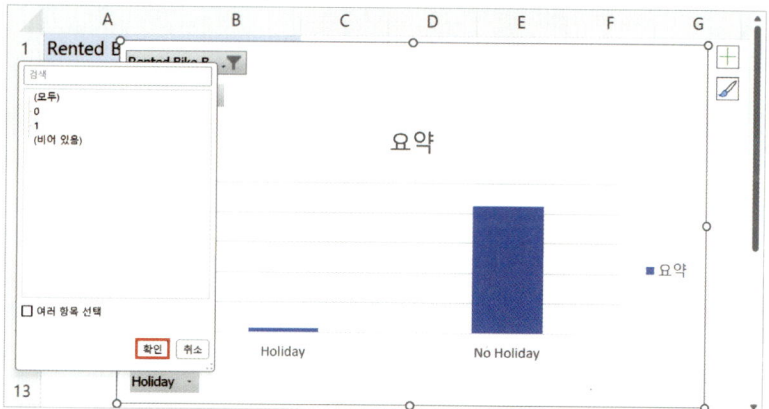

12 이렇게 생성한 두 피벗 차트, 즉 'Rented Bike B'가 1인 경우와 0인 경우를 동시에 비교해 보겠습니다.

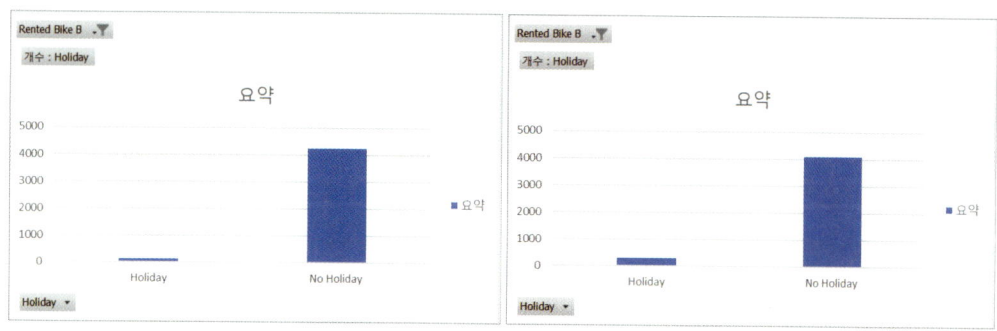

'Rented Bike B' = 0일 때   'Rented Bike B' = 1일 때

두 피벗 차트를 비교해 보면 양쪽 차트 모두 공휴일이 아닌 날, 즉 출근일에 압도적으로 수요가 많습니다. 왼쪽 피벗 차트는 오른쪽 피벗 차트에 비해 공휴일이 아닌 출근일에 막대 그래프가 올라가고 공휴일에는 내려갑니다.

이렇게 도수분포표를 피벗 테이블과 피벗 차트로 만들면 이진수 타깃 변수의 값에 따른 나머지 범주형 변수들의 집계 현황을 한눈에 파악할 수 있습니다. 따라서 데이터 분석을 할 때는 꼭 시각화로 전체 데이터의 특이한 분포 현황을 파악하기 바랍니다.

10-4-5 이상값 제거

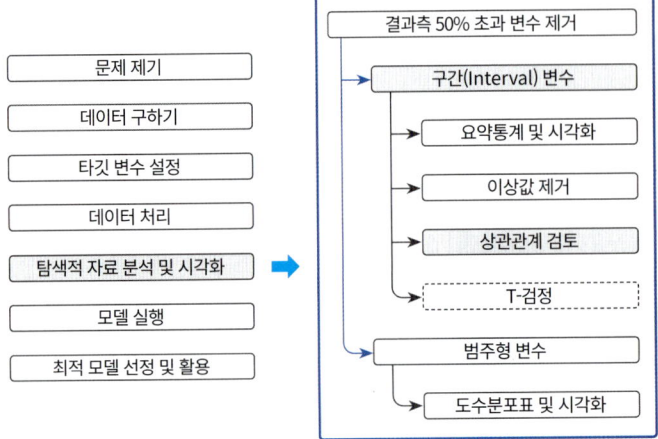

지금부터 다루는 이상값 제거, 상관관계 검토, T-검정은 모두 구간 변수를 대상으로 합니다. 다시 한번 이 데이터세트의 구간 변수를 살펴보면 다음과 같습니다.

- **구간 변수**: 'Year', 'Rented Bike Count', 'Temperature', 'Humidity', 'Wind speed', 'Visibility', 'Dew Point Temperature', 'Solar Radiation', 'Rainfall', 'Snowfall'

구간 변수 중 'Year'는 2개 년도(2017년, 2018년)뿐이어서 이상값이 없으므로 이를 제외하고 나머지 구간 변수의 이상값을 제거하겠습니다.

▶ 이상값 제거가 왜 필요한지, 상자그림과 IQR 규칙에 대한 설명, 엑셀에서 상자그림을 그리는 절차는 Chapter 09-4-5를 참고하기 바랍니다.

이상값 제거 단계에서 중요한 점검 사항은 크게 3가지입니다. 구간 변수가 정규분포를 크게 이탈하지 않을 조건과 왜도와 첨도의 절댓값을 줄이는 방법 그리고 IQR 규칙으로 이상값을 제거하는 단계입니다.

구간 변수가 정규분포를 크게 이탈하지 않을 조건

- **왜도의 절댓값**: 3 이하
- **첨도의 절댓값**: 10 이하

왜도와 첨도의 절댓값을 줄이는 순차적 방법

- 1단계: 왜도가 +3을 넘으면 변숫값 로그 변환
- 2단계: IQR 규칙에 따라 이상값 제거

IQR 규칙으로 이상값을 제거하는 단계

2-1단계: 3.0*IQR 규칙: (1Q - 3.0 * IQR) 미만 값 혹은 (3Q + 3.0 * IQR) 초괏값 제거

2-2단계: 1.5*IQR 규칙: (1Q - 1.5 * IQR) 미만 값 혹은 (3Q + 1.5 * IQR) 초괏값 제거

이 중 이상값 제거는 챗GPT로 수행하는 것이 훨씬 효과적이므로 챗GPT의 도움을 받겠습니다.

먼저 이상값을 제거하기 앞서 우선 구간 변수들의 왜도, 첨도를 확인해야 합니다. 이는 구간 변수 요약 통계를 검토할 때 이미 본 적이 있습니다.

▶ 'Hour'는 원본 데이터세트의 변수 배열상 요약 통계가 계산된 계산된 것으로, 범주형 변수에 속합니다.

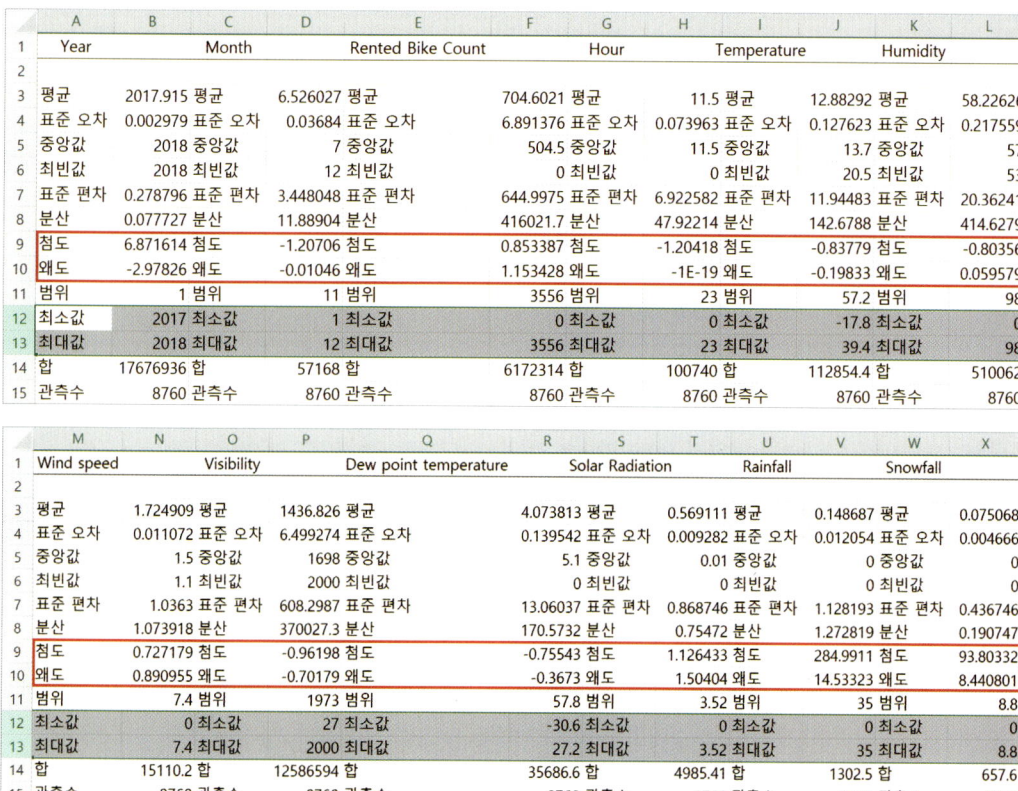

왜도, 첨도 비교에서 'Year' 변수는 뺐으므로 나머지 구간 변수의 왜도와 첨도를 확인합니다. 'Rainfall'과 'Snowfall'의 왜도가 3이 넘고, 첨도는 10을 훨씬 초과합니다. 이 변수를 챗GPT를 사용해서 로그 변환을 하겠습니다.

01 챗GPT에 Bike_Updated1.xlsx 파일을 업로드하고 다음과 같이 변수 생성과 로그 변환을 요청합니다.

▶ NumPy 라이브러리의 log1p 함수, 즉 np.log1p 함수는 값에 1을 더한 후 자연로그를 취하는 연산을 수행합니다.

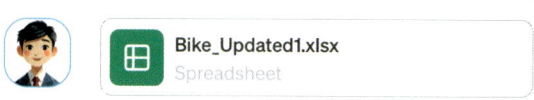

변수 'Rainfall1', 'Snowfall1'이라는 변수를 생성하고 각기 'Rainfall' 값과 'Snowfall' 값을 로그 변환하여 두 변수의 값으로 생성해 줘. 로그 변환시 파이썬 np.log1p 함수를 사용해 주고.

02 로그 변환을 완료하면 이 두 변수를 기존 데이터세트에 추가한 다음 왜도, 첨도를 계산하고 표로 정리해 달라고 요청합니다.

그렇게 생성한 두 변수를 기존 데이터세트에 추가해 줘. 그리고 새롭게 생성한 두 변수의 왜도, 첨도를 계산해 주고 그 결과를 표로 보여 줘.

로그 변환된 Rainfall1과 Snowfall1 변수의 왜도와 첨도는 다음과 같습니다.

변수	왜도	첨도
Rainfall1	6.4600	47.8848
Snowfall1	5.8118	36.4123

왜도(Skewness)는 분포의 비대칭도를 측정하는 값으로, 양의 값은 오른쪽 꼬리가 긴 분포를, 음의 값은 왼쪽 꼬리가 긴 분포를 의미합니다. 첨도(Kurtosis)는 분포의 뾰족함을 측정하는 값으로, 큰 값일수록 더 뾰족한 분포를 나타냅니다.

03 로그 변환을 해도 두 변수 모두 왜도와 첨도가 매우 높아서 이대로는 정규분포를 크게 이탈합니다. 즉, 로그 변환도 무용지물입니다. 따라서 원래 변수인 'Rainfall'의 히스토그램을 챗GPT로 확인해 보겠습니다.

로그 변환하지 않은 원래 변수인 'Rainfall'을 히스토그램으로 그려 줄래? 히스토그램의 X축 구간 수는 50개로 해줘.

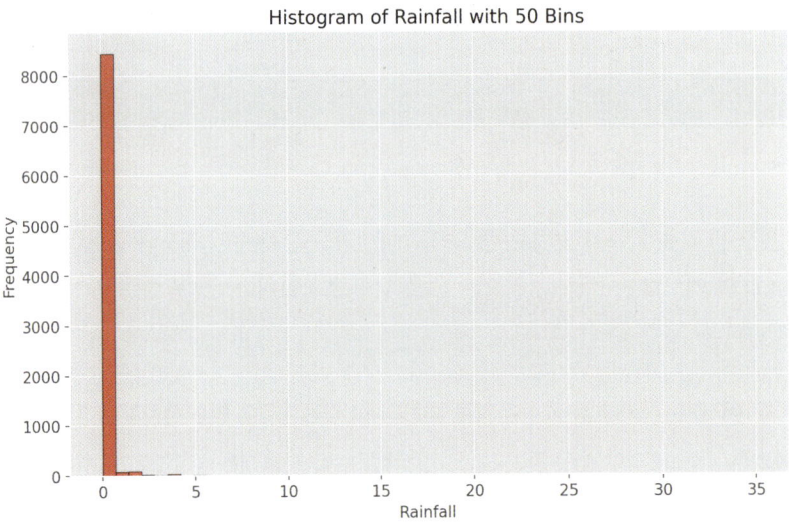

04 히스토그램을 보면 대부분 강수량이 5mm 안에 속하지만 개수가 극히 적은, 값이 큰 강우량 몇 개 때문에 히스토그램의 오른쪽은 텅 비어 있습니다. 강설량도 비슷한 모양입니다. 따라서 로그 변환을 하지 않은 원래 변수를 대상으로 다음과 같이 요청합니다.

변수 'Rainfall'과 'Snowfall' 값을 3.0*IQR 규칙을 기준으로 한 상한값과 하한값을 알려 줘.

Rainfall과 Snowfall 변수에 대해 3.0*IQR 규칙을 기준으로 계산된 하한과 상한은 모두 0.0입니다. 이 결과는 두 변수의 IQR(사분위수 범위)가 0이기 때문인데, 이는 데이터세트의 적어도 50%가 0이라는 것을 의미합니다. 따라서, 이 규칙에 의하면 0이 아닌 모든 값들이 이상치로 간주될 것입니다. …(중략)…

05 챗GPT는 값 0의 비율이 높기 때문에 IQR에 기반한 이상값 제거를 권하지 않습니다. 그렇다면 두 변수에 대한 엑셀 기술 통계로 이 비율을 다시 확인하면 다음과 같습니다.

	U	V	W	X
	Rainfall		Snowfall	
평균	0.148687	평균		0.075068
표준 오차	0.012054	표준 오차		0.004666
중앙값	0	중앙값		0
최빈값	0	최빈값		0
표준 편차	1.128193	표준 편차		0.436746
분산	1.272819	분산		0.190747
첨도	284.9911	첨도		93.80332
왜도	14.53323	왜도		8.440801
범위	35	범위		8.8
최소값	0	최소값		0
최대값	35	최대값		8.8
합	1302.5	합		657.6
관측수	8760	관측수		8760

06 다시 챗GPT에게 0을 제외한 나머지 값의 중위수를 구해 달라고 요청하겠습니다. 결과를 보면 두 변수에서 0이 차지하는 비중이 94%~95%에 육박합니다. 따라서 이 두 변수는 범주형 변수로 전환하는 것이 더 타당해 보입니다.

'Rainfall'과 'Snowfall' 각기 0값의 비율을 알려 줘. 그리고 0값을 제외한 나머지 값들의 중위수도 알려 줘.

'Rainfall'과 'Snowfall'의 0값 비율 및 0값을 제외한 나머지 값들의 중위수는 다음과 같습니다.

'Rainfall' 0값 비율: 약 93.97%

'Snowfall' 0값 비율: 약 94.94%

'Rainfall' 0값을 제외한 중위수: 1.0

'Snowfall' 0값을 제외한 중위수: 1.0

07 원래는 0이 아닌 값의 중위수를 기준으로도 값의 범주를 추가로 나누려고 했으나 0이 압도적인 비중을 차지하기에 간단하게 눈이나 비가 오면 1, 오지 않으면 0으로 범주형 변수를 새로 만들어 달라고 하겠습니다.

▶ 참고로 앞서 범주형 변수 도수분포표도 이 새로운 두 변수를 추가하여 업데이트할 수 있습니다.

새롭게 'Rainfall1' 변수를 만들고 기존 'Rainfall' 변숫값이 0이면 값 0을 부여하고, 기존 'Rainfall' 변숫값이 0이 아니면 값 1을 부여해 줘. 아울러 'Snowfall1' 변수를 만들고, 기존 'Snowfall' 변숫값이 0이면 값 0을 부여하고, 아니면 값 1을 부여해 줘. 새로 만든 'Rainfall1'과 'Snowfall1' 변수의 도수분포표(Frequency table)을 만들어 주되 결과를 비율 값으로 보여 줘.

'Rainfall1'과 'Snowfall1' 변수에 대한 도수분포표 비율은 다음과 같습니다.:

값	Rainfall1 (%)	Snowfall1 (%)
0	93.97	94.94
1	6.03	5.06

▶ 만약 'Rainfall1'과 'Snowfall1'의 변숫값을 생성하는 작업을 엑셀로 한다면 수식은 =If(K2>0, 1, 0)을 사용하면 됩니다. 여기서 K2셀은 첫 번째 'Rainfall' 값이 있는 셀입니다. 사용한 If 함수는 K2셀 값이 0보다 큰 경우 1을 반환하고, 그렇지 않으면 0을 반환합니다.

08 이제 불필요한 기존 변수인 'Rainfall'과 'Snowfall'을 지우겠습니다. 그리고 남은 구간 변수의 이상값을 3.0*IQR 규칙에 따라 찾아보겠습니다.

기존 데이터세트에서 Rainfall 열과 Snowfall 열을 각기 변수 Rainfall1 열과 Snowfall1 열로 바꿔 줘. 그리고 변수 'Rented Bike Count', 'Temperature', 'Humidity', 'Wind speed', 'Visibility', 'Dew Point Temperature', 'Solar Radiation'의 값을 3.0*IQR 규칙을 기준으로 한 상한과 하한 값 기준으로 이상값을 제거하면 각기 몇 %의 데이터값이 제거될 것인지 알려 줘.

… 각 변수에 대해 3.0*IQR 규칙을 기준으로 한 상한과 하한값을 기준으로 이상값을 제거하면 다음과 같은 비율의 데이터가 제거될 것입니다.

'Rented Bike Count': 0.0%

'Temperature': 0.0%

'Humidity': 0.0%

'Wind speed': 약 0.06%

'Visibility': 0.0%

'Dew Point Temperature': 0.0%

'Solar Radiation': 0.0%

이 결과는 대부분의 변수에서 이상값이 거의 없거나 전혀 없음을 나타냅니다. 'Wind speed' 변수에서만 매우 소량의 이상값이 관찰되었습니다.

09 다른 변수는 이상값이 없고 'Wind Speed'만 소량의 이상값이 나왔습니다. 먼저 챗GPT에게 상자그림을 요청하고 이어서 상자그림의 상한과 하한을 IQR 규칙에 따라 그려 달라는 요청을 합니다.

▶ 다음 명령에서 마지막 문장이 빠지면 상한과 하한 선분을 수평으로 그릴 수 있습니다. 따라서 '수직선 형태'임을 명백히 밝히는 것이 좋습니다.

 'Wind speed'의 상자그림(Box plot)을 보여 줘. 방금 작성한 상자그림에서 상한(Upper limit)과 하한(Lower limit)을 3.0*IQR 규칙에 의해 그려 줄 수 있니? 단, 그렇게 새로 덧붙여지는 상한과 하한은 수직선 형태로 그려야 해.

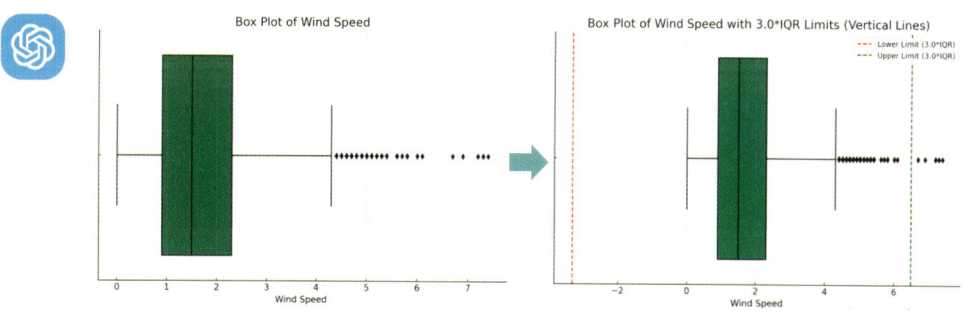

왼쪽 상자그림은 챗GPT의 백그라운드에서 실행되는 파이썬의 설정에 따라 1.5*IQR 규칙에 의한 이상값을 보여 주고 있습니다. 오른쪽은 3.0*IQR 규칙에 의한 상자그림입니다. 녹색 수직선이 3.0*IQR 규칙에 의한 상한이고 그 오른쪽의 점들이 이상값입니다.

10 이제 이상값들을 제거하고 지금까지 처리한 데이터세트를 저장하겠습니다. 저장할 파일 이름은 Bike2.xlsx로 요청했습니다.

 'Wind speed' 변숫값을 3.0*IQR 규칙에 의해 이상값을 제거해 줘. 물론 해당 변숫값을 제거시 데이터세트에서 행 단위로 제거해야 하고. 그럼 제거전 전체 데이터 행 수와 제거 후 데이터 행 수도 알려 줘. 아울러 이렇게 처리된 데이터세트를 'Bike2.xlsx'로 저장하고 다운로드받을 수 있게 해줘.

 … 이상값 제거 전의 전체 데이터 행 수는 8,760행이었고, 'Wind speed' 변수에서 3.0*IQR 규칙을 적용하여 이상값을 제거한 후의 데이터 행 수는 8,755행입니다. 따라서 총 5행의 데이터가 이상값으로 제거되었습니다. …

'Wind speed' 이상값을 제거하면 레코드 5행이 줄어듭니다. 오른쪽 상자그림을 다시 한 번 살펴보면 녹색 수직선(상한) 오른쪽 너머에 이상값 개수가 5개가 있는 것을 확인할 수 있습니다. 즉, 제대로 이상값이 제거된 것입니다.

10-4-6 상관관계 검토

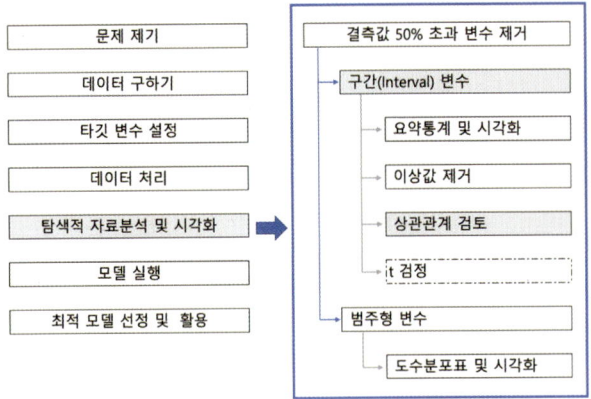

데이터세트의 변수들은 크게 타깃 변수와 설명 변수로 나뉩니다. 앞서 상관관계는 설명 변수 중에서도 구간 변수만을 대상으로 계산하고, 구간 변수 간의 상관계수 값의 절댓값이 0.7 이상이면 2개의 구간 변수 중 하나를 제거한다고도 언급했습니다. 그리고 바로 이전 실습에서는 구간 변수 중 'Rainfall'과 'Snowfall'을 범주형 변수인 'Rainfall1'과 'Snowfall1'로 대체했습니다. 또한 'Rented Bike Count'는 타깃 변수이므로 상관관계 검토에서 제외하고, 'Year' 변수 역시 값이 2개뿐이므로 타 변수와 상관관계를 갖기 어려우니 이번 분석에서 제외합니다. 이렇게 되면 상관관계를 검토할 구간 변수는 다음 변수만 남습니다.

- 구간 변수 중 상관관계 검토 대상: 'Temperature', 'Humidity', 'Wind speed', 'Visibility', 'Dew point temperature', 'Solar Radiation'

01 챗GPT에 Bike2.xlsx 파일을 업로드하고 변수 6개의 상관계수의 절댓값이 0.7 이상인지 물어보겠습니다. 이 값이 1에 가까울수록 강한 선형관계를 나타내며 0에 가까울수록 선형관계가 약하거나 없음을 의미합니다. 양의 값은 양의 상관관계, 음의 값은 음의 상관관계를 나타냅니다.

변수 'Temperature', 'Humidity', 'Wind speed', 'Visibility', 'Dew point temperature', 'Solar Radiation'의 상관계수를 계산하면 이 중에서 그 값이 0.7 이상이거나 -0.7 이하인 것은 몇 개가 있니?

상관계수가 0.7 이상이거나 -0.7 이하인 변수 쌍은 총 1개입니다.

02 0.7 이상이거나 이하인 변수 쌍은 총 1개라고 합니다. 이번엔 이들의 상관계수 값을 알려 달라고 하겠습니다.

 그 변수 쌍과 이들의 상관계수 값도 알려 줘.

 'Temperature'와 'Dew point temperature' 사이의 상관계수 값은 약 0.913입니다

상관계수 절댓값 기준 0.7을 초과하는 변수로 'Temperature'와 'Dew point temperature'가 나왔습니다. 각기 온도와 이슬점을 의미합니다. 이슬점은 수증기가 이슬이나 서리로 응축되는 온도입니다. 생각해 보면 그날의 온도와 이슬점이 상관관계가 많은 것은 당연하므로 이 두 변수 중 하나의 변수를 제거해야 우리가 사용할 예측 모델의 결과가 왜곡되지 않습니다. 여기서는 이슬점, 즉 'Dew point temperature'를 제거하겠습니다.

03 상관계수를 알아보는 과정을 엑셀로도 살펴보겠습니다. 엑셀에서 Bike2.xlsx 파일을 실행한 다음 [데이터 → 데이터 분석]을 클릭합니다.

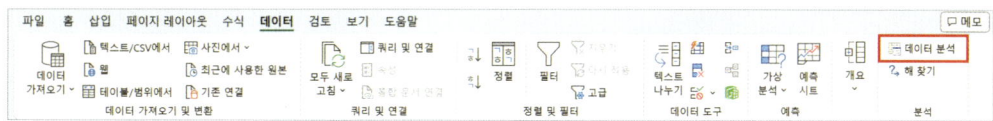

04 '통계 데이터 분석' 창이 뜨면 [상관 분석]을 선택하고 [확인]을 누릅니다.

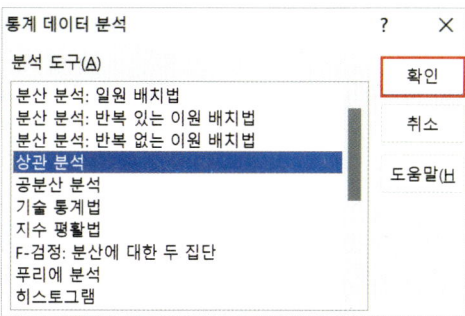

05 '상관 분석' 창이 뜨면 [입력 범위]에 커서가 놓여 있습니다. E열을 선택하고 [Shift] 키를 누른 채 J열을 클릭해 영역을 지정합니다. 그런 다음 [입력]에서 [첫째 행 이름표 사용]을 체크하고 [확인]을 클릭합니다.

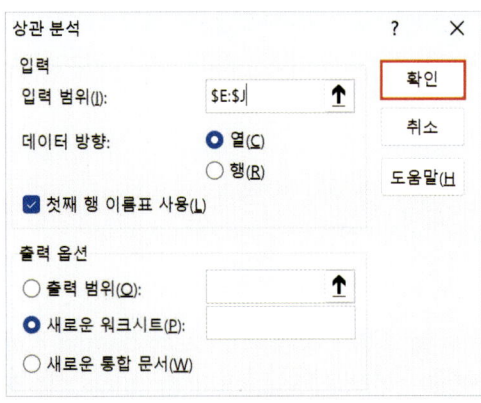

06 새 시트에 다음과 같은 결과가 나옵니다. 대각선은 각 변수의 자기 자신과의 상관계수여서 값이 모두 1인 것을 볼 수 있습니다.

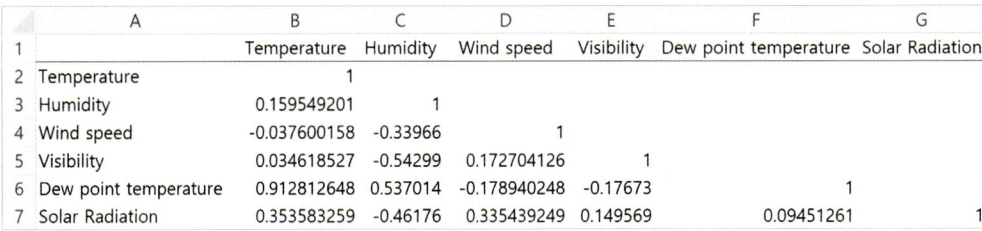

07 그런데 우리는 대각선 아래의 상관계수만 검토하면 되는데 변수 6개의 상관계수를 모두 확인해야 합니다. 하지만 확인해야 할 상관계수 개수가 6개가 아니라 10개, 100개라면 일일이 눈으로 확인하는 것보다는 Chapter 08에서 배운 [조건부 서식] 기능을 사용하면 매우 편리합니다. 따라서 조건부 서식을 적용해 보겠습니다. 시트의 왼쪽 최상단 셀을 클릭해 시트 전체 영역을 선택합니다.

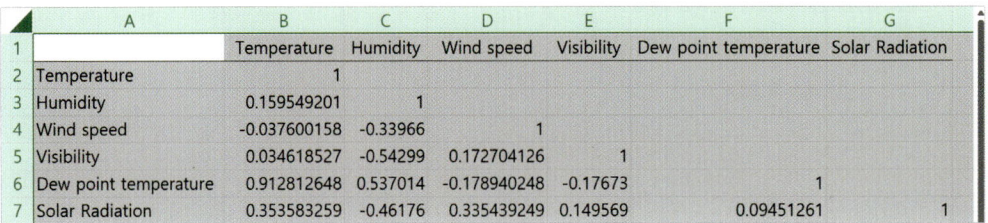

08 시트 전체를 선택한 상태에서 [홈 → 조건부 서식 → 셀 강조 규칙 → 보다 큼]을 선택합니다.

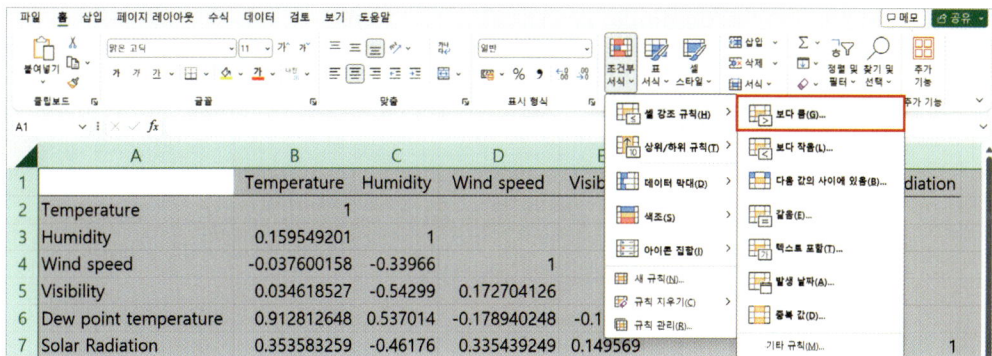

09 '보다 큼' 창이 뜨면 0.7을 입력합니다. [확인]을 눌러 0.7보다 큰 값을 가진 셀은 연한 빨강으로 칠합니다. 이렇게 [조건부 서식]으로 데이터 값을 한눈에 시각화해서 비교할 수 있습니다. 비교가 끝났으니 이제 이 시트는 삭제합니다.

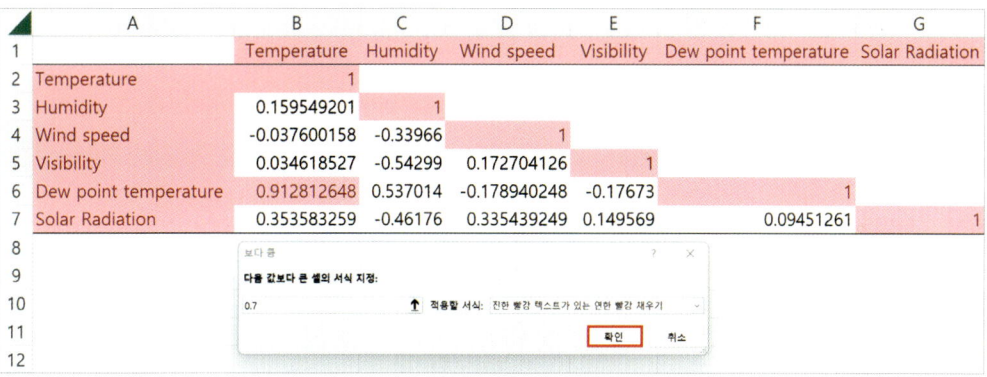

10 다시 원래 엑셀 데이터가 담긴 시트로 돌아와 'Dew point temperature' 변수, 즉 I열을 통째로 삭제합니다.

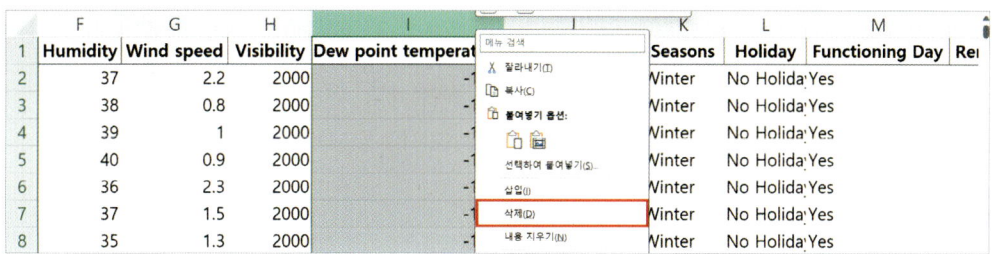

이렇게 'Dew point temperature' 열을 제거한 엑셀을 Bike3.xlsx로 저장합니다. 이상으로 엑셀에서 상관계수를 확인하는 절차를 마칩니다.

CHAPTER 10 _ 공유 자전거 수요 예측   240

10-4-7 T-검정

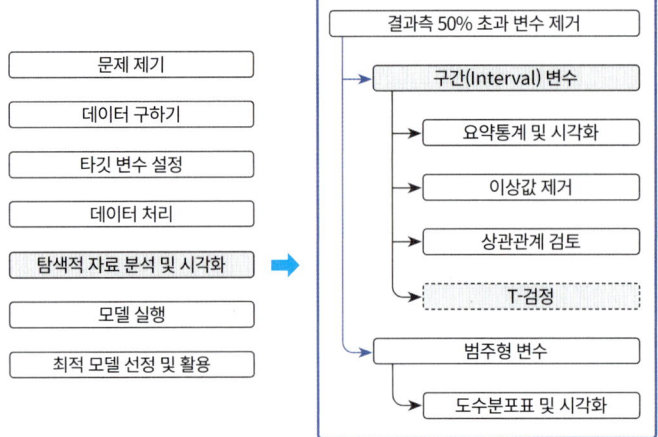

T-검정은 이상값 제거, 상관관계 검토와 마찬가지로 연속형 구간 변수를 대상으로 합니다. 단, 자료를 나누는 기준이 되는 타깃 변수가 연속형이라면 T-검정이 의미가 없으며, 이진수 혹은 다중 범주 타깃 변수를 가질 때야 의미가 있습니다.

이 데이터세트에서 추가 생성한 타깃 변수 'Rented Bike B'는 원래 타깃 변수 'Rented Bike Count' 값이 중위수 이상이면 1, 미만이면 0을 갖는 이진수 변수입니다. 따라서 'Rented Bike B' 값(0 혹은 1)별로 다른 구간 변수들의 평균이 차이가 나는지 T-검정을 통해 알 수 있습니다.

▶ T-검정에 대한 자세한 설명은 Chapter 09-4-7을 참고하기 바랍니다.

이제 타깃 변숫값 0과 1을 기준으로 나눈 그룹에서 독립 표본 T-검정을 수행합니다. 이미 변수 'Dew point temperature'를 제거했기 때문에 이제 남은 구간 변수는 다음과 같습니다.

- **설명 변수 중 남은 구간 변수**: 'Temperature', 'Humidity', 'Wind speed', 'Visibility', 'Solar Radiation'

01 챗GPT에 Bike3.xlsx 파일을 업로드하고 다음과 같이 명령합니다.

▶ 일반적으로 대부분의 통계 분석에서 p값 기준을 0.05로 놓습니다. 이는 95%의 확률을 의미합니다.

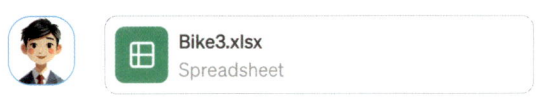

이진수 타깃 변수 'Rented Bike B'의 값을 1과 0으로 구분한 후 그룹별로 구간 변수 'Temperature', 'Humidity', 'Wind speed', 'Visibility', 'Solar Radiation' 값을 T-검정(t-test)해서 결과를 해석해 줘. 이때 사용하는 p값의 기준은 0.05야.

… 각 구간 변수에 대한 T-검정 결과는 다음과 같습니다.

Temperature (온도)

t-통계량: 64.56

p값: 0.000 (근사값, 실제 값은 0에 매우 가까움)

해석: p값이 0.05보다 매우 작으므로, 두 그룹 간 온도의 평균 차이는 통계적으로 유의미합니다.

Humidity (습도)

t-통계량: -17.18

p값: 약 5.36e-65

해석: p값이 0.05보다 매우 작으므로, 두 그룹 간 습도의 평균 차이는 통계적으로 유의미합니다.

(이하 생략)

이 결과들은 'Rented Bike B'의 값이 1인 그룹과 0인 그룹 간에 온도, 습도, 풍속, 가시성, 태양 복사량의 평균이 통계적으로 유의미한 차이를 보인다는 것을 나타냅니다. 따라서 이 변수들은 'Rented Bike B' 값과 관련이 있을 가능성이 높습니다

대답의 마지막 문단을 보면 질문한 5개 구간 변수 모두 타깃 변수 1인 그룹과 0인 그룹의 평균 차이가 통계적으로 유의미하다고 답을 합니다. 즉, 이 5개의 변수들은 'Rented Bike B' 값에 영향을 미칠 가능성이 크다는 의미입니다. 만약 p값이 0.05보다 크게 나와서 두 그룹 간 평균 차이가 미미한 것으로 판명이 나면 해당 변수는 타깃 변수에 영향을 미칠 가능성이 낮습니다. 이러한 사실을 예측 모델을 돌려보기 전에 T-검정을 통해 대략 알 수 있습니다.

02 이어서 엑셀에서 T-검정을 하는 방법을 알아보기 위해 엑셀에서 Bike3.xlsx를 엽니다. 데이터를 임시로 정렬할 예정이므로 Bike3_t.xlsx라는 이름으로 따로 저장합니다.

이제 이진수 타깃 변수 '거래금액_B' 값을 따라 데이터세트를 정렬하겠습니다. 데이터 값이 들어 있는 아무 셀(예 A2셀)을 선택하고 [데이터 → 필터]를 클릭하면 첫 행의 변수명에 필터가 생깁니다.

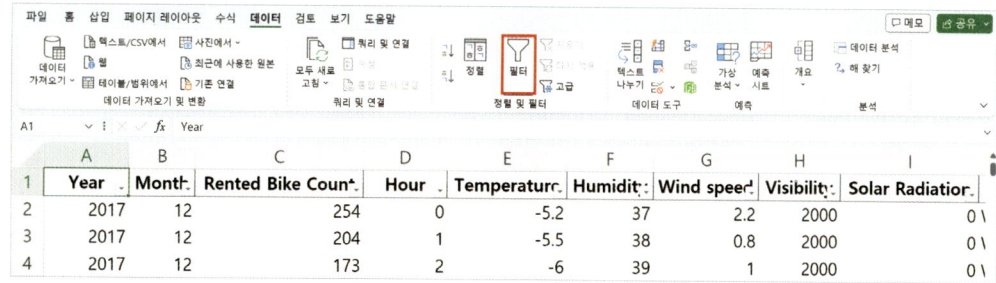

03 이진수 타깃 변수 'Rented Bike_B' 변수명이 있는 M1셀의 필터 아이콘을 눌러서 값 0을 선택하고 [확인]을 누릅니다.

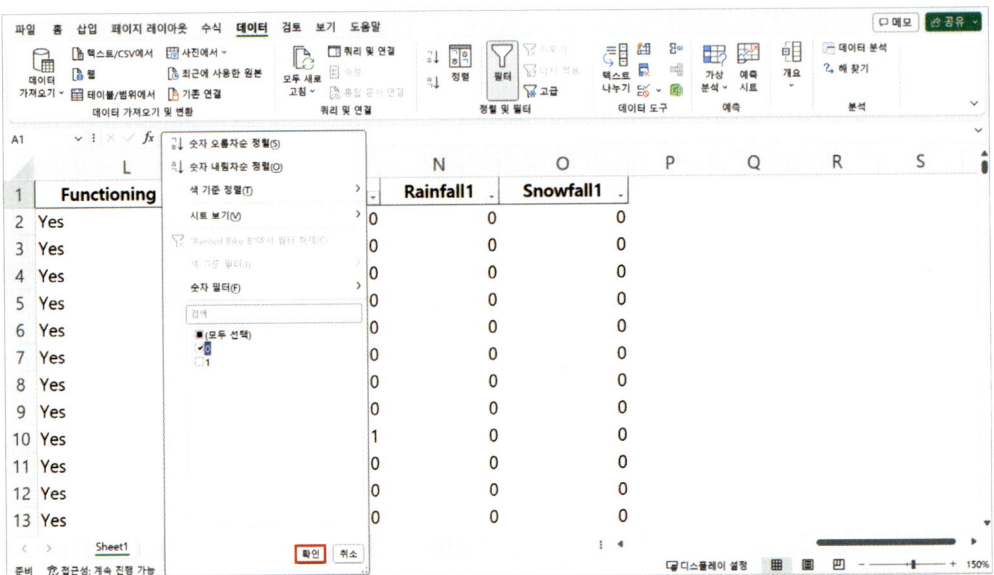

04 데이터세트는 'Rented Bike B' 값이 0인 행만 보여줍니다. 이제 'Temperature' 변숫값이 있는 E2셀을 선택합니다. 그리고 [Ctrl] + [Shift] + [↓] 키를 눌러 모든 'Temperature' 값을 지정한 후 [Ctrl]+ [C]로 복사합니다. 그런 다음 새 시트를 만들고 [Ctrl] + [V] 키를 눌러 붙여 넣습니다.

05 다시 원래 시트로 돌아간 다음 'Rented Bike B' 변수명이 있는 M1셀의 필터를 다시 한번 클릭합니다. 이번에는 필터 값으로 1을 선택하겠습니다.

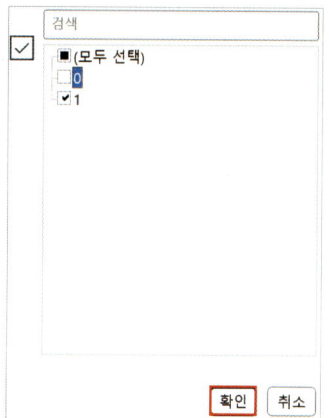

06 'Rented Bike B' 값이 1에 해당하는 데이터 행이 나타나면 다시 E열을 모두 복사한 다음 앞서 새로 만든 시트에 나란히 붙여 넣습니다.

07 이렇게 새 시트의 A열에는 'Rented Bike B' 값이 0일 때의 'Temperature' 값, B열에는 'Rented Bike B' 값이 1일 때의 'Temperature' 값이 모여 있습니다. 이 값들의 평균이 통계적으로 유의미하게 같은지 다른지를 확인하기 위해 엑셀 [데이터 → 데이터 분석]을 클릭합니다.

08 '통계 데이터 분석' 창이 뜨면 [t-검정: 등분산 가정 두 집단]을 선택하고 [확인]을 누릅니다.

▶ 동일한 변수에서 타깃 변숫값에 따라 그룹을 나누면 [t-검정: 등분산 가정 두 집단]을 선택합니다. 더 엄밀하게 이분산/등분산 여부를 확인하려면 [t-검정: 분산에 대한 두 집단]으로 결과를 확인하면 됩니다.

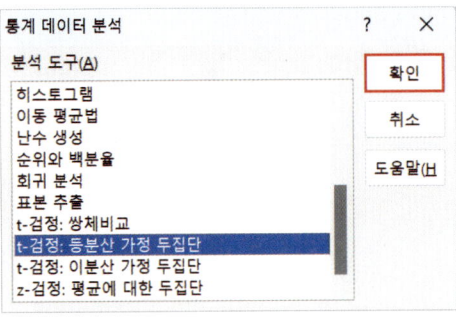

09 ' t–검정: 등분산 가정 두 집단' 창이 뜨고 [변수 1 입력 범위(1)] 입력칸에 커서가 놓여 있습니다. 이 상태에서 A열을 클릭해 범위를 지정합니다. 이어서 [변수 2 입력 범위(2)] 입력칸을 선택하고 B열을 선택합니다. [유의수준]은 p값을 의미하며 디폴트로 0.05가 입력되어 있습니다. 그대로 [확인]을 클릭합니다.

10 새 시트에 T–검정 결과가 나타납니다. 여기서 'P(T<=t) 양측 검정'이 우리가 확인해야 하는 p값입니다. 값이 0이므로 기준이 되는 p값(유의수준)은 0.05 미만입니다. 이로써 두 그룹의 평균 차이는 통계적으로 '유의미하게 다르다'고 말할 수 있습니다. 즉, '공유 자전거 수요가 높은 그룹과 낮은 그룹의 온도(Temperature)의 평균이 다르다'고 할 수 있습니다.

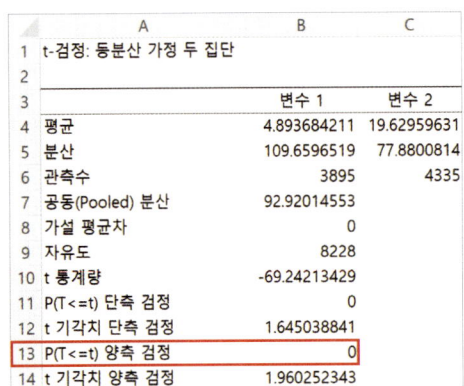

10.5 모델 실행 전 데이터 처리

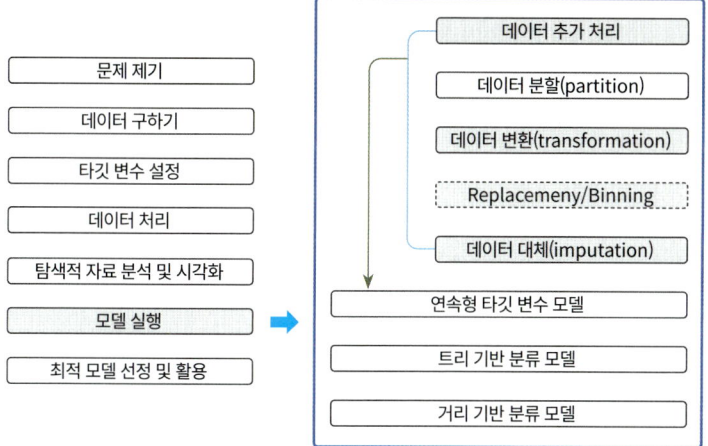

방금까지 '탐색적 자료 분석 및 시각화' 과정을 살펴보았습니다. 다음으로 할 절차는 '모델 실행' 절차입니다. 순서도에서 세부 절차를 보면 '데이터 추가 처리', '데이터 분할', '데이터 변환', '데이터 구간화', '데이터 대체' 등의 과정이 있습니다. 이 과정 전체를 '모델 실행 전 데이터 처리'라고 합니다. 이 책에서는 지면상 이 과정 중 일부분만 살펴보겠습니다. 또, 모델 실행 전 데이터 처리 순서는 필요에 따라 조정할 수 있으므로 '데이터 분할'은 개별 모델을 실행할 때 함께 다루고 이 단계에서는 모델에 입력할 데이터의 값을 변환하는 데 집중하겠습니다. 더불어 '데이터 대체' 단계는 이 데이터세트 결측값이 없는 것을 이미 확인했으므로 생략하겠습니다.

▸ 결측값을 보정하는 자세한 과정은 Chapter 09-5-2를 참고하세요.

10-5-1 구간 변수 스케일 조정

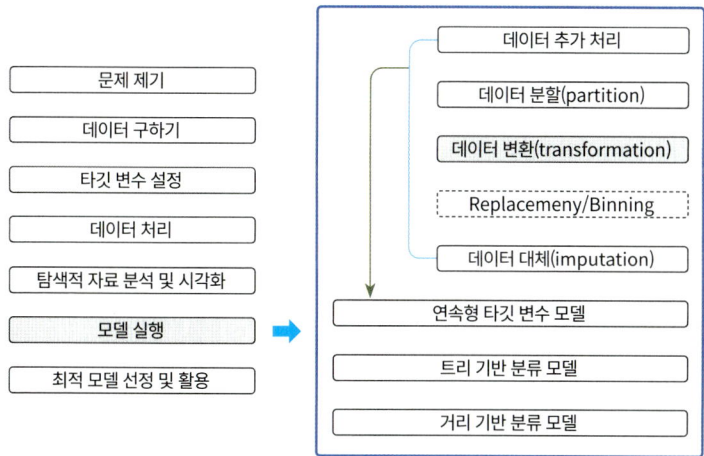

지금까지 수정을 거친 구간 변수는 다음과 같습니다.

- **구간 변수**: 'Year', 'Rented Bike Count', 'Temperature', 'Humidity', 'Wind speed', 'Visibility', 'Solar Radiation'

예측 모델에서 구간 변수들의 측정 스케일이 차이가 나면 스케일이 큰 변수가 작은 변수의 영향력을 압도하는 경우가 발생할 수 있습니다. 따라서 너무 스케일을 조정하는 것이 중요합니다.

01 챗GPT에 Bike3.xlsx 파일을 업로드하고 구간 변수 5개의 최댓값과 최솟값을 물어보았습니다.

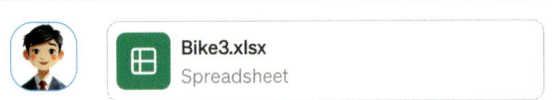

변수 'Year', 'Rented Bike Count', 'Temperature', 'Humidity', 'Wind speed', 'Visibility', 'Solar Radiation' 의 최댓값과 최솟값을 알려 줘. 그 결과를 차트로 그려 줄 수 있니? Y축에 변수명을 넣어 주고.

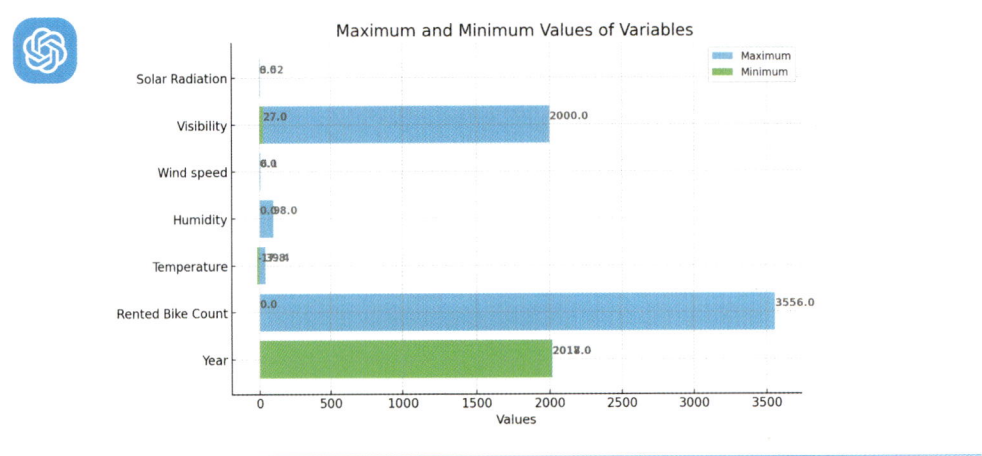

02 스케일이 작은 변수들의 최댓값이 잘 보이지 않아 추가로 최댓값만 표기해 달라고 요청해 보았습니다.

위 차트에 변수들의 최솟값 말고 최댓값만 레이블로 간결하게 표기해 줘.

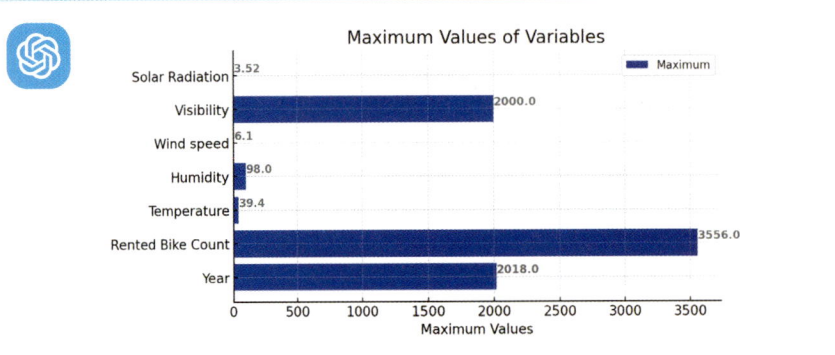

03 차트를 보면 'year'는 값은 크지만 개수가 2개뿐이므로 범주형 변수로 만들어도 되지만 이 실습에서는 제거하겠습니다. 'Year'를 제외하면 눈에 띄게 스케일이 큰 변수는 원래 타깃 변수인 'Rented Bike Count'와 'Visibility'입니다. 타깃 변수인 'Rented Bike Count'는 다른 설명 변수와 스케일이 크게 달라도 모델 구성상 큰 문제는 없지만 'Visibility'는 같은 설명 변수 중에서도 눈에 띄게 스케일이 큽니다. 더구나 차트에서 눈에 보이지 않을 정도인 'Wind speed'나 'Solar Radiation'은 최댓값이 너무 작아 다른 변수와 스케일 차이가 큽니다. 따라서 'Rented Bike Count'를 제외한 나머지 설명 변수 겸 구간 변수들의 범위를 0과 1사이의 값으로 변환시키는 정규화^{Normalization}를 하겠습니다.

변수 'Temperature', 'Humidity', 'Wind speed', 'Visibility', 'Solar Radiation'의 값을 0과 1 사이에서 정규화(Normalization)한 값으로 대체해 줘.

… 정규화는 다음 공식을 사용하여 각 변수의 값을 변환합니다.

$$\text{Normalized Value} = \frac{\text{Value} - \text{Min Value}}{\text{Max Value} - \text{Min Value}}$$

이제 데이터의 해당 열을 정규화하겠습니다.

'Temperature', 'Humidity', 'Wind speed', 'Visibility', 'Solar Radiation' 변수의 값이 0과 1 사이로 정규화되었습니다.

04 이번엔 정규화한 값을 가진 5개의 변수를 상자그림으로 그리겠습니다.

정규화된 값을 갖는 변수 'Temperature', 'Humidity', 'Wind speed', 'Visibility', 'Solar Radiation'의 상자그림(Box plot)을 그려 줘. 변수명이 X축에 위치하게 하고.

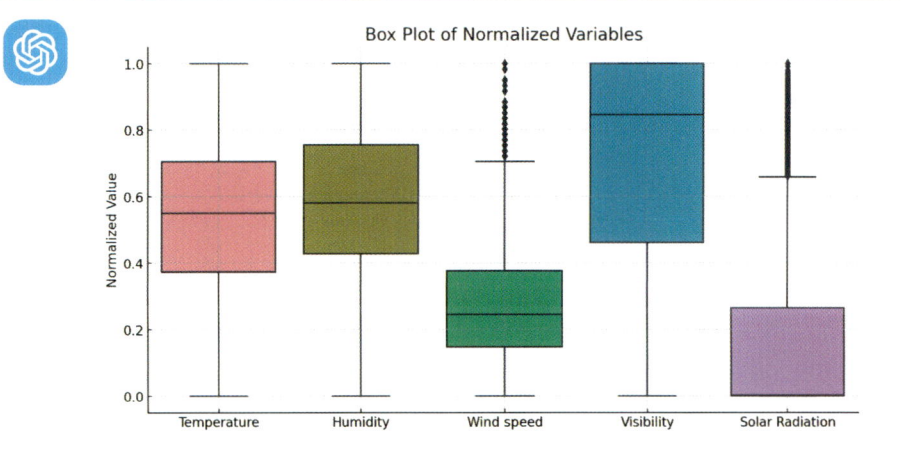

상자그림을 보면 0과 1 사이의 값으로 정규화한 5개의 변수 중에 'Visibility'는 비교적 1에 가까운 값들로 구성돼 있고 'Wind speed'와 'Solar Radiation'은 비교적 0에 가까운 값들로 구성돼 있습니다.

05 이렇게 정규화된 데이터세트를 다운로드받겠습니다. 단, 변수 'Year'를 삭제하겠습니다. 다운로드받은 Bike3_normalized.xlsx 파일을 컴퓨터 [문서 → Book4 → Ch10]에 저장합니다.

지금 작업한 데이터세트를 엑셀(xlsx) 파일 Bike3_normalized.xlsx로 다운로드받게 해줘. 단 변수 'Year'는 제거해 줘.

작업한 데이터세트에서 'Year' 변수를 제거하고 'Bike3_normalized.xlsx'로 저장했습니다. 아래 링크를 사용하여 파일을 다운로드할 수 있습니다.

Bike3_normalized.xlsx 다운로드

06 이제 엑셀에서 'Temperature' 변수를 대상으로 정규화 작업을 해보겠습니다. Bike3.xlsx 파일을 실행하고 P2 셀에 =(E2-MIN(E:E))/(MAX(E:E)-MIN(E:E))를 입력합니다. E열에는 'Temperature' 변수가 있습니다.

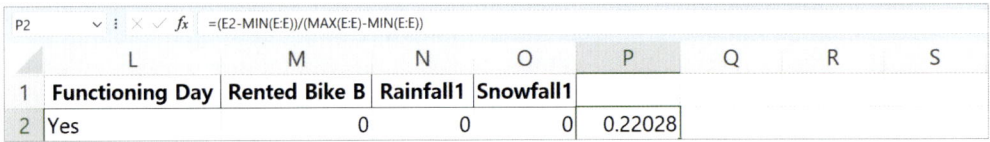

07 P2셀의 채우기 핸들을 더블 클릭하여 해당 수식을 P열의 나머지 셀에 적용합니다. 이어서 이 값들을 영역 지정하고 복사합니다.

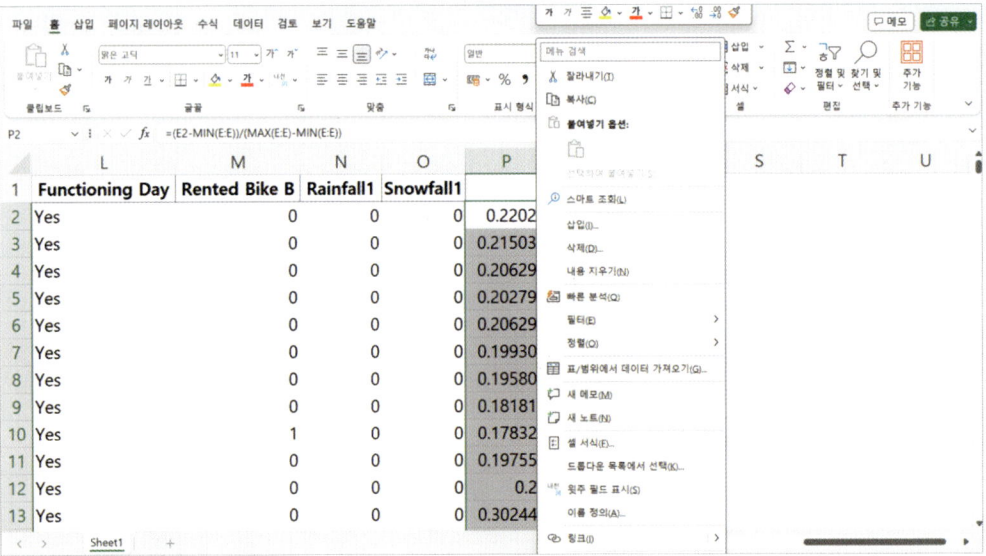

08 E2셀을 선택하고 [값으로 붙여 넣기]를 클릭합니다. 그러면 간단하게 E열의 값들이 정규화된 값으로 대체됩니다. 마지막으로 계산에 이용한 P열을 삭제하면 깔끔하게 정규화를 완료합니다.

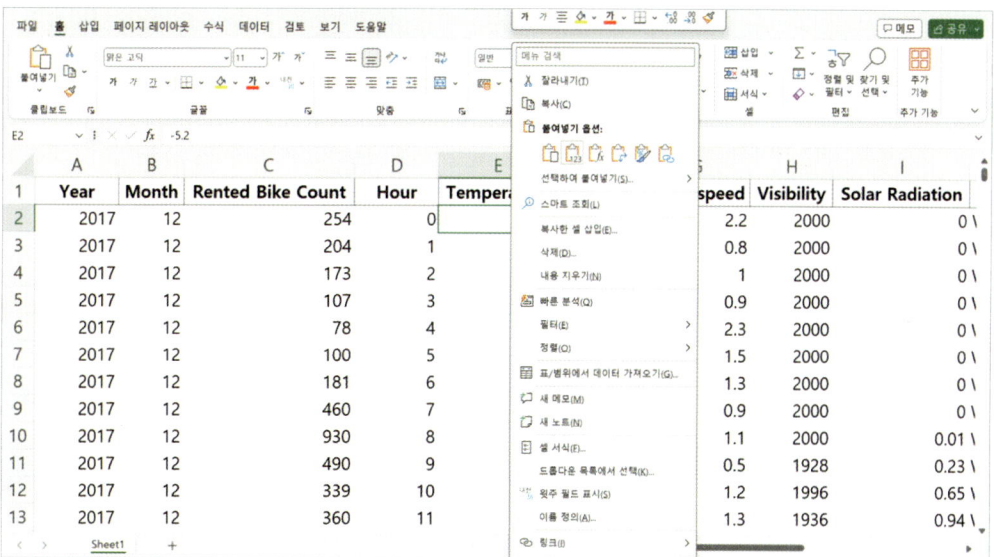

10-5-2 범주형 데이터 추가 처리

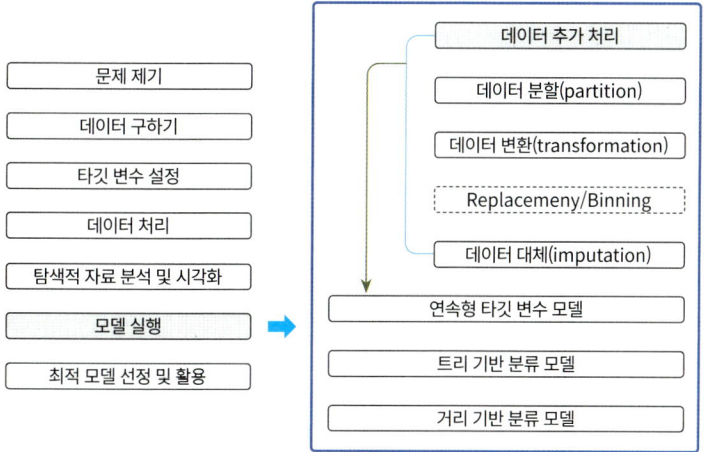

이번엔 '모델 실행'의 세부 과정 중 '데이터 추가 처리'를 크게 트리 기반 데이터세트와 거리 기반 데이터 세트로 나눠 살펴보겠습니다.

지금까지 수정을 거친 범주형 변수는 다음과 같습니다.

- **범주형 변수**: 'Month', 'Hour', 'Seasons', 'Holiday', 'Functioning Day', 'Rented Bike B', 'Rainfall1', 'Snowfall1'

이 중 'Rented Bike B'는 이진수 타깃 변수입니다. 'Rainfall1'과 'Snowfall1'은 원래 구간 변수였던 'Rainfall'과 'Snowfall' 값에서 생성한 범주형 변수입니다.

트리 기반 데이터세트 - 데이터 값 숫자화

01 먼저 트리 기반 데이터 세트에서 데이터 값을 숫자화하는 과정을 살펴보겠습니다. 챗GPT에 Bike3_normalized.xlsx 파일을 업로드하고 데이터 타입을 확인하면 'Seasons', 'Holiday', 'Functioning Day'만 객체(Object) 타입인 것을 확인할 수 있습니다.

 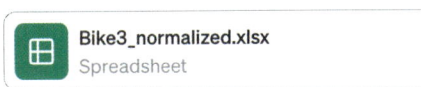

변수 'Month', 'Hour', 'Seasons', 'Holiday', 'Functioning Day', 'Rented Bike B', 'Rainfall1', 'Snowfall1'의 데이터 타입을 알려 줘.

변수들의 데이터 타입은 다음과 같습니다.

Month: 정수형 (int64)

Hour: 정수형 (int64)

Seasons: 문자열 또는 범주형 (object)

Holiday: 문자열 또는 범주형 (object)

Functioning Day: 문자열 또는 범주형 (object)

Rented Bike B: 정수형 (int64)

Rainfall1: 정수형 (int64)

Snowfall1: 정수형 (int64)

02 이 변수의 유일한 값을 확인합니다.

변수 'Seasons', 'Holiday', 'Functioning Day'의 유일한 값을 알려 줘.

변수별 유일한 값은 다음과 같습니다.

Seasons: ['Winter', 'Spring', 'Summer', 'Autumn']

Holiday: ['No Holiday', 'Holiday']

Functioning Day: ['Yes', 'No']

03 데이터 분석 모델은 숫자만 입력받으므로 문자열인 변숫값을 숫자로 변환하겠습니다. 여기서는 레이블 인코딩을 사용하여 위의 세 범주형 변숫값을 숫자로 바꿉니다.

▶ 다음 명령에 오디널 인코딩을 적용해도 결과는 같습니다.

'Seasons', 'Holiday', 'Functioning Day' 변수를 Label encoding을 사용하여 값을 숫자로 변환하고 각기 'Seasons1', 'Holiday1', 'Functioning Day1' 변수로 저장해 줘. 그리고 변경 전과 변경 후 변숫값 매칭 테이블을 만들어서 보여 줘.

변숫값을 숫자로 변환한 후의 매칭 테이블은 다음과 같습니다.

Seasons 변환:

'Autumn': 0

'Spring': 1

'Summer': 2

'Winter': 3

Holiday 변환:

'Holiday': 0

'No Holiday': 1

Functioning Day 변환:

'No': 0

'Yes': 1

이제 'Seasons', 'Holiday', 'Functioning Day' 변수의 값이 각각 'Seasons1', 'Holiday1', 'Functioning Day1' 변수에 숫자로 저장되었습니다.

'Seasons' 변수의 값인 'Spring', 'Summer', 'Autumn', 'Winter'에 알파벳 순으로 숫자가 부여됐습니다.

04 이번에는 챗GPT에게 개별 값에 숫자를 부여하는 방법을 설명해 주고 변경 전후 매칭 표를 요청했습니다.

'Seasons' 변수에서는 값 Winter, Spring, Summer, Autumn을 각기 0, 1, 2, 3으로 대체해 줘. 'Holiday' 변수에서는 값 'Holiday'를 1로, "No Holiday"를 0으로 대체해 줘. 'Functioning Day' 변수에서는 값 "Yes"를 1로, "No"를 0으로 대체해 줘. 그리고 변경 전과 변경 후 변숫값 매칭 표를 만들어서 보여 줘.

Seasons	Before	After
Winter	Winter	0
Spring	Spring	1
Summer	Summer	2
Autumn	Autumn	3

Holiday	Before	After
No Holiday	No Holiday	0
Holiday	Holiday	1

Functioning Day	Before	After
Yes	Yes	1
No	No	0

05 이렇게 변환한 데이터세트의 다운로드를 요청한 다음 파일 이름을 Bike_tree.xlsx로 [문서 → Book4 → Ch10]에 저장합니다.

방금 작성한 데이터세트를 엑셀(xlsx) 파일로 다운로드할 수 있게 해줘. 혹시 내가 변수명을 새롭게 변경해서 만든 게 있으면 그 변수들은 포함시키지 말아 줘.

아래 링크를 클릭하여 다운로드할 수 있습니다.

다운로드 링크

06 방금 저장한 Bike_tree.xlsx을 엑셀에서 실행하면 모든 변수의 값이 숫자로 변환된 것을 확인할 수 있습니다.

	G	H	I	J	K	L	M	N	O
1	Wind speed	Visibility	Solar Radiation	Seasons	Holiday	Functioning Day	Rented Bike B	Rainfall1	Snowfall1
2	0.360655738	1	0	0	0	1	0	0	0
3	0.131147541	1	0	0	0	1	0	0	0
4	0.163934426	1	0	0	0	1	0	0	0

이렇게 문자열을 숫자로 변환하면 트리 기반 모델에 사용할 수 있게 됩니다. 트리 기반 모델은 값의 크기와 상관없이 특정 숫자는 특정 범주를 나타낼 뿐입니다.

- **트리 기반 모델**: 결정 트리, 랜덤 포레스트, 그레이디언트 부스팅, XGBoost, LightGBM 모델 등
- **거리 기반 모델**: 신경망(딥러닝 모델 포함), KNN, SVM, 회귀 모델, 로지스틱 회귀 모델 등

거리 기반 데이터세트 - 더미 변수 생성

01 아직 변수 'Seasons', 'Holiday', 'Functioning Day'는 문자열 형태입니다. 숫자를 값으로 갖는 나머지 범주형 변수 'Month', 'Rented Bike B', 'Rainfall1', 'Snowfall1'는 구체적으로 어떤 값을 갖는지 알아보겠습니다. 챗GPT에 Bike3_normalized.xlsx를 업로드하고 다음 질문을 던집니다.

 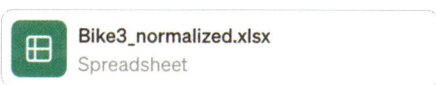

변수 'Month', 'Hour', 'Rented Bike B', 'Rainfall1', 'Snowfall1'의 유일한 값을 표로 정리해서 보여 줄래?

	Month	Hour	Rented Bike B	Rainfall1	Snowfall1
0	12.0	0	0.0	0.0	0.0
1	1.0	1	1.0	1.0	1.0
2	2.0	2	NaN	NaN	NaN
...	...	...	...	...	...

챗GPT가 정리한 표를 보면 첫 번째 열에는 값이 0, 1, 2, ⋯ 이런 식으로 들어가 있습니다. 이런 열을 'Index' 열이라고 합니다. 이 'Index' 열은 챗GPT 내부에서 작동하는 파이썬 로직의 일부이므로 무시해도 좋습니다.

02 'Month'와 'Hour' 변수를 제외한 나머지 변수는 값으로 1과 0을 갖는 이진수 변수로, 데이터 처리가 따로 필요하지 않습니다. 하지만 'Month'와 'Hour'는 문자열 형태인 'Seasons', 'Holiday', 'Functioning Day'와 함께 추가 처리가 필요합니다.

이는 거리 기반 모델은 트리 기반 모델과 달리 변숫값의 숫자 크기가 의미가 있기 때문입니다. 거리 기반 모델은 데이터 값끼리의 위치를 측정해서 거리를 재기 때문에 값 0, 1, 2는 실제로 숫자 0, 1, 2와 같습니다. 문제는 'Month'와 'Hour'입니다. 앞서 언급했듯이 이 두 변수는 숫자 형태지만 연산을 해야 하는 값이 아니므로 크기 비교나 덧셈 등의 연산을 막기 위해 더미 변수로 만들어야 합니다.

따라서 'Month'와 'Hour'는 원-핫 인코딩을 사용하여 더미 변수로 만들어 줍니다.

'Month', 'Hour', 'Seasons', 'Holiday', 'Functioning Day' 변수를 원-핫 인코딩(One-hot encoding) 변환하여 그 결과를 기존 Bike3_normalized.xlsx에 추가해서 엑셀 파일로 다운로드받을 수 있게 해 줄래? 한글이 깨지지 않게 해 주고

아래 링크를 클릭하여 다운로드할 수 있습니다.

다운로드 링크

03 다운로드받은 파일을 실행해 보면 AX2셀, AZ2셀, BB2셀은 값이 1인 것을 볼 수 있습니다. 이는 2행은 겨울철, 공휴일이 아닌 날, 영업시간에 해당하는 기록임을 알려줍니다. 이렇게 원-핫 인코딩으로 생성된 변수를 더미 변수라고 합니다. 더미 변수의 값인 1과 0은 Yes, No를 지칭하는 값에 불과합니다. 위 화면에서는 보이지 않지만 챗GPT에서 원-핫 인코딩을 하면 원래 변수인 'Month', 'Hour', 'Seasons', 'Holiday', 'Functioning Day' 변수는 자동으로 제거됩니다.

이 파일은 거리 기반 모델에서 사용할 수 있는 형태로, Bike_distance.xlsx로 파일 이름을 바꿔 [문서 → Book4 → Ch10]에 저장합니다.

	AT	AU	AV	AW	AX	AY	AZ	BA	BB
1	Hour_23	Seasons_Autumn	Seasons_Spring	Seasons_Summer	Seasons_Winter	Holiday_Holiday	Holiday_No Holiday	Functioning Day_No	Functioning Day_Yes
2	0	0	0	0	1	0	1	0	1
3	0	0	0	0	1	0	1	0	1
4	0	0	0	0	1	0	1	0	1

04 방금 저장한 Bike_distance.xlsx 파일을 챗GPT에 업로드하고 데이터 타입을 확인하겠습니다.

 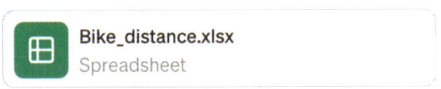

변수들의 데이터 타입을 그룹화해서 알려 줘.

… 변수들의 데이터 타입은 다음과 같이 그룹화할 수 있습니다.

정수형(int64) 변수:

연도(Year), 자전거 대여 수(Rented Bike Count), 자전거 B 대여 수(Rented Bike B), 강수량(Rainfall1), 적설량(Snowfall1) 월, 시간, 계절, 휴일, 운영 여부를 나타내는 다양한 이진 변수들

실수형(float64) 변수:

온도(Temperature), 습도(Humidity), 풍속(Wind speed), 가시성(Visibility), 태양 복사(Solar Radiation)

챗GPT는 모든 변수의 데이터 타입은 정수형(int64) 아니면 실수형(float64) 타입이라고 합니다. 즉, 모두 숫자라는 것을 알 수 있습니다.

05 마지막으로 이 데이터세트의 행과 열 수를 확인하겠습니다.

데이터세트의 행과 열 수를 알려 줘.

… 데이터세트에는 총 8,755행과 54열이 있습니다.

이 절에서 처음에 업로드한 Bike3_normalized.xlsx 파일의 열 수는 15열이었습니다. 변수가 15개였다는 의미입니다. 거리 기반 모델용 데이터세트를 생성하느라 범주형 변숫값을 더미 변수화 했더니 54개 변수로 늘어났습니다.

이렇게 지금까지 만든 2개의 데이터세트를 용도별로 요약하면 다음과 같습니다.

- Bike_tree.xlsx: 트리 기반 모델용 데이터세트
- Bike_distance.xlsx: 거리 기반 모델용 데이터세트

10.6 연속형 타깃 변수 모델

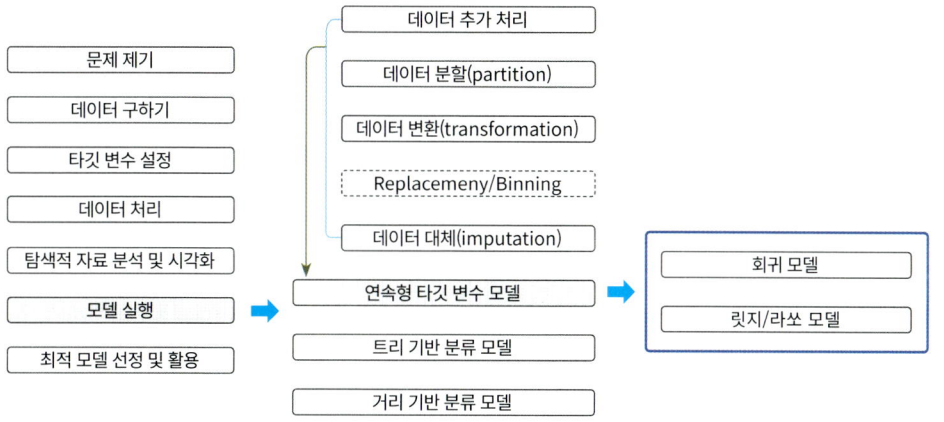

이 책에서 사용하는 모델은 크게 '트리 기반 모델'과 '거리 기반 모델'로 나눌 수 있습니다. 그중 이번 단계에서 살펴볼 연속형 타깃 변수 모델인 회귀, 릿지, 라쏘 모델은 '거리 기반 모델'에 속합니다.

우선 데이터세트를 살펴보겠습니다. 연속형 타깃 변수 모델에 넣을 데이터세트는 Bike_distance.xlsx를 기반으로 합니다. 단, 변수 중 'Year'와 'Rented Bike B'는 이 단계에선 필요하지 않으므로 삭제한 다음 이 파일 이름을 Bike_distance1.xlsx로 바꾸고 [문서 → Book4 → Ch10]에 저장합니다.

	A	B	C	D	E	F	G	H
1	Year	Rented Bike Count	Temperature	Humidity	Wind speed	Visibility	Solar Radiation	Rented Bike B
2	2017	254	0.22027972	0.37755102	0.360655738	1	0	0
3	2017	204	0.215034965	0.387755102	0.131147541	1	0	0
4	2017	173	0.206293706	0.397959184	0.163934426	1	0	0

이후 다룰 거리 기반 분류 모델에서는 이진수 타깃 변수 'Rented Bike B'가 필요하고, 오히려 연속형 타깃 변수 'Rented Bike Count' 변수가 필요 없습니다. 따라서 앞서 저장한 Bike_distance.xlsx 파일을 열고 A열과 B열에 있는 'Year'와 'Rented Bike Count' 변수를 제거한 다음 Bike_distance2.xlsx로 바꾸고 [문서 → Book4 → Ch10]에 저장합니다. 이로써 총 원본 데이터 파일을 포함해 총 3개의 파일이 있습니다.

새로 만든 파일의 용도를 정리하면 다음과 같습니다.

거리 기반 모델용 최종 데이터세트

- Bike_distance1.xlsx: 연속형 타깃 변수 거리 기반 모델용
- Bike_distance2.xlsx: 이진수 타깃 변수 거리 기반 모델용

10-6-1 회귀 모델

앞서 'Solar Radiation'과 'Rented Bike Count'의 산포도를 그리면서 추세선을 그린 적이 있습니다.

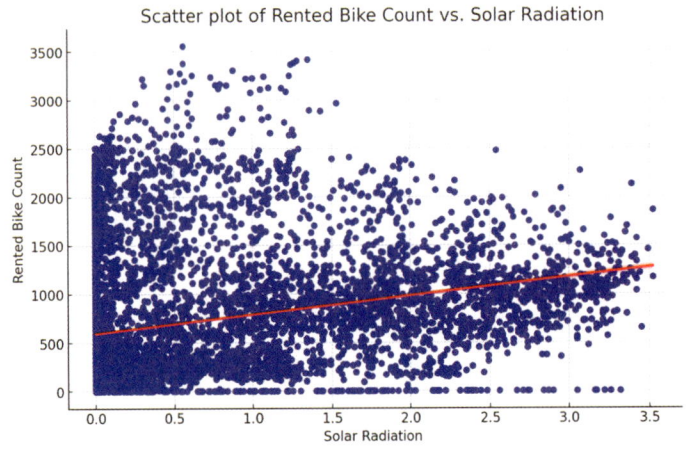

이 그림에서 빨간색 추세선은 파란색 점으로 표시된 데이터 궤적의 가운데를 가로지르는 선입니다. 이 선분은 회귀 분석이라는 전통적인 통계 기법을 따라 구한 회귀선이고 이런 추세선을 구하는 것이 회귀 모델입니다. 이러한 회귀 문제는 연속형 타깃 변수를 가진 데이터세트를 대상으로 분석합니다.

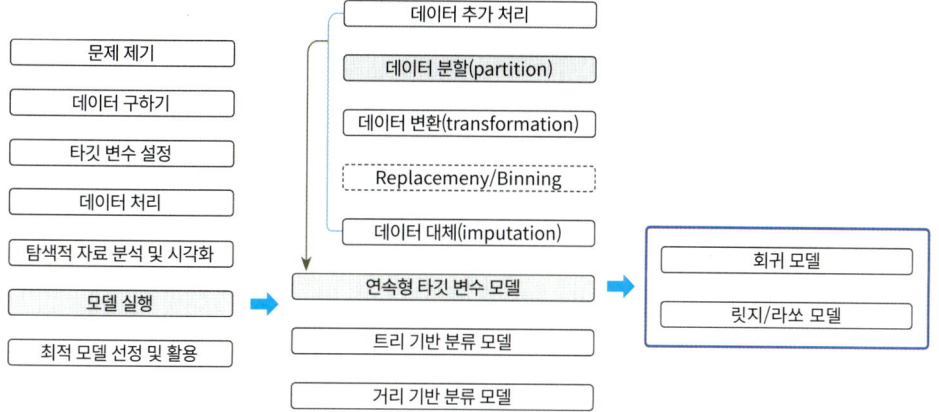

이번에는 모델을 실행하기 전에 처리하기 위해 미뤄 뒀던 '데이터 분할'을 살펴보겠습니다.

01 먼저 챗GPT에 데이터세트 Bike_distance1.xlsx를 업로드하고 변수명을 확인합니다.

Bike_distance1.xlsx
Spreadsheet

변수명을 알려 줘.

… 엑셀 파일에 포함된 변수명은 다음과 같습니다.

Rented Bike Count, Temperature, Humidity, Wind speed, Visibility, Solar Radiation, Rainfall1

Snowfall1, Month_1 ~ Month_12 (월을 나타내는 변수),

Hour_0 ~ Hour_23 (시간을 나타내는 변수),

Seasons_Autumn, Seasons_Spring, Seasons_Summer, Seasons_Winter (계절을 나타내는 변수),

Holiday_Holiday, Holiday_No Holiday (휴일 여부를 나타내는 변수),

Functioning Day_No, Functioning Day_Yes (영업 여부를 나타내는 변수)

02 회귀 모델은 연속형 타깃 변수를 사용하므로 'Rented Bike Count'를 타깃 변수로 사용하고 나머지 변수들은 모두 설명 변수로 사용하겠습니다. 데이터세트를 50:50 비율로 나눈 다음 파일을 요청합니다. 학습 데이터세트 파일은 Train_dataset.xlsx, 테스트 데이터세트 파일은 Test_dataset.xlsx로 파일 이름을 변경해 [문서→ Book4 → Ch11]에 저장합니다.

이 데이터세트를 학습(training) 데이터세트와 테스트(test) 데이터세트로 50:50비율로 나눠 줘. 이때 Random_state는 42로 적용하고 이렇게 생성된 학습 데이터세트와 테스트 데이터세트를 다운로드받게 해줘. 한글은 깨지지 않게 하고.

 … 다운로드 링크는 다음과 같습니다.

학습 데이터세트 다운로드

테스트 데이터세트 다운로드 …

03 이제 두 파일의 행과 열 수를 확인합니다.

▶ 다음 명령에서 한국어로 번역해 달라는 명령이 없으면 영어로 작성된 표를 출력합니다.

 학습 데이터세트와 테스트 데이터세트의 행과 열을 알려주되 표 형식으로 정리해서 알려 줘. 표 내용은 한국어로 번역해서 알려 주고.

데이터셋	행 수	열 수
학습 데이터셋	4377	52
테스트 데이터셋	4378	52

앞서 확인했던 Bike_distance.xlsx의 열 수는 54개였습니다. 여기서 'Year' 및 'Rented Bike B' 변수를 제거한 Bike_distance1.xlsx의 열 수는 52개로 줄었고 이를 50:50으로 분할한 결과에도 반영돼 있습니다.

04 이어서 챗GPT에게 사용할 예측 모델, 타깃 변수, 설명 변수, 성능평가지표 등을 지정하고 회귀 모델을 실행한 결과를 확인하겠습니다.

▶ 명령에 사용한 R^2(R-squared)값 및 MSE, MAE 등의 개념은 챗GPT의 대답을 참고하세요.

 실행할 모델은 회귀 모델(Regression 모델)이야. 연속형 타깃 변수를 'Rented Bike Count'로 삼고 나머지 변수들은 설명 변수로 모델에 입력해 줘. 회귀 모델을 실행하고 성능평가지표로 R-squared, MSE(Mean Squared Error), MAE(Mean Absolute Error)를 사용해서 성능평가지표 값을 반올림해서 소수점 5자리까지 표 형식으로 결과를 보고해 줘. 표는 한국어로 번역해 주고 모델명은 '회귀 모델'로 표기해 줘.

모델명	R-squared	MSE	MAE
회귀 모델	0.70845	119653.22697	263.95506

R-square(저자 주: R^2값)는 모델이 데이터의 분산을 얼마나 잘 설명하는지를 나타내는 지표로, 이 경우 약 70.8%의 데이터 분산을 모델이 설명하고 있음을 의미합니다.

MSE (Mean Squared Error)는 실제 값과 예측값의 차이를 제곱하여 평균한 값으로, 이 경우 본 모델의 MSE 값은 119653.227입니다.

MAE (Mean Absolute Error)는 실제 값과 예측값의 절대 차이를 평균한 값으로, 본 모델의 MAE 값은 263.955입니다.

05 이제 테스트 데이터세트에서 타깃 변수 예측값을 생성하겠습니다. 단, 자전거 대여 대수는 소수점이 의미가 없으므로 반올림하여 정수로 나타내겠습니다.

학습된 모델을 사용해서 테스트 데이터세트에 타깃 변수 'Rented Bike Count E'를 생성해 줘. 이 값은 소수점 첫째 자리에서 반올림해서 정수(integer) 형태로 출력해 줘. 다만 이 생성 과정에서 테스트 데이터세트에 이미 담겨 있는 'Rented Bike Count' 변수는 사용하지 말아 줘. 이렇게 생성된 테스트 데이터세트에서 처음 5줄의 'Rented Bike E' 변숫값과 원래 오리지널 타깃 변수인 'Rented Bike Count' 변숫값을 표로 정리해서 보여 줄래?

Rented Bike Count	Rented Bike Count E
0	-189
184	372
0	176
2238	1696
146	-118

▶ 'Rented Bike Count E' 값은 경우에 따라 음수를 출력하기도 합니다. 참고로 E는 Estimated의 약자입니다.

결과의 'Rented_Bike Count E' 변수는 자전거 대여 수량을 예측한 값입니다. 예측 결과를 보면 음수가 있는데, 이는 회귀 모형의 예측 과정에서 발생할 수 있는 것으로, 적절한 방법(예: 0으로 해석)으로 재해석하면 됩니다.

06 이제 예측 결과가 담긴 생성한 테스트 데이터세트를 다운로드받아 [문서 → Book4 → Ch10]에 저장하겠습니다.

 이렇게 생성한 테스트 데이터세트를 다운로드받을 수 있게 해주되 'Rented Bike Count E'를 다른 변수들 보다 가장 앞 열에 나란히 나오게 해줘. 한글이 깨지지 않게 해주고. 파일명은 ' Modified_test_data.xlsx'로 해줘.

 … 다운로드 링크는 다음과 같습니다.

Modified_test_data.xlsx 다운로드 링크

07 이 파일을 엑셀에서 실행해 보겠습니다. 3, 4행을 보면 예측 수요가 실제 수요보다 과하게 예측됐음을 알 수 있습니다.

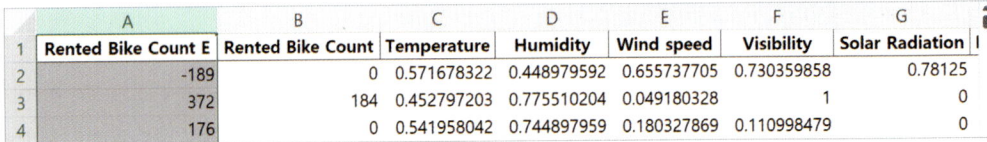

또, 'Temperature', 'Humidity', 'Wind speed', 'Visibility', 'Solar Radiation' 값은 Bike3.xlsx에 있던 원래 데이터에서 변수별로 최댓값과 최솟값을 0과 1로 두고 정규화(Regularization)한 값입니다. 이를 원래 측정 스케일대로 복원하면 결과의 해석이 더 용이해 지기 때문에 복원해 보겠습니다.

08 챗GPT에 Bike3.xlsx와 방금 다운로드한 파일을 업로드한 다음 원래 스케일로 복원해 달라고 요청하겠습니다.

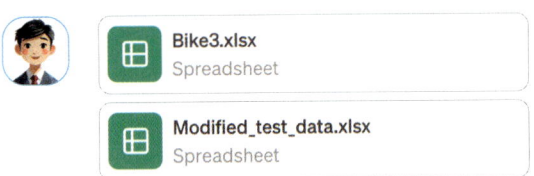

Modified_test_data.xlsx의 변수 'Temperature', 'Humidity', 'Wind speed', 'Visibility', 'Solar Radiation'의 값은 Bike3.xlsx의 해당 변수들의 최댓값과 최솟값을 기준으로 삼아 0과 1사이의 값으로 정규화(Normalization) 시킨 값이야. Modified_test_data.xlsx의 변수 'Temperature', 'Humidity', 'Wind speed', 'Visibility', 'Solar Radiation'의 정규화된 값을 원래 스케일로 되돌려서 다운로드받게 해 주겠니?

 … 다운로드 링크는 다음과 같습니다.

다운로드 링크

09 이렇게 스케일을 복원한 파일을 Rescaled_test_data.xlsx로 저장한 다음 실행해 보겠습니다. 정규화된 구간 변숫값들도 원래 값으로 되돌아와 데이터 해석이 훨씬 수월해졌습니다.

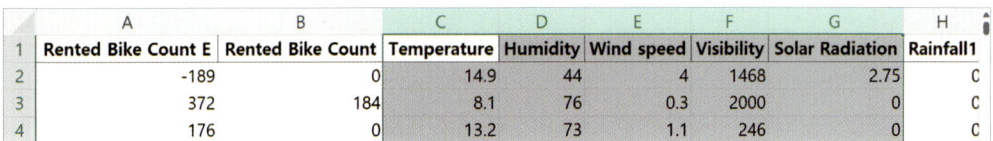

다만 엑셀의 여러 제약 사항으로 회귀 분석 모델을 포함한 다양한 예측 모델 실행은 챗GPT나 파이썬, 오렌지3 등을 사용해서 실행하는 것을 추천합니다. 이러한 이유로 다음 단계부터는 챗GPT만으로 여러 예측 모델을 실행하겠습니다.

▶ 회귀 분석 모델을 엑셀로 실행하는 과정은 Chapter 09-6-3을 참조하기 바랍니다.

10-6-2 릿지 모델과 라쏘 모델

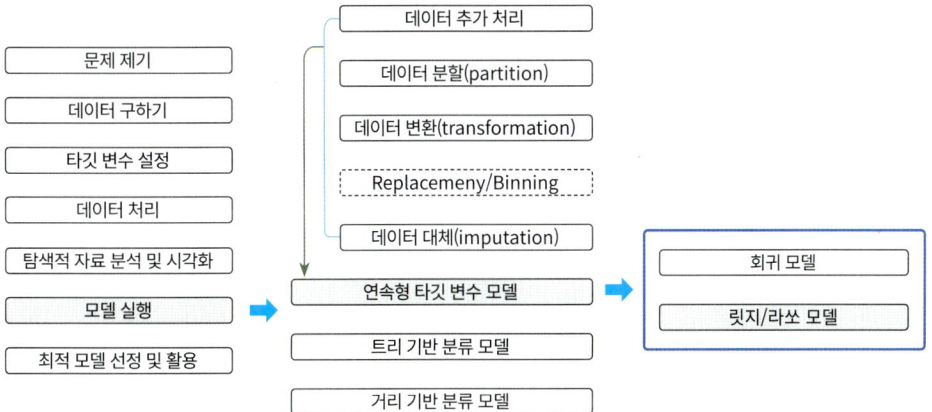

01 릿지 모델과 라쏘 모델은 회귀 모델의 계수에 각기 L2 제약과 L1 제약을 건 회귀 모델입니다. 이를 챗GPT에서 실행해 보겠습니다. 먼저 Train_data.xlsx와 Test_data.xlsx 파일을 업로드하고 다음을 명령합니다.

Train_data.xlsx 파일과 Test_data.xlsx 파일 모두에서 'Rented Bike Count'가 연속형 타깃 변수이고 나머지 변수는 모두 설명 변수야. Train_data.csv 파일을 이용해서 random_state=42인 릿지(Ridge) 모델과 라쏘(LASSO) 모델을 학습하고 Test_data.xlsx 파일을 이용해서 R-squared, MSE, MAE 성능평가지표 값을 계산해서 소수점 5자리까지 표로 요약해서 알려 줘. 표는 한국어로 번역해 주고 모델명은 '릿지 회귀'와 '라쏘 회귀'로 표기해 줘.

모델명	R-squared	MSE	MAE
릿지 회귀	0.70865	119572.96483	263.70125
라쏘 회귀	0.70606	120632.41379	264.17966

릿지 모델은 회귀 모델과 거의 유사하지만 조금이나마 개선된 결과를 보이는 반면 라쏘 모델은 미약하게 성능 평가지표가 떨어집니다. 단, Chapter 09에서는 라쏘 모델의 성능평가지표가 절반 정도로 뚝 떨어진 데 비해, 이 데이터세트에서는 거의 대등한 성능을 보입니다. 즉 데이터세트에 따라 예측 모델이 성능이 달라지는 것을 알 수 있습니다.

02 이제 릿지 모델의 결정계수 R^2값을 향상시키기 위해 챗GPT에서 그리드 서치를 실행하겠습니다. 그리드 서치가 실행되면 alpha 값을 0.1의 주변 값인 0.01, 0.05, 0.1, 0.5를 투입해서 다시 한번 그리드 서치를 돌려보고 결과가 같은지 추가로 확인해 봐도 됩니다.

Train_data.xlsx 파일의 데이터세트 행을 대상으로 random_state=42인 릿지 회귀 모델로 GridSearchCV를 실행해서 최적 파라미터(best parameters) 값을 찾아 줘. 릿지 회귀의 제약으로 alpha 값은 [0.1, 1, 10]을 투입하고, solver는 ['auto','svd', 'saga']를 투입해 줘. 그리드 서치 scoring 기준은 'r2'를 주고, CV값은 3이며 n_job=-1이야.

GridSearchCV를 이용하여 찾은 최적의 릿지 회귀(Ridge Regression) 모델 파라미터는 다음과 같습니다.

alpha: 0.1

solver: 'saga'

03 그리드 서치로 발견한 최적의 파라미터를 릿지 모델에 투입해서 다음 작업을 요청하겠습니다.

방금 찾은 최적의 파라미터를 random_state=42인 릿지 회귀(Ridge Regression) 모델에 입력해 줘. 그 모델을 Test_data.xlsx 파일에 적용해서 R-squared, MSE, MAE 성능평가지표 값을 계산하고 소수점 5자리까지 표로 요약해서 알려 줘. 표는 한국어로 번역해 주고 모델명은 '1차 최적화 릿지 회귀'로 표기해 줘.

모델명	R-squared	MSE	MAE
1차 최적화 릿지 회귀	0.70852	119625.51753	263.77445

일반적으로 그리드 서치를 실행하면 성능평가지표가 개선됩니다. 그러나 이 데이터세트에서는 릿지 디폴트 모델이 3가지 성능평가지표에서 모두 근소하게 우위에 있습니다. 이는 릿지 회귀의 모든 파라미터 값을 대상으로 그리드 서치를 하지 않고 몇 개의 값만 점검했기 때문입니다. 그리드 서치는 여러 조합을 최소 5~10회 정도 돌려봐야 최적 파라미터에 대한 감이 옵니다. 지면상 간단한 그리드 서치 방식만 제시하고 줄이도록 하겠습니다. 참고로 이 절의 앞부분에서 실행한 릿지 모델이 디폴트 모델이며 파라미터는 alpha=1, solver='auto' 값을 갖고 있습니다.

04 이어서 라쏘 모델의 그리드 서치를 진행하기 위해 다음과 같이 챗GPT에게 질문합니다.

Train_data.xlsx 파일의 데이터세트 행을 대상으로 random_state=42인 라쏘 회귀 모델로 GridSearchCV를 실행해서 최적 파라미터(best parameters) 값을 찾아 줘. 릿지 회귀의 제약으로 alpha 값은 [0.1, 1]을 투입해 줘. 그리드 서치 scoring 기준은 'r2'를 주고, CV값은 3이며 n_job=-1 이야.

모델명	R-squared	MSE	MAE
1차 최적화 라쏘 회귀	0.70856	119608.68233	263.62726

alpha 값에서 10을 제외하지 않으면 시간 초과 에러가 나서 10을 제거했습니다. 그리고 라쏘 모델은 solver 파라미터가 없기 때문에 해당 구문도 제외했습니다. 그럼에도 리소스 제한이나 시간 초과 에러가 날 수 있음을 염두에 두기 바랍니다. 챗GPT는 alpha 값 0.1이 최적 값이라고 답변합니다.

05 이제 그리드 서치로 발견한 최적의 파라미터를 라쏘 모델에 투입해서 다음 작업을 요청하겠습니다.

방금 찾은 최적의 파라미터를 random_state=42인 라쏘 회귀 모델에 입력한 채 Test_data.xlsx 파일을 이용해서 R-squared, MSE, MAE 성능평가지표 값을 계산해서 소수점 5자리까지 표로 요약해서 알려 줘. 표는 한국어로 번역해 주고.

모델명	R-squared	MSE	MAE
1차 최적화 라쏘 회귀	0.70856	119608.68233	263.62726

그리드 서치를 진행한 라쏘 모델의 R^2값이 조금 향상되었습니다. 지금까지 연속형 타깃 변수 모델 3가지를 실행한 결과를 정리하면 다음과 같습니다.

모델별 R^2값	디폴트 모델	그리드 서치 모델
회귀 모델	0.70845	그리드 서치 해당 없음
릿지 회귀	0.70865 (1위)	0.70852
라쏘 회귀	0.70606	0.70856 (2위)

표를 살펴보면 회귀, 릿지, 라쏘 모델 중에서 R^2값이 높은 것은 릿지 디폴트 모델입니다. 다만 데이터세트가 달라지면 최적 모델이 바뀔 수 있습니다.

아울러 연속형 타깃 변수를 갖는 모델에는 트리 기반 모델도 있습니다. 결정 트리 모델, 랜덤 포레스트 모델, 그레이디언트 부스팅 모델, XGBoost 모델, LightGBM 모델 등입니다. 이들에게 알맞는 트리 기반 데이터세트는 바로 다음 단계에서 생성할 Bike_tree1.xlsx 파일을 사용하면 됩니다. 이 과정에 대한 자세한 내용은 Chapter 09-6-5~09-6-7을 참조하기 바랍니다.

10.7 트리 기반 분류 모델

지금까지 살펴본 회귀, 릿지, 라쏘 모델은 연속형 타깃 변수 '거리 기반 모델'에 속하지만 지금부터 다룰 결정 트리, 랜덤 포레스트, 그레이디언트 부스팅, XGBoost, LightGBM모델은 트리 기반 모델에 속합니다.

앞서 트리 기반 데이터세트 Bike_tree.xlsx를 만들어 두었으니 이 데이터세트를 활용하겠습니다. 다만 연속형 타깃 변수인 'Rented Bike Count'를 사용하는 데이터세트와 이진수 타깃 변수인 'Rented Bike B'를 사용하는 데이터세트로 세분화하겠습니다.

우선 연속형 타깃 변수 모델용 데이터세트로 다듬기 위해 엑셀에서 Bike_tree.xlsx를 불러옵니다. 그런 다음 불필요한 'Year' 변수와 'Rented Bike B' 변수를 먼저 제거하고 Bike_tree1.xlsx로 이름을 바꿔 [문서 → Book4 → Ch11]에 저장합니다.

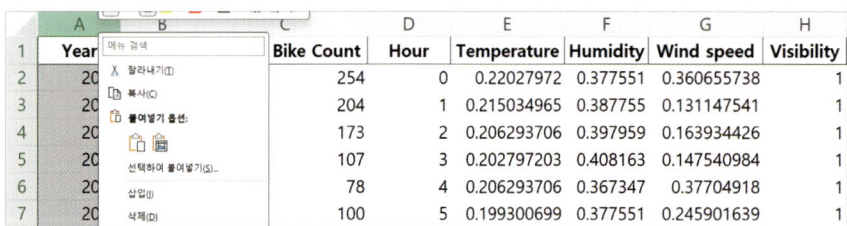

한편 이진수 타깃 변수 트리 기반 분류 모델에서는 이진수 타깃 변수 'Rented Bike B'가 필요하고, 오히려 연속형 타깃 변수 'Rented Bike Count' 변수가 필요 없습니다. 다시 Bike_tree.xlsx를 엑셀에서 열고 이번에는 A열과 C열에 있는 'Year'와 'Rented Bike Count' 변수와 값을 제거합니다. 이 파일은 Bike_tree2.xlsx로 저장합니다.

이렇게 트리 기반 모델용 최종 데이터세트가 만들어졌습니다. 파일의 용도에 따라 정리하면 다음과 같습니다.

트리 기반 모델용 최종 데이터세트

- Bike_tree1.xlsx: 연속형 타깃 변수 트리 기반 모델용
- Bike_tree2.xlsx: 이진수 타깃 변수 트리 기반 모델용

10-7-1 결정 트리 모델

01 Bike_tree2.xlsx를 챗 GPT에 업로드하고 변수명을 알려 달라고 하겠습니다.

Bike_tree2.xlsx
Spreadsheet

변수명을 알려 줘.

… 'Bike_tree2.xlsx' 파일의 변수명은 다음과 같습니다.

Month, Hour, Temperature, Humidity, Wind speed, Visibility, Solar Radiation, Seasons, Holiday, Functioning Day, Rented Bike B, Rainfall1, Snowfall1

02 변수명을 확인했으니 이어서 데이터 분할을 시작합니다. 학습용과 테스트용을 50:50으로 분할하겠습니다. 그 학습 데이터세트 파일은 Train_data1.xlsx, 테스트 데이터세트 파일은 Test_data1.xlsx로 이름으로 바꿔서 [문서 → Book4 → Ch10]에 저장합니다.

이 데이터세트를 학습(training) 데이터세트와 테스트(test) 데이터세트로 50:50 비율로 나눠 줘. 데이터 분할 시 Random_state=42를 적용하고 이렇게 생성된 학습 데이터세트와 테스트 데이터세트를 다운로드받게 해줘.

… 다운로드 링크는 다음과 같습니다.

학습 데이터세트 다운로드

테스트 데이터세트 다운로드 …

03 이제 두 파일의 행과 열 수를 확인하겠습니다.

학습 데이터세트와 테스트 데이터세트의 행과 열을 알려주되 표 형식으로 정리해서 알려 줘. 표 내용은 한국어로 번역해서 알려 주고.

데이터셋	행 수	열 수
학습 데이터셋	4377	13
테스트 데이터셋	4378	13

04 이진수 타깃 변수를 가진 데이터세트를 결정 트리 모델을 학습하고 성능평가지표를 생성하겠습니다.

실행할 모델은 random_state=42인 결정 트리 모델(DecisionTreeClassifier)이야. 이진수 타깃 변수를 'Rented Bike B'로 삼고 나머지 변수들은 설명 변수로 모델에 입력해 줘. 모델을 실행하고 성능평가지표로 Accuracy, ROC AUC 값, F1값을 반올림해서 소수점 5자리까지 표 형식으로 결과를 보고해 줘. 표는 한국어로 번역해 주고 모델명은 '결정 트리'로 표시해 줘.

	정확도 (Accuracy)	ROC AUC 값	F1 값
결정 트리	0.90384	0.90383	0.90311

05 처음부터 상당히 높은 성능평가지표 값들이 나왔습니다. 이 성능평가지표의 정의를 물어봤습니다.

정확도(Accuracy), ROC AUC 값(ROC AUC VALUE), F1 값(F1 Score) 개념을 간략하게 설명해 줄래?

정확도 (Accuracy)

정확도는 모델이 올바르게 예측한 케이스의 비율을 나타냅니다. 전체 데이터 중에서 얼마나 많은 예측이 정확한지를 나타내는 지표로, 가장 직관적으로 모델의 성능을 이해할 수 있습니다. …

ROC AUC 값 (ROC AUC VALUE)

ROC(Receiver Operating Characteristic) 곡선은 모델이 다양한 임계값에서 FALSE Positive Rate(FPR)과 TRUE Positive Rate(TPR) 사이의 관계를 나타냅니다. AUC(Area Under the Curve)는 이 ROC 곡선 아래의 면적을 의미하며, 모델이 두 클래스를 얼마나 잘 구분하는지를 나타냅니다.

AUC 값이 1에 가까울수록 모델의 성능이 좋다는 것을 의미하며, 0.5는 무작위 추측과 동일한 수준입니다. …

F1 값 (F1 Score)

F1 점수는 정밀도(Precision)와 재현율(Recall)의 조화 평균입니다. 정밀도는 모델이 TRUE로 예측한 것 중 실제 TRUE인 비율을, 재현율은 실제 TRUE 중 모델이 TRUE로 올바르게 예측한 비율을 나타냅니다. …

공식: 2 * (Precision * Recall) / (Precision + Recall)

결론적으로 세 지표 모두 최댓값인 1에 가까울수록 좋습니다. ROC AUC 값은 0.5가 최솟값이고, 나머지 두 변수는 0이 최솟값입니다. 물론 세 성능평가지표가 모두 우수한 모델이 바람직하나, 성능평가지표 간에 순위가 어긋날 경우도 있습니다. 이 책에서는 정확도와 ROC AUC 값 2개의 기준으로 더 좋은 모델을 판별하겠습니다.

마지막으로 그리드 서치를 진행해야 합니다. 하지만 챗GPT에서는 시간 초과 에러로 진행이 어렵습니다. 따라서 이 책에서 제공하는 깃허브(github.com/jasonyim2/book4)를 통해 그리드 서치 작업을 실행한 파이썬 ipynb 파일을 참조하기 바랍니다.

10-7-2 랜덤 포레스트 모델

01 이어서 챗GPT에 랜덤 포레스트 모델을 실행하고 성능평가지표를 구해보겠습니다.

▶ 챗GPT는 모델을 실행할 때마다 ROC AUC 값을 조금씩 다르게 출력합니다. 이는 현 시점에서 챗GPT의 한계로, 아직까지는 ROC AUC 값은 파이썬으로 직접 구하는 것을 추천합니다.

실행할 모델은 random_state=42인 랜덤 포레스트 모델(RandomForestClassifier)이야. 이진수 타깃 변수를 'Rented Bike B'로 삼고 나머지 변수들은 설명 변수로 모델에 입력해 줘. 모델을 실행하고 성능평가지표로 Accuracy, ROC AUC 값, F1값을 반올림해서 소수점 5자리까지 표 형식으로 결과를 보고해 줘. 표는 한국어로 번역해 주고 모델명은 '랜덤 포레스트'로 표기해 줘.

	정확도 (Accuracy)	ROC AUC 값	F1 값
랜덤 포레스트	0.92462	0.98203	0.92347

02 성능평가지표가 전반적으로 향상되었습니다. 결정 트리 모델 및 랜덤 포레스트 모델의 파이썬 그리드 서치 결과까지 포함한 성능평가지표를 요약한 결과는 다음과 같습니다.

모델별 R^2값	디폴트 모델	그리드 서치 모델
결정 트리	0.90384	0.91000
랜덤 포레스트	0.92462	0.92417

챗GPT에서 지원하지 않거나 오류가 발생하는 경우 파이썬에서 진행했으며(굵은 숫자) 파이썬 파일은 이 책에서 제공하는 깃허브에서 확인할 수 있습니다.

10-7-3 그레이디언트 부스팅, XGBoost, LightGBM 모델

이번엔 그레이디언트 부스팅, XGBoost 모델을 한 번에 살펴보겠습니다. 아쉽게 챗GPT에서는 LightGBM 모델을 지원하지 않으므로 생략하고 마지막으로 그리드 서치 결과만 살펴보겠습니다.

▶ 각 모델에 대한 자세한 설명은 Chapter 09-6~7을 참고하기 바랍니다.

01 그레이디언트 부스팅 모델을 실행하기 위해 챗GPT에 Train_dataset1.xlsx와 Test_dataset1.xlsx를 업로드하고 다음과 같이 프롬프트를 작성합니다.

실행할 모델은 random_state=42인 GradientBoostingClassifier 모델이야. 이진수 타깃 변수를 'Rented Bike B'로 삼고 나머지 변수들은 설명 변수로 모델에 입력해 줘. Train_data1.xlsx 파일을 대상으로 이 모델을 실행하고 Test_data1.xlsx 파일을 대상으로 성능을 측정해 줘. 성능평가지표로 Accuracy, ROC AUC 값, F1값을 반올림해서 소수점 5자리까지 표 형식으로 결과를 보고해 줘. 표는 한국어로 번역해 주고 모델명은 '그레이디언트 부스팅'으로 표기해 줘.

	정확도 (Accuracy)	ROC AUC 값	F1 값
그레이디언트 부스팅	0.92394	0.98089	0.92332

02 이번엔 XGBoost 모델을 실행해 보겠습니다. 앞서 작성한 프롬프트에서 'GradientBoostingClassifer 모델' 대신에 파라미터 값을 추가한 'XGBClassifier 모델'을 바꿔서 다시 명령하겠습니다. 기본형 모델인 디폴트 XGBClassifier는 시간 초과 에러를 내기 때문에 파라미터 값을 다음과 같이 추가하여 연산량을 줄였습니다.

▶ 시간 초과 에러가 발생하면 n_estimators의 값을 줄이고 다시 시도하세요.

- **원래 명령**: random_state=42인 GradientBoostClassifier) 모델
- **바뀐 명령**: random_state=42, n_estimators=10, max_depth=5인 XGBClassifier 모델

실행할 모델은 random_state=42, n_estimators=10, max_depth=5인 XGBClassifier 모델이야. 나머지 파라미터는 디폴트 값으로 설정해 줘. 이진수 타깃 변수를 'Rented Bike B'로 삼고 나머지 변수들은 설명 변수로 모델에 입력해 줘. Train_data1.xlsx 파일을 대상으로 이 모델을 실행하고 Test_data1.xlsx 파일을 대상으로 성능을 측정해 줘. 성능평가지표로 Accuracy, ROC AUC 값, F1 값을 반올림해서 소수점 5자리까지 표 형식으로 결과를 보고해 줘. 표는 한국어로 번역해 주고 모델명은 'XGBoost'로 표기해 줘.

	정확도 (Accuracy)	ROC AUC 값	F1 값
XGBoost	0.92234	0.98003	0.92188

▶ 참고로 random_state=42, n_estimators=10, max_depth=5 설정을 가진 XGBoost 디폴트 모델의 정확도는 챗GPT에서 구한 값과 구글 코랩 파이썬에서 직접 구한 값(0.92097)이 달랐습니다. 현재 시점에서 챗GPT와 구글 코랩이 사용하는 파이썬 언어, 사이킷런 라이브러리, XGBoost 버전이 모두 다르기 때문입니다.

이렇게 살펴본 그레이디언트 부스팅과 XGBoost 모델 그리고 챗GPT에서 지원하지 않아 생략했던 LightGBM 모델까지 그리드 서치 값을 구한 결과는 다음과 같습니다.

모델별 R^2값	디폴트 모델	그리드 서치 모델
그레이디언트 부스팅	0.92394	0.92531
XGBoost	0.92234 (0.92097)	0.93056
LightGBM	0.92714	0.92165

챗GPT에서 지원하지 않거나 오류가 발생하는 경우 파이썬에서 진행했으며(굵은 숫자) 파이썬 파일은 이 책에서 제공하는 깃허브에서 확인할 수 있습니다.

10.8 거리 기반 분류 모델

이번에는 회귀, 릿지, 라쏘를 포함해 로지스틱 회귀, 신경망, KNN 그리고 SVM까지 여러 개의 거리 기반 모델을 살펴보겠습니다. 이 중에서 회귀, 릿지, 라쏘 모델은 앞서 연속형 타깃 변수 거리 기반 모델로 이미 구현해 보았습니다. 따라서 이 3개의 모델은 생략하고 나머지 연속형 타깃 변수 거리 기반 모델, 즉 로지스틱 회귀(릿지, 라쏘 포함), 신경망(딥러닝 포함), KNN, SVM 모델을 다루겠습니다.

이번 실습에 필요한 최종 데이터세트 역시 이미 만들어 두었습니다.

거리 기반 모델용 최종 데이터세트

- Bike_distance1.xlsx: 연속형 타깃 변수 거리 기반 모델용
- Bike_distance2.xlsx: 이진수 타깃 변수 거리 기반 모델용

이 중 이진수 타깃 변수 데이터세트인 Bike_distance2.xlsx를 사용하겠습니다.

10-8-1 로지스틱 회귀 · 릿지 · 라쏘 모델

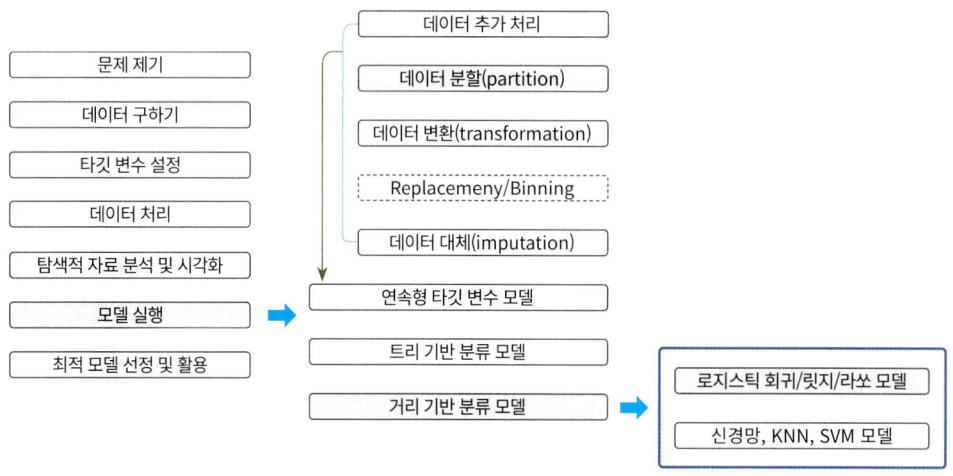

로지스틱 회귀logistic regression는 단순 선형 회귀 모델에서 출발했습니다. 로지스틱 회귀가 일반 회귀 모델과 다른 결정적인 점은 출력 변숫값이 이진수(0 혹은 1)라는 것입니다. 이 모델에서는 입력 변수를 활성화 함수인 로지스틱 함수(시그모이드 함수)에 넣으면 중간 결괏값이 산출됩니다. 중간 결괏값이 **임계치**threshold 이상이면 최종 출력 변숫값으로 1, 임계치 미만이면 0을 출력합니다.

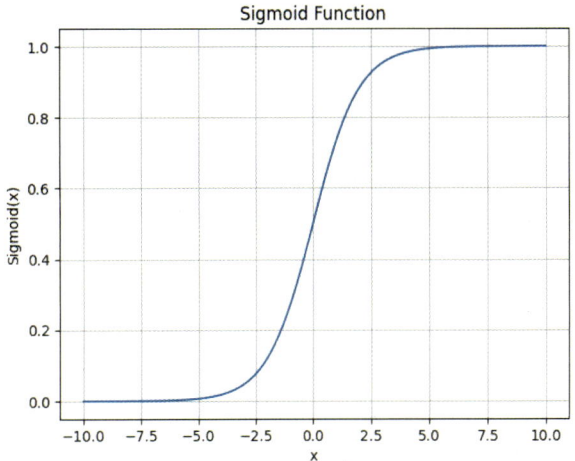

예를 들어서 이와 같은 로지스틱 함수가 주어졌을 때 입력값이 x=5라면 f(x) 값은 1에 가까워지고 X=−5라면 f(x)는 0에 가까워집니다. 이때 임계치가 0.5라면 x=5 인 경우 f(x) 값이 임계치 0.5를 넘으므로 출력 변숫값은 1이고, X=−5인 경우에는 f(x) 값이 임계치 보다 작으므로 출력 변숫값은 0이 됩니다.

01 그렇다면 바로 챗GPT와 협업해서 로지스틱 회귀 모델을 살펴보겠습니다. Bike_distance2.xlsx를 챗 GPT에 업로드하고 변수명을 요청하겠습니다.

  Bike_distance2.xlsx
Spreadsheet

변수명을 알려 줘.

 … 'Bike_distance2.xlsx' 파일에는 다음과 같은 변수명(열 이름)이 포함되어 있습니다.

Temperature, Humidity, Wind speed, Visibility, Solar Radiation, Rented Bike B, Rainfall1, Snowfall1,

Month_1 ~ Month_12 (각각 1월부터 12월을 나타냄)

Hour_0 ~ Hour_23 (하루 중 각 시간을 나타냄)

Seasons_Autumn, Seasons_Spring, Seasons_SUMmer, Seasons_Winter (계절을 나타냄)

Holiday_Holiday, Holiday_No Holiday (휴일 여부를 나타냄)

Functioning Day_No, Functioning Day_Yes (영업 여부를 나타냄)

02 이어서 데이터 분할을 시작합니다. 학습용과 테스트용을 50:50 비율로 요청하겠습니다. 다운로드 링크를 클릭하여 파일을 다운로드받습니다. 학습 데이터세트 파일은 Train_data2.xlsx, 테스트 데이터세트 파일은 Test_data2.xlsx로 이름으로 바꿔서 [문서 → Book4 → Ch10]에 저장합니다.

이 데이터세트를 학습(training) 데이터세트와 테스트(test) 데이터세트로 50:50 비율로 나눠 줘. 이 데이터 분할 시 Random_state=42를 적용하고 이렇게 생성된 학습 데이터세트와 테스트 데이터세트를 다운로드받게 해줘.

… 다운로드 링크는 다음과 같습니다.

학습 데이터세트 다운로드

테스트 데이터세트 다운로드 …

03 다운로드받은 두 파일의 행과 열 수를 확인합니다.

학습 데이터세트와 테스트 데이터세트의 행과 열을 알려주되 표 형식으로 정리해서 알려 줘. 표 내용은 한국어로 번역해서 알려 주고.

데이터셋	행 수	열 수
학습 데이터셋	4377	52
테스트 데이터셋	4378	52

04 이제 로지스틱 회귀 모델, 로지스틱 회귀 릿지 모델, 로지스틱 회귀 라쏘 모델을 한꺼번에 실행하고 성능평가지표를 생성하겠습니다. 이들 모형은 큰 범주에서는 모두 로지스틱 회귀 모델에 속합니다. 이를 이해하려면 L2 제약과 L1 제약을 먼저 이해해야 합니다. 챗GPT에게 이에 대해 물어봤습니다.

▶ 다음 명령에서 언급한 L2 제약과 L1 제약은 회귀 모델과 로지스틱 회귀 모델 모두에 적용되는 개념입니다.

로지스틱 회귀 모델에서 부과하는 L2 제약과 L1 제약에 대해서 최대한 간단하게 설명해 줘.

L2 제약 (릿지 회귀): 모델의 계수의 제곱합에 대해 패널티를 부과합니다. 이는 모든 계수의 크기를 줄이려고 하지만, 계수를 완전히 0으로 만들지는 않습니다. 이 방법은 특히 변수 간 상관관계가 높을 때 유용합니다.

L1 제약 (라쏘 회귀): 모델의 계수의 절댓값 합에 대해 패널티를 부과합니다. 이는 일부 계수를 완전히 0으로 만들어 해당 변수를 모델에서 제외시키는 효과가 있습니다. 이 방법은 변수 선택이나 희소 모델을 만드는 데 유용할 수 있습니다.

05 제약이 없는 모델을 원래대로 **로지스틱 회귀 모델**이라 부르고, L2 제약을 가진 모델을 **로지스틱 릿지 모델**, L1 제약을 가진 모델을 **로지스틱 라쏘 모델**이라 부릅니다. 이제 이 세 모델을 실행합니다.

실행할 모델은 penalty='none', random_state=42인 로지스틱 회귀 모델(Logistic Regression), penalty='L2', random_state=42인 로지스틱 릿지(Logistic Ridge) 모델, penalty='L1', random_state=42, solver='liblinear'인 로지스틱 라쏘(Logistic Lasso) 모델이야. 이 세 모델 모두 사이킷런 라이브러리(sklearn)에서 불러와 주고 max_iter=100으로 고정해 줘. 이 세 모델을 각기 실행해 줘. 이진수 타깃 변수를 'Rented Bike B'로 삼고 나머지 변수들은 설명 변수로 모델에 입력해 줘. 세 모델을 실행하고 성능평가지표로 Accuracy, ROC AUC 값, F1값을 반올림해서 소수점 5자리까지 표 형식으로 결과를 보고해 줘. 표는 한국어로 번역해 주고.

모델	정확도(Accuracy)	ROC AUC	F1 점수
로지스틱 회귀(No Penalty)	0.91594	0.91600	0.91598
로지스틱 릿지(L2)	0.91457	0.91463	0.91465
로지스틱 라쏘(L1)	0.91731	0.91739	0.91758

확인 결과 `max_iter=100`으로 설정하지 않으면 챗GPT가 `max_iter=10000`(모델이 수렴할 때까지의 최대 반복 횟수) 조건을 스스로 추가하여 실행하기도 합니다. 이 경우 정확도가 달라질 수 있습니다. 하지만 이번에 챗GPT가 구한 성능평가지표는 세 모델 중 로지스틱 라쏘 모델이 가장 정확도가 높습니다. 이 결과는 다양한 규제 기법이 모델의 성능에 미치는 영향을 잘 보여줍니다. 아울러 데이터세트에 따라 더 나은 성능을 보이는 모델은 매번 바뀐다는 점도 유의하기 바랍니다.

다음은 그리드 서치 작업 결과입니다. 챗GPT에서 지원하지 않거나 오류가 발생하는 경우 파이썬에서 진행했으며(굵은 숫자) 파이썬 파일은 이 책에서 제공하는 깃허브에서 확인할 수 있습니다.

모델별 R^2값	디폴트 모델	그리드 서치 모델
로지스틱 회귀	0.91594	**0.91640**
로지스틱 릿지	0.91457	0.91457
로지스틱 라쏘	0.91731	0.91731

이로써 로지스틱 릿지와 로지스틱 라쏘 모델은 우연히 디폴트 모델이 그리드 서치 최적 모델로 판명되었습니다.

10-8-2 신경망 모델

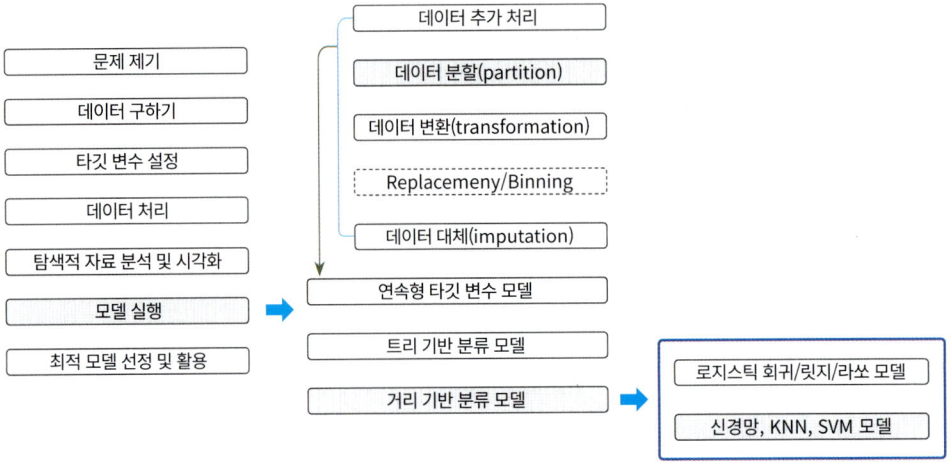

인공지능 연구가 본격적으로 시작된 시기는 제2차 세계대전 직후였습니다. 이때 당시 인공지능의 최초 아이디어는 인간의 두뇌 신호 처리 방식을 모방하는 것이었습니다. 연구자들은 인간의 두뇌가 동작하는 논리 구조를 기계에 실현하기 위해 다음과 같은 단일 신경망 구조를 만들었습니다.

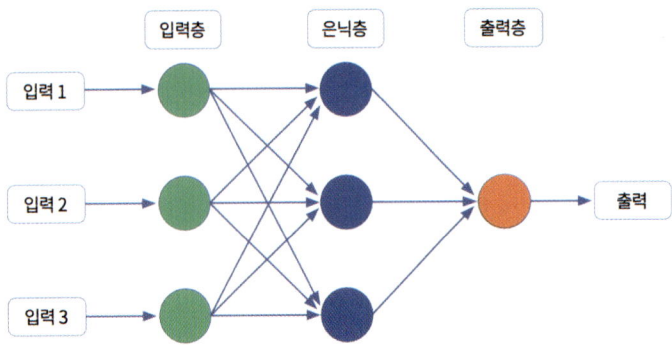

단일 신경망 구조는 **입력층**Input layer, **출력층**Output layer 그리고 이들 사이에 있는 **은닉층**Hidden layer으로 구성됩니다. 은닉층이 하나인 경우를 **단일 신경망**이라 하고, 은닉층이 2개 이상인 모델을 **다층 신경망** 혹은 **딥러닝 모델**이라고 합니다.

예를 들어 입력층에서 'Month', 'Hour', 'Temperature'라는 3개의 입력 정보를 받았다고 가정해 봅시다. 입력층은 화살표 방향으로 다음 층인 은닉층 노드로 정보를 보냅니다. 이 정보는 은닉층을 거쳐 출력층까지 전달됩니다. 최종적으로 출력층에서는 입력받은 정보를 활용해 타깃 변숫값, 즉 'Rental Bike B' 값이 1인지 0인지를 판단합니다. 이것이 실제로 신경망에서 연산하는 방식입니다.

01 이제 앞서 생성한 Train_data2.xslx과 Test_data2.xlsx 파일을 챗GPT에 업로드하고 은닉층 하나를 가진 단순 신경망을 실행해 봅니다. 명령은 다음과 같이 입력합니다.

사용할 모델은 신경망(MLPClassifier)이고 random_state=42, hidden_layer_sizes=(50,), Shuffle=FALSE이며 나머지 파라미터는 디폴트 값으로 설정해 줘. 그리고 Train_data2.xlsx 파일이 학습 데이터세트고 Test_data2.xlsx 파일이 데이터세트야. 이진수 타깃 변수를 'Rented Bike B'로 삼고 나머지 변수들은 설명 변수야. 모델을 실행하고 성능평가지표로 Accuracy, ROC AUC 값, F1값을 반올림해서 소수점 5자리까지 표 형식으로 결과를 보고해 줘. 표는 한국어로 번역해 주고 모델명은 '신경망'으로 표기해 줘.

ⓘ 궁금해요!   챗GPT가 매번 다른 결괏값을 보여준다면?

챗GPT는 신경망 자체 로직으로 인해 같은 명령을 해도 매번 결과가 달라져 실습 시 책과 결과가 다를 수 있습니다. 이는 아직까진 챗GPT의 한계로, 파이썬을 병행할 수밖에 없습니다. 다음은 파이썬 코드로 얻은 정확도 그대로 챗GPT가 출력한 결괏값입니다. 참고로 파이썬 코드는 이 책이 제공하는 깃허브(github.com/jasonyim2/book4)에서 다운로드받을 수 있습니다.

모델	정확도(Accuracy)	ROC AUC	F1 점수
신경망	0.91868	0.91877	0.91905

02 챗GPT가 신경망 모델에서 사용한 모든 파라미터 값을 알아보겠습니다. 앞서 명령에서 별도로 값을 설정한 파라미터 외에는 모두 디폴트 값입니다.

네가 사용한 신경망의 파라미터를 디폴트 값을 사용한 파라미터도 포함해서 모두 표기해 줘.

신경망(MLPClassifier) 모델이 위의 질문에 사용한 파라미터는 다음과 같습니다.

activation: 'relu' (활성화 함수)

alpha: 0.0001 (L2 규제 항)

batch_size: 'auto' (미니 배치의 크기, 'auto'는 미니 배치 크기가 min(200, n_samples)임)

beta_1: 0.9 (Adam 최적화 알고리즘의 파라미터)

beta_2: 0.999 (Adam 최적화 알고리즘의 파라미터)

early_stopping: FALSE (조기 정지 사용 여부)

epsilon: 1e-08 (Adam 최적화의 수치 안정성을 위한 엡실론 값)

hidden_layer_sizes: (50,) (은닉층의 크기)

learning_rate: 'constant' (학습률의 종류)

learning_rate_init: 0.001 (초기 학습률)

max_fun: 15000 (손실 함수 호출의 최대 횟수)

max_iter: 200 (최대 반복 횟수)

momentum: 0.9 (모멘텀 최적화의 모멘텀 값)

n_iter_no_change: 10 (조기 정지를 위한 반복 횟수의 임계값)

nesterovs_momentum: TRUE (Nesterov 모멘텀 사용 여부)

power_t: 0.5 ('invscaling' 학습률 일정에서의 역스케일링의 지수)

random_state: 42 (난수 생성 시드)

shuffle: FALSE (샘플을 섞을지 여부)

solver: 'adam' (가중치 최적화를 위한 솔버)

tol: 0.0001 (최적화를 위한 허용 오차)

validation_fraction: 0.1 (조기 정지를 위해 예약된 검증 세트의 비율)

verbose: FALSE (진행 상황 메시지 출력 여부)

warm_start: FALSE (이전 모델의 솔루션을 재사용하여 초기화할지 여부)

여기서 명시적으로 변경한 파라미터는 hidden_layer_sizes, shuffle, random_state입니다. 나머지 파라미터는 모델의 디폴트 값을 사용하였습니다

원래 챗GPT 백그라운드에서 실행되는 파이썬의 사이킷런 라이브러리의 MLPClassifier는 디폴트 **hidden_layer_sizes** 값이 (100)입니다. 이것은 신경 노드 100개로 구성된 단 하나의 은닉층으로 구성된 단촐한 신경망입니다. 그런데 챗GPT 시간 초과 에러로 이런 디폴트 신경망이 돌아가지 않아 부득이 신경 노드 수를 50으로 줄였습니다.

참고로 상용 통계 패키지 SAS에서의 디폴트 신경망의 은닉층은 100개의 노드로 구성된 층 3개로 구성돼 있습니다. 파이썬 식으로 표현을 하자면 **hidden_layer_sizes = (100, 100, 100)**인 셈입니다. 아울러 이 데이터세트에서는 챗GPT에서 은닉층 2개 이상인 딥러닝 모델은 시간 초과 에러를 피할 수 없습니다. 신경망 노드 수를 더 줄여도 마찬가지입니다.

10-8-3 KNN 모델

KNN 모델[K-Nearest Neighbor] 혹은 K-최근접 이웃 알고리즘이라고도 불리는 이 모델은 분류와 회귀에 모두 사용할 수 있으나 여기서는 분류를 기준으로 설명하겠습니다. 이 모델은 비슷한 특성을 지닌 데이터는 서로 모인다는 유유상종의 원리를 이용합 니다. 구체적인 작동 원리는 다음과 같습니다.

1. 이웃(neighbors)의 개수(K)를 설정합니다.
2. 특정 입력 데이터와 가장 가까운 K개의 학습 데이터를 찾습니다.
3. K개의 학습 데이터의 출력 변숫값(레이블)을 보고 다수결로 특정 입력 데이터의 레이블을 결정합니다.

여기서 '가깝다'의 정의가 필요합니다. 보통은 통상적인 거리 개념인 유클리디안 거리[Euclidean distance] 로 측정합니다. 그림으로 살펴보면 다음과 같습니다.

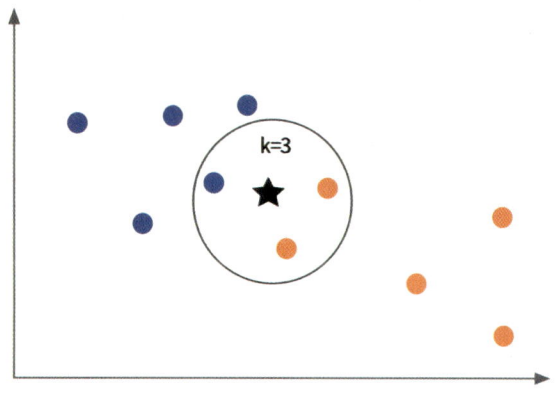

가운데 검은 별이 레이블이 결정되지 않은 분류 대상 데이터입니다. 레이블 값을 비교할 이웃의 개수를 3개라고 가정하겠습니다. 그럼 가장 가까운 거리 범위 안에 3개의 학습 데이터의 레이블을 비교하면 됩니다. 이 3개의 점 중에 파란색 점이 1개, 주황색 점이 2개입니다. 다수결의 원칙에 따라 검은 별의 레이블은 주황색으로 결정합니다. 이러한 방식으로 KNN 모델은 입력 변수의 레이블을 판별하고, 이 과정을 반복해서 분류를 완성합니다.

챗GPT에서 KNN 모델을 실행하는 명령은 다음과 같습니다. 참고로 KNN 모델은 random_state 파라미터를 사용하지 않습니다.

 사용할 모델은 KNeighborsClassifier는 n_neighbors = 3이야. Train_data2.xlsx 파일이 학습 데이터세트고 Test_data2.xlsx 파일이 데이터세트야. 이진수 타깃 변수를 'Rented Bike B'로 삼고 나머지 변수들은 설명 변수야. 이 모델을 실행하고 성능평가지표로 Accuracy, ROC AUC 값, F1값을 반올림해서 소수점 5자리까지 표 형식으로 결과를 보고해 줘. 표는 한국어로 번역해 주고 표에 모델명은 'KNN'으로 써 줘.

모델	정확도(Accuracy)	ROC AUC	F1 점수
KNN	0.88397	0.88432	0.88865

10-8-4 SVM 모델

SVM$^{\text{Support Vector Machine}}$은 2차원 평면에 흩뿌려진 점들을 구분 짓는 경계선과 경계선 사이 간격^{Margin}이 최대로 되게 두 경계선을 그은 다음, 각 클래스(0과 1 점들의 집합)로 구분하는 원리를 이용합니다. 만약 2차원 평면에서 직선으로 각 클래스 집단을 구분할 수 없을 때는 3차원으로 공간의 차원을 확대하면 집단을 가르는 2차원 평면을 구할 수 있습니다. 3차원 이상의 데이터도 더 높은 차원$^{\text{Higher dimensions}}$에서 초평면^{Hyperplane}을 도입하는 방식으로 SVM 모델에 의한 분류가 가능합니다.

사용할 모델은 sklearn.svm에서 불러들인(import) SVC야. 이 모델은 random_state=42, probability=TRUE야. 나머지 파라미터는 디폴트 값을 사용해 줘. Train_data2.xlsx 파일이 학습 데이터셋고 Test_data2.xlsx 파일이 데이터셋야. 이진수 타깃 변수를 'Rented Bike B'로 삼고 나머지 변수들은 설명 변수야. 이 모델을 실행하고 성능평가지표로 Accuracy, ROC AUC 값, F1 값을 반올림해서 소수점 5자리까지 표 형식으로 결과를 보고해 줘. 표는 한국어로 번역해 주고. 표에 모델명은 'SVM'으로 써 줘.

모델	정확도(Accuracy)	ROC AUC	F1 점수
SVM	0.91526	0.91542	0.91654

다음은 파이썬 그리드 서치 작업 결과를 포함한 요약표입니다.

모델별 R^2값	디폴트 모델	그리드 서치 모델
신경망	0.91868	0.92188
KNN	0.88397	0.89013
SVM	0.91526	0.91777

챗GPT에서 지원하지 않거나 오류가 발생하는 경우 파이썬에서 진행했으며(굵은 숫자) 파이썬 파일은 이 책에서 제공하는 깃허브에서 확인할 수 있습니다. 챗GPT에서는 신경망 모델을 실행할 때마다 성능평가지표 R^2값이 달라질 수 있어서 파이썬으로 구한 R^2값과 동일한 챗GPT의 결괏값을 넣었습니다.

10.9 최적 모델 선정 및 활용

지금까지 우리는 연속형 타깃 변수 모델, 이진수 타깃 변수 모델, 트리 기반 분류 모델, 거리 기반 분류 모델을 다루었습니다. 이제 이 결과로 최적의 모델을 선정할 차례입니다. 특히 트리 기반 분류 모델과 거리 기반 분류 모델은 타깃 변수가 동일하므로 성능평가지표를 비교할 수 있습니다.

이에 대한 종합 요약표는 다음과 같습니다.

모델별 R²값	디폴트 모델	그리드 서치 모델
결정 트리	0.90384	0.91000
랜덤 포레스트	0.92462	0.92417
그레이디언트 부스팅	0.92394	0.92531
XGBoost	0.92234 (0.92097)	0.93056 (1위)
LightGBM	0.92714 (2위)	0.92165
로지스틱 회귀	0.91594	0.91640
로지스틱 릿지	0.91457	0.91457
로지스틱 라쏘	0.91731	0.91731
신경망	0.91868	0.92188
KNN	0.88397	0.89013
SVM	0.91526	0.91777

디폴트 모델과 그리드 서치 모델까지 포함하면 XGBoost 그리드 서치 모델이 최적 모델이며 차선 모델은 LightGBM 디폴트 모델입니다. 이 표에서 구한 각 모델들은 설명 변수를 입력하면 타깃 변수의 값을 생성합니다. 예를 들어 최적 모델 XGBoost그리드 서치 모델은 특정 월, 시간, 온도 등을 입력하면 자전거 대여 수요가 많을지 적을지를 1과 0으로 출력합니다. 이 결괏값이 자전거 공급이나 운영 인력을 늘리거나 프로모션을 하거나 대여 가격을 내리는 등 비즈니스를 운영하는 데 큰 도움이 됩니다. 만약 이런 결정이 얼마나 정확한 근거를 가진 것인지 누군가 묻는다면 성능평가지표인 정확도를 불러주면 됩니다. 최적 모델 XGBoost의 예측 결과는 93.056% 정확하다고 말이죠.

아울러 제 경험으로는 연속형 타깃 변수 모델보다 이진수 타깃 변수 모델이 해석할 여지가 더 많습니다. 이진수 타깃 변수 모델의 분석 결과가 실무와 직접 연결할 방법이 더 많고 사업 아이디어도 더 잘 떠오릅니다. 가격 책정, 기업의 자원 배분, 프로모션 설정 등 여러가지 아이디어가 꼬리에 꼬리를 물고 일어납니다. 따라서 연속형 타깃 변수 모델도 중요하지만 이진수 타깃 변수 모델도 중요성을 인지하고 자주 사용하는 것이 좋습니다.

부록 A

유용한 엑셀 기능 모음

A-1 엑셀의 주요 기능
A-2 엑셀 팁
A-3 엑셀 단축키

A.1 엑셀의 주요 기능

지금까지 챗GPT와 엑셀을 활용한 데이터 분석 프로젝트 2개를 진행하면서 다뤘던 중요한 엑셀 기능을 포함하여 실무에 유용하게 사용할 수 있는 여러 기능을 살펴보겠습니다. 기능들이 동작하는 과정을 직접 실습할 수 있도록 예제 파일로 Example.xlsx 파일을 준비했습니다. 이 파일은 이 책이 제공하는 깃허브(github.com/jasonyim2/book4)에서 다운받을 수 있습니다.

이 절에서 여러 엑셀 기능을 설명하기 위해 이 예시 파일에 여러 개의 시트를 만들어 두었습니다. 수십 개의 시트에서 원하는 시트를 쉽게 찾을 수 있도록 첫 번째 시트 'index'에서 관련 시트의 링크를 눌러 이동할 수 있습니다.

이렇게 링크를 거는 것을 [하이퍼링크]라 하며 하이퍼링크 기능에 대한 소개 역시 부록에서 다루고 있습니다. 간단하게 하이퍼링크 기능을 살펴보자면 'index' 시트에서 원하는 키워드를 클릭하면 해당하는 시트로 이동하는 것을 볼 수 있습니다.

이렇게 시트의 수가 많을 때는 다시 'index' 시트로 돌아갈 수 있도록 모든 시트의 하단에 첫 번째 시트로 가는 하이퍼링크를 걸어 두었습니다.

값 붙여 넣기

'값 붙여 넣기' 시트를 살펴보겠습니다. 엑셀에서 수식으로 생성한 값을 복사하여 다른 셀에 붙여 넣기를 하면 원본 데이터가 훼손되거나 연결 링크가 깨지는 경우 복사한 값이 오류 메시지를 냅니다. 이를 방지하기 위해 [값 붙여 넣기] 기능을 사용합니다. C2셀에 **=B2+B3** 수식을 입력하고 [Enter] 키를 눌러 결과를 냅니다. D2셀에는 **FORMULATEXT** 함수로 C2셀의 수식을 표기합니다.

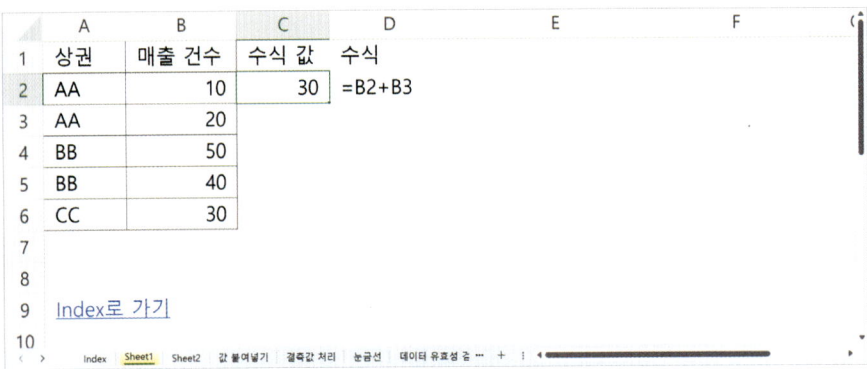

C2셀을 복사해 붙여 넣을 위치의 셀(예 C3셀)을 선택한 다음 마우스 오른쪽 버튼을 눌러 '붙여 넣기 옵션'에서 [값] 아이콘을 누릅니다. 그러면 수식이 아닌 값만 붙여 넣을 수 있습니다. 이 기능은 실무에서 매우 유용한 기능입니다.

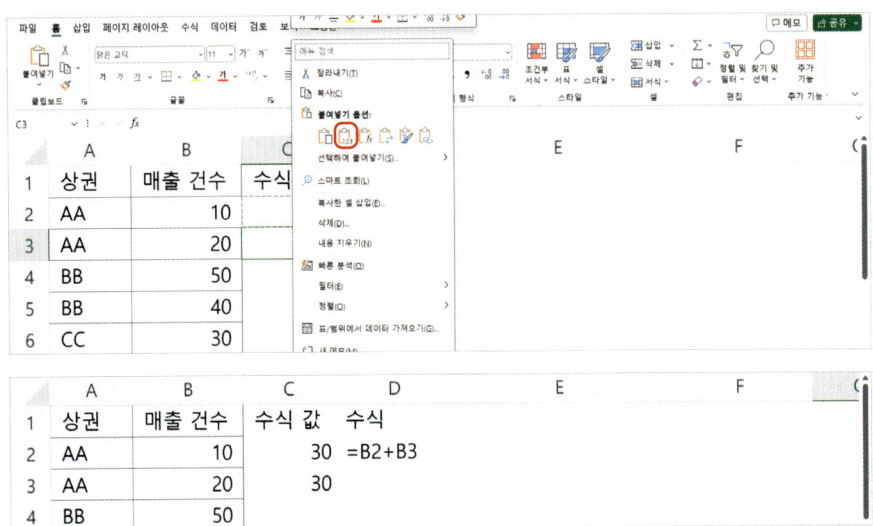

결측값 처리

'결측값 처리' 시트를 살펴보겠습니다. B3셀 값을 지워 일부러 결측값을 만듭니다.

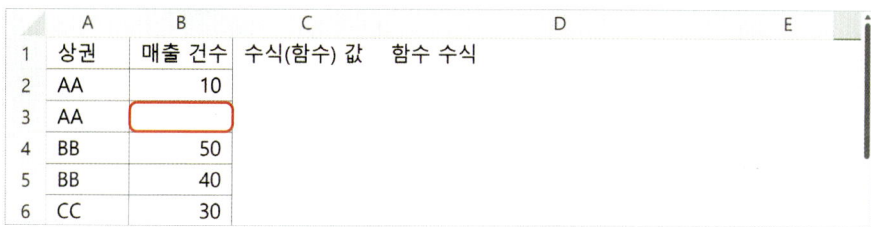

B열의 값은 5개고 이 중 1개가 결측값이 됐습니다. 결측값을 나머지 값의 평균으로 채우겠습니다. C2셀에 **=IF(ISBLANK(B2), AVERAGE(B:B), B2)**를 입력하고 [Enter] 키를 누릅니다. C2셀을 나머지 C열 셀에 복사하면 결측값 셀만 평균으로 대체됩니다.

▶ 결측값을 채우는 자세한 내용은 Chapter 09-5-2를 참조하세요.

눈금선

'눈금선' 시트를 살펴보겠습니다. 엑셀의 시트에는 기본적으로 셀과 셀 사이에 눈금선이 있습니다. 때로는 이 눈금선을 없애는 것이 가독성을 높이기도 합니다. 먼저 테두리 선을 그리겠습니다. 테이블의 아무 셀을 선택하고 [Ctrl] + [A] 키를 눌러 전체 테이블을 선택합니다. 그리고 [홈 → 테두리] 아이콘을 클릭하고 드릴다운 메뉴에서 모든 테두리를 선택합니다.

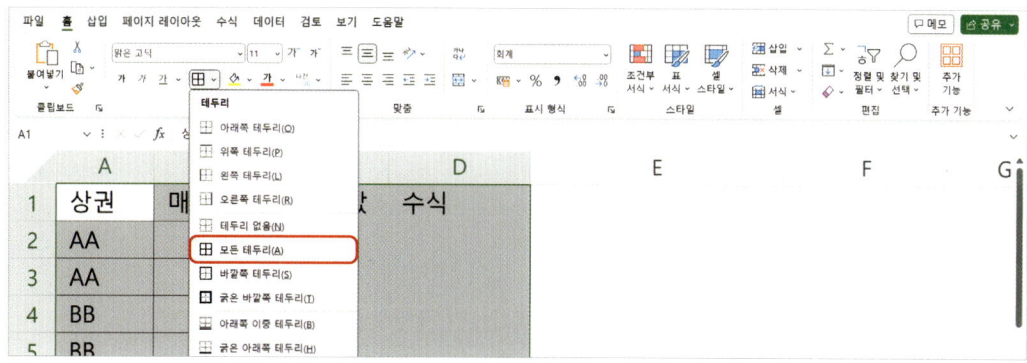

이제 [페이지 레이아웃 → 눈금선 → 보기] 체크박스를 클릭하면 앞서 테두리를 지정한 테이블에만 테두리가 남고 눈금선이 없어집니다(이 체크박스를 다시 클릭하면 사라졌던 눈금선이 다시 나타납니다).

데이터 유효성 검사

'데이터 유효성 검사' 시트를 살펴보겠습니다. 여러 부서에서 데이터를 모으다 보면 날짜와 전화번호 입력 형식이 다를 때가 있습니다. 우편번호나 주민등록번호는 실수로 숫자를 하나씩 빠뜨리기도 합니다. 이를 방지하려면 [데이터 유효성 검사] 기능을 써서 입력 데이터 타입을 제한하는 것이 좋습니다. 예제 파일의 해당 시트에서 C1셀에 '날짜(연월일)'를 입력합니다. 그리고 날짜가 입력될 C2셀에서 C6셀까지 범위 설정 후 [데이터 → 데이터 유효성 검사]를 클릭합니다.

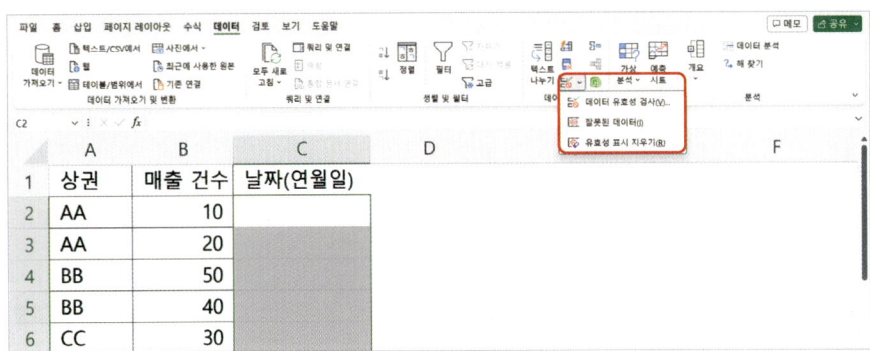

'데이터 유효성' 창이 뜨면 [설정] 탭에서는 제한 대상을 [모든 값]으로, [오류 메시지] 탭에서는 [유효하지 않은 데이터를 입력하면 오류 메시지 표시]에 체크한 다음 스타일과 제목, 오류 메시지를 아래 화면처럼 입력하세요. 모두 입력했다면 [확인]을 누릅니다.

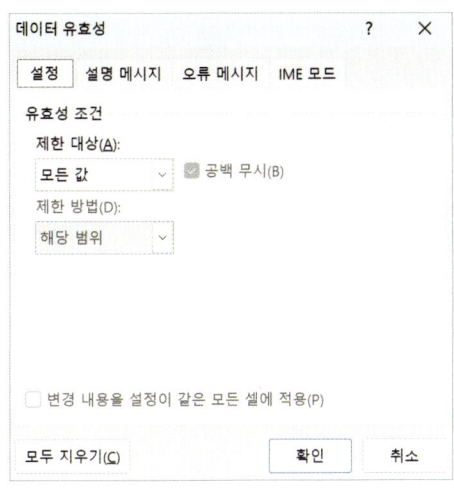
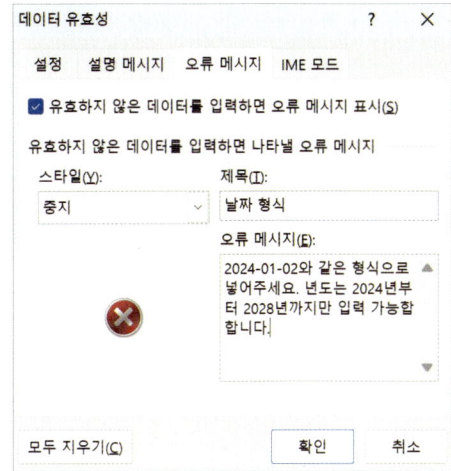

이제 C2셀부터 C6셀까지 다음과 같이 날짜(연월일)를 입력해 보겠습니다. 이때 입력 범위를 벗어난 잘못된 값을 입력하면 앞서 입력해 둔 오류 메시지가 뜨는 것을 확인할 수 있습니다.

휴대폰 번호에도 [데이터 유효성 검사]를 적용할 수 있습니다. 휴대폰 번호를 텍스트로 간주하면 010-1234-5678 형식으로 하이픈(-)까지 포함하면 총 13자리가 있어야 합니다. 따라서 D2셀부터 D6셀까지 영역을 지정한 후 '데이터 유효성' 창에서 다음과 같이 설정합니다.

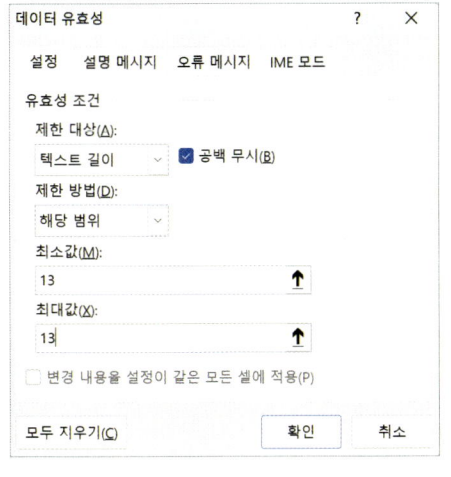
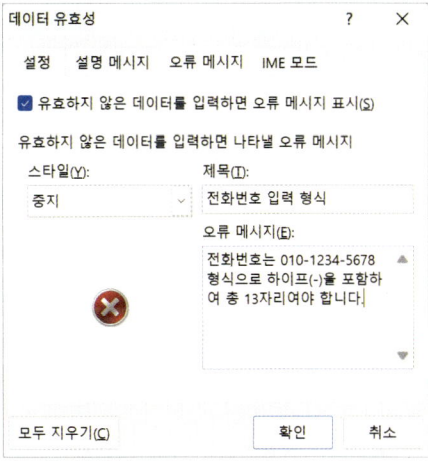

이제 D2셀에 지정한 형식에서 벗어난 값을 입력하면 오류 메시지가 뜨는 것을 확인할 수 있습니다.

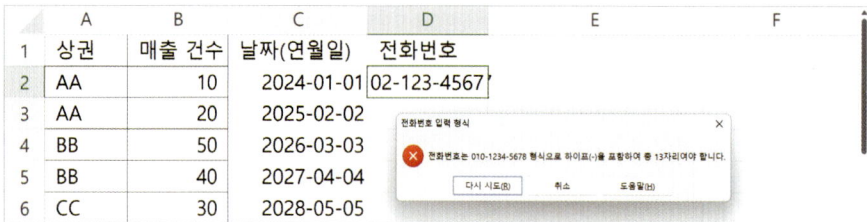

상관 분석

'상관 분석' 시트를 살펴보겠습니다. 변수들의 상관관계를 알고 싶으면 [데이터 → 데이터 분석]을 선택하고 '통계 데이터 분석' 창이 뜨면 [상관 분석]을 클릭합니다.

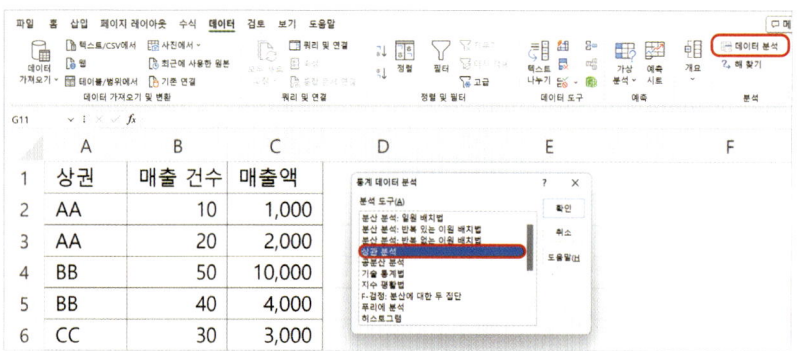

'상관 분석' 창에서 [입력 범위]에 원하는 변수가 들어 있는 열(예에서는 B열과 C열)을 입력합니다. 변수명이 첫 행에 있다면 [첫째 행 이름표 사용]을 선택 후 [확인]을 누릅니다.

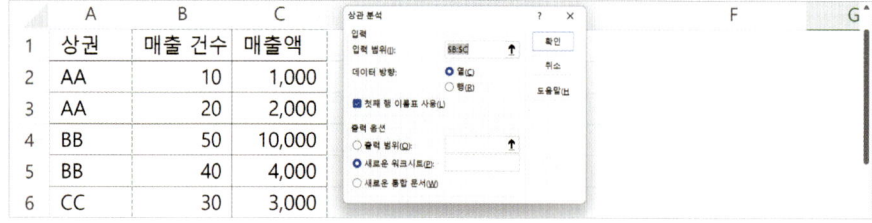

간단하게 B열과 C열의 상관계수 값을 확인할 수 있습니다.

상자그림

'상자그림' 시트를 살펴보겠습니다. 상자그림은 이상값을 찾을 때 사용하는 차트로 엑셀에서 [차트] 기능으로 간단하게 구현할 수 있습니다. 예제 파일의 해당 시트에서 C열을 선택합니다. [삽입 → 통계차트삽입] 아이콘을 선택한 다음 드릴다운 메뉴에서 상자 수염 아이콘을 선택합니다.

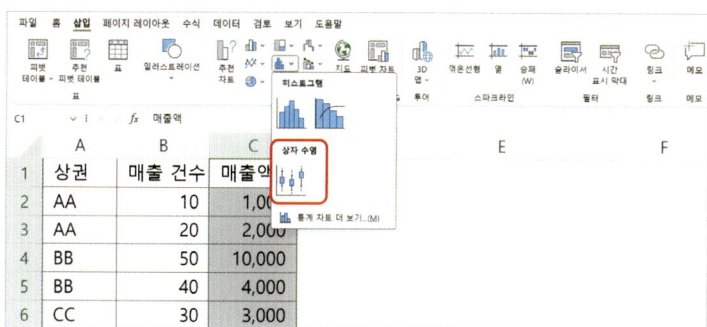

이렇게 간단하게 상자그림을 얻을 수 있습니다.

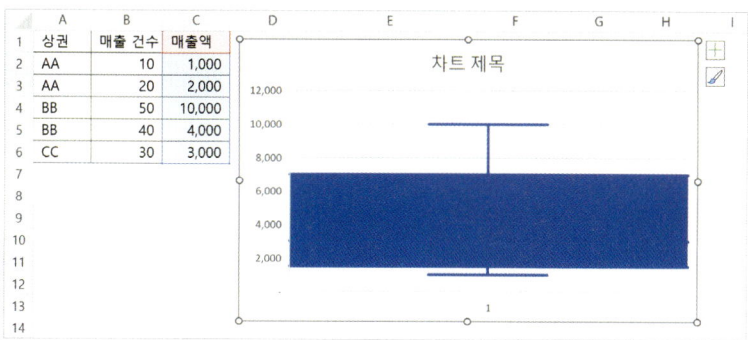

상대 참조와 절대 참조

'상대 참조와 절대 참조' 시트를 살펴보겠습니다. 상대참조의 개념을 이해하는 가장 빠른 방법은 직접 실습해 보는 것입니다. 다음처럼 C2셀에 **=SUM(B2:B6)**을 입력하고 [Enter] 키를 누르면 B열의 셀의 값 합계가 구해집니다. 이때 B2나 B6 등의 표기가 **상대 참조**입니다.

그런데 C2셀을 복사해서 C3에 붙여 넣으면 수식이 **=SUM(B3:B7)**로 변경됩니다. 이는 수식을 입력하는 최종 셀 위치가 B2에서 B3로 바뀜에 따라 수식 안의 셀 참조가 지칭하는 셀 주소도 상대적으로 바뀌기 때문입니다.

	A	B	C	D
1	상권	매출 건수	수식 값	수식
2	AA	10	150	=SUM(B2:B6)
3	AA	20	140	=SUM(B3:B7)
4	BB	50	120	=SUM(B4:B8)
5	BB	40	70	=SUM(B5:B9)
6	CC	30	30	=SUM(B6:B10)

이를 방지하기 위해 C2셀의 수식을 **=SUM($B$2:$B$6)**로 변경하겠습니다. 수식에 커서를 놓고 [F4] 키를 누르면 절대참조를 의미하는 달러 기호 자동으로 붙습니다. B6에도 마찬가지로 수식을 입력하고 [Enter] 키를 누릅니다. 그리고 이렇게 변경된 C2셀 수식을 복사해서 C열의 다른 셀에 붙여 넣습니다.

	A	B	C	D
1	상권	매출 건수	수식 값	수식
2	AA	10	150	=SUM($B$2:$B$6)
3	AA	20	150	=SUM($B$2:$B$6)
4	BB	50	150	=SUM($B$2:$B$6)
5	BB	40	150	=SUM($B$2:$B$6)
6	CC	30	150	=SUM($B$2:$B$6)

SUM 함수에 사용한 상대 번지를 절대 번지로 변경하였더니 이 수식을 복사하여 다른 곳에 붙여 넣어도 동일한 값을 생성합니다. 절대 번지로 지정한 셀 주소는 수식을 입력하는 위치와 상관없이 동일한 셀 주소를 나타내기 때문입니다.

셀 병합 및 취소(셀 분할)

'셀 병합 및 취소' 시트를 살펴보겠습니다. C1셀에 "가나다" D1셀에 "ABC"를 입력합니다. 그리고 두 셀을 마우스로 지정한 다음 [홈 → 병합하고 가운데 맞춤]을 클릭합니다.

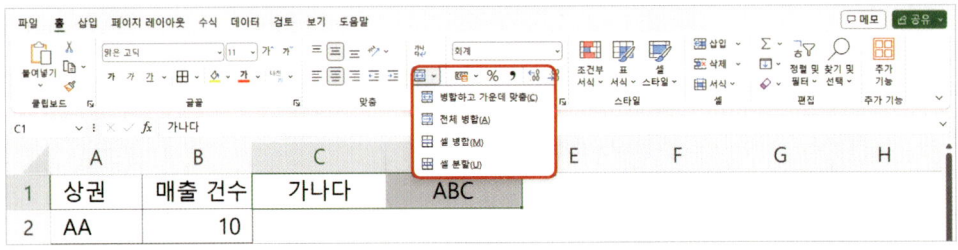

드릴다운 메뉴에서 [병합하고 가운데 맞춤]을 클릭하면 2개의 셀 중 왼쪽 값만 남는다는 경고창이 뜹니다. [확인]을 클릭하면 결과는 다음과 같습니다.

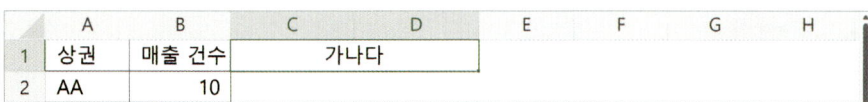

이제 다시 병합한 셀을 되돌려 보겠습니다. 병합한 셀을 선택하고 [홈 → 병합하고 가운데 맞춤]을 클릭한 다음 드릴다운 메뉴에서 [셀 분할]을 선택합니다.

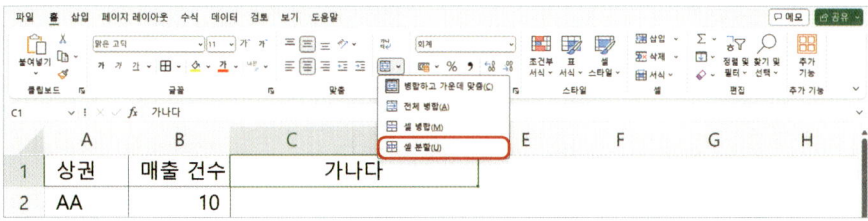

그럼 다시 셀이 분할됩니다. 다만 셀 병합 과정에서 사라진 값 "ABC"는 되돌아오지 않으니 유의하기 바랍니다.

셀 서식

'셀 서식' 시트를 살펴보겠습니다. 해당 시트의 전체 테이블을 지정한 다음 셀 위에서 마우스 오른쪽을 클릭하고 드릴다운 메뉴에서 [셀 서식]을 선택합니다. 또는 단축키 [Ctrl] + [1]을 누릅니다.

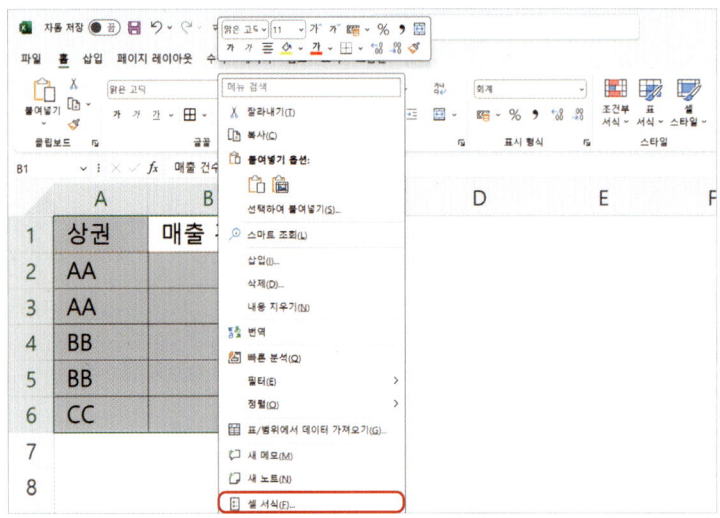

'셀 서식' 창에는 [표시 형식], [맞춤], [글꼴], [테두리], [채우기], [보호] 탭이 있습니다. 여기서 원하는 작업을 할 수 있습니다. 예시로 테이블에 전체 테두리를 지정하겠습니다. [테두리 → 선 → 스타일]에서 굵은 선을 선택하고 오른쪽 [테두리]에서 어느 방향에 이 테두리를 적용할지 선택합니다.

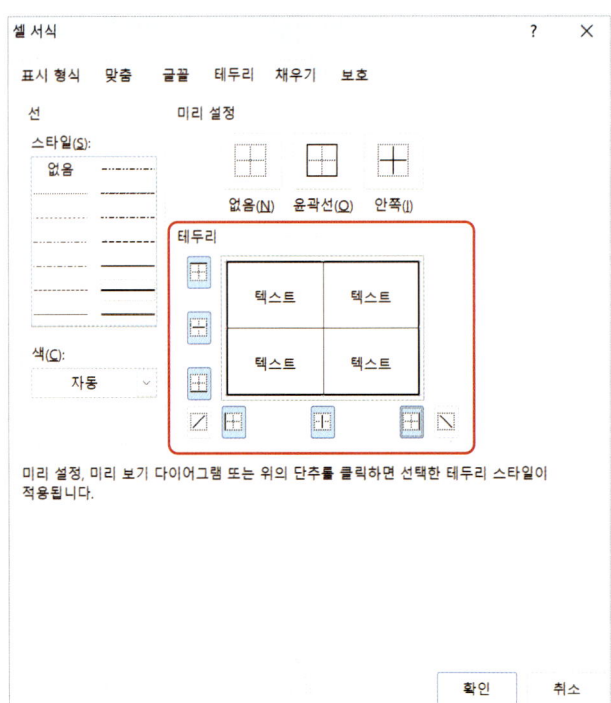

그 결과로 원래 테이블 가장자리에 굵은 테두리가 생겼습니다. 이외에도 [셀 서식]에서 할 수 있는 작업이 매우 많으니 자주 활용하기 바랍니다.

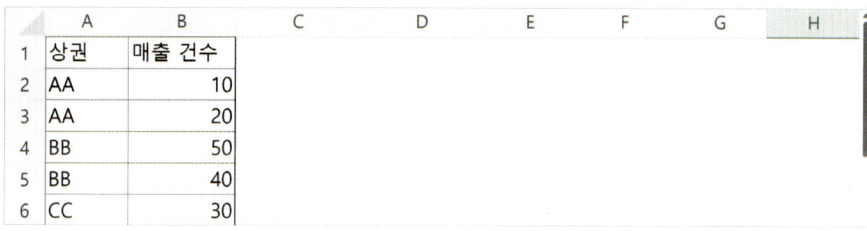

셀에 대각선 넣기

'셀에 대각선 넣기' 시트를 살펴보겠습니다. 종종 빈 셀을 표현하기 위해 대각선을 사용할 때가 있습니다. 이 대각선 역시 앞서 살펴본 [셀 서식] 기능에서 적용할 수 있습니다. 먼저 A1셀의 글자를 지우겠습니다.

A1셀을 클릭 후 단축키 [Ctrl] + [1]을 눌러 '셀 서식' 창을 엽니다. [테두리] 탭에서 이번에는 선 대신 오른쪽 아래에 있는 대각선 기호를 선택하고 [확인]을 누릅니다.

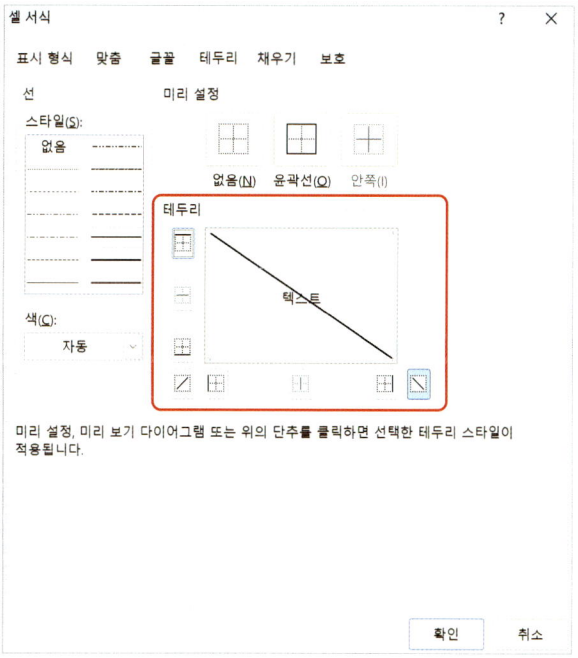

그럼 다음과 같이 대각선이 그어진 셀을 만들 수 있습니다.

	A	B
1		매출 건수
2	AA	10
3	AA	20
4	BB	50

셀 입력 시 줄 바꿈

'셀 입력 시 줄바꿈' 시트를 살펴보겠습니다. 셀 안에서 줄을 바꿔서 입력해야 할 때는 [Alt] + [Enter] 키를 누르면 됩니다. E1셀에 "가나다"를 입력하고 [Alt] + [Enter] 키를 누르면 셀 안에서 줄이 바뀝니다. 그리고 "ABC"를 입력합니다. 셀 안에 줄이 추가됨에 따라 셀의 높이도 자동으로 변경됩니다.

	A	B	C
1	상권	매출 건수	가나다 ABC
2	AA	10	
3	AA	20	
4	BB	50	

시트 숨김/해제

엑셀 통합 문서를 열고 아래쪽을 보면 'Sheet1'이라는 시트가 자동으로 생성되어 있습니다. 이 시트명 바로 오른쪽의 [+] 기호를 누르면 시트를 추가할 수 있습니다. 이렇게 시트가 여러 개일 때 특정 시트를 숨기려면 간단하게 시트명에서 마우스 오른쪽을 클릭한 다음 [숨기기]를 클릭하면 됩니다.

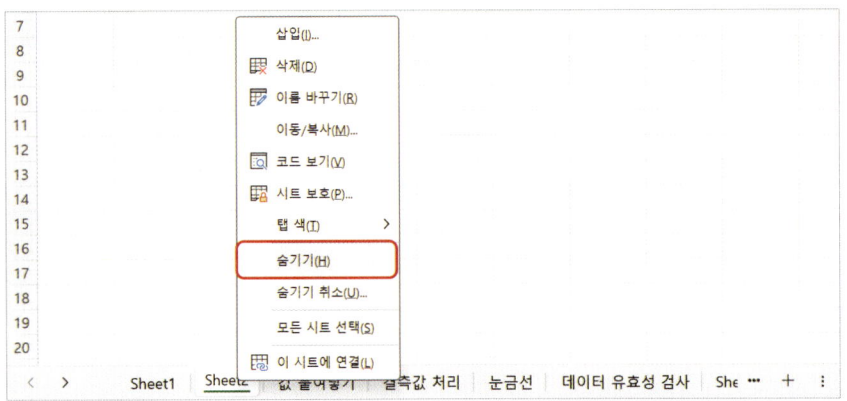

숨긴 시트를 다시 보려면 아무 시트를 클릭하고 마우스 오른쪽을 클릭한 다음 [숨기기 취소]를 선택하면 됩니다.

시트 보호/해제

시트 보호 기능은 타인이 시트 내용을 변경하지 못하게 할 때 유용합니다. 보호 기능을 적용할 시트를 선택하고 마우스 오른쪽을 클릭한 다음 [시트 보호]를 선택합니다.

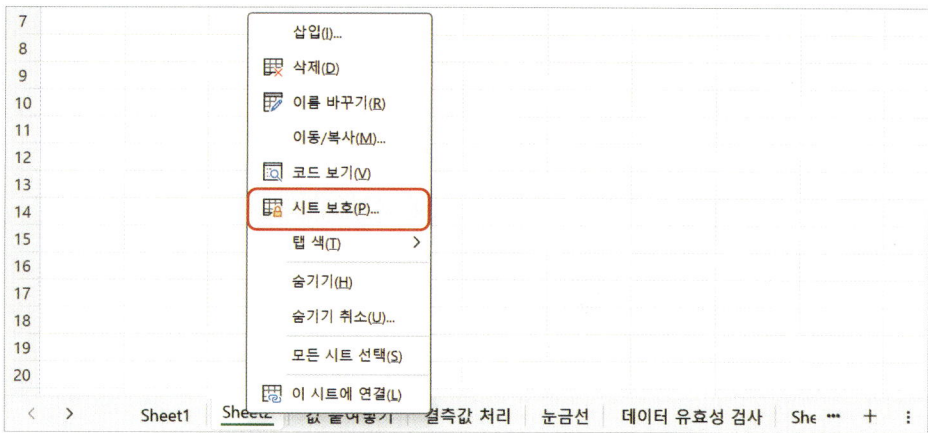

'시트 보호' 창에서 시트 보호 해제 암호를 입력합니다. 이 암호를 알아야 해당 시트의 내용을 변경할 수 있게 되는 것입니다.

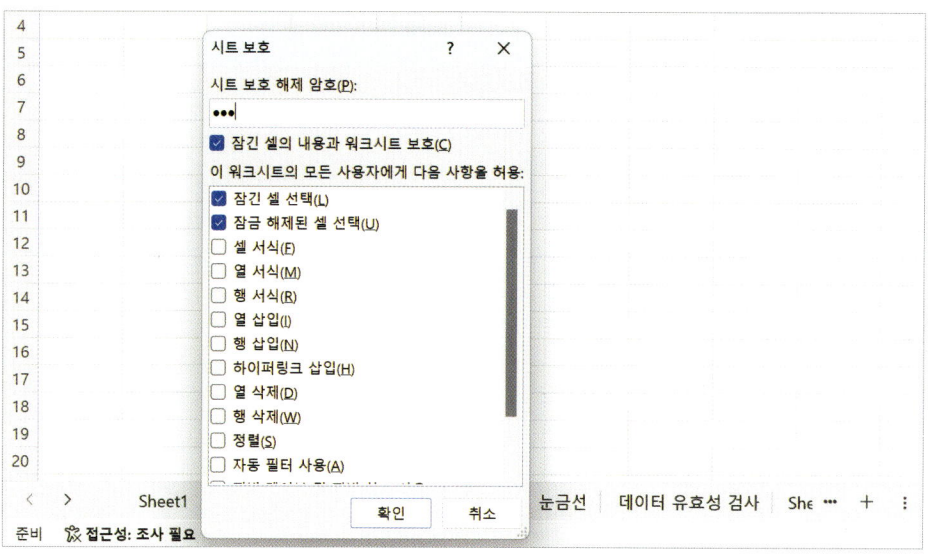

시트 보호를 해제하려면 마찬가지로 보호 설정한 시트에서 마우스 오른쪽을 클릭하고 [시트 보호 해제]를 선택한 다음 암호를 입력하면 간단하게 해제할 수 있습니다.

시트 탭 색 변경

하나의 문서에 시트를 너무 많이 만들다 보면 시트를 찾는 것도 고역입니다. 따라서 중요한 시트는 탭의 색을 바꿔 두면 유용합니다. 색을 바꿀 시트를 선택하고 마우스 오른쪽을 클릭합니다 [탭 색]에 마우스를 가져다 대면 컬러 피커가 뜹니다. 원하는 색을 선택합니다.

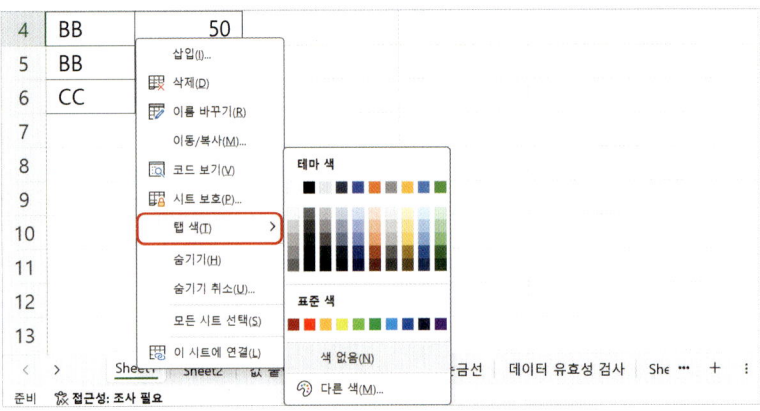

그러면 간단하게 해당 시트의 탭에만 색이 지정된 것을 확인할 수 있습니다.

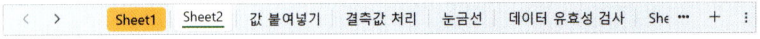

여러 셀 선택

'여러 셀 선택' 시트를 살펴보겠습니다. 각 변수의 첫 번째 값들을 선택해 보겠습니다. 이렇게 연속된 셀을 선택할 때는 첫 번째 셀을 클릭하고 [Shift] 키를 누른 채 마지막 셀을 클릭하면 그 사이 모든 셀을 선택할 수 있습니다.

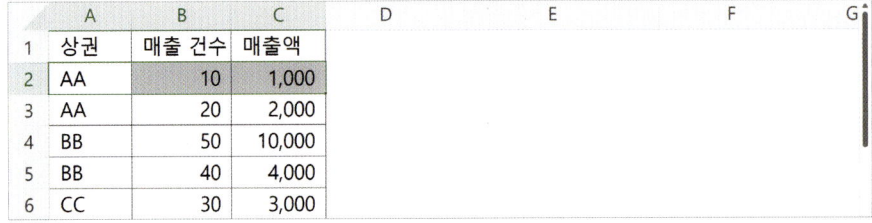

만약 행의 오른쪽 끝 셀까지 모두 선택하려면 A2셀을 선택하고 [Ctrl] + [Shift] + [→] 키를 누르면 됩니다. 아울러 그 상태에서 아래쪽 셀의 끝까지 모두 선택하고자 하다면 [Ctrl] + [Shift] + [↓] 키를 누르면 됩니다.

반대로 연속되지 않은 셀들을 한 번에 선택하려면 [Ctrl] 키를 누르고 원하는 셀들을 클릭하면 됩니다.

열 숨김/해제

'열 숨김/해제' 시트를 살펴보겠습니다. 숨기려는 열을 선택하고 마우스 오른쪽 버튼을 누른 다음 [숨기기]를 선택합니다.

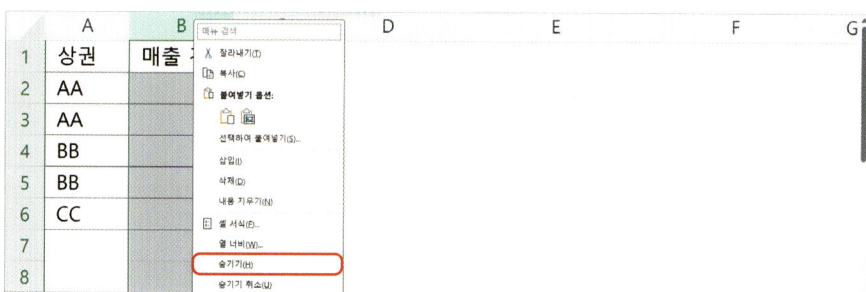

그럼 B열이 아예 보이지 않고 열 번호가 A열에서 C열로 바로 이어집니다.

다시 열 숨김을 해제하려면 열 번호 행의 아무 셀(예 A셀)을 선택하고 마우스 오른쪽 버튼을 눌러 [숨기기 취소]를 선택하면 숨겼던 B열이 다시 나타납니다.

오류 표시 및 오류 무시

'오류 표시 및 오류 무시' 시트를 살펴보겠습니다. 엑셀에서 잘못된 조작을 했을 때 오류 메시지를 마주하게 되니다. 실무에서 가장 자주 마주치는 오류는 #DIV/0!, #N/A, #REF! 정도입니다. 다음은 엑셀에서 자주 보는 오류 메시지를 정리한 표입니다.

오류 메시지	이유	해결책
#DIV/0!	0으로 나누려고 했을 때 발생	분모가 0이 아닌 값을 갖게 조치
#NAME?	함수 이름을 잘못 입력했거나, 정의되지 않은 이름을 사용	함수 이름을 확인하고 정의된 이름 확인
#N/A	수식이 지정한 셀에서 데이터를 찾을 수 없음	수식이 지정한 셀에 데이터가 있는지 확인
#NULL!	셀 범위를 잘못 지정	셀 범위를 올바르게 지정했는지 확인
#NUM!	숫자 에러 발생 (예: 너무 큰 값이나 작은 숫자 계산)	계산 결과가 엑셀에서 지원하는 숫자 범위에 있는지 확인
#REF!	참조된 셀이 유효하지 않을 때 발생	참조가 올바른지 확인
#VALUE!	잘못된 타입의 인자나 연산 사용 (예: 텍스트로 사칙연산 하는 경우)	수식의 모든 인자가 올바른 타입인지 확인
####	자릿수가 커서 열 너비에서 표현 불가	열 너비를 늘림

그런데 사용자가 보기에 원하는 값이 제대로 나왔는데 엑셀이 숫자나 텍스트 형식에 따라 오류 메시지를 띄우는 경우가 있습니다. 주로 텍스트 형식의 숫자가 그런 오류 표시를 야기합니다. 이런 경우 오류 메시지를 무시하는 것도 방법입니다.

오류가 난 셀의 왼쪽 상단에 초록색 삼각형으로 표시된 오류 표시 아이콘을 클릭한 다음 드릴 다운 메뉴에서 [오류 무시]를 선택하면 됩니다.

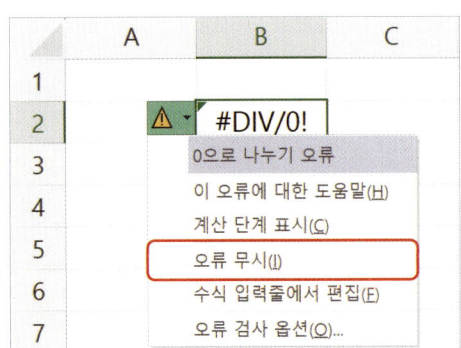

인쇄 페이지마다 특정 행 반복 출력

테이블이 아래로 길게 이어지면 종이로 출력할 때 두 번째 페이지부터는 변수명이 들어 있지 않아 당황할 때가 있습니다. 이때 필요한 기능은 인쇄되는 페이지마다 변수명을 표기하는 것입니다. [페이지 레이아웃 → 인쇄 제목]을 클릭합니다.

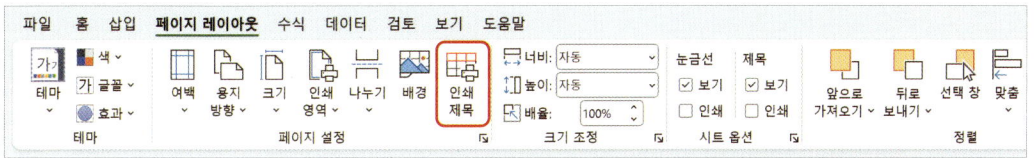

'페이지 설정' 창에서 [시트] 탭을 클릭한 다음 '반복할 행'을 다음과 같이 지정합니다. 만약 두 번째, 세 번째 행까지 같이 반복해야 한다면 첫 번째부터 세 번째까지 모두 지정하면 됩니다.

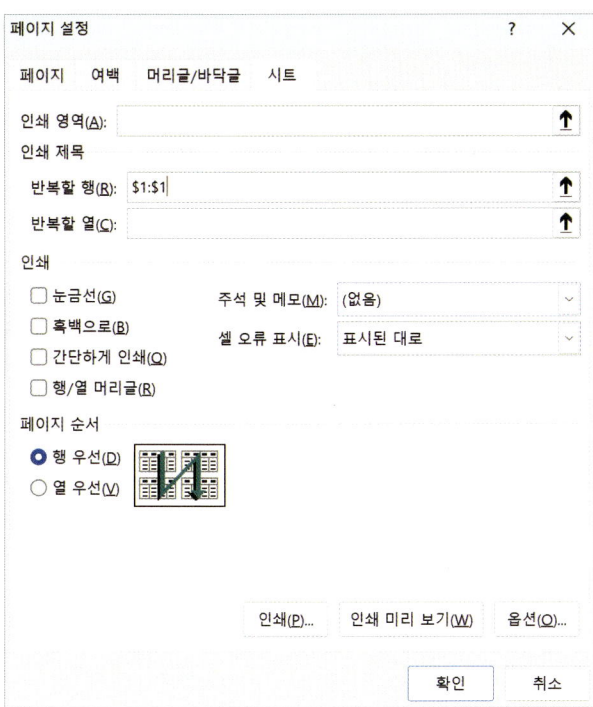

중복값 제거

'중복값 제거' 시트를 살펴보겠습니다. 데이터 분석에서 한 레코드 행의 값이 중복이라면 이는 무의미한 데이터로, 제거해야 합니다. 예제 파일의 해당 시트에서 6행을 복사해 7행에 붙여 넣고 동일한 값을 만듭니다.

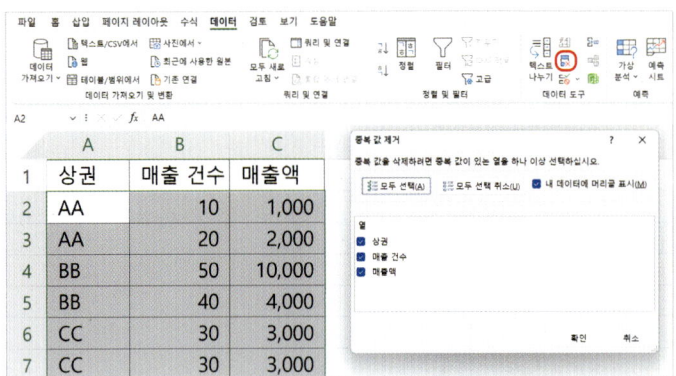

테이블의 아무 셀을 선택하고 [Ctrl] + [A] 키를 눌러 테이블 전체 영역을 지정합니다. 그리고 [데이터 → 중복된 항목 제거] 아이콘을 선택하면 '중복 값 제거' 창이 뜹니다. 원하는 열이 선택되어 있는지 확인하고 [확인]을 클릭합니다.

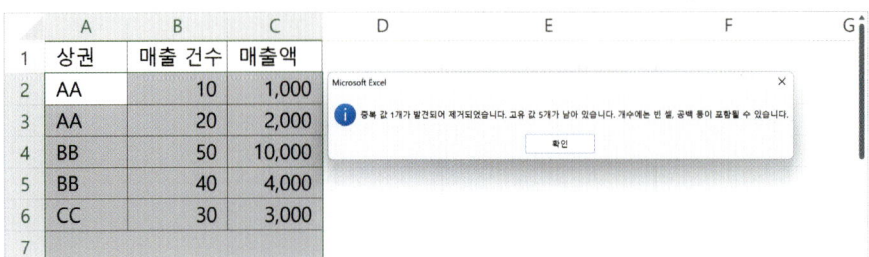

다음과 같이 중복된 레코드 행이 제거된 것을 확인할 수 있습니다.

작은 따옴표(') 셀 입력

'작음 따옴표 셀 입력' 시트를 살펴보겠습니다. 엑셀에서 어떤 값들은 입력 자체가 되지 않습니다. 예를 들어 '-가', '-A', 아니면 '=1-' 등의 값을 셀에 입력하면 입력을 거부하거나 오류 메시지를 띄웁니다. 이때 문제없이 입력시키려면 맨 앞에 작은 따옴표(')를 하나 붙이면 됩니다. 그럼 그 순간부터 엑셀이 이를 텍스트로 인식하기 때문에 에러 메시지를 내지 않고 입력한 그대로 입력값을 받습니다.

정렬

'정렬' 시트를 살펴보겠습니다. 정렬은 대부분의 사람이 알고 있는 손쉬운 기능이지만 기준이 여러 개일 때는 우선순위를 명확히 하고 영역을 잘 지정해야 합니다. 기준이 여러 개일 때 정렬하는 방법을 살펴보겠습니다. 정렬하려는 테이블의 아무 셀을 선택하고 [Ctrl] + [A] 키를 눌러 전체 테이블을 선택합니다.

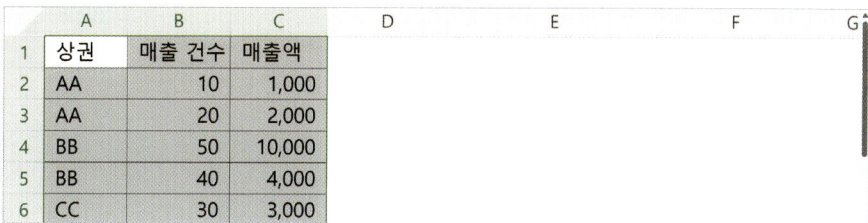

[데이터] → 정렬]을 선택하면 '정렬' 창이 뜹니다. 여기서 먼저 정렬해야 하는 기준을 선택합니다.

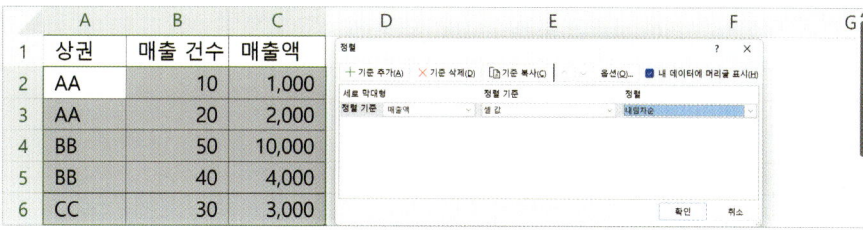

그런 다음 '정렬' 창 왼쪽 상단의 [+기준 추가]를 클릭하여 다음 기준을 선택합니다.

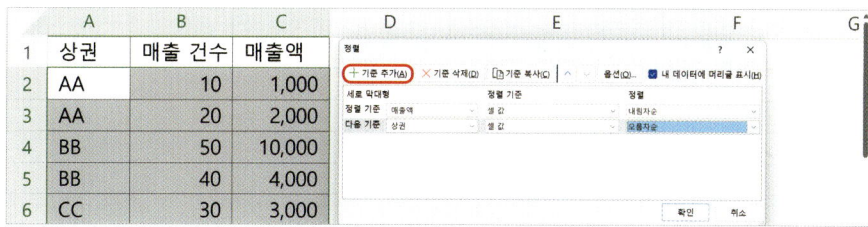

그 결과 다음과 같이 첫 번째 정렬 기준으로 먼저 데이터를 정렬한 다음 그 안에서 두 번째 정렬 기준으로 정렬된 데이터를 볼 수 있습니다.

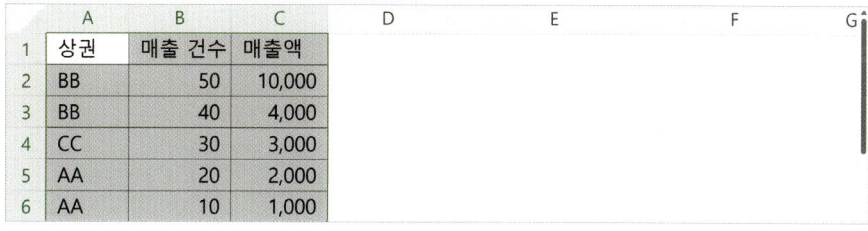

차트(산점도, 히스토그램 포함)

'차트' 시트를 살펴보겠습니다. 엑셀에서는 테이블의 관심 변수들을 시각화하기 위해 원하는 변수만 차트로 그릴 수 있습니다. 예제 파일의 해당 시트에서 A1셀부터 B6셀까지 영역을 선택한 다음 [삽입 → 통계 차트 삽입]에서 [히스토그램]의 두 번째 차트인 [파레토]를 클릭합니다.

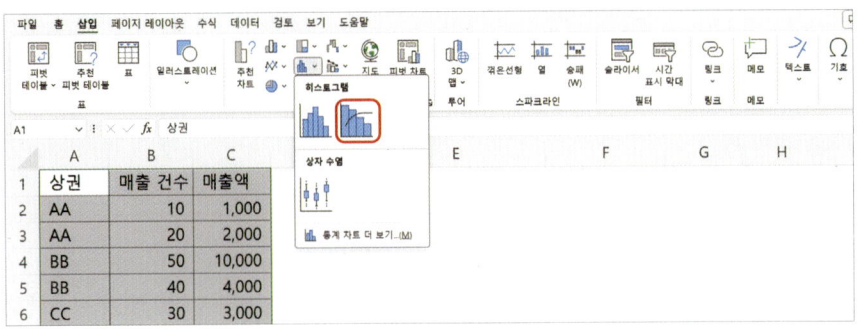

이렇게 간단하게 파레토 형태의 차트를 구현할 수 있습니다. 이외에도 산점도를 포함한 다채로운 차트를 제공합니다.

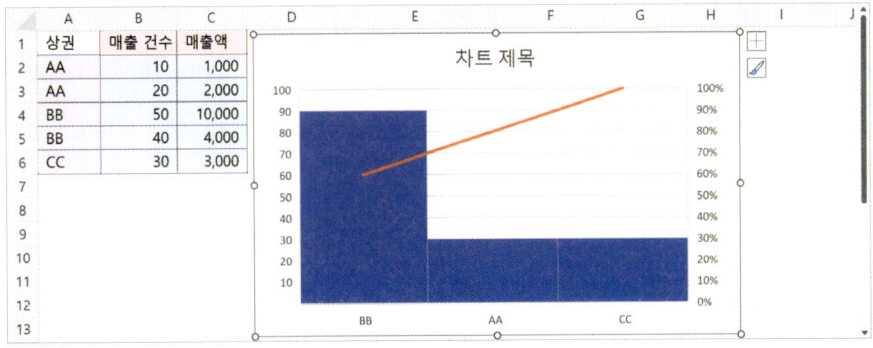

페이지 나누기 미리 보기

'페이지 나누기 미리 보기' 시트를 살펴보겠습니다. 엑셀 문서를 인쇄할 때 페이지 내용이 오른쪽으로 너무 뻗어나가면 곤란한 경우가 있습니다. 이를 확인하려면 [페이지 나누기 미리 보기]를 사용하면 됩니다. 예제 파일에서 E1셀부터 N1셀까지 1, 2, 3, … 10값을 각각 입력하여 엑셀 시트의 내용이 오른쪽으로 길게 뻗게 만듭니다. 자세히 보면 G열과 H열에 사이에 점선으로 된 수직선이 있는데 이를 경계로 인쇄 페이지가 나뉠 것이라는 표시입니다. [보기 → 페이지 나누기 미리 보기]를 누릅니다.

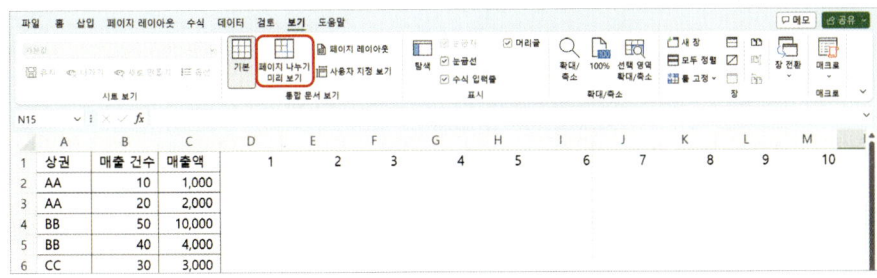

그러면 다음과 같이 인쇄 시 페이지가 어떻게 나뉠지 미리볼 수 있습니다.

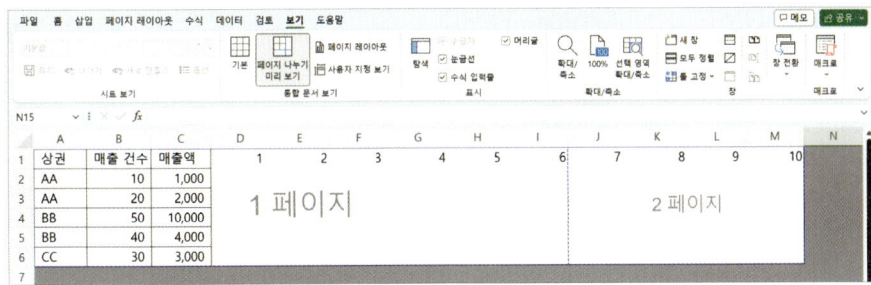

만약 두 페이지를 한 장으로 출력하고 싶으면 가운데 파란색 점선을 드래그하면 됩니다.

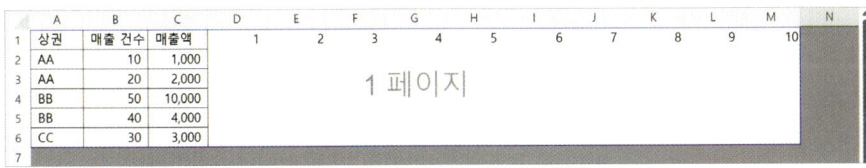

미리 보기 모드를 종료하려면 [보기 → 기본]을 누르면 됩니다.

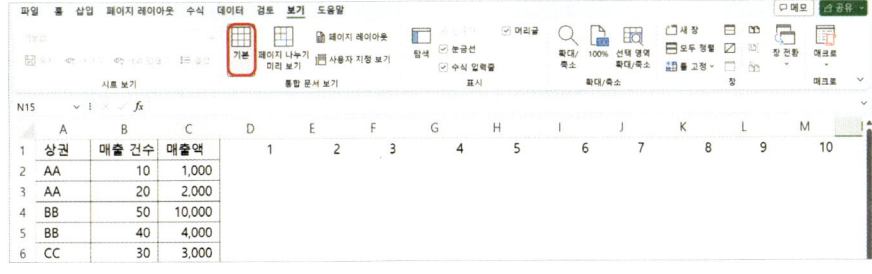

필터

필터는 특정 값만 노출시킬 수 있는 기능으로, [데이터 → 필터]를 클릭해서 간단하게 지정할 수 있습니다.

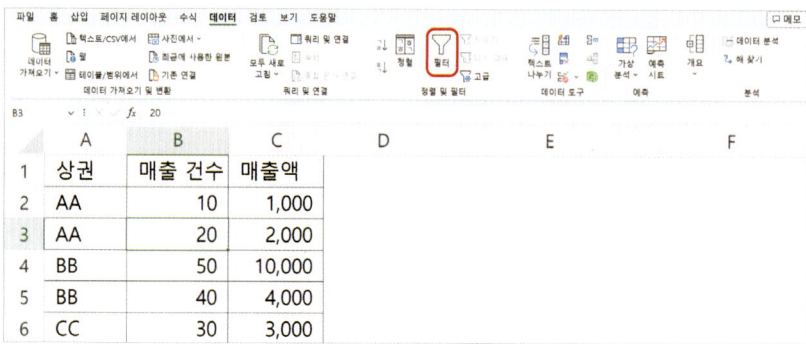

그러면 자동으로 변수명이 들어간 첫 행에 필터가 생깁니다.

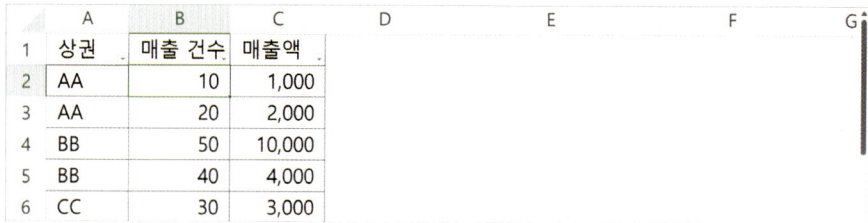

이 상태에서 첫 번째 행의 필터가 위치한 셀(예 A1)의 아래쪽 화살표 아이콘을 클릭하면 필터 값을 선택할 수 있습니다. 값을 AA만 선택하고 [확인]을 클릭하면 해당 열 기준으로 AA값만 남게 됩니다.

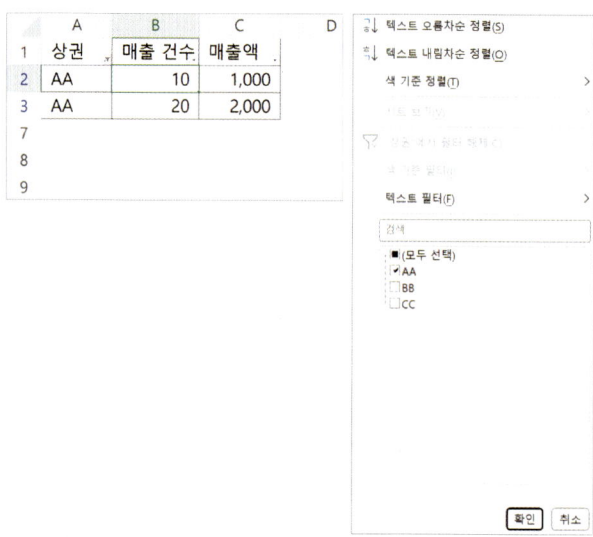

적용한 필터를 취소하려면 간단하게 [데이터 → 필터]를 다시 클릭하면 됩니다.

특수 문자 입력

엑셀 테이블을 작성하다 보면 기호나 수식과 같은 특수 문자를 입력해야 할 때가 있습니다. 특수 문자는 [삽입 → 기호]에서 찾을 수 있습니다.

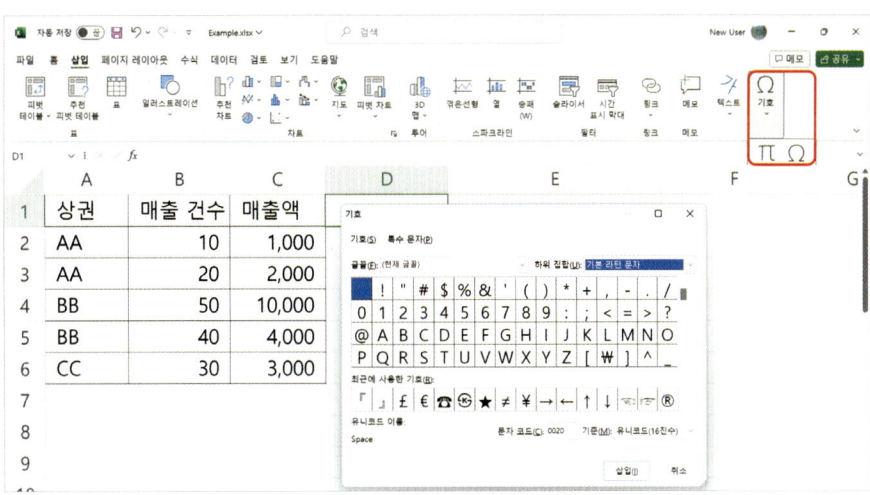

자주 쓰는 체크 기호(√)는 '기호' 창 오른쪽 위 [하위 집합]의 [수학 연산자] 그룹에서 찾을 수 있습니다.

틀 고정 및 셀 색칠하기

변수명이 첫 행에 들어 있고 중요 식별 정보가 A열에 있는 데이터가 있다고 가정해 보겠습니다. 만약 변수명과 행이 수십 줄을 넘으면 데이터를 탐색할 때 변수명과 주요 식별 정보가 보이지 않는 경우가 생깁니다. 이런 경우는 [보기 → 틀 고정]을 클릭합니다.

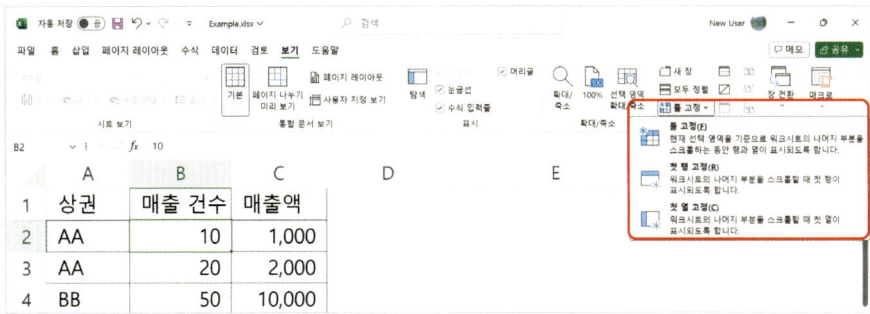

그럼 다음과 같이 A열과 1행을 구분 짓는 구분 선이 생깁니다.

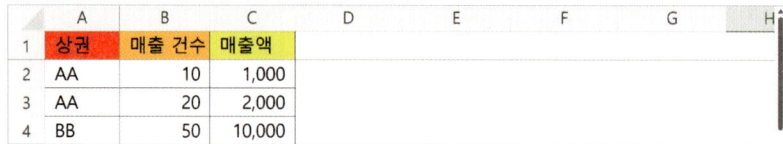

이때 셀에 배경색을 지정하면 가시성이 훨씬 높아집니다. 이제 엑셀 시트를 상하좌우로 스크롤해 보면 A열과 1행은 항상 표시됩니다. 이는 행과 열이 많은 데이터에서 무척 유용할 것입니다.

틀 고정을 취소하려면 마찬가지로 [보기 → 틀 고정 최소]를 선택하면 됩니다.

하이퍼링크

하이퍼링크는 하나의 문서에 시트가 많을 때 유용합니다. 예를 들어 전국의 지점을 시트별로 관리하는 엑셀 파일은 시트에 파묻히는 일이 다반사입니다. 이때 원하는 시트를 바로 찾아가기 위해 [하이퍼링크] 기능을 사용하면 편리합니다.

모든 시트명을 입력할 인덱스(Index) 시트를 만들겠습니다. 첫 번째 시트를 클릭하고 마우스 오른쪽을 클릭한 다음 [삽입]을 선택합니다.

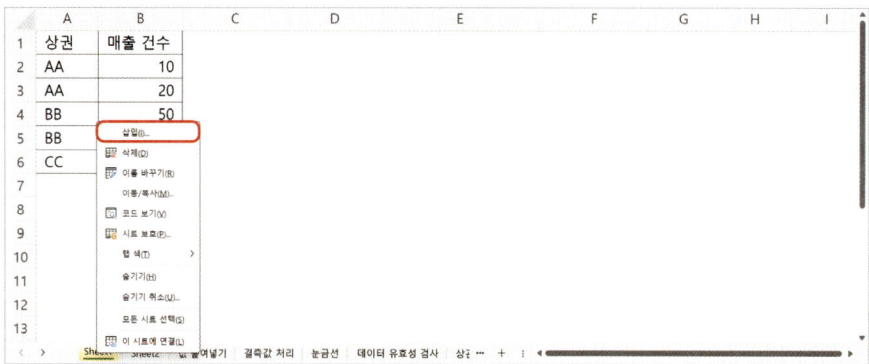

'삽입' 창에서 [워크시트]를 클릭하고 [확인]을 누릅니다.

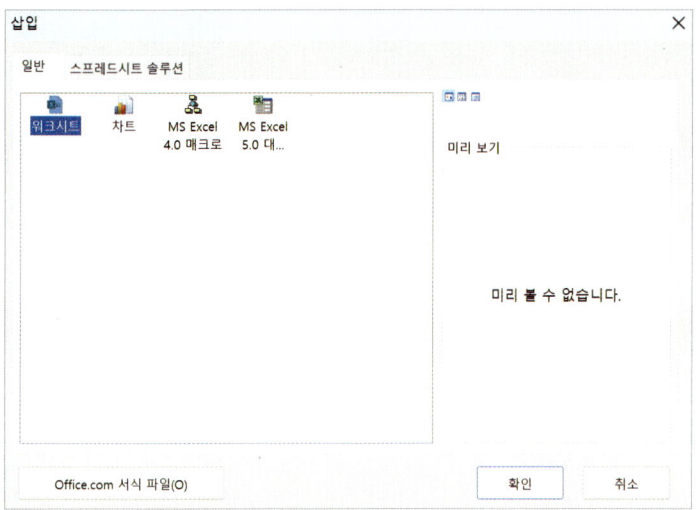

새로 만든 시트를 더블 클릭하면 이름을 입력할 수 있습니다. 시트 이름은 "Index"로 바꿉니다. 그리고 이 시트에 다음과 같이 입력합니다.

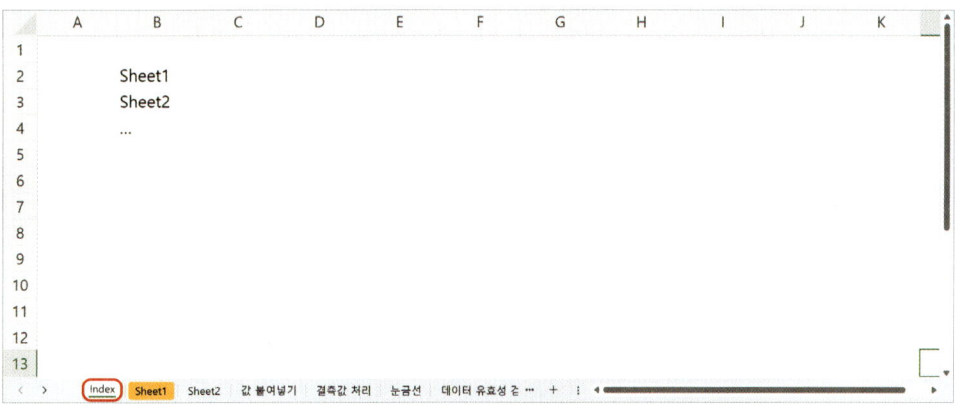

이제 셀에 입력한 텍스트에 다른 시트의 링크를 걸어 보겠습니다. B2셀을 선택하고 마우스 오른쪽을 클릭한 다음 [링크]를 선택합니다.

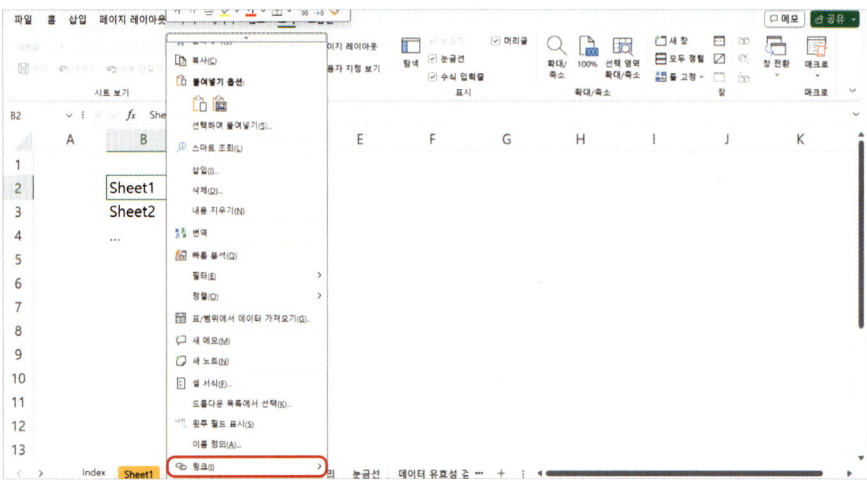

'하이퍼링크 삽입' 창에서 연결 대상으로 [현재 문서]를 선택합니다. 그런 다음 [이 문서에서 위치 선택]에서 [Sheet1]을 선택하고 [확인]을 누릅니다.

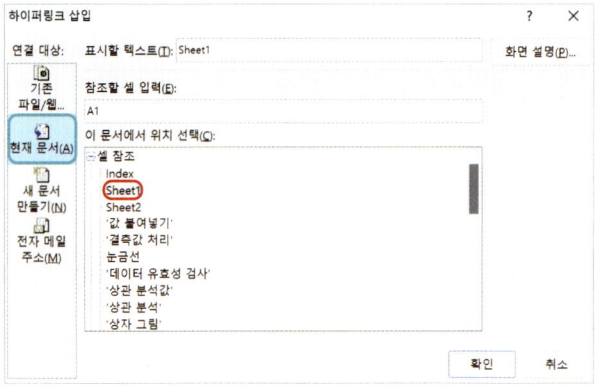

그럼 B2셀이 파란색 글자로 바뀝니다. 이는 하이퍼링크가 적용되었다는 것을 의미합니다. 이 링크를 클릭하면 Sheet1로 이동합니다.

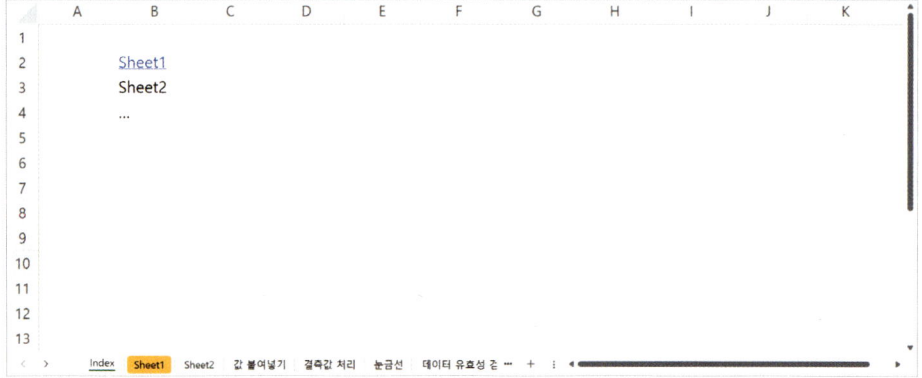

이런 식으로 인덱스 시트를 만들어 모든 시트에 링크를 걸면 대시보드와 같은 역할을 하므로 무척 유용합니다.

행열 바꿈 붙여 넣기

'행열 바꿈 붙여 넣기' 시트를 살펴보겠습니다. 예제 파일의 해당 시트에서 테이블의 행과 열을 통째로 바꿔보겠습니다. 테이블의 아무 셀을 클릭한 후 [Ctrl] + [A]를 눌러 테이블 전체 영역을 지정하고 [Ctrl] + [C]로 복사합니다. 그런 다음 E1셀을 선택하고 마우스 오른쪽을 클릭해 '붙여넣기 옵션'의 네 번째 아이콘인 [행/열 바꿈]을 클릭합니다.

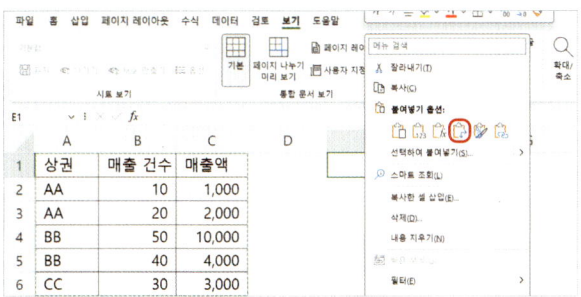

다음과 같이 테이블의 행과 열이 통째로 전환됐습니다. 간단한 기능이지만 모르면 야근을 부를 수 있으므로 활용하기 바랍니다.

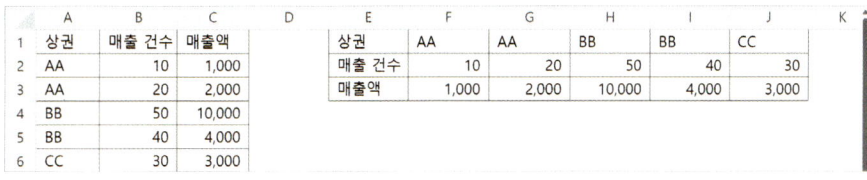

A.2 엑셀 팁

부록 A-1에서는 특정 작업을 효율적으로 하기 위한 엑셀의 기능을 하나하나 살펴보았습니다. 하지만 엑셀 작업을 효율적으로 수행하기 위한 가이드라인으로서의 팁도 필요합니다. 특히 실무에서 엑셀을 잘 활용하기 위한 팁을 다음과 같이 정리해 보았습니다.

팁	이유
[셀 병합]은 작업 마무리에 수행	[셀 병합]을 미리 하면 엑셀 정렬 작업이 힘들어집니다.
[숨김] 기능을 가급적 자제	열 숨김, 행 숨김, 시트 숨김을 실행한 작성자 본인이 잊어버리는 경우가 많습니다. 특히 해당 문서가 경쟁사로 전달된 경우 심각한 정보 유출을 야기할 수 있습니다.
차트 시각화 활용	테이블보다는 차트가 정보 요약 및 전달에 효과적입니다.
챗GPT/코파일럿과 병행 사용	챗GPT와 코파일럿을 안내자 삼아 자주 엑셀 기능을 물어보십시오. 더 높은 높은 업무 효율을 낼 수 있습니다.
통합 시트 및 외부 시트 참조 자제	통합 시트에서 시트 간 참조는 가독성 측면에서 좋지 않습니다. 다른 통합 시트에서 데이터를 가져오면 소속 폴더가 바뀌면 참조도 깨집니다. 만약 사용한다면 어느 시트에서 가져왔는지 명시적인 설명을 달아 두십시오.
기능별 취소 기능 숙지	[셀 병합], [틀 고정], [필터], [인쇄 나누기 미리 보기]와 같은 기능은 필요할 때만 사용하고 되돌리는 경우가 많습니다. 이를 위해 기능별 취소 기능은 꼭 알아 두세요.
틀 고정 활용	행과 열이 많은 시트는 [틀 고정] 기능 사용이 필수입니다.
파워 쿼리, 피벗 테이블, VLOOKUP 함수, 조건부 서식 활용	이 4개의 기능은 엑셀의 핵심 기능인 만큼 대부분 실습에 등장했습니다. 우선으로 사용하기 바랍니다.
셀 서식, 테두리 선 적극 활용	가독성이 높아집니다.
테이블 생성 시 A열과 1행 비워 두기	테이블을 A열 방향과 1행 방향으로도 확장할 때 유용합니다.
[하이퍼링크] 기능 활용	하나의 엑셀 통합 문서에 다수의 시트를 만들었을 때 원하는 시트를 찾아가는 내비게이션 같은 기능을 수행합니다.
FORMULATEXT 함수 적극 활용	수식을 사용하면 수식의 오른쪽이나 아래쪽 등 인접 셀에 FORMUALTEXT 함수를 적극 사용하십시오. 이 함수가 없으면 어디에 어떤 함수를 사용했는지 기억해 내기가 쉽지 않습니다.

A.3 엑셀 단축키

엑셀은 몇 년을 사용해도 모르는 기능을 발견할 정도로 굉장히 많은 기능이 숨어 있습니다. 또, 업무에 쓰이는 도구인 만큼 자주 쓰는 기능은 단축키로 빠르게 활용하는 것이 업무 효율을 높이는 방법입니다.

단축키	기능
Alt + Enter	셀 내에서 줄 바꿈을 합니다.
Alt + F	'파일' 메뉴를 엽니다.
Ctrl + 1	셀 서식 대화상자를 불러냅니다.
Ctrl + 마우스 휠	시트 확대 및 축소를 실행합니다.
Ctrl + 방향키	방향키 방향으로 값이 있는 마지막 셀로 이동합니다.
Ctrl + A	전체 테이블을 선택합니다.
Ctrl + C	선택한 셀의 내용을 복사합니다.
Ctrl + F	'찾기 및 바꾸기' 창을 실행합니다.
Ctrl + Home	A1셀로 이동합니다.
Ctrl + O	파일을 불러옵니다.
Ctrl + P	문서를 인쇄합니다.
Ctrl + PageDown	오른쪽 시트로 이동합니다.
Ctrl + PageUp	왼쪽 시트로 이동합니다.
Ctrl + S	엑셀 통합 문서를 저장합니다.
Ctrl + Shift + 방향키	현재 선택한 셀에서 시작하여 화살표 방향으로 연속된 데이터가 있는 마지막 셀까지 모두 선택합니다.
Ctrl + 스페이스바	해당 열 전체를 선택합니다.
Ctrl + V	복사한 내용을 붙여 넣습니다.
Ctrl + X	선택한 셀의 내용을 잘라 냅니다.
Ctrl + Y	취소한 작업을 다시 실행합니다. 즉, 마지막 작업을 반복·재실행합니다.(F4)
Ctrl + Z	마지막 작업을 취소합니다.
F1	'도움말' 창을 엽니다.
F12	엑셀 파일을 다른 이름으로 저장합니다.
F4	마지막 작업을 반복·재실행합니다([Ctrl] + [Y]). 혹은 셀 주소를 지정한 후 [F4] 키를 눌러 절대 번지화($A$1)합니다.
Shift + 클릭	연속된 여러 셀을 선택합니다.
Shift + 방향키	현재 선택한 셀에서 시작하여 화살표 방향으로 셀을 하나씩 추가로 선택합니다.
Shift + 스페이스바	행 전체 선택를 선택합니다.

부록 B

유용한 엑셀 함수 모음

B-1 엑셀의 주요 함수

B.1 엑셀의 주요 함수

우리는 지금까지 합계를 구할 때, 날짜와 시간을 입력할 때, 텍스트를 정렬할 때 등 이미 다양한 함수를 사용했습니다. 이외에도 엑셀에는 다양한 기능만큼 다양한 함수가 있습니다. 이를 다 외우기는 어려우므로 다음과 같이 용도에 따라 주요 함수를 정리해 두면 편하게 기억할 수 있습니다.

다음은 용도에 따라 정리한 주요 함수들입니다.

용도에 따른 주요 함수

- **통계 함수**: 데이터를 집계하거나 통계를 내는 함수입니다(이 중 대부분 함수는 엑셀의 [통계 데이터 분석 → 기술 통계법]에서도 값을 구할 수 있습니다).

    → AVERAGE, COUNT/COUNTA/COUNTBLANK, FREQUENCY, MAX,

    MIN, MEDIAN, RANK, SUM, SKEW, STDEV, VAR

- **날짜/시간 함수**: 날짜와 시간을 다루는 함수입니다.

    → DATE, DATEDIF, DAY, HOUR, MONTH, NETWORKDAYS, NOW, TIME,

    TODAY, WEEKDAY

- **텍스트 함수**: 텍스트를 다루거나 추출하는 함수입니다.

    → LEN, LEFT, MID, RIGHT, TRIM

- **숫자 함수**: 숫자를 다루거나 추출하는 함수입니다.

    → FLOOR, MOD, ROUND, ROUNDUP, ROUNDDOWN, TRUNC

- **기타 함수**: 특정 조건, 행, 열을 선택하거나 특정 값을 참조해서 찾거나, 셀 값 또는 형식을 확인, 대체, 병합할 때 사용하는 함수들입니다.

    → CHOOSE, COLUMN, ROW, CONCAT, FIND/SEARCH, FORMULATEXT, HLOOKUP/VLOOKUP,

    IF, IFS, IFERROR, INDEX/MATCH, ISNUMBER/ISTEXT, REPLACE/SUBSTITUTE, VALUE

이 주요 함수 중에서도 지금까지 여러 실습을 거치면서 자주 사용한 몇몇 함수들은 생략하고, 실무에서 유용하게 사용할 함수들을 간단하게 기능 위주로 살펴보겠습니다. 비슷한 기능의 함수는 한 번에 묶어서 다루겠습니다. 예제 파일은 Example_fn.xlsx로, 이 책에서 제공하는 깃허브(github.com/jasonyim2/book4)에서 다운로드받을 수 있습니다.

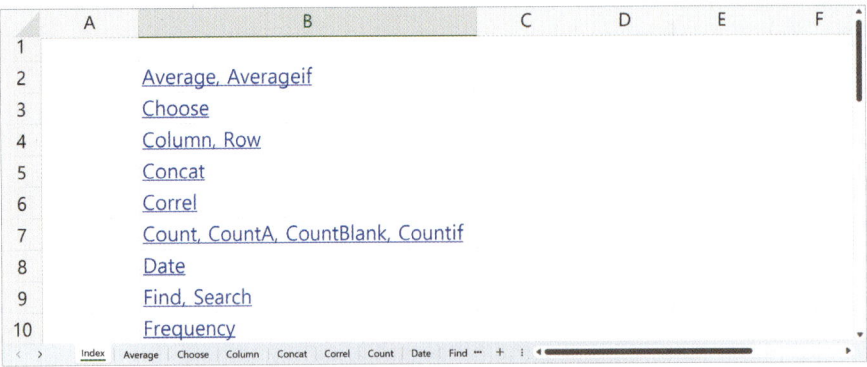

예제 파일을 실행하면 엑셀 함수명과 동일한 이름의 시트가 준비되어 있습니다. Index 시트에서 찾고자 하는 함수의 이름에 해당 시트로 하이퍼링크를 걸어 두었으므로 활용하기 바랍니다.

AVERAGE/AVERAGEIF 함수

AVERAGE 함수는 평균을 구하는 함수고, AVERAGEIF는 특정 조건 안에서 평균을 구하는 함수입니다. **AVERAGEIF 함수**는 =AVERAGEIF(기준 범위, 기준값, 평균을 구할 범위) 형식으로 수식을 작성합니다.

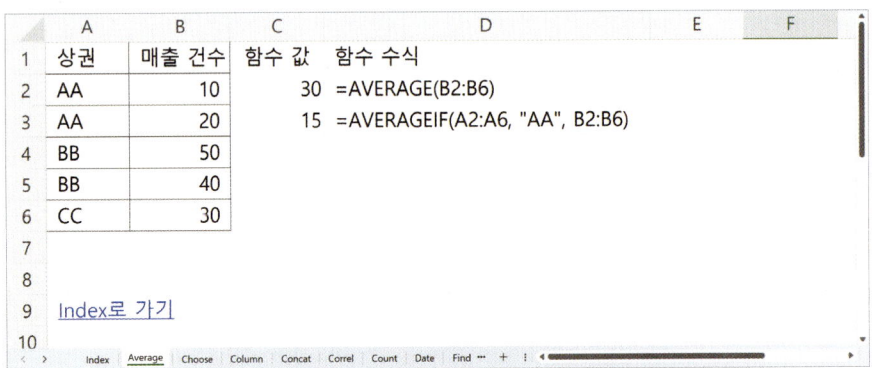

CHOOSE/WEEKDAY 함수

CHOOSE 함수는 WEEKDAY 함수와 함께 설명하겠습니다. 먼저 WEEKDAY 함수는 날짜를 입력하면 요일을 숫자로 표기하는 함수로, 일요일을 1, 월요일을 2, … 토요일을 7로 출력합니다.

다음 수식에서 WEEKDAY(D2) 값은 2입니다. 이 WEEKDAY(D2) 출력값이 1이면 "일"을 출력, 2이면 "월" 출력, …, 7이면 "토"를 출력하도록 만들려면 WEEKDAY(D2) 함수를 CHOOSE 함수에 다음과 같이 넣습니다. 그러면 WEEKDAY 함수 값이 2가 나오므로 CHOOSE 함수는 두 번째 결과인 "월"을 출력합니다.

	A	B	C	D	E
1	상권	매출 건수	매출일	함수 값	함수 수식
2	AA	10	2024-01-01	2	=WEEKDAY(C2)
3	AA	20	2024-02-02	월	=CHOOSE(WEEKDAY(D2),"일","월","화","수","목","금","토")
4	BB	50	2024-03-03		
5	BB	40	2024-04-04		
6	CC	30	2024-05-05		

COLUMN/ROW 함수

COLUMN 함수는 특정 셀의 열 번호를 출력하고 ROW 함수는 특정 셀의 행 번호를 출력합니다.

	A	B	C	D	E
1	상권	매출 건수	매출액	함수 값	함수 수식
2	AA	10	1,000	1	=COLUMN(A2)
3	AA	20	2,000	2	=COLUMN(B3)
4	BB	50	10,000	3	=COLUMN(C4)
5	BB	40	4,000	5	=ROW(A5)
6	CC	30	3,000	6	=ROW(B6)

CONCAT 함수

CONCAT 함수는 셀 값들을 병합하여 하나의 셀에 출력합니다. 다음 예에서는 CONCAT 함수를 이용해서 '매출 건수'셀과 '매출액'을 하나의 셀로 표기했습니다. 참고로 CONCAT 함수 값에 공백을 추가하려면 " "를 수식에 입력하면 됩니다.

	A	B	C	D	E
1	상권	매출 건수	매출액	함수 값	함수 수식
2	AA	10	1,000	10건 1000원	=CONCAT(B2, "건", " ", C2, "원")
3	AA	20	2,000		
4	BB	50	10,000		
5	BB	40	4,000		
6	CC	30	3,000		

CORREL 함수

CORREL 함수는 두 변수의 상관관계를 밝히는 상관계수를 출력합니다. 아래 예에 사용된 두 수식의 범위 중에 D3셀에 사용된 범위(B:B, C:C)는 B열과 C열 전체를 지정한 것입니다. 첫 번째 수식과 두 번째 수식의 결과는 같습니다.

	A	B	C	D	E	F
1	상권	매출 건수	매출액	함수 값	함수 수식	
2	AA	10	1,000	0.89	=CORREL(B2:B6, C2:C6)	
3	AA	20	2,000	0.89	=CORREL(B:B,C:C)	
4	BB	50	10,000			
5	BB	40	4,000			
6	CC	30	3,000			

▶ 소수점 2자리까지 표기하려면 [홈 → 자릿수 늘림] 아이콘을 두 번 클릭하세요.

COUNT/COUNTA/COUNTBLANK/COUNTIF 함수

COUNT, COUNTA, COUNBLANK, COUNTIF 함수는 참조 범위의 값 또는 셀의 개수를 세는 것으로 각 기능은 다음과 같습니다.

- **COUNT 함수**: 참조 범위(예: D2:D6) 내 값의 개수를 셉니다.
- **COUNTA 함수**: 참조 범위 내 숫자와 문자값의 개수를 셉니다.
- **COUNTBLANK 함수**: 참조 범위 내 결측값의 개수를 셉니다.
- **COUNTIF 함수**: 참조 범위 내 특정 값을 찾아 셀의 개수를 셉니다.

예제 파일에서 다음처럼 D3셀 값을 삭제하여 결측값으로 두고 D4셀은 "가나다"를 입력해 두었습니다. 그리고 COUNT, COUNTA, COUNTBLANK의 범위는 D열 변숫값 영역 D2:D6로 지정했습니다.

	A	B	C	D	E	F	G
1	상권	매출 건수	매출액	비고	함수 값	함수 수식	
2	AA	10	1,000	123	3	=COUNT(D2:D6)	
3	AA	20	2,000		4	=COUNTA(D2:D6)	
4	BB	50	10,000	가나다	1	=COUNTBLANK(D2:D6)	
5	BB	40	4,000	456	2	=COUNTIF(A2:A6, "BB")	
6	CC	30	3,000	789			

▶ COUNTIF(기준 범위, 기준값)

예에서 COUNTIF 함수는 A열 변숫값 영역 A2:A6를 지정하고 그 중에서 값 "BB"가 들어간 셀의 개수를 셉니다.

DATE/DATEDIF 함수

DATE 함수는 연도, 월, 일을 숫자로 입력하면 엑셀이 인식하는 날짜 값으로 출력합니다. DAY 함수와 혼동할 수도 있으니 두 함수의 차이점에 유념하기 바랍니다. **DATEDIF 함수**는 시작일과 종료일을 입력하면 그 차이를 연도("Y"), 월("M"), 일("D")별로 계산해 줍니다. 사업 계획을 세울 때 매우 유용한 함수입니다. 참고로 DATEDIF 함수명은 DATE DIFFERENCE(날짜 차이)에서 따왔습니다.

	A	B	C	D	E
1	상권	매출 건수	매출액	함수 값	함수 수식
2	AA	10	1,000	2025-01-01	=DATE(2025, 1, 1)
3	AA	20	2,000	2026-01-01	=DATE(2026, 1, 1)
4	BB	50	10,000	1	=DATEDIF(D2, D3, "y")
5	BB	40	4,000	12	=DATEDIF(D2, D3, "m")
6	CC	30	3,000	365	=DATEDIF(D2, D3, "d")

DAY/MONTH/YEAR 함수

YEAR 함수는 날짜가 입력된 셀에서 연도(YEAR)만 추출합니다. 다음 예에서는 각기 날과 월을 추출하는 **DAY 함수**와 **MONTH 함수**의 사용법까지 한꺼번에 들어 있습니다.

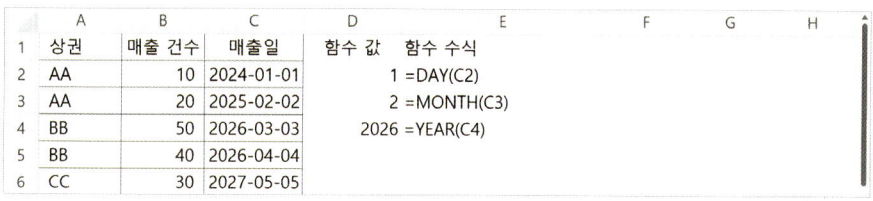

FIND/SEARCH 함수

FIND 함수는 특정 셀에서 대소문자를 구분하여 특정 문자를 찾습니다. **SEARCH 함수**는 FIND와 동일한 기능을 수행하되 대소문자를 구분하지 않는 것이 차이점입니다. 대소문자를 구분할 필요가 없는 E2셀부터 E5셀까지의 FIND 함수와 SEARCH 함수는 대응되는 수식에서는 동일한 결과를 냅니다. 그러나 대소문자를 구분하는 경우인 E7과 E8셀의 FIND 함수 수식은 다른 결과를 냅니다.

	A	B	C	D	E	F
1	상권	매출 건수	매출액	전화번호	함수 값	함수 수식
2	AA	10	1,000	010-1234-5671	4	=FIND("-", D2)
3	AA	20	2,000	010-1234-5672	9	=FIND("-", D3, 5)
4	BB	50	10,000	010-1234-5673	4	=SEARCH("-", D4)
5	BB	40	4,000	010-1234-5674	9	=SEARCH("-", D5, 5)
6	CC	30	3,000	010-1234-5675		
7	Aa	30	3,000	010-1234-5676	1	=FIND("A", A7)
8	Aa	30	3,000	010-1234-5677	2	=FIND("a", A8)

- FIND("-", D2) → D2셀에서 텍스트 "-"의 위치를 출력합니다(이하 FIND는 대소문자 구분).
- FIND("-", D3, 5) → D3셀에서 텍스트 "-"의 위치를 출력하되 5번째 값부터 검색합니다.
- SEARCH("-", D4) → D4셀에서 텍스트 "-"의 위치를 출력합니다(이하 SEARCH는 대소문자 구분하지 않음).
- SEARCH("-", D5) → D5셀에서 텍스트 "-"의 위치를 출력하되 5번째 값부터 검색합니다.
- FIND("A", A7) → A7셀에서 대문자 "A"의 위치를 출력합니다.
- FIND("A", A8) → A8셀에서 소문자 "A"의 위치를 출력합니다.

FREQUENCY 함수

FREQUENCY 함수는 계급 구간을 정해 주면 해당 구간별 도수^{Frequency}를 출력합니다. 다음 예제에서 D2셀은 매출 건수 0 이하 구간의 개수, D3셀은 매출 건수 0 초과 25 미만 구간의 개수를 의미합니다. 그런 식으로 마지막 D6셀은 100 초과 구간의 개수를 의미합니다.

	A	B	C	D	E
1	상권	매출 건수	매출 건수 구간	함수 값	함수 수식
2	AA	10	0	0	=FREQUENCY(B2:B6, C2:C5)
3	AA	20	25	2	
4	BB	50	50	3	
5	BB	40	100	0	
6	CC	30		0	

▶ FREQUENCY(데이터 범위, 계급 구간 범위)

HLOOKUP/VLOOKUP 함수

HLOOKUP 함수는 수평으로 배열된 데이터에서 특정 정보를 검색할 때 유용합니다. 참조 테이블에서 찾는 항목 값(LOOKUP VALUE)과 값이 행 번호를 주면 해당 값을 출력합니다. 다음 예에서 I2셀에 J2셀에 표기된 수식을 사용하였습니다. 참조 테이블 A1:F2에서 찾는 항목 값(I1셀에 담긴 값 "B1")을 찾은 후 참조 테이블에서 해당 열의 2번째 행 셀에 있는 값을 출력합니다. 옵션을 2로 주었는데 이는 FALSE에 해당합니다. 만약 옵션 값을 표기하지 않으면 디폴트 옵션 값인 TRUE가 적용됩니다.

	A	B	C	D	E	F	G	H	I	J
1	상권	A1	A2	B1	B2	C1		상권	B1	함수 수식
2	매출 건수	10	20	50	40	30		매출건수	50	=HLOOKUP($I$1, $A$1:$F$2, 2, 2)

▶ HLOOKUP(찾는 항목 값, 참조 테이블, 행 번호, 옵션): 행 번호는 참조 테이블의 첫 행을 1, 두 번째 행을 2, …. 이런 식으로 입력합니다. 옵션 값은 디폴트 값이 TRUE이며 이 경우(일치하는 값이 없는 경우) 근사치까지 찾으며, FALSE를 주면 정확한 일치를 찾습니다.

VLOOKUP 함수는 수직으로 배열된 데이터에서 특정 정보를 검색할 때 유용합니다. 참조 테이블에서 찾는 항목 값(LOOKUP VALUE)과 값이 있는 열 번호를 주면 해당 값을 출력합니다. 다음 예에서 F2셀에 H2셀의 수식을 사용하였습니다. 참조 테이블 A2:C6에서 찾는 항목 값(E2셀에 담긴 값인 "B1")을 찾은 후, 참조 테이블에서 해당 행의 2번째 열 셀에 있는 값을 출력합니다. 옵션을 표기하지 않았는데 그러면 디폴트 옵션 값인 TRUE가 적용됩니다. G3셀에는 H3셀의 수식을 사용했습니다. 여기서는 열 번호와 옵션 값을 각기 3과 FALSE(혹은 2)로 주었습니다. 참고로 다음 테이블에서 상권끼리 구분하기 위해 값을 A1, A2, B1, B2, C1 등으로 변경해 두었습니다.

	A	B	C	D	E	F	G	H
1	상권	매출 건수	매출액		상권	매출 건수	매출액	함수 수식
2	A1	10	1,000		B1	50		=VLOOKUP($E$2, $A$2:$C$6, 2)
3	A2	20	2,000		C1		3,000	=VLOOKUP($E$3, $A$2:$C$6, 3, 2)
4	B1	50	10,000					
5	B2	40	4,000					
6	C1	30	3,000					

▶ VLOOKUP(찾는 항목 값, 참조 테이블, 열 번호, 옵션): 열 번호는 참조 테이블의 첫 열을 1, 두 번째 열을 2, …. 이런 식으로 입력합니다. 옵션 값은 디폴트 값이 TRUE이며 이 경우(일치하는 값이 없는 경우) 근사치까지 찾으며, FALSE를 주면 정확한 일치를 찾습니다.

INDEX/MATCH 함수

INDEX 함수는 참조 테이블을 기준으로 행 번호와 열 번호를 순차적으로 입력하면 해당 위치의 셀에 담긴 값을 출력합니다. INDEX 함수는 MATCH 함수와 함께 사용하기도 합니다. D2셀은 참조 테이블로 지정한 B2:C6 영역에서 1행, 1열에 해당하는 셀 값을 출력합니다. D3셀은 참조 테이블 영역에서 5행, 2열의 셀 값을 출력합니다.

	A	B	C	D	E	F
1	상권	매출 건수	매출액	함수 값	함수 수식	
2	AA	10	1,000	10	=INDEX(B2:C6, 1, 1)	
3	AA	20	2,000	3000	=INDEX(B2:C6, 5, 2)	
4	BB	50	10,000			
5	BB	40	4,000			
6	CC	30	3,000			

▶ INDEX(참조 테이블, 행 번호, 열 번호)

MATCH 함수는 참조 테이블에서 찾는 항목 값(변수명 혹은 값)의 상대적인 위치(행 번호나 열 번호)를 출력합니다. 참조 테이블이 열 데이터면 찾는 항목의 열 번호를 출력하고, 참조 테이블이 행 데이터면 찾는 항목의 행 번호를 출력합니다. MATCH 함수는 INDEX 함수와 종종 같이 쓰입니다.

	A	B	C	D	E
1	상권	매출 건수	매출액	함수 값	함수 수식
2	AA	10	1,000	1	=MATCH(10, $B$2:$B$6)
3	AA	20	2,000		
4	BB	50	10,000		
5	BB	40	4,000		
6	CC	30	3,000	5	=MATCH("CC", $A$2:$A$6)

▶ MATCH(찾는 항목 값, 참조 행/열, 옵션): 참조 행/열은 한 줄짜리 행과 열만 가능합니다. 옵션 값이 0일 때 찾는 항목 값과 정확히 일치하는 값을 찾습니다. 디폴트 옵션 값이 1일 때는 항목 값과 가장 가까운 값을 찾습니다.

IF/IFS 함수

IF 함수는 IF(조건, A, B) 형태로 사용하며 조건이 충족되면 A값을, 조건이 충족되지 않으면 B값을 출력합니다. 다음 예에서는 매출액이 5,000 이상이면 '높은 매출'을 출력하고, 조건이 충족되지 않으면 '낮은 매출'을 출력하고 있습니다.

	A	B	C	D	E
1	상권	매출 건수	매출액	함수 값	함수 수식
2	AA	10	1,000	낮은 매출	=IF(C2>=5000, "높은 매출", "낮은 매출")
3	AA	20	2,000	낮은 매출	=IF(C3>=5000, "높은 매출", "낮은 매출")
4	BB	50	10,000	높은 매출	=IF(C4>=5000, "높은 매출", "낮은 매출")
5	BB	40	4,000	낮은 매출	=IF(C5>=5000, "높은 매출", "낮은 매출")
6	CC	30	3,000	낮은 매출	=IF(C6>=5000, "높은 매출", "낮은 매출")

IFS 함수는 IFS(조건1, A, 조건2, B, …, TRUE, Z) 형태로 사용합니다. 조건 1이 충족되면 A 값을, 조건 2가 충족되면 B 값을 출력합니다. 그리고 마지막으로 입력한 모든 조건들이 충족되지 않으면(TRUE) Z값을 출력합니다.

다음 예에서는 매출이 2,500 미만이면 '매출 하', 매출이 5,000 미만이면 '매출 중', 매출이 규정한 모든 조건에 충족되지 않으면 '매출 상'을 출력합니다.

	A	B	C	D	E
1	상권	매출 건수	매출액	함수 값	함수 수식
2	AA	10	1,000	매출 하	=IFS(C2<2500, "매출 하", C2<5000, "매출 중", TRUE, "매출 상")
3	AA	20	2,000	매출 하	=IFS(C3<2500, "매출 하", C3<5000, "매출 중", TRUE, "매출 상")
4	BB	50	10,000	매출 상	=IFS(C4<2500, "매출 하", C4<5000, "매출 중", TRUE, "매출 상")
5	BB	40	4,000	매출 중	=IFS(C5<2500, "매출 하", C5<5000, "매출 중", TRUE, "매출 상")
6	CC	30	3,000	매출 중	=IFS(C6<2500, "매출 하", C6<5000, "매출 중", TRUE, "매출 상")

ISNUMBER/ISTEXT 함수

ISNUMBER 함수는 특정 셀의 값이 숫자면 TRUE, 숫자가 아니면 FALSE를 출력합니다. 결측값에는 FALSE를 출력합니다.

	A	B	C	D	E	F
1	상권	매출 건수	매출액	비고	함수 값	함수 수식
2	AA	10	1,000	123	TRUE	=ISNUMBER(D2)
3	AA	20	2,000		FALSE	=ISNUMBER(D3)
4	BB	50	10,000	가나다	FALSE	=ISNUMBER(D4)
5	BB	40	4,000	456	TRUE	=ISNUMBER(D5)
6	CC	30	3,000	789	TRUE	=ISNUMBER(D6)

ISTEXT 함수는 특정 셀의 값이 텍스트면 TRUE, 텍스트가 아니면 FALSE를 출력합니다. 결측값에는 FALSE를 출력합니다.

	A	B	C	D	E	F
1	상권	매출 건수	매출액	비고	함수 값	함수 수식
2	AA	10	1,000	123	FALSE	=ISTEXT(D2)
3	AA	20	2,000		FALSE	=ISTEXT(D3)
4	BB	50	10,000	가나다	TRUE	=ISTEXT(D4)
5	BB	40	4,000	456	FALSE	=ISTEXT(D5)
6	CC	30	3,000	789	FALSE	=ISTEXT(D6)

KURT/SKEW 함수

KURT 함수는 첨도를 출력합니다. 참고로 파이썬에서 동일한 기능을 가진 함수는 KURTOSIS지만 엑셀에서는 짧게 KURT 함수라 합니다. KURT 함수와 단짝인 **SKEW 함수**는 왜도를 출력합니다. 이 두 함수를 C열 값에 적용해 보았습니다.

	A	B	C	D	E
1	상권	매출 건수	매출액	함수 값	함수 수식
2	AA	10	1,000	3.15	=KURT(C2:C6)
3	AA	20	2,000	1.70	=SKEW(C2:C6)
4	BB	50	10,000		
5	BB	40	4,000		
6	CC	30	3,000		

▶ '함수 값' 열은 소수점 2자리까지 표기했습니다.

LEN/LEFT/MID/RIGHT/TRIM 함수

텍스트를 다루거나 추출하는 함수들인 **LEN, LEFT, MID, RIGHT, TRIM 함수**는 한 번에 알아보는 것이 편리합니다. 왜냐하면 이들은 종종 같이 사용하기 때문입니다.

- **LEN 함수(참조 셀)**: 참조 셀에 입력된 텍스트의 개수를 셉니다.
- **LEFT 함수(참조 셀, N)**: 참조 셀에 입력된 값에서(이하 동일) 왼쪽으로부터 N개의 문자열을 추출합니다.
- **MID 함수(참조 셀, M, N)**: 왼쪽부터 M번째 문자부터 시작하여 N개의 문자열을 추출합니다.
- **RIGHT 함수(참조 셀, N)**: 오른쪽부터 N개의 문자열을 추출합니다.
- **TRIM 함수**: 참조 셀에 입력된 텍스트의 맨 앞과 맨 뒤 공백을 제거합니다.

	A	B	C	D	E	F
1	상권	매출 건수	매출액	전화번호	함수 값	함수 수식
2	AA	10	1,000	010-1234-5671	13	=LEN(D2)
3	AA	20	2,000	010-1234-5672	010	=LEFT(D3, 3)
4	BB	50	10,000	010-1234-5673	1234	=MID(D4, 5, 4)
5	BB	40	4,000	010-1234-5674	5674	=RIGHT(D5, 4)
6	CC	30	3,000	010-1234-5675	010-1234-5675	=TRIM(D6)

▶ D6셀에는 고의로 맨 앞에 공백을 넣어서 TRIM 함수로 이 공백을 제거해 보았습니다. 엑셀에서 셀 값으로 맨 앞에 공백을 포함하여 입력하려면 작은따옴표(')를 먼저 입력한 후 공백을 입력하면 됩니다.

MAX/MAXIF 함수

MAX, MAXIF, MIN, MINIF 함수는 사용법을 한꺼번에 알아 두면 편리합니다.

- **MAX 함수(참조 범위)**: 최댓값을 구합니다.
- **MAXIFS 함수(참조 범위, 조건 범위, 조건)**: 조건 범위를 충족하는 참조 범위에서 최댓값을 구합니다.
- **MIN 함수(참조 범위)**: 최솟값을 구합니다.
- **MINIFS 함수(참조 범위, 조건 범위, 조건)**: 조건 범위를 충족하는 참조 범위에서 최솟값을 구합니다.

▶ MAXIFS와 MINIFS 함수에는 [참조 범위, 조건 범위1, 조건1, 조건 범위2, 조건2, …] 등으로 조건 범위와 조건을 덧붙일 수 있습니다.

	A	B	C	D	E	F	G
1	상권	매출 건수	매출액	함수 값	함수 수식		
2	AA	10	1,000	10,000	=MAX(C2:C6)		
3	AA	20	2,000	2000	=MAXIFS(C2:C6, A2:A6, "AA")		
4	BB	50	10,000				
5	BB	40	4,000	1,000			
6	CC	30	3,000	4000	=MINIFS(C2:C6, A2:A6, "BB")		

MEDIAN 함수

MEDIAN 함수는 중위수를 출력합니다.

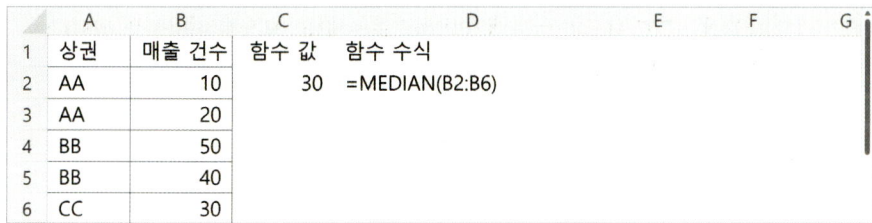

MOD 함수

MOD 함수는 나누기 연산에서 나머지를 출력합니다. 알아 두면 회사 업무에 쓸 데가 많은 함수입니다.

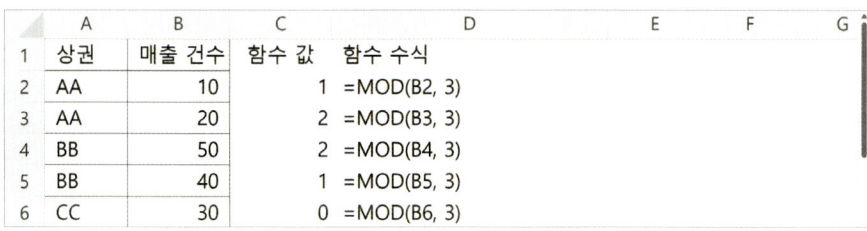

NETWORKDAYS 함수

NETWORKDAYS 함수는 두 날짜 사이의 주중 근무일 수를 셉니다. 다음은 E5셀에서는 2025년 초와 2026년 초 사이의 근무일을 센 결과입니다.

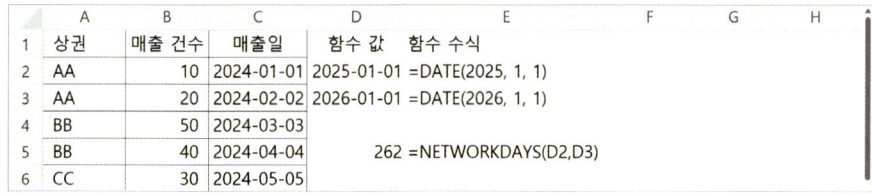

PERCENTILE/QUARTILE 함수

PERCENTILE 함수는 백분위수를 출력하고 QUARTILE 함수는 사분위수를 출력하는 함수입니다. 데이터 분석에서는 이상값을 발견하기 위해 PERCENTILE과 QUARTILE 함수의 개념을 묶어서 이해하면 좋습니다. 두 함수 모두 .INC 혹은 .EXC 모드가 있는데 일반적으로는 .INC 모드를 사용하면 됩니다.

- PERCENTILE.INC 함수(한 줄/행 범위, K): K(0과 1사이) 해당하는 백분위수를 출력합니다.
- QUARTILE.INC 함수(한 줄/행 범위, N): 사분위 N(1, 2, 3, 4)에 해당하는 사분위수를 출력합니다.

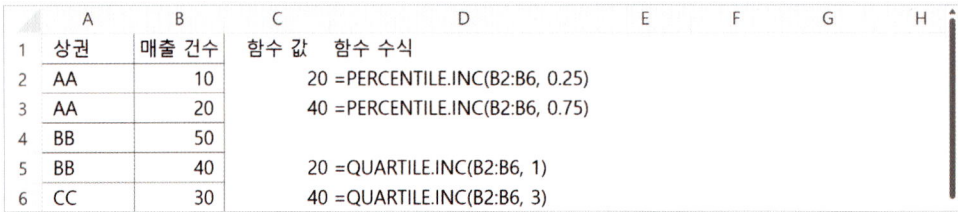

RANK 함수

RANK 함수는 전체 숫자 범위에서 크거나 작은 순위를 출력합니다. RANK 함수는 그 자체로 쓰거나 RANK.EQ 혹은 RANK.AVG 함수로도 쓰는데 보통 RANK 함수를 써도 무방합니다. 아래 C2셀과 C3셀은 수식이 같은데 차이가 나는 옵션 값 0은 오름차순, 1은 내림차순으로 순위를 구합니다.

REPLACE/SUBSTITUTE 함수

REPLACE 함수는 텍스트의 일부를 다른 텍스트로 바꿉니다. REPLACE 함수와 SUBSTITUTE 함수는 용법이 비슷하지만, REPLACE 함수는 특정 위치의 텍스트를 위치를 기준으로 대체 문자로 바꿔 넣는 반면 SUBSTITUTE 함수는 특정 문자를 찾아서 그 문자만 바꿔 넣습니다.

- REPLACE 함수(셀 주소, 시작 위치, 바꿀 문자 개수, 대체 문자): 특정 셀 주소의 텍스트를 왼쪽부터 시작 위치(숫자)에서 시작하여 바꿀 문자 개수만큼 대체 문자로 대체한다.
- SUBSTITUTE 함수(셀 주소, 찾을 문자, 대체 문자, 시작 위치 번호): 특정 셀 주소의 텍스트를 왼쪽부터 시작 위치(숫자)에서 시작하여 찾을 문자를 찾아서 대체 문자로 대체한다.

다음 예를 보면 전화번호의 마지막 4자리를 제외하고 가리는 것은 REPLACE 함수가 적당하고, 전화번호의 하이픈(-)을 공백으로 대체하는 것은 SUBSTITUTE 함수가 적격입니다.

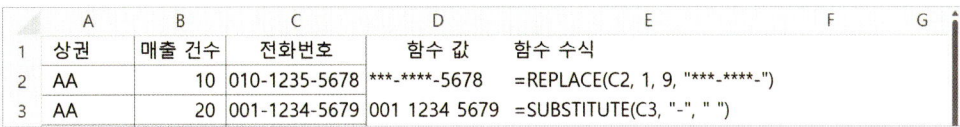

ROUND/ROUNDUP/ROUNDDOWN/TRUNC 함수

이 4개의 함수는 반올림, 올림, 내림값, 버림을 구합니다.

- **Round 함수(숫자, 자릿수)**: 값을 자릿수 기준으로 반올림합니다.
- **Roundup 함수(숫자, 자릿수)**: 값을 자릿수 기준으로 올림값을 구합니다.
- **Rounddown 함수(숫자, 자릿수)**: 값을 자릿수 기준으로 내림값을 구합니다.
- **Trunc 함수(숫자, 자릿수)**: 값을 자릿수 기준으로 절사합니다(자릿수 아래를 버립니다).

다음 예에서는 반올림 ROUND 함수는 소수점 2자리를 기준으로 했고, 나머지 함수는 모두 소수점 4자리를 기준으로 했습니다. 이 예에서는 ROUNDDOWN 함수와 TRUNC 함수가 값이 같이 나왔지만 항상 같은 값을 내는 것은 아닙니다.

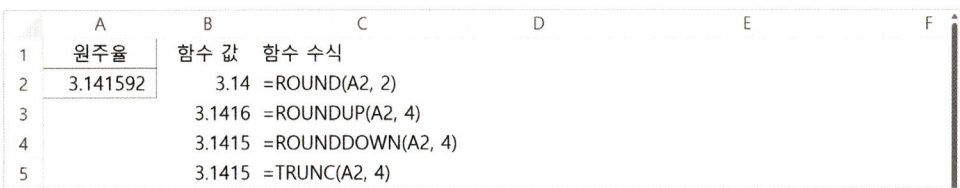

STDEV/VAR 함수

STDEV 함수는 표준편차를, **VAR 함수**는 분산을 구합니다. 기존 STDEV 함수는 STDEV.P 함수와 STDEV.S 함수로 분화되었는데 각기 모집단의 표준편차, 표본의 표준편차를 구합니다. 마찬가지로 기존 VAR 함수는 VAR.P 함수와 VAR.S 함수로 분화되었고 각기 모집단의 분산과 표본의 분산을 출력합니다. 엑셀의 [데이터 → 데이터 분석]의 '기술통계법'에서는 두 함수 각기 STDEV.S 함수와 VAR.S 함수를 기본으로 사용하고 있습니다.

	A	B	C	D	E	F	G	H
1	상권	매출 건수	함수 값	함수 수식		함수 값	함수 수식	
2	AA	10	15.81	=STDEV(B2:B6)		250	=VAR(B2:B6)	
3	AA	20	15.81	=STDEV.S(B2:B6)		250	=VAR.S(B2:B6)	
4	BB	50						
5	BB	40	14.14	=STDEV.P(B2:B6)		200	=VAR.P(B2:B6)	
6	CC	30						

SUM/SUMIF 함수

다음 예에서 B열 변수의 합계를 SUM 함수로 구하고, A열 변숫값이 "BB"인 조건에서 B열 변수 합계를 SUMIF 함수로 구합니다.

	A	B	C	D	E	F
1	상권	매출 건수	함수 값	함수 수식		
2	AA	10	150	=SUM(B2:B6)		
3	AA	20	90	=SUMIF(A2:A6, "BB", B2:B6)		
4	BB	50				
5	BB	40				
6	CC	30				

▶ SUMIF(기준 범위, 기준값, 합계낼 범위)

VALUE 함수

VALUE 함수는 문자열을 숫자로 변환하는 데 사용합니다. 이 함수는 주로 숫자가 텍스트 형식일 때, 즉 숫자를 따옴표로 감싸거나 숫자 앞뒤에 공백이 포함되어 있을 때 유용합니다. 이 함수를 사용한 결괏값은 숫자가 되기 때문에 그 이후의 연산에 무리 없이 사용할 수 있습니다.

다음 예시에서 D2셀에서는 SUBTITUTE 함수를 이용해서 하이픈(-)이 포함된 전화번호를 하이픈을 없앤 형태로 바꿨습니다. 그러나 D3셀에서 ISNUMBER 함수로 확인해 보면 아직 숫자가 아닌 텍스트입니다. D2셀의 텍스트 값을 D5셀에서 VALUE 함수로 처리했습니다. D6셀에서 보이듯이 D5셀 값은 숫자로 전환됩니다.

	A	B	C	D	E	F
1	상권	매출 건수	전화번호	함수 값	함수 수식	
2	AA	10	010-1234-5671	01012345671	=SUBSTITUTE(C2, "-", "")	
3	AA	20	010-1234-5672	FALSE	=ISNUMBER(D2)	
4	BB	50	010-1234-5673			
5	BB	40	010-1234-5674	1012345671	=VALUE(D2)	
6	CC	30	010-1234-5675	TRUE	=ISNUMBER(D5)	

찾아보기

번호	
1.5*IQR 규칙	173
3*IQR 규칙	173

A – C	
alpha 값	208
API	58
API 데이터	58
AVERAGE 함수	332
AVERAGEIF 함수	332
CHOOSE 함수	332
COLUMN 함수	333
CONCAT 함수	333
CORREL 함수	334
COUNT 함수	334
COUNTA 함수	334
COUNTBLANK 함수	334
COUNTIF 함수	334
CV	208

D – F	
Data Analyst	24
DATE 함수	335
DATEDIF 함수	335
DAY 함수	335
ETL	74
F1 값	287
FIND 함수	335
FORMULATEXT 함수	106
FREQUENCY 함수	336

H – I	
HLOOKUP 함수	336
ID 변수	137
IF 함수	338
IFS 함수	338
INDEX 함수	337
IQR 규칙	173
ISBLANK 함수	229
ISNUMBER 함수	339
ISTEXT 함수	339

K – L	
KNN 모델	297
KURT 함수	339
Kurtosis	252
L1 제약	207
L2 제약	207
Label Encoding	193, 194
LEFT 함수	340
LEN 함수	340
LightGBM 모델	217
LinearRegression	202

M	
MAE	202
MATCH 함수	337
MAX 함수	340
MAXIF 함수	340
Mean Absolute Error	202
Mean Squared Error	202
MEDIAN 함수	227, 341
MID 함수	340
MOD 함수	341
MONTH 함수	335
MSE	202

N – Q	
NETWORKDAYS 함수	341
One-hot Encoding	193
OpenAI	24
Ordinal Encoding	193
P값	184
PERCENTILE 함수	342
QUARTILE 함수	342

R	
R2값	202
random seed	135
random_state	202
RANK 함수	342
REPLACE 함수	342
RIGHT 함수	232, 340

찾아보기

ROC AUC 값	286
ROUND 함수	343
ROUNDDOWN 함수	343
ROUNDUP 함수	343
ROW 함수	333

S

SAS	126
Scoring 기준	208
SEARCH 함수	335
SKEW 함수	339
Skewness	252
sklearn	202
SPSS	126
STDEV 함수	343
STDEV.P 함수	343
STDEV.S 함수	343
Student T-검정	183
SUBSTITUTE 함수	342
SUM 함수	106, 229, 344
SUMIF 함수	344
SVM 모델	298

T-X

T-검정	182
TRIM 함수	340
TRUNC 함수	343
utf-8-sig	76
VALUE 함수	232, 344
VAR 함수	343
VLOOKUP 함수	107, 337
WEEKDAY 함수	332
Welch's T-검정	183
XGBClassifier	289
XGBoost 모델	217

ㄱ-ㄴ

가중치	43, 204
객체	230
결측값	140
결측값 보정	189
공공데이터포털	50
구간 변수	150
국가통계포털	50
그레이디언트 부스팅	216
그리드 서치	208
기술 통계법	158
넘파이	143
논리	230
눈금선	303

ㄷ

다중 범주형	182
다층 신경망	294
단일 신경망	294
데이터 막대	116
데이터 변환	186
데이터 병합	79
데이터 분리	73
데이터 분석 순서도	125
데이티 분할	277
데이터세트	35
데이터 유효성 검사	304
데이터 타입	143
도수분포표	166
독립 변수	180
독립 표본 T-검정	183
딥러닝	170

ㄹ

라쏘 모델	207
랜덤 포레스트 모델	215, 287
레빈 검정	183
레이블 인코딩	194
레코드	37

로그 변환	173
로지스틱 함수	290
로지스틱 회귀	290
릿지 모델	207

ㅁ — ㅂ

마이크로소프트 365	30
매칭 테이블	271
머신러닝	170
배깅	215
범주형 변수	150, 165
변수 데이터	142
병합	309
보팅	215
부스팅	215
분석 도구 팩	157
빙챗	32

ㅅ

사이킷런	202
산포도	161
상관계수 값	180
상관 분석	306
상대 참조	307
상자그림	161
상자 수염	177
새 규칙	121
새로 고침	92
색상으로 셀 강조	119
서울 열린데이터 광장	35, 50
선형 회귀	202
설명 변수	180
셀 규칙 강조	120
셀 서식	309
셀 주소	113
숫자화	270
시각화	160
시간 초과 에러	45
시그모이드 함수	290
시트 병합	88
시트 보호	313
신경망	294

| 실행 에러 | 45 |

ㅇ

앙상블	215
예측값	43
오디널 인코딩	194
오렌지3	126
오픈 API	52, 59
왜도	170
요약 통계	156
원-핫 인코딩	195
웹 데이터	55
유클리디안 거리	297
은닉층	294
이상값	161, 170
인증키	60
임계치	290
입력층	294

ㅈ

전처리	148
절대 번지	113
절대 참조	307
정규분포	170
정렬	319
정확도	286
종속 변수	180
중복된 항목 제거	318
중위수	141
집계	165

ㅊ

차트 삽입	101
채우기 핸들	114
챗GPT	24
첨도	170
초기화	45
초평면	298
추세선	164
추세선 서식	164
출력층	294

찾아보기

ㅋ – ㅌ

캐글	48
코파일럿 인 엑셀	32
타깃 변수	134
탐색적 자료 분석	153
테스트 데이터세트	204
통계 데이터 분석	158
통계청	50
트랜스포머	126
틀 고정	323

ㅍ

파레토	320
파워 쿼리	73
파워 쿼리 편집기	68
파이썬	126
파이토치	126
페어 플롯	162
페이지 나누기 미리 보기	320
페이지 레이아웃	317
프리 코파일럿	32
플랜 업그레이드	25
플러그인	24
피벗 차트	100
피벗 테이블	94
필터	96, 322

ㅎ

하이퍼링크	324
학습 데이터세트	204
한국 공공 API	132
행/열 바꿈	327
허깅페이스	126
혼동행렬	166
환각 현상	23
회귀 모델	199
회귀 분석	199
회귀선	199
히스토그램	252